KB177439

신자유주의와 문화
—노동사회에서 문화사회로

문화과학 이론신서 22

신자유주의와 문화
―노동사회에서 문화사회로

강내희

문화과학사

'이론신서'를 펴내며

이론과 과학이 오늘처럼 불신을 받은 적이 있었을까, 한때 종교의 아우라를 지닌 채 권위를 누리던 과학은 이제 그 옛 영화를 잃은 듯하다. 기존의 가치와 이념들, 실천의 관행과 기준들의 토대가 흔들리면서 과학은 이 불안정한 동요를 일으킨 주범의 하나로 질타받는 중이다. 이 위기는 이론과 과학의 사회적 역할과 기능, 위치 등과 관련되어 있기도 하지만 기실 그 내부에서 일어나는 위기다. 과학이 자신의 대상을 외부에서 관찰한다고, 주관과 객관의 확고한 분리가 보장된다고 하던 태평기는 지났다. 관찰 행위 자체가 대상을 변형하며, 게임의 수행이 그 규칙을 바꿔낸다는 사실로 과학은 이제 그 '객관적' 지위를 의심받게 되었고 그 체계 안의 혼돈으로 인해 이론 자체가 뿌리에서 동요하고 있다.

하지만 이론과 과학이 종교와 다르다면 그것은 바로 위기의 항존성을 자신의 존재조건으로 삼는다는 점일 게다. 역사적 과학혁명들을 돌이켜 보아도 과학의 역사는 그런 내적 위기를 돌파하는 과정 자체였다. 이 과정을 통해 이론은 자신의 역사적 피구속성에 대한 인식을 심화하였고, 상상력과 모험, 새로운 실험과 창조를 독려하고 촉발하는 계기로 삼았다. 기존의 사유방식과 이론적 패러다임들에 균열이 가고 가치체계와 이념들이 여기저기서 붕괴하고 있는 오늘 우리가 다시 한번 새로운 이론적 혁명이 필요함을 느끼는 것은 그 때문이다.

새로운 이론적 혁명의 필요성이라는 문제와 그것의 실제 공정과 진행 문제는 물론 별개다. 역사적 경험들은 이론적 혁명의 진행이 단일 사건의 양상보다는 복수적 사건들의 연쇄적 진행에 가까움을 보여주고 있다. 따라서 이론적 혁명을 이루기 위해서는 그 당위성을 주장하는 데만 그치지 않고 복수적 사건들의 연쇄를 실제로 조사해야 한다. 여기에는 지배적인 이론과 과학의 패러다임 전체 구조와 한계를 살피는 일에서 이론적 생산과 소통의 사회적, 역사적 조건의 변화를 되새겨 보는 일까지가 포함될 것이다. 자명한 것으로 보이는 과학들 사이의 위계와 경계를 다시 정하는 일도 중요한 과제다. 자연과학과 인간과학의 분리, 인간과학과 사회과학, 예술에 대한 이론들간의 분리는 더 이상 자명한 것도 당연한 것도 아니다. 전지구적으로 확산되고 있는 자본주의 상품화에 따른 물질적 자극과 욕구의 증대, 정보통신망의 확산에 따른 소통의 복합화와 특수화, 자원의 급속한 낭비 등은 더 이상 분리된 요소들이 아니라 각 차원간에 '나비효과'의 파장을 주고받으며 사슬처럼 얽히고 있다. 또한 복합적 현실의 연쇄 고리 속에서 계급, 인종, 성의 문제들은 점점 더 중층적으로 '절합'되며, 생산력의 팽창과 전지구적 사용에너지의 한계용량이라는 문제와 더한층 복잡한 함수관계를 가짐이 분명해지고 있다. 21세기 개인과 사회의 운명은 이처럼 복합적이고 불확정적인 유동성을 지닌 중층적 연쇄고리에 대한 심도 있는 인식과 그에 따른 탄력있고 유연한 자기조정 능력을 어떻게 획득할 것인가에 달려 있다. 분과학문의 체계에 의해 격리되고 단자화된 제과학들의 위상과 편성을 변환하여 새로운 연쇄고리로 연결하는 것도 그래서 필요하다.

　이론적 실천의 과정도 불확정성 속에서 탄력적인 유연한 태도를 지녀야 할 것이다. 이제까지 대다수 이론은 때로는 상투화된 권위주의에 사로잡혀, 때로는 과제의 무게에 짓눌려 경직성에서 벗어나지 못하고 있다. 그러나 진지함의 외관을 쓴 경직성은 이론의 창조적 생명력을 앗아갈 뿐이다. 이론의 내적 진지함은 오히려 유머 정신, 역동적인 실험정신을 북돋운다. '진지한 과학'과 '혁명적 과학'은 '즐거운 과학'과 다르지 않다. '즐거운 혁명'이다! 명령하고 억압하는 것이 아니라 스스로 움직이게 하고 창조적 실험을 활성화하는 과학, 규범에 묶이지 않고 상상력이 넘치는 과학, 창백한 금욕의 과학이 아니라 범람하는 욕망의 과학, 순응하는 과학이 아니라 저항하고 개입하는 과학이어야 한다. 세기의 전환점에서 창백한 금욕의 과학을 떠나보내고 저항의 생명력에 넘치는 '욕망의 과학'을 맞이하자.

문화과학 이론신서 기획위원

목차

서문 • 9

제1부 신자유주의와 문화 • 17

제2부 신자유주의를 넘어서 • 161

서문

여기, 『신자유주의와 문화』라는 이름으로 지난 3년 남짓한 기간 동안 쓴 글들을 모아 한 권의 책으로 엮어낸다. 이 책은 최근 한국에서 가장 중요한 사회적 쟁점으로 떠오른 '신자유주의' 문제를 문화의 관점에서 살펴보려고 노력한 결과이다.

한국에서 '신자유주의' 문제가 비판적으로 검토되기 시작한 시점은 1997년이 아니었나 싶다. 1997년은 1980년대의 1987년처럼 1990년대 한국에서 중요한 전환점을 이루는 한 해였다. 새로운 사회 변동의 중요한 계기들이 이 해에 주어졌다. 김영삼정권이 안기부법과 함께 노동관계법을 날치기 통과한 것을 계기로 새해 벽두 민주노총이 총파업을 일으킨 것을 우선 들 수 있다. 이 총파업은 반민중적 노동정책을 도입하려는 정권에 대중의 저항이 만만치 않음을 증명하였다. 하지만 같은 해 안에 국면은 크게 전환된다. 연말에 '외환위기'가 발생하면서, 오랜 기간 동안 성장을 구가해오던 한국경제가 국제통화기금(IMF)에 긴급 구제금융을 요청하는 지경이 되면서 '위기'가 조성된 것이다.

'위기' 이후 신자유주의는 더욱 강력한 지배 이데올로기 역할을 했다. 신자유주의가 이때 처음 나타났던 것은 아니다. 이미 1970년대부터 선진 자본주의 국가에 출현한 신자유주의는 한국에서는 1980년대에 도입되기 시작하다가 김영삼정권이 출범한 이후 '세계화', '개방화' 등의 이름으로 부쩍 강화되던 터였다. 그러나 1997년 총파업이 증명하듯 신자유주의 정책이 대중의 저항을 강하게 받았던 것도 사실이다. 이런 흐름을 끊어놓은 것이 '외환위기'와 IMF 구제금융 사태였다. '위기'는 이런 점에서 신자유주의에 대한 저항을 무력하게 하는 데 기여한 셈이 된다. 김대중정권이 김영삼정권에 비해 더 노골적으로 신자유주의 정책을 펼친 것도 '위기'와 함께 출범했기 때문일 것이다.

1997년은 신자유주의에 관한 비판적 인식의 획득에 있어서도 중요한 시점이다. '위기'담론이 형성되거나 IMF의 신자유주의 공세가 아직 본격화하지는 않았지만, 총파업과 함께 진보적 지식인들 사이에 신자유주의가 문제의 핵심이라는 인식이 공유되기 시작한 것이다. 1997년 여름 〈민주와진보를위한지식인연대〉가 '신자유주의'를 주제로 강좌를 기획하여 연 것이 그 한 예이다. 내가 지금 『신자유주의와 문화』라는 이름의 책을 펴내게 된 것도 사실 그때 '신자유주의와 문화'라는 이름의 강의를 맡은 것이 계기가 되었다.

현재 우리는 사회적 세력으로서든, 이데올로기로서든, 아니면 사회정책으로서든 신자유주의를 배제하고서는 각종 사회 문제들을 생각할 수가 없다. 문화 부문의 변화를 이해하는 데에도 신자유주의에 대한 이해는 필수적이다. 신자유주의가 공세를 취하는 국면에서는 문화보수주의가 극성을 부린다. 최근의 문화 변동들을 살펴보면 이 점을 바로 알 수 있다. 1997년을 전후하여 이전 같았으면 사회적 쟁점으로는 발전하지 않았을 문화 관련 문제들이 부쩍 늘어나기 시작했다. 청소년들이 만든 비디오 작품 〈빨간 마후라〉, 만화가 이현세의 〈천국의 신화〉 등을 놓고 보수적 시민단체와 언론이 문제를 삼기 시작하고 검찰이 그에 부응하여 사법조치를 취한 것도 이때부터이다. 이런 흐름은 지속하여 최근에도 영화 〈거짓말〉이 음란성 문제로 검찰 조사를 받기도 하였다. 이런 사건들이 주목을 받는다는 것은 표현의 자유가 중요한 사회적 쟁점이 되었다는 말이다. 국가보안법을 기제로 하여 주로 사상적 저항을 감시하던 지배세력이 이제 문화적 저항도 중요한 감시 대상으로 삼기 시작한 것이다. 청소년을 음란폭력물로부터 보호한다는 명분으로 청소년보호법이 1997년에 통과된 것도 같은 맥락에서 이해할 일이다.

이런 정세 속에서 내가 한 일은 신자유주의 국면에서 문화가 어떤 변동을 일으키며, 아울러 표현의 자유에 어떤 변화를 가져오는가를 분석해보는 것이었다. 아직 이 분석을 제대로 하고 있지는 못하지만 신자유주의 지배 국면에서는 문화보수주의가 전면에 나서며 이 흐름이 신자유주의 세력의 사회 통제에 연관되어 있다는 생각에는 흔들림이 없다. 문화보수주의는 얼핏 보면 개방, 탈규제, 유연화 등을 추구하는 신자유주의와 양립할 수 없는 흐름으로 보이지만 실제로는 신자유주의에 봉사하는 문화적 흐름이다. 그것은 윤리와 도덕의 수호를 위해 음란물, 폭력물 등을 없애자는 '문화전쟁'을 일으키면서 신자유주의가 요구하는 인간형을 옹호한다. 자본주의적 삶의 방식으로부터의 일탈, 자본주의가 허용하지 않는 욕망을 드러내면 즉각 비도덕적, 반윤리적이라고 나서는 것이 문화보수주의인 것이다.

이 책은 3부로 구성되어 있다. 제1부에 실은 글들은 주로 신자유주의 문제, 특히 신자유주의가 문화와 연계될 때 일어나는 문제들을 중심으로 다룬 것들이다. 자본의 운동 전략으로서 신자유주의는 자본과 국가의 연대를 강화하며, 이 과정에서 문화 전반에도 큰 영향을 미친다. 이 책의 제목으로 잡은 「신자유주의와 문화」라는 글에서 살펴본 것도 그런 점이었다.

1부의 글들이 신자유주의가 야기하는 문화적 문제들을 주로 다루었다면 2부에 실은 글들은 신자유주의 지배로부터 벗어나기 위한 방안을 문화적 관점에서 모색해본 것들이다. 신자유주의 공세의 결과로 나타나는 가장 큰 현상의 하나는 노동이 희귀해져 노동대중이 핵심 노동인구와 주변 노동인구로 분리되고 이를 통해 '20 대 80 사회'가 만들어진다는 것이다. 신자유주의는 강력한 이데올로기적 효과를 만들기도 한다. 노동이데올로기의 강화가 그것이다. 최근 노동을 더욱 신성시하고 노동의 생산성을 최고의 미덕으로 꼽는 분위기가 형성된 것은 이 때문이다. '지식기반국가'니 '신지식인'이니 하며 고능력자를 추켜세우는 신자유주의 담론이 성행한 결과인 것이다. 그러나 이런 담론은 실제로는 노동이 희귀해진 상황에서 노동이 가치있다는 환상을 생산하는 장치일 뿐이다.

사람들로 하여금 노동을 하지 않으면, 그것도 고도의 생산성을 지닌 노동을 하지 않으면 정상적으로 살기 어렵게 만드는 사회, 그리고 아무리 노동이 비인간화하고 또 희소해졌다고 하더라도 노동의 삶을 가장 가치있는 삶인 양 만드는 사회, 즉 노동윤리가 지배하는 사회를 우리는 노동사회라고 불러야 할 것이다. 노동사회에서 사람들은 노동자, 특히 임금노동자가 됨으로써만 생존할 길을 얻는다. 노동사회는 동시에 소비사회와 짝을 이룬다. 대중을 임금노동을 하지 않으면 안되게 하는 것이 노동사회이지만, 노동시간에서 벗어난 순간 대중은 소비사회에 빠지게 된다. 노동을 통해 획득한 임금을 상품 소비를 통해 다시 자본에게 바쳐야 하기 때문이다. 자본주의는 대중을 노동과 소비의 노예로 만들고, 자본주의적 생산과 소비의 순환에서 결코 벗어나지 못하게 함으로써 대중을 지배한다.

신자유주의는 노동과 소비의 이런 연계 자체는 유지하되 이 연계로부터 벗어나는 인구의 수도 증가시킨다. 신자유주의가 만들어내는 '20 대 80 사회'는 자본과 국가가 노동자대중을 노동 유연화를 통해 핵심 노동인구와 주변 노동인구로 양분하며 전자를 소수로 전환시키는 것과 맥을 함께 한다. 이 추세가 계속되면 갈수록 더 많은 사람들이 일자리에서 쫓겨나게 된다. IMF를 졸업하여 실업률이 크게 떨어졌다고 하는 지금 시점에도 전체 노동자의 53% 이상이 비정규직으로 내몰리고 있는 것이 오늘의 상황이다. 사람들을 끊임없이 정규직 일자리에서 쫓아내면서 동시에 노동을 가장 중요한 활동으로 만드는 사회, 노동의 기회를 특권으로 만드는 사회, 이런 노동사회에서 벗어나는 길은 없을까?

제2부에 담은 글들에서 나는 노동사회에서 문화사회로 전환할 것을 제

안한다. '문화사회'는 자본주의 사회, 특히 신자유주의가 지배하는 사회가 강요하는 노동사회를 지양하기 위해 요청되는 사회를 가리킨다. 이 사회는 상품교환이 아닌 선물교환이, 호혜와 연대의 삶이, 상징적 교환이 가능한 사회로서 인간의 인간착취와 자연착취가 지양된, 인간의 능력과 욕망을 최대한 구현할 수 있는, 문화적 조건과 역량이 확대된 사회이다. 이런 사회는 그러나 아직 구현된 사회가 아니며 지금으로서는 다만 상정해볼 수 있을 뿐이다. '문화사회' 구상은 따라서 유토피아적이다. 유토피아를 꿈꾸는 것은 헛된 일일까? 현재의 상황을 철폐하기 위해서는, 오늘의 폭력적이고, 억압적이고, 불평등하고, 재미없고, 멋없는 현실을 철폐하기 위해서는 현실 극복의 욕망이 필요하다고 본다. '문화사회'의 의의는 비인간적 삶을 강요하는 오늘의 현실을 부정하는 데 있다.

그런 점에서 문화사회는 '코뮌주의'(communism)와 유사할 것이다. 맑스가 말한, "현재의 상황을 철폐하기 위한 현실 운동"으로서의 코뮌주의도 하나의 요청, 신앙에 가까운 요청이었다. 하지만 이 책에서 내가 선택한 개념은 '코뮌'이 아니라 '문화사회'이다. '코뮌주의'는 내게는 그것의 현실태였던 '공산주의'를, 그리고 '현실 사회주의' 기획에서 드러난 생산주의적 경향을 환기한다. 생산주의는 소비주의와 함께 자본주의적 생산과 소비의 연계에서 벗어나지 못하는 한계를 가진다. 하지만 '문화사회'가 '코뮌주의'를 꼭 부정한다고만 할 수는 없다. '문화사회'는 코뮌주의라면 결코 부정할 수 없는, 즉 코뮌이 가져야 할 특징적 사회상 하나를 가리킨다고 할 수 있다.

오늘 자본주의적 사회질서를 지양할 필요성은 그 어느 때보다 높아졌다. '현실사회주의'가 쇠퇴한 이후 신자유주의 세력은 더 큰 지배력을 갖게 된 결과의 참상 때문이다. 자본의 지구화와 '20 대 80 사회'의 등장으로 인류는 인간의 인간 지배와 자연 착취의 심화로 미래를 약속 받지 못할 지경에 이르렀다. 인류 문화도 다양성과 창의성이 모두 자본 축적의 수단으로 전락하고 있다. 제3부에 실은 글에서 지적하고자 한 대로 지금 지배 세력은 자본의 축적에 방해가 되는 인간적 활동을 최대한 억누르려고 한다. 신자유주의가 득세할 때 표현의 자유와 같은 기본적 권리가 침해받는 것도 자본의 운동과 인간다운 삶은 서로 양립하기 어렵기 때문이다. 신자유주의를 종식시키지 않으면 우리에게는 복지도, 사회도, 자연환경도, 미래도, 그리고 인간적인 삶도 없을 것이다.

이전에 펴낸 책들과 마찬가지로 『신자유주의와 문화』도 토론회, 학술대회, 강좌 등에 제출한 글들이 많이 포함되어 있다. 이 책에 포함된 글들의 출처와 내력은 글이 실리는 순서대로 다음과 같다.

1. 「신자유주의와 문화」. 1997년 여름 〈민주와진보를위한지식인연대〉가 '신자유주의'를 주제로 기획한 강좌에서 맡은 같은 제목의 강의에 제출한 강의안을 수정 보완한 글이다. 『자본의 세계화와 신자유주의』(김성구·김세균 외 지음, 문화과학사, 1998)에 처음 발표했다.

2. 「IMF의 신자유주의 공세와 문화변동—문화정치를 구상하며」. 『경제와 사회』(1998)에 발표한 글이다. 일본어 번역이 『시쇼』(思想)(이와나미, 2000)에 게재된 바 있다.

3. 「1990년대 한국에서 산다는 것」. 1998년 6월 23-24일 한국-유럽지식인포럼과 파리8대학 공동 주최로 파리8대학에서 열린 학술대회('오늘의 한국—문화, 정치, 경제')에서 발표한 영어 논문("Living in Korea in the 1990s: An Overview")을 번역한 글이다.

4. 「위기 이후의 한국문화」. 2000년 11월 말 파리에서 열릴 한국-유럽지식인포럼과 『르몽드 디플로마티크』지가 공동으로 개최할 학술회의에 발표하기 위해 작성된 글이다.

5. 「신자유주의와 민족문화」. 1999년 12월 10일 한국민족예술인총연합 민족미학연구소가 주최한 토론회('민족문화예술운동: 21세기 대안을 찾아서')에 제출한 토론문이다.

6. 「일본 대중문화 개방의 문제」. 2000년 7월 10일 〈문화개혁을위한시민연대〉가 주최한 토론회('일본대중문화 3차 개방과 스크린쿼터 축소 음

모´)에서 발표한 글이다.

7. 「노동거부의 사상—진보를 위한 한 전망」. 『문화과학』 16호(1998년)에 발표한 글이다.

8. 「문화사회를 위하여」. 『문화과학』 17호(1999년)에 발표한 글이다.

9. 「문화사회의 건설과 노동거부」. 『문화과학』 20호(1999)에 발표한 글이다.

10. 「21세기의 혁명—'문화사회'라는 프로젝트」. 한국민족예술인총연합 문예아카데미가 1998년 가을에 마련한 '혁명의 문화사' 강좌에서 내가 맡은 강의에 사용한 강의안을 고친 글로서 『혁명의 문화사』(이후, 1999)에 처음 발표되었다.

11. 「비자본주의 사회를 꿈꾸며」. 『비평』 2호(2000)에 발표한 글이다.

12. 「봉이 김선달과 상품사회」. 『노나메기』 창간호(2000)에 「돈의 인간 지배, 어디까지 왔는가」라는 제목으로 발표된 글을 원래대로 싣는다.

13. 「'문화적 권리'의 이해와 신장을 위한 예비적 검토」. 1999년 2월 말 제주도 서귀포에서 열린 세계인권선언 50주년 기념 토론회('한국인권의 현황과 과제')에서 발표한 글이다.

14. 「신자유주의와 표현의 자유」. 1997년 9월 10일 〈민주화를위한전국교수협의회〉, 〈민주와진보를위한지식인연대〉, 〈한국민족예술인총연합〉 등이 주최한 문화예술 검열 철폐를 위한 토론회('우리사회, 표현의 자유는 있는가')에서 발표한 글이다.

제1부 신자유주의와 문화

신자유주의와 문화

1. 문제의 설정

1) '신자유주의'라고 하는 악령이 21세기로 들어가는 문턱을 지배하고 있다. 신자유주의는 새로운 수탈과 억압과 착취와 유린의 논리이다. 그로 인해 민중의 삶이 궁핍해지고, 그로 인해 노동강도가 세지고, 그로 인해 인심이 각박해지고 또한 자연이 훼손받는다. 지배세력의 지구적 이념으로 채택되고 있는 이 신자유주의가 영향을 미치지 않는 곳은 이제 거의 없으며, 지난 4반세기 정도 사이에 일어난 정치경제적, 사회문화적 변동 대부분도 신자유주의 세력의 부상과 깊은 관련을 맺고 있다. 신자유주의는 '유연적 축적'(flexible accumulation) 전략에 따라 정치경제적 변동들을 일으킴과 아울러 그에 대한 노동계급, 여성, 청소년 등의 순종적 혹은 저항적 반응과 대응들을 야기함으로써 오늘날 삶의 형태와 방식을 크게 바꿔놓고 있다. 이는 곧 신자유주의적 문화정세도 형성되고 있다는 말인데, 1980년대 말 이후 한국사회에서 전개되고 있는 '포스트모던' 문화현상은 한국 자본의 신자유주의적 흐름과 무관하지 않은

것으로 보인다. 자본의 회전시간을 단축하기 위한 조치들이 취해지면서 일상이 축제의 분위기를 띠고 스펙터클로 전환하는 등 과거와는 아주 다른 삶의 양태들이 등장한 것이다. 새로운 삶의 양태가 등장한다는 것은 새로운 형태의 문화가 나타난다는 말이다. 오늘날 우리의 눈길을 집중시키는 대중문화 혹은 일상문화 등에서 일어나는 변동은 따라서 신자유주의의 부상과 연관하여 생각할 필요가 있다. 이런 연관의 물질적 과정은 어떻게 구성되는가? 이 글은 정치경제적 변동과 문화적 과정 사이에 있는 물질적 관계를 사고하기 위한 하나의 노력이다.

2) 여기서 문제가 되는 것은 이러한 정치경제적 변동이 문화적 과정과 어떤 관련을 맺게 되는가라는 것이다. 정치경제적 신자유주의와 문화영역에는 어떤 관계가 빚어지는가? 신자유주의가 발흥하면 우리가 흔히 문화라고 부르는 장에서는 어떤 변동이 일어나며, 이런 변동은 어떤 과정을 거치는가? 예컨대 복지국가의 해체와 함께 시장경제에서 발견되는 각종 전횡들에 대한 탈규제, 국가소유 기업의 민영화-사유화, 복지국가가 약소자를 위해 마련한 사회복지의 축소 등이 일어나면 문화의 장에서는 어떤 양상이 발생하게 되는가? 신자유주의가 논리가 문화적으로는 어떻게 구현되는가를 묻는 이런 질문은 경제적 논리가 문화를 어떻게 지배하는가를 묻는다는 점에서 자칫 환원론적 관점으로 인식될 소지가 없지 않을 것이나 나는 문화와 경제의 차별보다는 양자의 물질적 관계를 사고하기 위해 경제결정론의 혐의를 무릅쓰고서라도 문화영역이 유연적 축적에 의해서 규정되는 양상들을 살필 필요를 느낀다. 문화란 원래 경제에 의해서 결정될 수밖에 없다고 보는 입장보다는 신자유주의의 전면적 공세라고 하는 현단계 정세를 고려할 때 문화에 대한 자본의 지배를 깊이 이해할 필요가 있다고 보기 때문이다. 또한 여기서 사용하는 '문화'라는 용어가 어떻게 개념 설정이 되어 있느냐가 문제가 될텐데, 나는 일단 '문화'를 넓은 의미로 삶의 형태 혹은 방식으로 보고, 의미나 감수성 등 인간의 주체형태와 관련된 일체의 삶의

형식들을 문화의 문제로 보고자 한다. 물론 문화의 개념을 이렇게 규정하면 적지 않은 반론도 나오겠지만 여기서는 '문화'를 삶의 방식이나 형태로 규정하는 것이 옳고 그른지 따지기보다는 그런 규정이 전략적으로 얼마나 효율적인지 여부가 더 중요하다. 문화를 삶의 방식으로 보자는 것은 문화를 우리의 일상사 문제로, 일상에서 주조되는 각종 삶의 형태 문제로, 이 형태가 지닌 의미나 그것이 간직한 감동, 느낌 등의 문제로 보자는 것이다. 문화를 이렇게 정의할 때 위에서 정치경제적 변동과 문화적 과정은 더 이상 유리된 것으로 인식될 수 없으며, 정치경제적 변동은 구체적이고 일상적인 삶의 일부로 현현되는 한 그 자체 문화의 문제가 된다. 정치경제적 변동과 관련해서 우리가 제기함직한 질문들은 그래서 다음과 같지 않을까 싶다. 오늘날 삶의 조건과 양식은 어떤 변동의 조건을 가지며 이는 신자유주의 정세의 등장과 어떤 관련을 맺고 있는가? 신자유주의가 생활과정에서 가져오는 변동은 어떤 도덕적 함의를 지니며 구체적인 삶 속에서 어떤 갈등과 대립을 불러 일으키는가? 신자유주의의 유연적 축적에 따른 정치경제적 변동은 인간의 정체성 형성에 어떤 새로운 조건들을 부가하는가? 자본의 자유로운 이동이 허용되는 상황에서 문화의 경계선을 이루곤 하는 국경의 초월 현상이 삶의 전반에서 만연할 때 문화는 민족적 특징을 그대로 유지할 수 있는가? 또한 유연적 축적에 따라서 감수성, 가치관 구성의 새로운 조건들이 나타날 경우 어떤 유형의 인간들이 출현하게 되는가? 대중의 욕구와 욕망의 증대를 초래하는 신자유주의가 삶의 현장에서 대중으로 하여금 더 많은 자유를 요구하게 되면 지배세력은 거기에 대해 어떤 반응을 나타내게 될 것인가? 신자유주의 정세의 형성으로 시장화 경향이 강화됨으로써 이윤추구가 지상의 가장 중요한 가치가 될 때, 전통적으로 인식되는 문화나 예술은 어떤 개념 변화를 겪으며, 문화예술은 산업과 어떻게 연계되는가? 유연적 축적으로 인한 문화적 생산의 과정은 어떤 변동을 겪을 것인가? 이 글에서 나는 신자유주의적인 정치경제적 변동 속에서 문화예술이 겪게 되는 물질적 과정의 변동을 따지는 이런 질문들을 문제로 삼아 논의를 전개하고자 한다.

2. 신자유주의 축적전략

1) '신자유주의'는 1970년대 이후 그 모습을 본격적으로 드러내고, 1980년대에 이르러 전세계적인 지배력을 과시하기 시작했으며, 1990년대에 이르러서는 다양한 형태의 도전을 받으면서도 여전히 그 영향력을 잃지 않고 있는 '보수적 자유주의'의 한 형태이다.[1] 신자유주의 이념은 19세기의 고전적 자유주의가 사회주의 세력의 도전을 받아 자체 수정하여 나타난 '진보적 자유주의'를 취소하면서 등장한 것으로서 특히 케인즈적 자유주의를 취소하며 등장한 자본축적의 새로운 전략이다. 신자유주의는 "사회적 관계의 총체를 시장경제적 관계에 적합하게 개편하거나 종속시킬 것을 요구"한다는 점에서 "사실상 자본의 증식운동과 자본의 경쟁논리에 사회 전체를 종속시키려는 요구"인데, 그런 점에서 그것은 "그간의 혁신자유주의적인 민중통합적 구조 개편을 무효화시키고 자본운동의 자유를 극대화시키려는 데에 방해가 되는 일체의 정치적-사회적 제약을 폐기하려 한다."[2] 오늘날 이 신자유주의가 세계적으로 등장한 것은 국가독점자본주의 체제에 근거한 축적전략의 수정이 전반적으로 진행되고 있다는 것을 말해준다. 지난 시기, 특히 2차 세계대전 이후 세계는 동서를 막론하고 국가독점자본주의 성격을 띠고 있었는데, 서구의 경우 그것은 자본과 국가의 결합 형태를, 동구의 경우는 당과 국가의 결합 형태를 띠고 있었다. 그러나 1970년대 이후 국가독점자본주의 체제가 구조적 축적 위기를 맞게 되면서 국가-당의 사회지배를 꾀하던 현실사회주의는 붕괴하였고 자본주의 진영에서는 진보적 자

---

1) '보수적 자유주의', '혁신자유주의' 혹은 '진보적 자유주의' 등의 개념에 대해서는 김세균, 「신자유주의 정치이론의 연구경향과 문제점」, 『이론』 15호, 1996년 여름/가을, 47쪽 참고.
2) 같은 글, 50쪽.

유주의 국가 모델인 케인즈주의적 복지국가가 해체되면서 신자유주의가 상승하는 국면이 조성되었다. 현재 세계 곳곳의 정치는 신자유주의 경제정책을 추진하는 신보수세력의 의해 주도되고 있다. 신보수세력은 '복지국가'가 지배적 사회형태로 있었던 혁신자유주의적 혹은 사민주의적 타협이 지속되던 시기에는 보수세력의 주변부에 배치되어 있었으나, 1970년대부터 보수세력 내부에서 헤게모니를 쟁취하기 시작하여 이후 중요한 자본주의 국가들에서 정권을 장악하기에 이르렀다. 이들 보수세력은 영국, 미국, 독일 등에서 1980년대에 정권을 잡아 지금까지 그 영향력이 막강하다. 최근에 들어와서 사민주의 또는 진보적 자유주의 세력들이 정권을 다시 잡기 시작하였으나(미국의 클린턴 행정부, 영국의 블레어 노동당정권, 프랑스의 조스팽 사회당정권 등), 현재의 좌파 또는 중도 우파 정권들은 사회적 권리와 민주주의를 지키는 데에는 사민주의보다도 훨씬 더 후퇴한, 보수세력과 크게 다를 바 없는 정책들을 펼친다는 점에서 '대처없는 대처주의', '레이건 없는 레이거노믹스'는 사라지지 않았다고 할 수 있다.

2) 문화적 과정의 측면에서, 즉 삶의 구체적 양상 형성이라는 관점에서 볼 때 신자유주의가 중요한 것은 그것이 삶의 새로운 모습을 주조하는 물질적 변동을 야기하는 관건적인 조건을 제공한다는 점 때문이다. '보수적 자유주의'의 20세기 말 판본이라 할 신자유주의는 '유연적 축적'이라고 하는, 자본의 새로운 축적전략을 채택하고 있는데, 이 전략이 최근의 문화적 변동과 깊은 물질적 관련을 가지고 있다는 것이 이 글이 취하는 관점이다(유연적 축적의 문화적 과정에 대한 좀더 상세한 논의는 다음 절에서 제출한다). '유연적 축적'은 '포드주의 축적'의 대안으로 등장한 자본의 새로운 축적전략이다. 20세기 초에 도입되었지만 2차대전 이후에야 본격적으로 가동되기 시작한 '포드주의 축적'은 동서의 국가독점자본주의 체제가 공히 채택한 축적 전략이었으나 1970년대에 이르러 구조적 위기를 맞게 되었다. 포드주의 체제는 대량생산 대량소비

를 지향하며, 경제 위기가 발생하면 주로 국가가 주도하는 수요 창출 조치(국가 기간산업 육성이나 도로 건설 등 대규모 공사)를 통하여 극복하려는 정책적 경향이 있는데 1970년대에 이르러서는 그와 같은 방식이 더 이상 효과를 거두지 못하게 된 것이다. 이 결과 현실사회주의 국가들의 구사회주의 세력은 거의 궤멸하였고, 자본주의 진영에서는 유연적 축적전략을 채택하여 포드주의 전략에 대한 대대적인 수정을 시도하였다. 오늘날 기업들은 노동과정의 변경(통합적 노동에 의한 테일러리즘의 수정), 생산규모의 조절(다품종 소량생산), 시기조절(적기 생산 및 배달) 등을 통해 포드주의가 지녔던 '경직된' 조직을 재구조화하여 유연화하는 경향이 있다. 핵심 기획인원은 조직의 중심에 그대로 배치해 놓고 있지만 불황에 대비하여 '불필요한' 인력은 일용직, 임시직, 부분고용, 하청노동 등으로 돌려 조직을 경량화하는 것도 그런 유연화 조치의 일환이다. 뿐만 아니라 국가의 기능 역시 크게 축소되고 있다. 국가의 기능을 축소하고 최소화하려는 것은 '보수적 자유주의'로의 회귀를 통해 자유방임적 경제정책을 추구하기 위함인데, 이는 자본의 운동에 가해지는 개입과 간섭을 최대한 방지하고, "자본의 증식운동과 자본의 경쟁논리에 사회 전체를 종속시키"기 위해서다. 그런데 복지국가가 제대로 성립된 적이 없는 한국에서 유연적 축적이 진행된다는 것은 새로운 변동이 '진보적 자유주의' 즉 케인즈주의 혹은 사민주의 국가의 건설의 경로를 통하지 않고 이루어짐을 의미한다. 이로 인하여 한국에서 자본은 국가의 개입과 간섭, 혹은 사회의 통제로부터 거의 완전한 자유를 확보하고 있는 셈이고, 문민정부 이후 독점 자본 위주의 경제정책을 공공연히 펼쳐지는 것도 이런 맥락에서 이해된다. 어쨌든 유연적 축적의 결과로 사회 전체가 시장으로 바뀌고 있다. 철도, 복지 등 국가 기간산업이나 공공서비스 영역이 사유화되거나 민영화되는 사례가 늘고, 공공서비스를 하는 정부 기관이 기업처럼 이윤을 남기거나 경쟁논리를 따라야 한다는 요구도 커져가고 있다. 결국 이런 경향은 모두 유연화 축적이 진행되는 국면에서는 국가, 노동, 자본의 3주체 중 자본이 가장 능동적인 역할을 하게 됨을, 그리고 그동안 자본의 영향권에서 벗어나 있는 많은 삶의 영역들이 이윤추구의 장으로 전환되고 있음을 말해준다. 이제 자본은 생각할 수 있는 거의 모든 것을 상품화하고 있다. 맑은 공기나 물, 풍경과 같이 향유의 대상으로 제공되던 자연 자원들이나 시골 인심, 우정, 사랑과 같이 비생산관계에 포함되어 있던 인간관계들, 나아가서 지식의 생산이나 예술적 창조 행위 등 자본의 직접 영향에서 벗어나 있던 인간활동들 등이 상품으로 전환되거나 상품관계 혹은 상품생산에 포섭되는 경향이 강해지고 있는 것이 그 증거이다.

3) 거의 모든 사물들, 대상들, 실천들, 관행들을 이윤 축적의 수단으로 만들고 있는 신자유주의 자본은 이윤 추구를 위한 '이동의 자유'를 훼손하는 조치들을 폐기하고자 한다. 이런 점은 현단계 자본이 국가 단위 내부에 정착하기보다는 자유로운 국경 이동을 선호하는 데서도 확인되고 있는데, 이런 점에서 신자유주의는 19세기 자유주의 전통을 강하게 이어받고 있지만 그 복사판은 아니라고 할 수 있겠다. 19세기 자본 역시 '자유방임'을 요구하는 자유주의가 우세했지만 20세기에 들어와 사회주의 혁명의 위협에 직면하고, 제국간 전쟁을 겪으면서 노동과 일정한 타협을 이루게 되어 '복지국가' 혹은 '케인즈주의 국가'를 형성하는 데 참여하였다. 또한 19세기 경제적 자유주의의 주요 목적은 봉건적 경제를 해체하고 국민경제를 강화하는 것이었지만 신자유주의는 규제가 없는 세계경제를 위해 정부 규제가 심한 국민경제를 약화하려 하거나 혹은 국민경제적 한계들을 넘어서려고 하며 특히 초국적자본을 지향한다. 신자유주의 세력이 정부 규제들이나 사회적 프로그램들을 가능한 한 많이 제거하려고 하는 것은 일국의 한계를 벗어난 자본의 활동처로서의 전지구적 자유시장을 형성하기 위함이다. '탈규제'의 슬로건을 내세우는 신자유주의는 자유주의, 특히 진보적 자유주의가 현실로 인정한 것까지 거부함으로써 이전의 복지국가 건설에 참여한 '진보적' 자유주의와 일정한 거리를 두고 있다. 2차대전 이후에 제대로 가동되기 시작

한 복지국가 모델은 대규모 국가, 대규모 자본, 대규모 노동의 타협이라는 '포드주의적' 3자간 타협을 기반으로 하고 있었고 국민경제의 성격을 강하게 가지고 있었다. 신자유주의 정세의 형성과 유연적 축적전략 출현은 이런 포드주의 축적방식에 전략 수정이 가해짐을 보여준다. 과거 포드주의적 축적 시기와는 달리 오늘날 자본은 국가의 주도에 의한 수요 창출에 의존하기보다는 세계시장으로의 자유로운 진출을 목표로 국내시장의 '한계'를 극복하고자 한다. 자본은 이제 세계은행(IBRD)이나 국제통화기구(IMF)만이 아니라 우루과이라운드(UR), 세계무역기구(WTO), G7, OECD, 유럽연합(EU), 북미자유무역협정(NAFTA), 아태경제협력기구(APEC) 등 전세계적, 혹은 권역 경제협약기구들을 운영하고 있다는 점에서 국민경제의 틀을 넘어선 경제운영을 할 수 있는 조건들을 갖추고 있다. 자본은 이전처럼 국가간 경쟁을 통해 증식하는 것만이 아니라 국가들로 하여금 관세장벽 등으로 국내시장을 보호하는 조치를 폐지토록 함으로써 국경 이동을 쉽게 만든다. 자본은 국가와 국가 간 경계만 쉽게 넘을 뿐 아니라 국민경제 내부마저 지구화하는 경향을 띠고 있어서 과거 국민경제의 틀 안에 갇혀있던 지방경제가 세계경제와 직접 교류하는 경향도 커지고 있다. 한국에서 이런 경향은 김영삼정권이 들어서면서 실시한 지방자치제도가 가동됨으로써 본격화되고 있는데, 이는 지방정부가 기업화하는 경향을 가지게 된 결과이기도 하다. 중앙정부의 통제력 정도에 따라서 자본은 지방과 세계를 이동하는 데 상대적 제약을 받게 되겠지만 과거에 비해서는 국경 초월이 훨씬 수월해졌다.

4) 자본의 유연적 운동은 자본의 지배에 저항하는 노동운동의 약화를 꾀하며 노동의 힘이 약해지는 것과 비례하여 그 힘을 발휘한다. 이는 곧 유연적 축적이 자본에 의한 계급투쟁이라는 말이다. 자본의 '자유'는 자본의 정처와 정체를 모호하게 만들며, 축적에 유리한 공간이동을 하는 자유를 얻게 하는 효과가 있지만 동시에 자본을 사회적 책임으로부터 해방시키는 효과를 갖는다. 자본이 국가와 노동의 역할을 대신

하는 경우도 다만 자본이 기존의 3자간 타협을 깨기 위해서, 운신의 자유를 더 많이 확보하기 위한 목적일 뿐이다. 복지국가 시절 자본은 국민경제의 틀 속에 놓여 있었지만 이제 자유로운 이동을 통해 국가나 노동으로부터 오는 제약을 피하는 것이 상대적으로 쉬워진다. 자본은 국가에 대해, 그리고 노동에 대해 유리한 위치에서 협상을 벌이려 하며, 그 성공 정도에 따라 국가는 자본의 이동을, 노동은 협조를 약속하는 식으로 자본에게 더 많은 자유를 주게 됨으로써 자본이 무소불위의 권력을 휘두르게 되면, 복지국가가 부족하나마 구축해 놓은 사회보장, 사회적 권리 등을 취소하는 사례가 늘어난다. 노동자의 고용이 유연화됨으로써 노동운동 역시 위기를 맞게 되는데, 이는 대체로 핵심노동력과 주변부노동력의 분화로 인한 노동자계급의 단결이 약화된 결과이다.[3] 노동운동이 퇴조하게 되면 노동강도의 강화는 필연적이 되며, 하청노동, 일시고용, 재택근무, 혹은 무노조공장(주로 노동착취공장sweatshop) 등에서의 착취는 더욱 노골적이 될 수밖에 없다. 물론 다른 한편 핵심노동력으로 분류되는 층에서 혜택을 누리는 자들('여피')이 나타나기도 하지만 이들은 더 이상 사회개혁을 요구하는 세력이 아니다. 신자유주의적 축적이 아무런 도전을 받지 않고 진행되는 곳에서는 노동조건의 악화, 삶의 궁핍화가 필연적이며, 특히 신자유주의 경제정책의 결과로 복지국가가 해체됨에 따라 사회보장 등 사회적 공공성이 소멸되고 있는 상황에서 대중과 민중의 삶은 더욱 열악해질 수밖에 없다. 물론 신자유주의 운동이 아무런 저항을 받지 않고 진행되는 것은 아니다. 유연적 축적이 진행될수록 대중의 삶이 열악해지면 자본의 운동에 대한 저항은 갈수록 커질 것이며, 대중적 지지도 필연적이다. 지난 수년간 프랑스, 캐나다, 미국, 멕시코 등에서 대규모 파업과 농민 저항이 일어나고, 국내에서 1997년 초반 사상 최대의 노동자총파업이 발생한 것은 저항

---

3) 참고로 TESCO사는 컴퓨터를 활용하여 150여개의 서로 다른 작업유형을 개발하여 실시하고 있다고 한다. 동일한 사업체에서 이런 식의 노동자 분할이 노동자의 단결에 치명적인 결과를 가져 오리라는 것은 명백하다고 본다.

이 이제 거의 전지구적으로 빈발함을 보여준다. 그러나 신자유주의의 유연적 축적이 지속되는 한 국가나 지방자치체가 앞장서서 순종적인 노동시장을 제공하려고 하며, 자본은 조직되지 않고 순종적이면서 동시에 고능력을 갖춘 노동력을 제공하는 노동시장에 접근하기 위하여, 즉 공간적으로 유리한 입지를 차지하기 위하여 노력하게 된다. 이런 점에서 신자유주의 운동은 자본의 계급투쟁이요, 노동계급에게는 결코 놓쳐서는 안될 투쟁의 대상이다.

3. 유연적 축적의 문화적 과정

1) 신자유주의적 유연 축적이 취하는 전술의 하나는 자본의 회전시간을 단축하는 것이다. 자본이 더 빨리 회전되기 위해서는 상품의 생산만이 아니라 특히 소비가 촉진되어야 한다. 최근 들어와서 디자인과 광고와 같이 소비를 촉진하는 기술이 발전하였고 또한 그 부분의 경제적 활동이 많아졌는데 이런 활동은 중요한 문화적 함의를 가지고 있다. 오늘날 일상을 지배하고 있는 이미지의 만연 현상이나 문화적 기호들의 범람, 거리풍경의 스펙터클화가 나타나는 것이 자본축적 운동이 문화적 성격을 가짐을 잘 보여주고 있다. 소비의 촉진과 판촉 활동의 증가는 수많은 사람들을 광고매체로 활용하는 방식으로도 나타나며(T셔츠에 찍힌 상품광고), 특히 일상적 움직임의 가속화 현상을 추동한다. 불황이 지속되어도 밤풍경이 그 화려함을 잃지 않는 것이나 과소비가 그치지 않는 것도 유연적 축적에 따른 소비의 절대적 필요 때문이다. 동시에 회전시간 단축의 필요성은 내구재 상품만이 아니라 한 번 쓰고 버리는 일회용 상품의 대대적인 소비를 촉진하고 일회로 생산과 소비가 종결되는 행사(events)가 끊임없이 이어지게 한다. 이로 인하여 유연적 축적이 일어나는 곳은 데이비드 하비의 지적대로 '즉흥성과 일시성'이 일상을 지배하는 경향이 커지고 있다.[4] 시간단축은 스타일, 동작, 세태 등이

4) 일시성과 즉흥성의 강화에 대해서는 데이비드 하비, 『포스트모더니티의 조건』,

현란함, 경박성, 경쾌함 등의 특징을 갖게 하며, 전반적으로 삶의 가속도 현상을 만연시킨다. 오늘날 문화를 빛의 논리 또는 시각문화가 지배하는 것도 이런 맥락에서 이해할 수 있는데, 예컨대 1980년대 말 이후 한국 대중음악의 음속이 빨라진 데서 그런 경향이 확인된다. 랩풍 대중음악의 출현이 증명하고 있는 음악에서의 가속현상은 음향예술에 대한 시각문화의 지배로 더욱 강화되는 측면이 있다. 시각문화의 원료라 할 빛은 일초에 300여 미터밖에 전달되지 않는 음과는 비교할 수 없이 빨리 이동한다. 서태지든, D.J. DOC이든 김건모든 모두 '코디'를 중시하고 하나 같이 음악에 시각적 효과를 불어넣고자 춤을 동반시키는 것은 빛의 요소 혹은 시각문화적 요소를 비시각문화에 도입하여 속도를 증가시키고 있는 사례이다.5)

2) 유연적 축적은 하비가 말한 '시공간 압축'(time-space compression)에 의하여 지원 받는다. 시공간의 압축은 자본의 더 빠른 이동을 위한 경향으로서 정보기술의 발전에 의해서, 그리고 다양한 문화적 현상들의 파급에 의해서 강화되고 있다. 마셜 맥루한이 '지구촌'이라는 개념을 통해 지구를 조그만 마을로 인식한 지 얼마 안되어 지구는 안방의 규모로, 아니 안방에 있는 TV 화면이나 컴퓨터 터미널의 크기로까지 압축되어 인류는 이제 언제든 지구상 어디서나 상호 접속을 할 수 있게 되었다. 실 시간대 접속의 일상화로 시장은 이제 시공간적 제약을 벗어나게 되었고, 자본의 광속도 이동을 가능하게 하는데 베어링은행과 일본 도꾜은행의 금융사기사건이나 타일랜드의 바트화 폭락도 이런 맥락에서 이해될 것이다. 최근의 금융 사건이나 위기는 가치의 비물질화로 인해 생기는 측면이 크다. 가치가 지폐처럼 휴대와 보관이 필요한 물건 형태로만이 아니라 전자적으로 결제되는 신용 형태로 존재할 수 있기

구동회·박영민 역, 한울, 1994를 참조할 것.
5) 현대문화의 속도 문제에 대해서는 졸고, 「화면과 속도」, 『문화과학』12호, 1997년 가을, 그리고 「도시와 일상의 속도전」을 참고하라.

때문에 해외 금융시장에 대한 즉각 개입이 가능하기 때문인 것이다. 최근 하이퍼텍스트가 출현하여 책의 물질성에 변동을 일으키는 것도 같은 맥락에서 이해될 수 있을 것이다. 하이퍼텍스트는 종전에 텍스트를 저장하던 책이 지닌 물질성과는 다른 물질성을 가지며, 이로 인해 책이 제공하던 텍스트의 위치나 정처가 불분명해진다. 텍스트가 전자적으로 존재할 경우 무한 복제가 가능하며 이로 인해 그 소유권과 관련된 엄청난 변동이 발생하기도 한다.6) 정보의 이런 전자화로 말미암아 자본이동은 광속도를 갖게 되고 이 결과 자본운동은 자본의 초민족화만이 아니라 민중적 삶의 결을 변동시켜 '세계화'를 조장하기도 한다. 이로써 나타나는 중요한 한 효과는 탈지역화(delocalization) 현상이 심화된다는 사실이다. 현재 우리 주변에는 세계 도처의 상품과 산물들이 모여들고 있어서 백화점의 식품점이나 24시간 편의점만이 아니라 심산유곡의 사찰 입구에 놓인 좌판 위에까지 외국산 물품들이 진열되는 판이다. 각자 고유한 산물과 상품을 생산하던 지방들도 이제 '경제성'이 없는 한 자신의 혈연과 지연에 연연하여 전통적인 고유 산업을 무조건 보호하려 할수 없게 되며 따라서 외래 작물이라고 해도 적극 도입하여 특용작물로 가꾸어야 한다. 이와 같은 삶의 탈지역화(delocalization)가 심화되면 지연과 혈연에 기반을 둔, 안정되어 있지만 인습적인 인간관계는 지속되기 어려워지고, 새로운 결연적(affiliative) 관계의 구축이 필요해진다.7) 자본의 자유로운 이동과 그에 따른 노동력의 이동으로 인하여 그동안 '단일민족'의 가상을 안정적으로 유지해올 수 있었던 한국사회에는 이제 해외 동포의 귀국이나 역이민 현상만이 아니라 외국인 노동자의 유입 등으로 인해 인구구성에서 큰 변동이 일어나고 있다. 최근 예고되고 있는 국적법의 개정으로 여성 명의로 호적 입적이 가능하게 되면 국제결혼의 사례도 늘어나게 될 것이므로 다민족사회로 전환될 소지도 생

6) 하이퍼텍스트의 문제에 관해서는 졸고, 「디지털시대의 문학하기」, 『문화과학』 9호, 1996년 봄을 참조하기 바란다.
7) '결연'과 관련해서는 졸고, 「유사도시, 역공간, 사이버공간—결연의 실험장」, 『공간, 육체, 권력』, 문화과학사, 1997, 197-201쪽 참고.

겨났다. 국내 거주 외국인 수가 증가한 것만이 변화의 요소는 아니다. 내국인 역시 탈고향 이주의 경험이 급증하여 전통적인 혈연과 지연에 입각한 인간관계의 구성은 갈수록 가상적인 성격을 강하게 띠게 되고 타자들간의 연대 필요성이 커지고 있다. 이런 점에서 탈지역화는 한국 사회가 지금까지 경험하지 못한 새로운 다양성의 원리들을 개발할 것을 강요하게 된다.

3) 신자유주의의 유연적 전략이 성공하게 되면 자본의 영향력은 갈수록 커지고, 전통적으로 노동과 자본이 하던 사회적 역할들을 자본이 맡는 경향이 늘어나 사회 전반에 '기업문화'가 확산된다. 복지국가의 해체, 정부의 공적 기능 약화, 사회복지의 축소는 기업 활동에 대한 사회적 제약이 약해짐을 의미하며 과거 기업에만 국한되는 것으로 간주되던 이윤지상주의, 무한경쟁과 같은 가치들이 사회에 만연하게 되는 것이다. 기업가적 가치들의 확산은 사회 곳곳에 자본주의적 경쟁의 논리를 만연시키면서 행정과 같이 사회적 서비스를 제공하는 영역에까지 경쟁을 부추기는 효과를 가진다. 관료 사회에도 "기업에서 배우자"는 구호가 난무하여 관료의 기업가화가 추진되고, 중앙이든 지방이든 정부의 수반과 그 휘하의 관리들이 마치 회사의 간부처럼 행세하는 세태가 나오는 것은 그 때문이다. 도시에서 소비경관들이 다투듯 일어나는 것도 상권 경쟁과 연결되어 있기도 하지만 동시에 도시간 혹은 행정구역 간 경쟁과 같은 지방자치체들 간 경쟁이 극심해지고 있는 것과 무관하지 않다. 기업문화는 노동조합의 활동에까지 영향을 미치고 있다. 노동조합이 해오던 노동자이데올로기 교육을 기업이 장악하는 사례가 늘고 있고, 최근 일부 회사들은 '사내대학'의 형태로 대학교육까지 제공하겠노라고 나서고 있다. "기업가주의는 경영행위뿐만 아니라 도시 통치, 비공식부문 생산의 증가, 노동시장의 구성, 연구 개발 따위에 이르는 다양한 삶의 영역들까지 특징짓고 있으며, 더 나아가 학문과 문학, 예술 생활의 밑바닥까지 속속들이 침투해 있다"는 하비의 말이 그래서 실감

을 주고 있다.[8]

4) 유연적 축적은 문화를 산업화하는 경향이 크다. 문화산업은 선진 자본주의 국가에서는 1920년대에 본격적으로 나타나기 시작하였는데, 이는 유효수요의 확대를 위하여 자본이 문화에 투자하기 시작함으로써 나타난 현상이다. 그러나 세계대전을 겪는 동안 문화산업이 크게 위축될 수밖에 없었기 때문에 문화산업의 본격화는 포드주의 생산양식이 본격적으로 가동되기 시작한 2차 세계대전 후를 기다려야 했다. 그런데 포드주의체제에서 역시 문화는 자본과 간접적인 관계 속에서만 파악되었다고 할 수 있다. 이 당시는 "자동차와 선박, 운송설비, 제철, 석유화학, 고무, 소비재 전자제품, 건설 따위가 경제성장의 동력기관 노릇을 하였다."[9] 이런 제품들은 내구재 성격을 띠고 있다는 점에서 1970년대 이후 등장한 유연적 축적에서 등장하는 문화적 과정과는 다르다. 서비스산업보다는 물질적 생산이 중요하던 포드주의적 부흥기에는 산업노동자의 활기차지만 안정된 삶이 대중적 삶의 양식의 전형이다. 미국의 경우 교외생활(suburban life)과 관련된 라이프스타일이 관심의 초점이 되는 것도 그 때문이다. 미국에서 문화예술산업이 본격화되는 것은 이윤이 내구재 형태의 상품에서만이 아니라 서비스 제공이나 이미지 생산 등의 영역에서 일어나기 시작할 때부터인데 이것은 유연적 축적이 일어나는 시기와 거의 일치한다. 세계적으로 새로운 축적구조가 가동된 것은 브레튼우즈 조약의 파기와 오일쇼크가 일어났던 1970년대 초 이후이다. 이때 금융자본이 산업자본에 비해 우위를 차지하게 되고 경제의 국가적 경계가 허물어지는 현상이 급속도로 진행되었다. 한국의 경우는 세계자본주의의 구조조정에 따라서 박정희정권이 중공업육성 정책을 펼치면서 포항제철을 건설하기 시작한 시기이지만 당시 한국은 주변부포디즘 체제에 편입되던 시기였으므로 문화산업을

---

8) 하비, 앞의 책, 219쪽.
9) 같은 책, 176쪽.

꽃피울 시기는 아니었다. 한국에서 문화의 산업화가 시작된 것은 소비자본주의가 본격 가동되기 시작한 1980년대 이후라고 할 수 있을 것이다. 현재 한국의 영상소비의 규모나 음반시장의 규모는 세계적이며, 1990년대 이후 SBS가 개국하고 케이블TV 방송국, 지역 방송국 등이 개국하면서 대중매체는 거대한 시장이 되어 민영화의 길을 걷고 있다. 문화산업화는 문화와 예술의 상품화를 통해 문화에서 자본축적의 기회를 창출하기 위해서 추진되는 운동이다. 정부의 문화정책 수립을 지원하는 문화개발원이 "문화는 산업이다"라며 문화의 상품화를 적극 추진하고 있는 것을 보면 국가 역시 이 운동에 적극 동참하고 있음을 알 수 있다.

5) 문화산업화에 의한 문화의 상품화는 기존에 자율적 영역으로 남아 있던 예술의 상품화라는 의미가 크다. 예술은 18세기 중반 이후 산업혁명기에 과거 기예(arts)로 남아있던 문화생산물이 기계화로 인하여 점점 더 산업화에 종속되던 것을 거부하였던 생산 부문이라고 할 수 있다. 예술이 산업적 기계생산을 거부한 것은 기계생산이 노동과정의 혁신을 통해 기존의 문화예술 생산방식을 바꾸는 과정에서 과거보다 더 조야한 결과를 냈던 데 따른 당연한 반발이었다. 예술이란 기계가 범접하지 못하는 인간 고유의 창조영역이라는 가상이 만들어지고, '예술 이데올로기'(Art as ideology)가 등장한 것은 이런 맥락에서다. 19세기 말, 20세기 초까지 예술은 산업화, 기술화에 저항하는 주요 거점이 되었으며, 모더니즘의 아방가르드 운동은 예술의 상품화에 맞선 거대한 운동이 되기도 했다. 한편 이 예술은 자본의 축적 논리에 대한 저항지점의 역할을 하면서 그 고유한 논리를 개발할 필요가 있었기 때문에 '예술의 자율성'이라는 가상도 만들어졌다. 문화의 산업화는 이런 가상을 깨면서 예술생산양식을 새롭게 재편하는 자본의 운동이다. 과거 문화는 자율적 영역으로 보호받기도 하였고, 특히 예술교육이나 예술진흥의 형태로 '사회보장'의 일조를 받았지만 현재 문화는 자본축적의 또 다른 시장

으로 제공되고 있다. 상품의 예술화가 고부가 상품을 만드는 중요한 수단이 되면서, 자본축적의 새로운 개간지가 되고 있는 것이다. 예술의 자율성은 자본에 의한 예술의 직접 장악보다는 보호의 대상으로 만드는 원리로 작용하였지만 이제 자본은 예술을 더 이상 자유롭게 놓아두기보다는 직접 관리하여 경영함으로써 이윤을 창출하는 상품 또는 그 상품을 생산하는 재료로 간주하는 경향이 커지고 있다. 신자유주의 시장에서 예술시장의 규모가 엄청나게 커지는 것은 이런 이유 때문이다. 문학은 베스트셀러를 제작하는 자원이고, 미술은 화랑의 이윤 창출의 계기요, 음악 역시 거대한 음반산업을 낳고 있다. 이것은 모더니즘 예술이 상품화 경향에 저항하던 것과는 아주 다르며 모더니즘 예술이 제도교육에서 경전화되어 운영되고 있는 것과도 구별되는 새로운 현상인데 우리는 이것을 예술이 자본축적의 중요한 영역으로 전환되었다고 이해할 수밖에 없을 것 같다.10)

6) 문화예술의 생산과정에도 변동이 생기고 있는 것으로 보인다. 기업에서 유연적 축적이 기획의 중요성을 강화한다는 것은 이미 지적한 바 있다. 현재 초국적자본은 자율성, 창의성을 필요로 하면서 고부가를 내는 첨단산업에 진출해 있고, 여기에 필요한 노동력은 고도의 능력을 갖춘 노동력이다. 최근 국내 대학사회에 불고 있는 개혁도 이처럼 새롭게 요청되는 노동력을 양성하기 위한 몸부림인데, 변화된 노동과정(예를 들면 '모듈러 셀'을 도입한 생산라인)에서는 통합적 능력이 과거보다 더 많이 필요하다. 기업조직의 유연화 과정에서 살아남는 핵심요원들이 기획과 변신의 능력을 갖추기 위한 통합적 지식이 필요한 것처럼 육체

---

10) 물론 예술이 여기서 설명하는 것처럼 무기력하게 자본에 의해서 장악되기만 하는 것은 아니다. 예술이 자본 등에 의해 지배되지 않는 창조적 동력을 가지고 있다는 점에 대해서는 국내의 민족문학론자들 경우처럼 예술 이념을 옹호하는 많은 사람들이 아직도 강력하게 주장한다. 민족문학론과는 다른 견지에서 예술의 창조적 힘을 주장하는 입장에 대해서는 졸고, 「문학의 힘, 문학의 창조성—탈근대문학론을 위하여」, 『문화과학』 13호, 1997년 겨울을 참고하기 바란다.

노동 현장에서도 다기능과 통합적 능력이 요청되는 것이다. 이 과정에서 창의적인 활동과 개인들에 대한 보상이 주어지고 여피문화 또는 문화대중이 형성된다. 더 중요한 것은 이 과정에서 구상과 실행의 새로운 배분이 발생한다는 점이다. 예술이나 학술처럼 전문분야의 경우 생산자들은 자신의 생산수단을 가지고 구상의 기능까지도 전담했다고 할 수 있는데 노동과정과 생산과정의 변동에서 구상과 실행의 분할점이 이동하면서 위상이 바뀜을 경험하고 있다(하이퍼픽션 제작이나 캠코더에 의한 영상제작의 경우). 아울러 기존 분야들의 분류방식도 해체되면서 분과학문체제나 장르체제는 위기에 빠지며, 고급문화와 대중문화 사이에도 기존의 구분선이 흐려져 새로운 관계 조정이 일어난다. 고급문화는 이제 더 이상 지배적 문화가 아니거나 전에 없는 위기를 맞고 있다. 대중음악의 수익성 증가와 영향력 강화, 베스트셀러 시장의 확산으로 인해 '예술음악'이나 '본격문학'의 위축은 이제 돌이킬 수 없게 되었고 순수예술의 과거 지배적인 위상도 예술제도(예술교육제도, 비평제도, 예술시장)의 보호만으로는 유지하기 힘들게 되었다. 오히려 순수예술의 시장 투항 현상이 빈번해지면서 '예술의 대중화'는 더 이상 비난의 대상이 아니다. 이런 변화는 기술의 변동과 함께 대중의 감수성이 거대한 변화를 겪으면서 예술의 수용이 전과 다른 경로를 따르기 때문인 것으로 보인다. 문화소비자로서의 대중의 위상이 격상하고 이에 대해 문화산업은 수용자를 판매전략에서 중요한 계기로 삼지 않으면 안된다. 면밀한 시장조사, 적기 출하, 컴퓨터에 의한 재고 조절과 같은 유연적 생산 기획이 문화예술생산 과정에도 그대로 적용되는 것이다. 이에 따라서 기획적 능력은 예술생산에서도 핵심적인 지위를 부여받게 된다. 개별예술가의 스타화가 늘어나는 것도 이런 기획의 효과이다. 파바로티나 도밍고 등 '탁월한' 개인들이 세계적 스타가 되어 문화산업의 주인공이 되는 경향이 크게 늘어나는 것은 그들을 상품으로 기획하기가 상대적으로 더 쉽기 때문이다. 물론 이것은 현단계 개별 인간들의 능력이 갖는 위력과 그것이 발휘되는 방식이 바뀌었기 때문이기도 하다. 현대는 복제양 돌리의 합성에서 보듯이 한 연구자의 '업적'이 인류의 운명에 지대한 영향을 미칠 수 있는 시기가 되었다. 박찬호 등의 스타화에서 보듯 개인의 능력은 전자매체에 의한 즉각적으로 소비되어 대중에 대한 영향력이 더욱더 커진다.

7) 신자유주의의 유연적 축적 전략이 문화적 과정으로 전환되어 나타날 때 주목할 대목의 하나는 인간 정체성의 형성과 관련된 새로운 조건이 등장한다는 점일 것이다. 케인즈주의적 자유주의 혹은 진보적 자유주의가 지배 이념으로 작용하던 시기인 국가독점자본주의 축적체제 하에 사회적 지배를 추동하는 중요한 기제는 '이데올로기국가장치들'이라고 할 수 있다. 알튀세르에 따르면 근대사회에서 가장 중요한 이데올로기국가장치들은 가족과 교육 장치이지만 20세기 말의 시점에서는 이 쌍두마차에 대중매체라는 제3의 장치가 추가되어야 할 것으로 보인다. 자본주의 대중문화를 지배하고 있는 이 대중매체는 가족장치 및 교육장치와 함께 오늘날 인류의 정체성들을 규정하는 강력한 기제로 작용하고 있다.11) 그런데 가족-학교-대중매체라는 3장치 구도는 신자유주의적 축적 전략과 연관지어 생각하면 가족-교육장치의 쌍두마차가 움직이던 시기와는 다른 효과를 만들어내고 있는 것으로 보인다. 이데올로기에 의해서 호출되는 주체는 언제나 민족주체라는 발리바르의 주장도 역시 이런 관점에서 보면 일부 수정이 필요한데, 이는 유연적 축적이 지배하는 신자유주의 국면에서 문화의 초민족화 현상이 강화되기 때문이다.12) 민족문화는 문자문화에 의존하는 경향이 크다. 문자문화가 민족문화의 기반이 되는 것은 문자문화는 민족언어를 필요로 하며 이 민족언어는 민족국가가 아니면 실시하기 어려운 대중교육이 실시하는 언어정책의 결과로 사회구성원에게 전수되기 때문이다. 언어매체가 번

---

11) 이데올로기국가장치로서 대중매체의 역할과 그것이 학교교육과 맺는 관계에 대해서는 졸고 「대중문화, 주체형성, 대중정치」, 『문화론의 문제설정』, 문화과학사, 1996을 참고하기 바란다.
12) 에티엔느 발리바르, 「민족형태」, 『이론』 6호, 1993년 가을 참조.

역이라는 근본적 변형을 겪지 않고서는 주로 국경을 경계로 삼는 언어권들을 넘나들기 어렵고, 외국어 해독능력이 없는 일반대중에게 접근하기 어렵기 때문에 생겨나는 결과이기도 하다. 민족문화가 소설, 신문 등 인쇄매체에 크게 의존하는 것 역시 그런 이유 때문이다. 그러나 민족언어와 민족문화가 문화를 주도한다는 것은 더 이상 설득력이 없으며, 특히 대중문화 분야에서는 거의 확실히 끝났다고 할 수 있다. 현재 대중문화는 위에서 언급한 대로 시각문화가 지배하는 양상을 띠고 있으며, 이로 인하여 문자문화의 주도 속에 진행되던 민족문화 기획은 큰 타격을 받게 된다. 시각문화는 그 매체적 특성상 번역이라는 매개 과정을 거치지 않고 즉각 수용되고 소비되는 측면이 강해 민족문화적 경계들을 쉽게 넘나든다. 영화, TV, 비디오, 인터넷 등으로 유통되는 영상들은 이제 신자유주의의 상품처럼 국경의 장벽을 넘기 위하여 민족문화의 지역적 혹은 제한적 특성보다는 세계적인 소비를 위한 제국적 특성을 갖추는 경향이 커지는 것이다. 문화제국주의적 현상은 물론 사진, 영화가 등장한 20세기 초에 이미 나타났지만 최근에 들어와서는 전자혁명의 여파, 그리고 문화산업의 급성장으로 이미지나 문화적 기호들의 범람으로 더욱 강화되어 만연하고 있다. 오늘날 청소년을 중심으로 한 인구의 상당 부분이 새로운 취향과 감수성을 갖게 되어 복잡한 정체성을 형성하고 있는 것은 언어교육을 수행하며 민족적 정체성의 안정적 형성을 위한 기재로 작용하던 교육장치가 대중매체의 도전을 받고 있는 데서 나온 결과라는 측면이 크다.

4. 신자유주의적 '탈구들'과 문화적 함의

1) 신자유주의는 사회복지를 해체함으로써 사회적 공공성을 약하게 한다는 점에서 반사회적 세력이지만 그에 따른 사회적 문제들을 도덕적으로 비난하는 전술을 취함으로써 자신에게 오는 비난을 회피하려 한다. 복지국가 사회정책의 보호 아래 자율적 영역으로 남아 있던 영역

들은 신자유주의의 상승과 함께 자본축적의 대상이 된다. 오늘날 자연경관이 부동산 투기의 대상이 되고 과거 공짜로 제공되던 자원이나 서비스들이 상품으로 전환하고, 소비자본주의적 대중문화가 만연하고 성이 상품화되고 있는 것은 그 때문이다. 문화의 상품화는 세태, 성풍속도, 일상의 재조직을 일으켜 기존의 도덕적 가치나 전통적 감수성과 일정한 긴장과 충돌을 유발한다는 점에서 신자유주의적 변동들 사이에 탈구를 일으킨다. 경제적 자유를 극단적으로 추구하는 신자유주의가 정치도덕적으로는 보수주의자로 변신해야 하는 것도 그런 탈구의 한 양상이다. 오늘날 신자유주의 축적논리가 침투한 문화영역에는 TV의 폭력, 영화 등의 선정주의, 대중문화 곳곳에 등장하는 일탈의 모습들이 보여주는 것처럼 '자유의 팽배'가 나타나고 있지만 신자유주의 세력 스스로는 가족, 전통, 생명의 존중을 내세우며 도덕의 옹호자로 자처하는데 이는 보수주의의 발로이다. 레이건이 정권을 잡은 이후 가족의 가치를 내세우고 범죄와의 전쟁을 선포한 것도 신자유주의의 도덕적 보수주의를 보여준 한 사례이다. 가족의 가치는 이후 미국 대통령 선거에서 부시와 클린턴의 대결에서 나타난 것처럼 중요한 쟁점이 되었다. 후보들의 여성편력 문제도 쟁점이 되어 후보들을 탈락케 하기도 했고(게리 하트 상원의원), 클린턴의 경우는 대통령이 된 이후에도 상처를 주고 있다. 이런 현상은 개인의 도덕적 성실성 정도를 기준으로 정치지도자의 자격을 평가하는 것이기도 하지만 동시에 사회적 책임의 문제를 개인의 문제로 환원하는 것이기도 하다. 한국에서 도덕주의는 신자유주의 경제정책을 본격적으로 내세운 문민정부 이후 부쩍 많이 나타나고 있으며 최근 한국사회가 기존에 경험하지 못하던 청소년문제 등을 겪게 되면서 나타난 우파 시민운동에 의해서 사회쟁점화되고 있다. 손봉호교수가 주도하고 있는 도덕주의 운동이 이를 대변하는데, 도덕운동은 사회구조적 문제를 개인적 도덕 결함으로 치부함으로써 근본적 문제를 비껴간다. 1980년대 중반 이후 미국에서 소위 '문화전쟁'이 일어나고 있는 것도 같은 맥락에서 이해된다. '문화전쟁'은 가족이나 생명의 이념과 같은 '전통적 가치들'을 내세우며 종교적 근본주의자들과 같은 신우익 (the New Right)이 복지국가의 사회보장 제도에 의존하는 인구나 혹은 그들이 보기에 타락한 도덕적 가치를 전파하는 문화예술인들에 대해 무책임한 사회의 쓰레기로 혹은 사회적 탕아로 몰아붙이는 탄압 행위이다. 이 '문화전쟁'은 그러나 문화영역에서 발생하는 자유의 독점을 위한 전쟁이다.

2) 복지국가의 해체와 세계경제의 건설이 신자유주의의 경향이지만 신자유주의가 국민경제를 완전히 없애는 것은 아니며 그렇게 하는 것이 가능하지도 않을 것 같다. 이에 따라 미국의 경우 타국에 대해서는 무역장벽 철폐를 주장하지만 동시에 수퍼 301조를 동원하여 자국이익을 배타적으로 지키려고 한다. 1980년대 말에 금융위기로 인하여 은행들이 도산하기 시작하였을 때 미국 정부는 은행들에 금융지원을 하여 위기를 모면케 하였다. 이런 것은 초국적자본의 운동이 여전히 민족국가의 지원을 받고 있음을 말해주는 것으로서 자본의 양면과도 같다고 해야 할 것 같다. 자본의 초국적 운동과 민족국가 의존은 서로 상반된 운동인가, 탈구인가, 혹은 보완적인 것인가는 여전히 쟁점이다. 여기서 문제는 자본의 지구화 전략과 국가주의의 모순적 관계이다. 자본의 축적논리로서 신자유주의는 초국적자본의 자유로운 통행을 위해 초민족화 경향을 보이지만 이 자본의 통행이 자국 내 민중의 삶을 담보로 하는 것인 만큼 필연적인 사회적 공공성의 약화로 인하여 일어날지도 모를 민중적 저항에 대비하기 위하여 집단적 가상을 만들어낼 필요가 있다. 대처는 연설을 할 때 거의 반드시 "나는…"이라는 표현 대신 "우리는…"이라는 표현을 골라 씀으로써 개인 및 정파의 신념이나 입장을 집단, 공동체의 입장인 것으로 제출하였다고 한다.13) 스튜어트 홀에 따르면 대처주의는 전통, 영국다움, 체통(respectability), 가부장제도, 가족, 민족 등 옛 가치들로의 회귀를 뜻하며 이런 가치들로 구성되는 가상적

13) Norman Fairclough, *Language and Power*, Longman, 1989, pp. 176-182 참조.

정체성에 의해 '호명받은'(interpellated) 영국 민중은 대처가 제시하는 정치적 일정이 반민중적인 데도 전폭적으로 지지하였다.14) 자본의 초민족화를 추진하는 신자유주의 세력이 국가이데올로기를 포기하지 않는 것은 이런 효과 때문인 것으로 보인다. 영국의 대처정부가 '국민 교과과정'(the National Curriculum)을 만들어 국민의 총화를 꾀하려 든 것이나, 레이건 이후 미국에 국수주의 바람이 불고 쿠바 등지에서 온 이민 인구가 많은 플로리다주에서 영어 사용을 의무화하는 법안을 통과하려는 움직임이 있었던 것은 모두 국가주의로 사회적 파편화에 대응하려 한 시도이다. 따라서 국민경제의 한계를 뛰어 넘으려는 자본의 운동이 진행되는 와중에서도 '국가경쟁력'은 여전히 중요한 구호가 되고 국가의 안위를 지킨다는 명분이 중요해져 극단적 국수주의적 이미지를 띤 '람보'를 닮은 필립 노쓰 중령과 같은 인물이 대중적 우상이 되는 것도 같은 맥락에서 이해된다. 대처가 포크랜드 전쟁(1983)을 '과감히' 벌인 것이나, 레이건 정부와 그 이후 미국 정부가 기회 있을 때마다 '미국의 이익'을 지킨다며 소규모 전쟁을 피하지 않았던 것도 같은 이유 때문이다. 신보수주의 강력 정부는 따라서 군사대국화를 확고하게 추진하여 오늘날 미국은 '자유의 수호자'만이 아니라 최근 『타임』지의 특집 제목처럼 '지구깡패'(a global bully)가 되고 있다. 물론 이런 경향은 미국에만 해당하는 것은 아니며 일본과 중국이 군사대국화를 추구하고 있는 것도 같은 맥락에서 이해할 수 있다. 신자유주의 자본의 유연전략과 신보수주의의 국가주의 사이에는 이러한 모순이 존재한다.

3) 신자유주의는 경제적으로는 국가의 책임을 회피하는 '작은 정부'를 지향하지만 정치-군사적으로는 오히려 '강력한 정부'를 지향하며, 특히

---

14) 홀에 따르면 대처주의의 성공은 그것이 전통적인 관점에서 보면 이익을 대변해주지 않는 사회 세력들 사이에서도 인기를 끌었기 때문이다. Stuart Hall, "The Toad in the Garden: Thatcherism among the Theorists," in Cary Nelson and Lawrence Grossberg, eds., *Marxism and the Intertpretation of Culture*, Macmillan, 1988, pp. 35-57.

통제사회를 구축하기 위한 국가적 개입을 서슴지 않는다. 경제적 신자유주의자인 레이건이 집권 초부터 소련을 '악의 제국'으로 규정하면서 카터행정부가 추진해오던 군비축소협상을 중단하였고 이른바 '별들의 전쟁'을 추진함으로써 C^3I에 입각한 군사기술의 첨단산업화를 일으킨 것도 그가 추진한 '작은 정부'가 결코 '약한 정부'가 아님을 보여준다. 첨단기술은 비단 군사적 목적에만 사용되는 것은 아니며 오히려 사회적 통제체제로 이용된다. 신보수주의가 사회적 통제를 강화하려는 가장 큰 이유는 경제적 신자유주의로 인한 사회적 권리의 축소와 해체에 따른 민중의 저항에 대비하기 위함이다. 여기에는 유연적 축적으로 인하여 두 가지 상반되는 정체성들 혹은 계급들이 형성되고 있다는 사실이 크게 작용한다. 최근 국내에 '오렌지족', '폭주족' 등 전에 없이 '멋대로, 꼴리는 대로 노는' 청소년의 수가 급증하고, 여성의 문화적 진출이나 동성애자 등의 '커밍아웃'이 빈번한 것은 이제 상식이 되었다. 그러나 새로운 다양한 정체성들이 등장하는 가운데서도 '오렌지족'이나 '여피족'처럼 신자유주의 국면에서 과실금을 챙길 수 있는 쪽과 '탱자족' 혹은 '지존파', '막가파', '폭주족', '펑크족'처럼 배제되는 집단들이 생기고 있다는 사실은 사회를 통제하는 입장에서는 매우 중요한 사실이다. 특히 신자유주의 경제정책의 여파로 해고자 수가 급증하고 사회복지에 대한 요구가 커질 수밖에 없는 상황에서 사회적 통제는 자본주의 체제의 존립과 밀접한 관련을 가진다. 미국에서 '마약과의 전쟁'이 선포되고, 한국의 노태우정권이 '범죄와의 전쟁'을 선포한 것은 단순히 존재하는 범죄에 대한 치유책을 추구하는 차원이라기보다는 국가나 사회가 범죄라고 규정하는 것이 기실 '정상화된'(normalized) 사회적 현상들임을 인정하는 것과 다를 바가 없다. 마이크 데이비스가 분석한 데에 따르면 현재 미국의 주요 도시들은 전산화된 감시망을 통해 범죄와의 전쟁을 수행하는 우주경찰이 활동하고 있다. 최근 한국 정부가 전자주민카드제도를 도입하기 위하여 주민등록법을 바꾸려고 하는 것도 같은 맥락에서 이해된다. 결국 신자유주의는 일정한 수의 여피들을 만들어내지만 동시에 이 과정에 편승하지 못하거나 편승을 거부하는 펑크들을 만들어낼 수밖에 없기 때문에 일상에서 대중에 대한 통제를 강화하지 않으면 안되는 형편에 처해 있는 것이다. 오늘날 삶이 한편으로 전례 없을 정도로 자유롭고 화려하며 퇴폐적이면서 동시에 억압적이고 탄압적인 것은 이런 이유 때문이다.

4) "이행의 뿌리는 깊고 다양하다. 그러나 비록 그 인과성의 방향이 없기는 하지만(있다 해도 약간일 뿐이다), 포디즘에서 유연적 축적으로의 이행과 이러한 이행 사이의 일관성은 꽤 뚜렷하다. 우선, 보다 유연한 자본운동은 포디즘 아래에서 길러진 한층 경직된 가치들이 아닌 것들, 즉 모던한 생활의 새로운 것, 유동적인 것, 순간적인 것, 일시적인 것, 그리고 우연적인 것들을 강조한다. 그에 따라 집단적 행동이 더더욱 어렵게 되며(사실상 이것이 노동통제 강화의 궁극적 목적이었다) 엄청난 개인주의가 포디즘에서 유연적 축적으로의 이행에 있어 필요조건으로(비록 충분조건은 아니지만) 기능한다. 결국 새로운 기업형태 및 혁신, 기업가주의 등을 통하여 새로운 생산체제가 자리를 잡게 되었다. 그러나 일찍이 짐멜(Simmel)이 주장했듯, 바로 그러한 분절화와 경제적 불안정 시기에, 안정된 가치에 대한 욕구로 인해 가족, 종교, 국가와 같은 기초제도들의 권위가 더욱 강조된다. 그리고 1970년경 이후 서구세계 전역에 걸쳐 이를(즉 기초제도의 권위를) 표현해준 제도와 가치들에 대한 지원이 크게 되살아났다."15) 이 약간 긴 인용문이 말해주듯 유연적 축적에 의해서 주조되는 삶의 방식은 모순으로 가득 차 있다. 급속한 변화를 향한 강력한 추동과 지속적인 것에 대한 향수가 맞물린 채 돌아가는 것이 유연적 축적으로 이행하는 시기의 삶의 모습인 것이다. 우리는 이런 현상들과 앞서 언급한 몇 가지 것들을 가리켜 오늘날 삶의 탈구 현상들로 볼 수 있을 것이다.

---

15) ibid., pp. 219-220.

5. 저항지점들의 모색

1) 신자유주의 경제정책과 유연적 축적으로 인하여 현재 자본의 공세가 과거 어느 때보다도 강력해지고 있기는 하지만 현재의 국면이 자본에게만 일방적으로 유리하게 작용한다고 할 수는 없을 것이다. 이미 언급한 대로 신자유주의는 경제, 도덕, 정치, 이데올로기, 문화 등에서 수많은 탈구현상들을 보이고 있다. 이는 신자유주의가 늘 위기를 안고 움직인다는 말이며, 신자유주의가 현재 지배적인 이데올로기가 되고 있는 것은 이런 탈구를 조절하는 능력이 뛰어나다는 말이지만 동시에 진보세력의 개입이 불가능하지 않다는 말이기도 하다. 신자유주의는 사회적 공공성을 약화시키고, 도덕적, 문화적 보수주의 성향을 가지고 있다는 점에서 평등과 자유를 축소하고 대중의 다양한 기본적 인권을 탄압할 가능성이 높다. 국내에서 '범죄와의 전쟁' 등을 빌미로 통제사회를 구축하고자 전자주민카드 제도를 도입하려 하고, 한총련을 불법단체로 규정하는 등 결사와 집회의 자유를 사사건건 억압하는 사례가 많은 것은 지배집단이 대중을 잠재적 범죄자로 취급하는 일로서 우리 사회가 기본 인권을 제대로 보호하지 않는다는 징표이다. 이런 경향은 자본에 대한 국가의 통제가 축소되는 가운데 복지제도가 총체적으로 해체되고 있는 신자유주의 국면에서 사회적 통제가 갈수록 심해짐을 보여주는데, 이럴 때일수록 자유와 평등을 회복하려는 노력이 필요하다. 이런 노력은 물론 자본의 운동에 의해서 희생되는 사람들의 불만을 정확하게 파악하고 그 불만을 조직하며, 신자유주의와 신보수주의가 짓밟는 기본적 권리를 회복하는 일을 포함할 것이다. 그러나 이런 운동이 옛 복지국가를 회복하려는 방식으로 일어나서는 안될 것으로 보인다. 복지국가 모델은 자본주의 모순을 극복함에 있어서 사민주의적 타협으로 나온 미봉책이었을 뿐 진정한 해결책은 아니었으며 신자유주의의 공격을 받아 해체될 만큼 내부에 문제를 많이 안고 있었다. 복지국가가 구축된 것은 사회주의 세력의 도전에 직면하여 자본이 내놓은 일종의 양보책의 결과

로서 복지국가에서 민중은 요구의 주체라기보다는 시혜의 대상인 측면
이 강하였다. 신자유주의 국면에서는 복지국가가 제공하는 '시혜들'이
축소되고 있지만 민중과 대중이 할 일은 그 시혜를 늘이는 것만이 아니
라 오히려 더많은 요구를 하는 것이, 즉 자유와 평등과 같은 인간의 권
리를 최대한 요구하는 노력이 필요하다.

2) 신자유주의적인 문화적 과정의 출현이 사회문화운동의 '전선' 또는
절합 지점을 이동시키고 있다는 사실을 중시해야 할 것 같다. 유연적
축적으로 삶과 사회의 거의 모든 분야에서 자본의 운동이 진행된다는
것은 과거에는 예상하지 못하던 지점에 정치경제적 실천들이 확산되어
있으며, 따라서 정치적 저항이 전통적으로 정치 영역으로 규정되는 곳
에만 한정되지 않는다는 말이기도 하다. 개인의 스타일이나 취향, 성적
인 경향과 같은 사적인 부분까지 정치적 함의를 갖게 되며, 가정이나
교육현장, 텍스트와 이미지 등 거의 모든 삶의 지점들이 정치적 실천의
현장이 되는 것이다. 이는 정치가 국회와 같은 단일한 공공영역에서만
존재하는 것이 아니라 복수적으로 여러 층위에서 진행되는 현상이며,
따라서 정치를 복수적으로 이해하는 것이 필요함을 말한다. 정치의 국
지화(localization)는 실천의 부분화를 대동하며, 미시적 실천의 중요성
을 증가시킨다. 대의(大義)를 위한 대의(代議) 정치보다는 부분적인 실
천이 중요하다는 것은 여러 측면에서 확인되고 있는데, 위에서 언급한
'개인 스타'의 등장도 복제양의 개발처럼 개인연구자나 실천가의 전문
적 활동이 그 자체로 사회 전체의 삶에 중대한 영향을 미치기 때문이
다. 이렇게 보면 지식인의 활동도 대의를 대변하는 보편적 지식인의 형
태보다는 자신의 전문적 영역을 주요 실천의 장으로 삼는 방식이 되어
야 할 것이다. 하지만 아울러 운동이 전문 영역에 국한되는 분과주의적
이고 파편화된 실천으로 전락하지 않도록 하기 위해서는 다양한 실천
들의 네트워크 구축이 필요하며 하나의 실천 현장이 그 자체로 복잡하
게 구성될 필요가 있다. 이는 망상조직상의 한 결절점을 통과하는 선들

이 반드시 복수일 수밖에 없다는 사실에서 연유하는 자연스런 결과로서 하나의 현장이 복잡성을 지닌다는 말이기도 하다. 이런 관점을 취하면 노동운동이나 사회운동이 지금처럼 포디즘에 따른 조직 구도를 고수하기만 하는 것이 능사인 것만은 아니라는 생각으로 이어진다. 현재 운동조직이 어떠해야 할지 분명히 말할 수는 없지만 전선의 복잡함에 대응할 수 있게끔 복잡성의 원칙을 수용해야 하지 않을까 싶다. 유연적 축적이 우리에게 시사하는 전략적 의미도 생각할 필요가 있다. 유연적 축적이 자본의 전략이라는 점에서 그것을 그대로 수용할 수야 물론 없으나 노동조직을 유연화할 필요성을 검토해볼 시점이다. 기업의 유연적 구조를 통해 노동자들의 조직인 노동조합이 붕괴되고 있음을 볼 때 조직 유연화에 맞서는 저항 방식이 일괴암적인 형태를 고집하기도 어렵다. 유연적 전략을 노동운동이, 사회운동이 수용해야 할 것인가? 유연화 국면을 "타고 넘어서는"(on and against) 방식의 대응이 필요하지 않은가 싶다.

3) 유연적 축적이 대중과 민중에게 노동강도를 높이는 등 고난을 제공하지만 동시에 기회도 제공한다는 점을 인식하고 새로운 정체성, 감수성을 배척하려고만 해서는 안될 것으로 생각한다. 민족문화의 해체, 문화산업의 등장 등은 그 자체로 악이라기보다는 '대중의 진출'의 한 형태일 수도 있다. 특히 전통적 진보세력이 지녔던 엄숙주의, 경건주의 또는 노동중심주의는 대체로 '죽은 노동'의 가상에 입각한 것일 수도 있는 만큼 오히려 쾌락, 노동거부, 육체적 욕망의 증진 등을 새로운 일상의 원칙으로 받아들이려는 사람들의 수가 많아지는 것이 바람직하다. 이런 점에서 1980년대 진보운동의 주축을 이루었던 청년세대가 지금 어떤 변신을 하고 있는지 살펴볼 필요가 있을 것이다. 그들은 구진보의 정체성을 그대로 고집하고 있는지 아니면 새로운 욕구와 욕망을 가지게 되었는가? 진보운동의 활성화를 위해서는 새로운 세대의 참여가 필수적인데, 선배 세대가 현재 20대가 지니고 있는 감수성을 전향적으로 수용

하지 못하면 진보운동의 승계가 이루어지기는 어려울 것이다. 물론 새로운 감수성을 지닌다는 것으로 모든 문제가 해결되는 것은 아닐 것이다. 유연적 축적 구도에서 생겨나는 '여피' 또는 '문화대중'의 경우가 그점을 분명히 보여주는데, 노동과정에서 상대적 우위에 처한 이들 '고능력대중'이 사회의 진보에 과연 생산적인 역할을 할 것인지는 의문이다. '문화대중'은 일탈이나 저항의 군중이 아니라는 점에서 오히려 유연적 축적을 지속시키는 데 기여할 것으로 보이는데, 그와는 달리 폭주족이나 '문제아들', '나쁜 아이들'이 자유주의에 항거하는 대중이다. 유연적 축적 과정에서 나타나는 문화예술적 감수성의 변동에 관심을 가져야 하는 것도 이런 암묵적 반자본주의자들의 역할을 중시해야 하기 때문이다. 그러나 중요한 것은 이런 암묵적 행동 양태들을 명시적 행동으로 전환시키는 것인데, 이를 위해서는 대안, 저항에 대한 논의의 활성화, 쟁점들의 담론화가 필요할 것으로 보인다.

4) 자본주의적 생산양식이 문화적 과정과 연결되어 있고, 문화적 실천의 다양한 측면들과 절합되어 있다는 점을 고려하게 되면 새로운 형태의 변혁운동이 갈수록 절실해짐을 알 수 있다. 신자유주의가 노동운동의 약화를 꾀하면서 새로운 착취의 조건을 만들어내고 있고, 나아가서 전통적으로 비상품적 관계가 지배하던 비자본적 영역들을 포섭함으로써 자연 자원들까지 자본축적의 수단으로 삼음에 따라서 인류 전체는 새로운 위기를 맞고 있다. 이러한 자본의 운동에 대한 투쟁은 노동운동이 주도하는 계급투쟁에 의존해야 함은 자명하지만 이 투쟁은 동시에 문화정치, 성정치, 환경운동과 같은 투쟁들과 '절합'(articulation)을 이루지 않으면 안될 것이다. 신자유주의적 지배 국면이 계속될 경우 타격을 받는 것은 비단 노동자들만이 아니라 학생, 주부, 환경, 청소년 등도 엄청난 타격을 받게 될 것이고 민족문화도 역시 크게 손상 받을 것이다. 신자유주의가 문화의 장에서 새로운 감수성을 만들어내고, 새로운 정체성들을 구성하는 중요한 계기가 되고 있음을 생각할 때 오늘날

운동과 투쟁의 주체들은 전통적으로 생각하는 노동자계급으로로만 구성될 수 없다. 신자유주의에 대한 투쟁은 하나의 노선으로 묶이지 않아 '소음'과 '이견'과 '차이'가 드러나게 되겠지만 이런 이질적 요소들을 포함하는 복잡성의 원칙을 발견하는 방식이 되지 않으면 안될 것이다. 이런 점에서 1980년대에 시작된 '사회구성체' 논쟁의 재개와 사회적 인식에 대한 '총체적' 논의의 재구성이 필요하다. 사회구성체론은 1980년대에 불붙기 시작하여 한국의 지식인 문화에 커다란 반향을 불러 일으켰지만 대체로 총론과 원론에 머문 한계를 가져 사회현상을 구체적으로 분석하는 데까지는 이르지 못하였으며, 더군다나 문화정치와 같은 새로운 운동의 가능성을 사고하는 '복잡성의 이론'으로까지 발전하지는 못하였다. 새로 재구성되는 사회구성체론은 총체적이되 환원적이지는 않은 절합의 관점에서 사회를 이해하고 분석해야 할 것이다. 신자유주의 정세의 노골화는 정세에 대한 분석을 총체적으로 할 것을 요구하고 있지만 동시에 문제의 복잡성은 원론적 분석이 아니라 더 구체적이고 유연한 분석을 필요로 한다. (1997. 9)

IMF의 신자유주의 공세와 문화변동
—문화정치를 구상하며

1. 서언

1997년 말 국제통화기금(IMF)에 구제금융을 신청함과 동시에 '경제적 신탁통치'를 받게 됨으로써 우리 사회가 커다란 어려움을 겪고 있다는 사실을 부정하는 사람은 없을 것이다. 그런데 현재 상황의 성격이나 원인 또는 책임을 두고서는 보수세력과 진보세력 간, 보수세력 내부, 진보세력 내부에 서로 적대적, 대립적, 혹은 경쟁적 관계에 따른 다양하고 상반된 입장들이 제출되고 있다. 지난 10여 년간 부쩍 심해진 과소비가 문제였다느니, 사회 전반에 고비용 저효율이 만연한 결과라느니, 재벌의 한국경제 독점 때문이라느니, 관치금융이나 정경유착 때문이라느니, 김영삼정권의 무능이 문제였다느니 하는 따위는 대체로 보수적 입장의 진단과 의견이다. 반면에 진보이론 진영에서는 현상황은 노력하면 극복할 수 있는 경제위기라기보다는 자본주의적 모순이 응축된 결과로 설명하는데 여기서도 자본주의 과잉축적위기 혹은 주기적 공황이라는 쪽, 신식민지국가독점자본주의적 축적위기라는 쪽 등으로 나뉘는 듯하다. 원인이나 책임 소재를 보는 눈이 다른 만큼 위기 극복의 방향을 놓고서도 의견은 분분한 것 같다. 외자유치를 위해서는 노동운동에 대한 통제가 필요하다, 국민 모두가 허리띠를 졸라매야 한다는 의견은 보수주의적 처방이요, 기업주에게 부실 경영에 대한 책임을 물어야 한다, 재벌개혁을 단행해야 한다는 것은 중도적 입장이다. 다른 한편 진보적 입장에서는 재벌을 해체해야 한다, "국내시장, 강력한 국가조절과 사회화정책, 소득재분배정책, 국가와 공공부문에서의 민주적 통제 강화"하고 "궁극적으로는 독점적 지배와 대외종속, 외채문제를 급진적으로 해결하는 구조개혁의 길로 나아가야 한다"[1] "노동자-민중의 생존권 확보를 위한 투쟁을 과감하게 전개하고 그 투쟁을 사회구조의 민주변혁을 위한 투쟁과 확고하게 결합시켜 나가야"[2] 한다는 주장을 펼치고 있다. 하지만 이처럼 의견이 분분한 가운데서도 오늘의 상황이 '경제적' 혹은 '정치경제적' 위기라는 점에 대해서는 대체로 의견을 같이 하는 것으로 보인다. 오늘의 위기는 과연 (정치)경제적으로만 파악해야 하는가? 나는 이 글에서 'IMF문제'라고 통칭되는 우리 사회의 현단계 위기를 보는 '문화적 관점'을 제출하고자 한다.

오해가 없기 바란다. 우리 사회의 현재 위기를 문화적 관점에서 보자는 제안은 경제위기론을 문화위기론으로 대체하자는 말이 아니다. 오늘의 위기가 '정치경제적' 성격을 가졌다는 점을 부정할 이는 없다. 정부의 시장 간섭을 배제하려는 탈규제화 조치, 공공부문의 민영화 계획, 정리해고제와 파견근무제 도입을 통한 노동시장의 유연화, 관치금융 자제를 통한 시장 내 경쟁의 강화, 다양한 구조조정, 외자유치, 긴축재정과 고금리정책 등은 모두 정치경제적 조치들이요 문제들이다. 하지만 그와 함께 발생하는 사회적 변동들은 정치경제적 의미를 초과하는 경우도 허다하다. 중소기업과 대기업의 부도 및 도산의 급증으로 대량실업 사

1) 김성구, 「경제위기와 노동자운동의 대응방향에 관한 몇가지 쟁점에 대하여」, 『IMF체제와 한국사회 위기논쟁』(문화과학 게릴라총서 10), 문화과학사, 1998, 54, 55쪽.
2) 김세균, 「IMF 관리체제, 김대중정권, 그리고 노동운동」, 『IMF체제와 한국사회 위기논쟁』, 108쪽.

태가 일어나면서 가출, 기아(棄兒), 걸식, 노숙, 자살, 이민 사례가 증가하고 가정파탄이 늘고, 중산층이 붕괴하는 조짐이 나타나고 있는 것을 정치경제의 문제로만 볼 것인가? 문제 현상들이 오랜 불황과 경제 파탄에서 초래된 것임을 부정할 수는 물론 없으나 이런 현상들을 '경제위기론'의 관점에서만 설명하는 것은 경제가 '언제나 이미' 사회의 비경제적 층위들과 내재적으로 절합되어 있다는 점을 무시하게 됨으로써 위기의 복잡성을 제대로 파악하지 못할 것 같다. 경제가 결코 경제만의 문제가 아니라는 것은 '정치경제학비판' 프로젝트를 통하여 맑스가 정치와 경제 사이에 '단락'(shortcircuit)이 형성된다고 한 데서 가장 대표적으로 제시한 바 있지만, 나는 경제는 곧 정치일 뿐만 아니라 문화이기도 함을 특히 강조하고 싶다.[3]

2. 문화와 정치경제의 내재적 절합

하지만 IMF 관리체제로 인해 경제위기론이 득세하면서 경제와 문화의 연관성, 특히 정치경제의 문화 의존성에 대한 이해의 폭은 크게 축소될 것으로 보인다. IMF는 한국정부에 고금리정책, 긴축재정, 구조조정, 정리해고 확산 등을 권고함으로써 대규모 기업 도산과 실업 사태를 유발하였다. 이에 대한 우리 사회의 통상적인 대응은 '허리띠 졸라매기'로 대변되는 내핍과 절약 태도를 대중의 생활 규범으로 제시하는 따위이다. 금 모으기 운동으로 표출된 애국심 고취나 방송사 등이 중심이 되어 실시하는 실업기금 모으기와 같은 고통분담 등의 국난 극복의 태도들, 지난 10여년 동안 크게 확산된 과소비와 같은 소비자본주의적 행태나 관성들에 대한 반성적 태도들이 대거 등장한 것이 그 증거일텐데 이로 인해 통상 우리가 문화부문이라 하는 영역도 크게 위축되었다. 그

---

3) 정치, 경제, 문화의 내재적 결합 관계에 대한 이론적 고찰에 대해서는 심광현, 「맑스주의의 전화와 탈근대적인 급진적 문화정치의 전망」, 『탈근대 문화정치와 문화연구』, 문화과학사, 1998 참고.

동안 자주 벌이던 외국인 초청 공연의 취소 사례가 늘고, 출판유통업계의 부도로 출판사들이 어려움에 처하는 등 문화예술계의 살림이 어려워진 것이다. 이런 상황에서 '문화'는 어떻게 사고되고 있는 것일까?

혼히 등장하는 문화에 대한 태도는 3가지 정도로 보인다. 첫째, 예술 지상주의 혹은 문화중심주의로서 아무리 경제가 파탄이라지만 예술과 문화는 소중한 것이니 꼭 지켜야 한다는 입장이다. 예술을 통한 인간의 해방을 꿈꾸며 문화예술의 자율성과 독자성을 강조하는 이 관점에서는 정치경제와 문화의 관계는 외재적으로만 파악되기 때문에 오늘의 경제 위기는 정치경제 전문가들의 책임일 뿐 문화와는 근본적으로 무관한 것이 된다. 예나 지금이나 예술하는 사람은 곤궁한 법인데 경제위기가 닥쳤다고 달라진 것은 없다는 태도지만 정치경제와 문화의 내재적 관련을 사고하지 못하는 한 오늘의 위기를 사고하는 데 크게 도움은 되지 않는 태도다. 둘째, 현국면에서 문화 부문은 제일 먼저 지원이나 배려에서 뒷전에 밀려나야 하는 대상으로 이해하는 관점이 있다. '금강산도 식후경'을 읊조리며 문화를 삶의 치장품 혹은 장식품으로 보는 이 견해에서 문화와 정치경제가 서로 얽혀 있으며 문화발전 없이 경제발전이 있을 수 없다는 사실, 문화가 인간적 삶의 조건이자 그 풍부성을 담보하는 동력이라는 사실이 인식될 리는 없다. 여기서 문화는 정치경제와 언제나 다른 시간과 공간에 존재하는, 정치경제의 현장과 동떨어진 곳에 존재할 뿐이다. 셋째, 문화의 생산성을 인정하는 관점도 있기는 한데, 김영삼정권이 이미 수립하였고 김대중정권도 그대로 계승하는 정책 지침이 되고 있는 '문화산업론'이 그것이다.[4] 여기서 문화는 경제부흥의 기반이자, 상품의 부가가치를 높이는 중요한 수단으로 이해되고 있다는 점에서 일견 그 중요성이 크게 인정되는 듯 보이나, 문화가 정치경제의 도구로 인식되고 있다는 면에서는 문화장식론과 크게 다를 바 없다. 정치경제와 문화의 관계를 설정하는 이상 세 가지 관점에서 문화는 자족

---

4) 예컨대 김대중의 대통령 취임사에는 김영삼정권에서 구성된 '문화비전2000' 위원회가 제출한 문화산업론이 거의 그대로 반영되고 있다.

적이거나(문화중심주의), 보호받아야 할 대상이거나(문화장식론), 정치경제를 위한 도구(문화도구론)일 뿐이다.

이 결과 문화와 정치경제를 내재적 관련 속에 보는 관점, 즉 정치경제의 위기는 곧 문화위기며, 문화를 배제한 채 정치경제가 온전하게 작동할 수 없다고 보는 관점은 소멸되고 만다. 국제통화기금의 구제금융에 의한 탁치경제 상황에서 문화론이 기여할 수 있는 것은 이런 통념적 인식을 비판하고 교정하는 일일 것이다. 문화와 정치경제의 내재적 관계를 따지기 위해서는 무엇을 문화로 볼 것인가, 즉 문화 개념을 어떻게 설정할 것인가가 중요한 문제가 된다. 나는 잠정적으로 '문화'를 인간의 육체적-정신적-감성적 혹은 지적-윤리적-감성적 가치나 의미, 취향, 또는 역량 등을 둘러싼 개인적이거나 집단적인 사회적 실천들—표현(창작, 생산), 학습, 계승, 관리, 소통, 교환, 분배, 오락 등—과 그 배치—고급 혹은 대중 예술, 학술, 교육, 대중문화, 일상생활, 전통적 삶, 문화산업, 일상, 여가 등의 형태를 띠는—를 둘러싼 문제로 보고자 한다.5) 문화를 이처럼 복합적으로 해석하는 것은 고도의 정신적 감성적 실천으로 치부되는 예술이나 학술은 물론이고 넓은 의미로 삶의 방식까지 문화 속에 포괄하여 생각할 필요가 있다고 보기 때문이다.

하지만 문화를 이렇게 해석하는 데에는 특히 알튀세르가 '재생산'이라고 한 개념을 수용함으로써 (정치)경제와 문화의 내재적 관계를 좀더 정확하게 이해하기 위함이다. 알튀세르는 『자본을 읽는다』에서 맑스가 이룩한 위대한 이론적 업적은 고전경제학이 제기한 '노동의 가치란 무엇인가'라는 질문을 '노동력의 가치란 무엇인가'라는 질문으로 전환시킨 데 있다고 한 바 있다.6) 노동력은 살아있는 인간이 지닌 능력으로서 유지되고 보존되고 재생산되지 않으면 그 생명이 사라지게 되며, 따라서

---

5) '지적-윤리적-감성적 능력'에서 '윤리'는 초월적 질서 혹은 규범을 추구하는 문제가 아니라 스피노자가 그의 『윤리학』에서 사용한 의미에 따라 동물행동학(ethology)과 연관되어 있다. 이때 '윤리'는 신체를 지닌 존재로서 인간의 능력, 즉 "자기조절과 자기강화" 능력을 의미한다. 심광현, 앞의 책, 22쪽 참고.
6) 루이 알튀세르, 『자본을 읽는다』, 김진엽 역, 두레, 1991, 25-27쪽 참고.

노동력의 재생산을 전제하지 않은 노동행위란 일어날 수 없다. 맑스의 비판은 부르주아 정치경제학이 노동력의 문제를 노동의 문제로 환원시 킴으로써 '노동력의 가치' 문제를 보지 못하게 한다는 것인데, 나는 이 노동력과 그 재생산 문제가 우리로 하여금 생산양식만이 아니라 주체 화양식이나 생활양식의 문제를 동시에 생각하게 하는 실마리를 제공한 다고 생각한다. 노동자에게 지불하는 임금의 경우 정치경제학의 틀 안 에서만 보면 그것은 '노동'의 대가에 불과하겠지만 정치경제학비판의 틀에서, 그것도 생활/주체화양식의 관점과 함께 보면 "임금은 단순 임 금이 아니라 노동력 재생산을 위해 지불되는 재화의 총체이다. 노동자 의 관점에서 보면 노동력 재생산은 어떤 상품을 생산하는 과정에 투입 된 노동자의 기술적 능력만이 아니라 그의 육체와 정신, 의지와 욕망, 공장 밖에서의 일상생활의 재생산을 포함하지 않으면 안되는데(그렇지 않으면 노동자의 계속적인 생산과정에의 참여는 단속적일 수밖에 없거 나 불가능하게 된다), 이 일상생활의 재생산에는 그의 가족관계, 친구관 계, 성생활, 여가생활, 정규 및 비정규 교육, 종교생활 등 광범위한 의미 에서의 문화생활들과 제도들의 재생산이 포함되어 있다."[7) 이렇게 볼 때 노동력의 재생산에는 노동자가 자신의 생명을 유지할 뿐만 아니라 생명의 풍요로움을 위한 건강, 사랑, 신앙, 우정, 교양, 여유 등 다양한 조건들이 포함되는 셈인데, 정치경제와 문화가 내재적으로 절합되어 있 다고 보는 것은 바로 이런 이유 때문이다.

그런데 노동자에게 노동력의 재생산이 필요한 것은 반드시 그가 노 동현장으로 복귀해야 하기 때문만은 아니다. 노동력의 재생산은 노동자 생명의 재생산이고, 생명을 가진 존재인 인간이 지닌 가능성의 재생산 이며, 따라서 지적-윤리적-감성적 가치나 의미, 취미, 또는 역량의 재생 산으로서 문화의 문제이다. 인간으로서 노동자가 노동력을 재생산한다 는 것은 그의 삶을 값지게, 제대로 영위할 필요가 있기 때문인 것이다. 사실 생산현장에서 발휘되는 노동력도 노동자의 활기, 의욕, 창조성 등

---

7) 심광현, 앞의 책, 43쪽.

에 의존하며, 이런 점에서 노동력 재생산이 지닌 정치경제적 가치는 노동력의 문화적 역능에 기반을 두고 있는 셈이다. 생명을 지닌 인간만이 지적-윤리적-감성적인 가치와 의미, 취향, 역량을 지닐 수 있고 또 이런 문화적 조건을 갖춘 인간만이 고도의 노동력을 가질 수 있는 법인데, 이는 문화 안에 이미 경제가 들어 있다는 말로서, 이렇게 볼 때 정치경제를 잉여가치의 생산만으로 이해하는 부르주아 정치경제학이 어떤 부분을 배제하고 있는지는 분명해진다. 상품의 생산, 유통, 소비에 따른 이익과 권리, 권력의 문제는 경제적 문제인 것만이 아니라 정치적이면서 또한 문화적이다. 이는 경제적 활동이 생산하는 가치가 권력관계에 의해서 그 해석과 배분 등이 깊이 규정되며 또한 육체적-윤리적-감성적 가치, 의미, 취향, 역량 등에 의해서 다시 규정되고 조건지어지기 때문이다. 이런 점에서 우리는 노동현장과 권력관계에 재생산 문제가 개입되어 있듯이 문화와 정치에 이권이 개입되어 있고, 정치에 의미와 가치의 문제가 개입되어 있다고 하지 않을 수 없다. 예컨대 지역감정, 욕망, 패션-디자인-광고산업, 라이프스타일과 같은 양상에서 우리는 오로지 문화만 보는 것이 아니라 문화와 정치, 문화와 경제가 함께 얽혀 있음을 보아야 하며, 따라서 많은 경우 그 양상들에서 정치경제와 문화가 절합되어 나타남을 볼 필요가 있다.

3. IMF와 신자유주의

IMF 관리체제에서 문화연구자가 던져야 할 질문은 이제 한국사회에서 문화와 정치경제의 내적 연관이 어떻게 변동할 것인가 하는 것인데, 그 연관을 이해하기 위해서는 IMF 신탁통치로 인한 정치경제적 변동을 먼저 이해하는 것이 순서일 것이다. IMF는 주로 미국을 모국으로 하는 초국적자본의 이익을 대변하고 있다. 독점자본들이 자본운동 자유화를 위한 공세에 나선 것은 1970년대에 세계자본주의가 축적위기를 맞기 시작하면서부터지만 1980년대 영국과 미국에서 신보수주의 세력이 정권을 잡으면서 신자유주의가 득세한 것으로 알려져 있다. 한국에 신자유주의가 등장한 것은 '세계화'를 국정지표로 내세우면서 개방화, 자유화, 유연화 정책 등을 추진한 김영삼정권 시기로서 이때 정부의 조직개편, 기업들의 감량 경영, '명예퇴직' 강요 등 신자유주의적인 구조조정이 시작되었다. 그러나 신자유주의 태풍이 본격적으로 국내에 휘몰아친 것은 아무래도 김대중정권이 IMF 신탁통치를 수용하면서부터라고 해야 한다. 김대중정권은 집권 전 '사회적 시장론'이라는 경제정책을 가지고 있었으나 대통령선거 유세 기간 중 IMF와의 재협상을 주장했던 김대중 후보가 경쟁자들과 보수언론으로부터 집중 공격을 받고 재협상론을 철회한 이후 노골적으로 IMF식 신자유주의 경제정책을 실시하고 있다.[8] 신자유주의 정책은 부분적으로는 관치금융을 지양하고, 재벌을 개혁코자 하는 등 천민자본주의의 '결함들'을 수정하려 한다는 점에서 나름대로 개량적 의미가 없는 것은 아니다. 1998년 초 캉드쉬 IMF총재가 재벌개혁을 요구하자 일각에서 IMF가 국내의 일부 진보세력보다 더 '진보적'이라는 평가가 나왔던 것도 그런 맥락일 것이다. 그러나 물론 IMF는 자본의 자유, 특히 국내외 독점자본의 자유를 최대한 보장함으로써 사회 전체를 자본의 지배하에 두고자 하는 자본의 지배전략인 것이지 결코 개혁적인 주체가 아니다. 시장에 대한 국가의 통제를 없애려는 탈규제화, 노동의 저항을 최소화하기 위한 노동의 유연화, 자본 이동의 자유화, 생산의 세계화 등 IMF가 추진하는 정책들은 한결같이 초국적자본의 신자유주의적 전략의 일환인 것이다.

IMF의 관리체제로 신자유주의 세력은 과거에 비해 훨씬 더 유리한 고지를 점령하게 되었다. 1997년 벽두 김영삼정권이 노동법을 개악하고

---

8) 김성구, 「김대중 차기 정권의 기본 성격과 전망」, 『연대와 전망』, 1998년 3월호, 157-166쪽 참조(이 글은 <민주화를 위한 전국교수협의회>와 <민주와 진보를 위한 지식인연대>가 공동 주최한 정세토론회 '김대중정권의 출범과 노동자-민중운동의 진로'의 토론 문건으로 제출된 것이었다). 김대중정권이 미국을 모국으로 한 초국적자본의 이익을 관철시키는 IMF의 요구를 대폭 수용한다는 점에서 이 글에서 '신자유주의'는 미국적 신자유주의를 가리킨다.

자 했을 때 한국의 노동자계급은 총파업으로 맞서 김영삼정권과 자본에 타격을 입혔으나 IMF 신탁통치가 시작되면서 상황은 완전히 바뀌어 버렸다. 노사정협의회의 주도로 정리해고제와 근로자파견근무제가 통과됨으로써 총파업으로 막은 반노동 조치들이 그대로 법제화하고 만 것이다. 한국은 단기적으로는 구제금융을 끌어들이기 위해 고금리정책과 초긴축재정을 실시할 수밖에 없게 됨에 따라서 부도 사태로 인한 도산 급증과 소비의 급속한 감소를 경험하고 있다. 세계자본은 장기적으로는 한국시장을 잠식하고자 자본진출에 유리한 조건을 얻기 위해 시장개방화를 희망하던 터였는데, 김대중정권은 외자도입을 위한다는 명분으로 외국인의 주식이나 부동산 소유에 대한 제한 규정 등을 없애고 있는 중이다. 이런 신자유주의적 조치들은 현재 OECD에서 추진하고 있는 '다자간투자협정'(MAI, multi-lateral agreement on investment)이 계획대로 체결될 경우 더욱 심화될 것으로 보인다. IMF와 그 구제금융 수혜국간의 개별적 협상에 의해서 제시되는 수혜국의 경제정책이나 노동시장 조건의 '개혁'이 협정 체결국의 국내법으로 '정상화'할 것이기 때문이다.[9] 우리는 이미 IMF 관리체제로 인해 주가폭락, 외환급등, 기업도산, 실업자수급증, 물가앙등, 자산가치감소, 빈곤증가, 소비감소 등을 겪고 있고, 이런 경제위기에 따라 위에서 언급한 대로 가출, 걸식, 이혼, 기아, 자살, 기아(棄兒) 사례의 증가를 목도하고 있다. 중요한 사회적 기간 조직인 대학도 경영난을 겪으면서 학문과 교육 여건이 악화되고 있고, 학부제 등을 통한 대학 구조조정을 추진 중이다. 정부조직의 변동과 정부산하기관의 구조조정, 그리고 공공부문의 민영화 조치 등은 아

---

9) "MAI는 초국적 기업에게 정부의 간섭과 규제에 구속받지 않으면서 전세계를 상대로 언제 어느 곳에서나 사고, 팔고, 사업을 옮길 수 있는 무제한적인 '권리'와 '자유'를 부여하는 협정이다. 95년 이후 OECD 내에서 논의되어 왔으며, 97년 초에 초안이 나왔고, 98년 4월 OECD 각료회의에서 체결될 예정이며, 현재 협상이 진행 중이다"(이창근, 「신자유주의, IMF체제, 그리고 국제연대를 위하여」, 민주와 진보를 위한 지식인연대, 『연대와 전망』, 1998, 112쪽). MAI는 프랑스 등의 반발로 '다행히' 아직 체결되지 않았으나 금년 11월에 체결될 것으로 예상된다.

직 가시화되고 있지는 않으나 실시된다면 중대한 사회적 변동들과 문제들을 일으킬 것으로 예상된다. 연일 발생하는 부도사태, 대량실업, 가정파탄은 어떤 문화적 변동을 초래할 것인가? 반대로 문화적 조건들이 이런 정치경제적 변동에서 어떤 영향을 미칠 것인가? 우리의 지적, 윤리적, 감성적 능력들, 즉 문화적 능력은 부도사태가 일어나고 있는 상황에서 어떤 변동을 맞고 또 사회적 조직과 힘들의 흐름들에 이들 능력과 취향들은 어떻게 결합하게 될 것인가? IMF가 초국적 혹은 독점 자본의 축적 조건들을 개선하고 강화하는 데 앞장서고 있고, 나아가 이런 경향들이 신자유주의적 성격을 띠게 된다는 사실이 현국면에서 일어날 문화적 변동의 방향을 말해주고 있다는 생각이다.

4. 공공영역 축소와 재생산의 조건

신자유주의 공세로 (초국적)독점자본의 지배력이 높아지면 우리 사회는 사회적 공공성이 크게 약화될 가능성이 높아져 재생산 조건이 새롭게 조정될 것으로 보인다. 이 점은 1980년 전후에 신자유주의 정부가 들어선 영국과 미국의 경우를 보면 아주 분명하다. 신자유주의자인 마가렛 대처와 로널드 레이건이 집권하면서 영국과 미국은 2차 세계대전 이후 케인즈주의 경제정책을 통해 부족하게나마―한국인의 관점에서는 부러워해야 할 정도로 훌륭하게―구축해온 복지국가 틀의 와해를 크게 진척시켰다. 이후 빌 클린턴과 토니 블레어의 집권으로 신자유주의 세력이 정권을 상실한 이후에도 '레이건 없는 레이거노믹스', '대처 없는 대처주의'가 그대로 지속되고 있는 가운데, 미국의 경우 1990년대에 들어 전례없는 호황을 누리면서도 복지국가의 와해라는 기조는 그대로 유지되어 미국민은 5분의 1 대 5분의 4로 부익부빈익빈의 양극화를 경험하고 있다.10) 현재 이런 신자유주의 정책의 여파가 파급되지 않

---

10) "1983년과 1989년 사이에 상위 20%의 부자들이 시장에서 거래되는 부의 99%를 차지하였으며, 하위 80%는 단지 1%만을 얻었다"(에드워드 울프, 「파이가 어떻

은 나라는 거의 없는데, 이는 신자유주의의 사도인 IMF와 세계은행이 위력을 떨치고 있기 때문이다. IMF는 가는 곳마다 거의 예외없이, 특히 제3세계에서는 자신이 제공한 차관이나 구제금융의 상환을 주목적으로 하는 구조조정 프로그램에 한해서만 자금을 지원한다. 초스도프스키에 따르면 이들 프로그램은 소말리아의 목축경제를 붕괴시키고,[11] 인도에서는 "만성적 기아와 사회적 빈곤"을 초래하고,[12] 방글라데시에서는 농촌경제를 파괴시키고,[13] 베트남에서는 교육과 보건의료제도를 와해시키는 등[14]의 부작용을 낳고 있어 세계의 민중으로서는 IMF의 지원을 받는 것이 생활고를 가중시키는 첩경이 되고 말았다. IMF가 실시하는 구조조정 프로그램은 "일률적으로 정부예산을 삭감하는 정책들(보조금 지급중단, 사회복지 예산 삭감, 노동자 임금동결, 비생산적 정부기관 폐쇄, 국가 기업 민영화)과 외국교육 수지 증가(통화 하락 조정, 탈규제를 위한 외국투자 유인, 노동자 권리 제약) 등의 내용들로 채워진다."[15] IMF 관리체제하에 놓여 신자유주의 침공을 노골적으로 받게 된 한국에도 이런 정책이 이미 실시되고 있다. 이 결과 아직 한 번도 복지국가의 틀을 제대로 갖춘 적이 없는 처지에서 우리 사회의 공공성 혹은 공공영역의 기반은 더욱 약화할 것으로 보인다.[16] 한국은 제도화된 장치로서

게 잘리는가—미국에서의 증대하는 부의 집중」, 『현장에서 미래를』, 1997년 5월호, 162쪽). 1998년 5월 30일자 『한겨레신문』은 금융연구원의 보고서를 인용하여 1991년 이후 부유층 소득의 74-76%에 이르던 중산층의 소득이 임금하락으로 올해(1998)는 68.0%, 내년에는 67.7%로 떨어질 것으로 추산하고, 90년대 들어 부유층 소득의 31-32%를 유지해온 저소득층 소득도 올해는 28.5%, 내년에는 28.4%로 각각 떨어져 지난 80년대 초반 수준으로 되돌아갈 것으로 예측된다고 보도하고 있다.
11) 미셸 초스도프스키, 『빈곤의 세계화—IMF경제신탁통치의 실상』, 이대훈 역, 당대, 1998, 114-115쪽.
12) 같은 책, 142쪽.
13) 같은 책, 158쪽.
14) 같은 책, 188-192쪽.
15) 이창근, 앞의 글, 121쪽.
16) 여기서 말하는 '공공영역'은 하버마스가 말하는 '공론장'만은 아니다. '공론장'이 담론중심적 성격을 많이 갖는 반면 나는 공공영역을 비담론적 영역도 포함하

의 공공영역은 내세울 것이 별로 없는 나라다. 비제도화된 공공영역이 어느 정도 잔존하고 있다고 할 수는 있겠지만 신자유주의적 경향의 강화로 이런 공공영역마저 축소될 전망이다. 정리해고와 근로자파견 제도를 통한 노동의 유연화와 기업과 국가기구들의 '구조조정'에 의한 실업자의 양산과 함께 자본주의적 생산영역에서 퇴출된 사람들을 보살필 영역이 파산하고 있는 개인들의 가족이나 개인들 자신밖에 없는 상황이다.

공공성의 축소가 문화적으로 중요한 것은 그것이 일상 혹은 생활세계의 재조정을, 비자본주의적 생활영역의 재편을 가져오기 때문이다. 생활세계는 삶 혹은 생명의 재생산이, 즉 문화적 활동이 집중적으로 일어나는 영역인데, 사회적 공공성이 파괴되면 이 재생산 영역이 자본주의적 생산양식으로 편입될 가능성은 그만큼 높아진다. 여가, 가정생활, 시민사회 등 재생산 영역은 우리에게 비자본주의적 방식으로 신체적-정신적-윤리적-감성적 자양분을 제공하는 기회나 공간을 상대적으로 많이 확보하고 있는 편인데, 공공영역 축소나 붕괴를 통해 이 영역이 축소되면 문화, 정치, 경제 관계의 변동이, 혹은 문화와 정치경제의 내재적 연관이 바뀌는 재배치가 이루어질 것이다. 가령 교우관계, 취미활동, 생태보존, 예술창작, 성생활, 자원봉사 등 아직 상품관계의 틀에 빠져 있지 않은 영역이 그 공공적 성격을 많이 상실하고 사적 이익을 추구하는 영역으로 전환하게 될 경우, 문화적 토양은 황폐화를 면하기 어렵다. 공공영역 혹은 공공성은 재생산의 조건을 크게 규정짓는다. 신자유주의 강화로 공공성이 더욱 파괴될 경우 비자본주의적 사회적 자원이 자본에 종속되는 경향은 더욱 커질 것이다. 여기서 '자원'은 자본과 대비되는 개념이다. 사회적 자원은 화폐자본으로 환원되지 않는 삶의 여유를 제공하는 토대로서, 개인적-집단적 능력(창조력, 교육 수준이나

는 것으로 이해하고 있다. 또 하버마스가 시민사회를 중심으로 공론장을 사고했다면 내가 생각하는 공공영역은 국가나 시장, 심지어는 사적 공간에도 존재할 수 있다. 예컨대 국가가 실시하는 사회보장이 일어나는 곳도 공공영역의 하나다.

지적이고 감성적이고 윤리적인), 자연환경, 친절, 인심 등을 가리킨다. 한 사회의 구성원이 서로 제공하는 친절이나 봉사가 모두 화폐자본으로 전환될 필요는 없으며, 그렇게 될 경우 인간의 모든 행동은 사적 이해관계에 의해 규정되고, 그 결과 삶의 여유나 풍요로움은 사라지게 된다. 공공영역의 구축과 유지가 이 여유를 만들어내는 기본적인 사회적 토대인데, 신자유주의 공세로 인해 한국사회에서 공공영역이 구축될 전망은 더욱 난망이다. 전통적으로 공공영역의 제도화가 이루어지지 않은 한국에서는 사회적 공공성은 전자본주의적 삶의 방식에 많이 잔존해 있었던 편이다. 이제 이러한 부분은 더욱 파괴되지 않을까?

5. '유연적 축적'과 문화

신자유주의적인 축적 전략은 자본의 세계화와 자본운동의 자유화, 국가의 시장 간섭에 대한 탈규제화 등이지만 이미 언급한 대로 이런 변동은 공공영역의 축소나 파괴, 혹은 공공영역 구축의 지연을 통하여 전통적으로 비자본주의적 사회관계 속에 놓여 있던 부문들을 공공영역으로 제도화하는 작업의 지연을 초래하고, 결국 문화적 토양을 취약하게 할 수 있다. 문화와 정치경제의 이런 연관을 통합적으로 이해하기 위해서 '유연적 축적체제' 문제를 생각할 필요가 있지 않을까 싶다. 데이비드 하비가 리피에츠의 말을 인용하며 요약하는 바에 따르면, "축적체제란 '장기간에 걸쳐 총생산량을 소비와 축적 사이에 할당하는 안정된 상태를 일컫는다. 이는 생산조건과 임금수입자들의 재생산조건이 각기 겪는 변모 사이에 어떤 일치점이 생겨남을 뜻한다.' 특정 축적체제는 '그 재생산 도식이 일관성을 갖추고 있기 때문에' 존재할 수 있다. 그런데 문제는 축적체제가 기능을 하도록 여러 유형의 개인들—자본가, 노동자, 공무원, 금융업자, 그리고 다른 온갖 정치·경제의 담당자들—의 행태를 어떤 방식으로든 배치시키는 일이다. 따라서 '규범이나 습관, 법률, 조절 네트워크 따위의 형태를 띠며 과정의 통일성, 즉 개인적 행태와 재생산 도식의 적절한 일관성을 보증하는 축적체제의 구체화'가 있어야 한다. '이처럼 내재화된 규칙과 사회적 과정 전체를 조절양식이라 한다'."17) 이렇게 볼 때 하나의 '축적체제'는 그 속에 생산양식, 생활양식, 주체화양식 등이 포함되어 있기 때문에 정치경제와 문화가 자본주의적인 방식에 의해서 내재적으로 결합된 것이라고 할 수 있겠는데, 그 유지를 위해서는 자본축적을 위한 정치경제적 조절 이상의 조절을 필요로 한다고 할 수 있다. 그람시가 포드주의 분석에서 보여주었던 것처럼 테일러리즘의 도입에 따른 노동강도의 강화는 금주법의 통과와 함께 노동자들의 재생산 영역에서의 도덕적, 정신적 취향의 '건전화'를 요청하게 된다. 포드주의 축적체제를 가동하기 위해서는 또한 국가와 자본과 노동의 코포라티즘이 가동되고 이를 통해 매카시선풍에서 보이는 대로 노조의 반공주의가 필요한 법이다. 이는 축적체제가 단순히 경제적 체제가 아니라 정치경제적 체제이며, 나아가서 문화적 체제이기도 함을 말해준다.

현단계의 지배적인 축적체제는 '유연적 축적'으로서 이 체제는 세계 자본주의의 축적 위기가 드러난 1970년대 이후 '포드주의적 축적'을 대체하면서 등장하였는데, 신자유주의 국면의 유연적 축적체제에도 새로운 문화적 코드와 지형이 형성된다. 위에서 언급한 것처럼 '문화'를 사회적 취향이나 가치들, 혹은 습속들의 전달코드와 맞물려 있는 기호와 기호작용들의 복합체라고 볼 수 있다면, 오늘날 상품, 화폐는 이 문화적 코드들의 으뜸가는 담지자다. 하비의 말대로 "화폐와 상품은 전적으로 자본순환과 연결되어 있기 때문에 문화적 형태들은 일상의 자본순환 과정에 확고하게 뿌리를 두게 된다."18) 그런데 나로서는 자본의 순환은 문화적 코드화와 탈코드화에 의해서, 정체성의 재생산과 새로운 정체성 형성에 의해서, 취향 혹은 욕망의 흐름들의 배치 혹은 재배치 등에 의

---

17) David Harvey, *The Condition of Postmodernity*, Basil Blackwell, 1989, pp. 121-122.
18) ibid., p. 299.

해서 일정한 규정을 받게 될 수밖에 없다는 점을 지적하고 싶다. 오늘날 문화적 형태와 취향들은 경제적 고려에 의해서, 특히 자본의 회전시간 단축을 위한 노력들에 의해서 많은 부분 그 특성들이 규정받고 있다. 소비자본주의 단계에 상품에 미학적 요소들이 과잉 공급되는 것이나 오늘 일상생활 세계의 건조환경이 스펙터클에 의해 지배되고 있는 것은 사용가치나 축제와 같은 해방적 조건들에 대한 약속을 통해 상품판매를 촉진하고 자본의 회전을 가속화하기 위함이다. 이런 점에서 문화적 환경과 조건들은 언제나 이미 정치경제에 의해 지배되고 있는 셈인데, 그러나 그렇다고 문화가 정치경제에 의해서 규정될 뿐이라고만 보면 왜 오늘 정치경제가 '미학적 전략'을 사용하는지, 왜 문화와 예술의 상품화만이 아니라 상품의 예술화가 진행되고 있는지 설명하기 어려워진다. 자본의 회수시간을 가속화하려는 정치경제적 고려가 문화적 형태들의 대량 생산과 소비에 크게 의존하는 것은 정치경제가 그만큼 문화에 의존하는 점이 크기 때문일 것이다.

IMF의 경제 신탁통치하에 신자유주의가 득세함에 따라 '유연적 축적'은 어떻게 진행될까? IMF 관리체제에서 요구되는 구조조정은 김영삼정권 시절의 구조조정 정도를 훨씬 넘어서고 있다. 이와 맞물려 생산양식, 생활양식, 주체화양식은 어떤 변동을 겪게 될 것인가? 자본의 세계화에 따라 생산의 국제적 분업체계가 진척되고, 외자유치로 초국적자본이 국내시장을 잠식하게 되면 그동안 국내시장을 보호하고자 외국자본의 자유로운 이동을 제한하던 규제나 조치들은 완화되거나 철폐될 수밖에 없을 것이다. 이 결과로 국민국가의 주권이 약화될 것이므로[19] 주체화양식에서 볼 때 민족 주체의 구성에 혼란이 생겨날 소지가 크다고 하겠다. 김대중정권은 우리가 살아남기 위해서는 공기업이라도 외국자본에 팔아야 한다는 입장을 밝히고 있는데, 이때 '우리'가 무엇을 지칭하고 있는지 불분명하다. 경제가 거덜나 위기를 맞고 있는 민족의 회

---

19) 특히 앞에서 언급한 MAI가 체결되면 개별 국가의 자치권은 더욱 축소되고 국민국가에 대한 초국적자본의 자유는 더욱 커질 가능성이 높다.

생을 위해 민족경제로 운영하는 공기업을 외국자본에 매도할 수 있다는 발언에서 '민족'은 누구를 지칭하는 것일까? 이런 질문을 제기하면 현시점에서 주체형성의 새로운 복잡한 조건들이 등장하고 있다는 것을 느끼게 된다. 이와 관련하여 하비가 말한 '시공간압축'(time-space compression) 현상이 정보기술의 발달로 만연되고 있다는 점을 상기할 필요가 있을 것 같다. 이제 세계는 새로운 시공간적 분할에 의해서 적어도 정보의 소통이라는 측면에서는 국민국가의 경계들을 아무런 어려움 없이 건널 수 있게 되었다. 아직은 민족언어가 강력한 민족적 주체의 호명기제로 작용하고 있기는 하지만 적어도 시청각 이미지들의 교환으로 보면 국지화(localization)와 지구화(globalization)가 동시에 진행되는 지구방화(glocalization) 현상이 만연하고 있다. 민족주체의 구성에 필요한 민족언어정책의 가동 속에 텔레비전을 위시한 시청각기기로 민족적 정체성을 해체하는 효과를 지닌 영상들이 대거 보급됨으로써 자연언어의 호명적 효과를 해체하는 일도 일어나고 있다. 우루과이라운드 협상에 의해 1999년 이후 외국 대학들의 국내 진출이 허용될 때쯤이면 국내의 언어시장도 교란될 가능성이 생기고 있는데 이런 상황은 '민족문화'가 어떤 위기에 처해 있는지를 잘 보여준다.

유연적 축적체제에 의해 일어나는 현상은 그래서 민영화, 탈규제화 등 생산양식의 변동이라는 측면만으로는 이해할 수 있는 성질의 것이 아니라 생활양식과 주체화양식의 측면에서 동시에 살펴야 할 문제다. 예컨대 자본의 회전시간을 단축시키기 위한 조치들이 야기하는 삶의 속도가 가속화되고 있는 현실을 생각해보자. 자본의 회전을 가속화하는 일은 비단 토요타 자동차가 실시한 적시공급(just-in-time) 생산방식만으로 이루어지지 않는다. 적시공급은 업무처리의 연동화를 필요로 하는 만큼 컴퓨터화를 전제로 하고, 이는 정보화의 진척을, 이는 과학기술의 발전을, 또한 자동차문화를 요청하는 교외화(suburbanization)를, 그리고 이는 전체 생활세계에 소비문화가 만연함을 전제로 한다. 아울러 생산양식은 색상, 음색에 대한 특정한 감수성과 특정한 취미, 성적 취향,

행동 양태 등을 지닌 소수집단들의 형성을 전제로 한다는 점에서 특정한 주체화양식과 연계될 수밖에 없다. 패션, 디자인, 라이프스타일이 갈수록 중요해지는 까닭이 바로 여기에 있는 것이다.

이런 점에서 IMF 관리체제에서 신자유주의가 강화됨에 따라 형성될 축적체제에서 이미지생산, 감수성의 주조, 의미화 실천(signifying practices), 육체적 조건 양성과 특성 발현 방식과 같은 문화적 실천이 중요한 개입을 하게 될 것이라고 보는 것이 터무니없지는 않을 것 같다. 오늘 이미지생산은 패션, 디자인, 스펙터클, 이벤트기획 분야에서 주로 이루어지고 있으며, 새로운 감수성은 그 일부가 대중음악(록음악)과 영화 부문에서 자주 관찰되는 매니아적 행태의 출현과 함께 등장하고 있다. 신자유주의가 지배세력의 전략인 한 여기서 일어나는 이런 다양한 실천들의 방향은 다면화라는 가상을 통한 일면화가 될 소지가 높다. 문화산업 등에서 새로운 조류(일면화, 이윤창출의 계기를 극대화하는 노력의 증대, 그리고 새로운 기술—고도과학기술—의 출현, 특히 디지털기술의 확산으로 인하여 이 증대의 가속화 등)를 주도하고 있는 것은 보수주의적 세력의 이념이고 기본 입장이다. 이러한 변화가 강화될 때 우리가 위에서 언급한 문화, 즉 지적-윤리적-감성적 가치와 의미와 취향과 능력 등은 어떤 변동을 하게 될까?

6. 문화 보수주의

공공영역이 축소되고 재생산 조건이 악화되고 삶의 전영역이 상품관계로 환원되는 경향이 커질 때, 그리고 유연적 축적체제가 가동될 때 문화산업이 확대될 가능성과 함께 문화적 보수주의가 공세를 취할 가능성이 높지 않을까 싶다. 지난 10여년 사이 우리 사회에는 새로운 문화적 형성 조건들이 출현하였다. 새로운 감수성을 지닌 신세대의 등장과 이들의 소비문화 내 편입, 여성의 사회적 진출 요구의 증가, 삶의 질 고양에 대한 시민적 요구의 증가, 자연생태의 파괴로 인해 발생한 지역

주민의 삶의 질 저하에 따른 불만의 사회적 조직과 같은 새로운 양상들이 노동자들의 민주노조 건설 노력과 함께 등장하였던 것이다. 그런데 삶의 조건을 개선하고자 하는 이런 문화적 욕구의 증대는 문화산업의 성장과 함께 소비문화로 수렴되면서 그 민주적 동력을 충분히 발휘하지는 못하였다. 예컨대 1990년대에 접어들어 신세대 대학생들은 새로운 감수성을 강하게 표출하였지만 그것이 정치적 행동들과 결합되는 경우가 드문 데서 보듯 문화산업은 문화-정치경제 관계를 자본주의적으로, 즉 유연적 축적체제로 배치한 것이다. 구제금융 신청과 함께 긴축재정, 개인자산의 감소 등으로 소비의 축소가 불가피해진 시점에 이런 요구들은 어떤 모습을 띠게 될 것인가? 그동안 성장만 경험하던 소비문화는 이제 크게 위축할 것인가? 소비문화의 확산은 지난 10년 남짓한 기간 동안 과소비와 연결되어 있었다. 과소비는 늘 지탄의 대상이 되었지만 사실 과잉생산을 해결하는 유효수요 확산을 위하여 자본이 가동한 일종의 안전판과도 같은 사회적 제도에 가까웠다. 가정경제의 파탄 등으로 인해 수입 감소가 예상되는 국면에서 이 과소비는 줄어들 것으로 보이기도 하지만 문화산업의 필요성 때문에 반드시 그렇게 되는지 속단할 수는 없다. 재정의 축소, 소득의 감소만으로 보면 소비의 감소와 소비문화의 위축이 예견되지만 자본의 중요한 축적장으로 작용하는 한 문화산업이 축소할 가능성은 별로 없다. 외환위기 속에서도 <타이타닉호>가 외화상영 역사상 최고 관람객수를 기록하는 마당에 이미지산업을 축소시킬 자본이 어디 있겠는가? 이에 따라 문화영역에서 분할 지배가 일어날 것임을 예측할 수 있지 않을까 싶다. 여기서 나는 위에서 언급한 80 대 20이라는 양극화 현상을 상기할 필요가 있다고 보는데, 신자유주의 공세가 자본의 축적 전략임을 생각할 때 부익부빈익빈 현상이 강화됨으로써 소비문화에서도 양분화가 일어날 개연성이 크다.

하지만 IMF 관리체제로 긴축재정이 실시됨에 따라서 대중의 소비는 크게 축소할 수밖에 없으며,[20] 이로 인해 문화의 보수화가 예상된다.

20) 1998년 4월중 소비 감소폭은 1985년부터 월별 산업활동 지표가 작성된 이래

긴축재정, 주가폭락, 실직 등으로 개인자산이 감소하고 수입이 줄어든 개인들이 경제위기에 대처하는 방식은 근검, 절약, 절제 등이 될 가능성이 높다. 현재 대중매체가 허리띠 졸라매기, 고통분담, 구조조정 등을 외치고 있는 것도 이와 연결되어 있는 바, 이로써 욕망의 분출보다는 억압이, 금욕주의가, 그리고 도덕적 엄숙주의와 경건주의가 강화될 공산이 크다고 하겠다. 그런데 금욕주의와 도덕주의의 확산은 그동안 우리 사회에 어렵사리 등장한 '차이의 정치'(여성문화, 동성애문화, 소수문화 등), 욕망의 정치(성정치)와 같은 새로운 정치가 요구하는 문화적 다양성을 축소시킬 가능성이 높다. '신세대 네 멋대로 하라'는 선동은 버릇없는 아이들의 헛소리로 매도되고, 새로운 실험보다는 과거로 회귀하는 복고주의가 만연할 공산도 크다(최근 지하철에서 노인들이 젊은이들을 겨냥하여 호통치는 사례가 늘었다고 한다). 이 모든 것은 신자유주의가 자본의 축적 전략이 되는 한 문화는 경제의 수단이 되는 것 말고는 공략의 대상이 됨을 말해준다. 문화산업론적 경향은 더 강화될 것이고, 디자인, 패션의 중요성에 대한 인식, 특히 이미지의 생산성에 대한 인식 등은 높아질 수 있지만, 이런 종류의 생산성을 이룩하게 하는 자원들—문화적 역량, 자연환경 등—을 보호하거나 지원하는 일은 줄어들거나 착취당하고 탄압당할 우려가 크다. 삶의 태도에 대한 도덕주의적 훈계성 처방들, '국민 모두가 정신이 나갔노라'는 반성조의 말들이 최근에 난무하고 있는 것이 결코 바람직하지만은 않아 보이는 것은 그 때문이다. 6.25 이래 최대 위기를 맞고 있다는 민족위기론도 마찬가지다. 외화 낭비가 오늘의 경제위기를 초래한 외환위기의 중요한 원인이었다는 진단과 함께 따라서 정신차리고 한국적인 삶을 되찾아야 한다는 발언이 득세하고 있는 중인데, 국가경제의 위기가 국수적 민족주의를 부추길 우려가 있는 대목이다.

보수화가 최근의 문화정세라는 것은 가족이데올로기가 강세를 띠고

사상 최대의 감소폭을 기록하였다. 소비동향을 나타내는 도소매판매는 1997년 4월 대비 15.0%, 내수용 소비재출하는 24.4%가 줄었다(『한겨레신문』, 1998. 5. 29).

있는 데서도 드러난다. '고개숙인 아버지', '아버지 힘내세요' 따위의 말이 자주 나오는 것을 보면 실직 가장의 가정 내 권력이 실질적으로 해체되고 있다는 것을 알 수 있지만 그런 권력 상실을 위장하는 가부장제 이데올로기도 강화되고 있다. 사실 사회복지가 제도화되어 있지 않은 상황에서 삶의 위험에 노출된 개인들이 의탁할 곳은 가족과 같은 사적인 영역밖에는 없다. 가정의 경제적 수입을 책임지는 사람이 '고개숙인 아버지'가 되는 사례가 늘어날 때, 또한 경제파탄으로 인한 가정파탄이 문제가 될 때 사람들은 어떤 반응을 보이겠는가? 가족이데올로기의 강화나 가족중심주의가 성장할 가능성은 그만큼 크다. 이 변동은 사회적 공공성의 요구를 강화하는 쪽으로보다는 사적 영역에 대한 의존성을 키울 것이라는 점에서 보수적 성격이 강하다.

이상의 진단이 크게 어긋나지 않는다면 신자유주의 노선 강화로 우리 사회는 정치적으로나 문화적으로 신보수주의적 노선의 강화로 이어질 공산이 크다. 그런데 특히 우려스러운 것은 파시즘적 대중심리가 형성되고 있다는 점이다. 경제불황이 반드시 대중의 개혁과 혁명 열기를 북돋우지 않는다는 점은 빌헬름 라이히가 『파시즘의 대중심리학』에서 오래 전에 지적한 바이나 최근의 국면과 관련해서는 신자유주의와 신보수주의의 결합이 주목된다. 신자유주의 경제정책이 실시될 때 신보수주의가 등장하는 것은 레이거노믹스가 진행된 1980년대 이후 미국에서 극우세력의 준동에 따른 '문화전쟁'이 일어난 데서도 알 수 있다.21) 여기서 중요한 것은 극우보수세력의 준동이 대중의 지지를 받고 있다는 점인데, 미국 상황을 한국에 바로 적용할 수야 물론 없지만 '문화전쟁'을 남의 동네 일로만 보고 있을 일은 아닌 듯 싶다. 이미 경제불황을 맞는 문화적 태도로 도덕주의와 금욕주의가 득세하고 있는 중이라 경제위기로 인한 대중의 불만족을 희생양을 찾는 것으로 무마할 우려가 어

---

21) 미국에서 '문화전쟁'은 1980년대 중반 이후 예술진흥기금(National Endowments for the Arts)이나 공영방송 등이 동성애자, 페미니스트, 맑스주의자 등에 대해 우호적이라며 그에 대한 지원을 삭감해야 한다고 주장하는 우파들이 주도하고 있다.

느 때보다 큰 것이다. 이런 점에서 신자유주의에 대한 저항이 거세지던 작년부터 표현의 자유를 둘러싼 당국의 탄압이 가시화되고 있는 점에 주목할 필요가 있는데, 이런 경향은 1997년 말 서준식 인권사랑방 대표의 구속으로, <모내기> 화가 신학철에 대해 국가보안법을 위반했다고 한 대법원의 판결로, 그리고 5월 11일에 내려진 이현세의 만화 <천국의 신화>에 대한 음란물 판결 등으로 계속되고 있다. 하지만 이현세씨에 대해서는 음란 판결을 내리면서도 인터넷 누드스타 이승희가 주연한 <물위에서의 하룻밤>의 선정적 광고 장면을 전광판에 내보내는 것을 허용하는 것을 보면 문화에 대한 공략은 양면적임을 알 수 있다.22) 문화산업의 성장의 결과로 나타나는 여피적 문화에 대해서는 관용이나 배려의 태도를 보이는 반면, 문화적 자유를 쟁취하려는 노력들—펑크적, 소수문화적 경향 또는 실험적 표현 등—에 대해서는 탄압을 지속하는 것이다.

7. 문화정치적 접근

신자유주의 국면에서 강화되고 있는 문화적 보수주의에 저항하기 위해 문화적 기본권의 관점에서 문화정치를 활성화할 필요가 있다. 신자유주의의 득세는 문화영역에도 인간의 지적-윤리적-감성적 능력들의 계발을 상품관계로 환원시키는 경향으로 나타나게 될 것이므로, 삶의 풍요로움을 보장받고, 해방적 주체의 구성을 위한 전선이 새롭게 형성됨을 의미한다. 여기서 중요한 것이 '최소강령'적 접근이다. 최소를 요구하는 주장은 몇몇 기본 권리나 요구만큼은 결코 포기할 수 없다는 것인데, 최근의 경제위기 국면에서 중요한 의미를 지닌다고 본다. 나는 긴축으로 인해 한동안 과잉축적 위기의 해소책으로 조장된 과소비 현상을 내장한 채 지난 10여년간 지속되어온 소비자본주의적 양태들 일부가 수그러들면서 삶의 주된 결을 규정하는 문화의 모델이 '풍요사회 문화'

---

22)『한겨레신문』, 1998. 5. 29. 참고.

보다는 '생존문화' 모델로 전환될 가능성이 높다고 생각한다. 현재 시점에서 생존문화는 물론 과거 '보릿고개' 시절 삶의 방식을 닮지는 않을 것이나 오늘 자본의 축적 위기 극복애 필요한 행동방식들, 앞서 언급한 절제와 절약을 강조하는 생산주의적 방식일 것임은 분명하다. 이런 시기에 문제가 되는 것은 삶의 엥겔지수 혹은 최저생활 수준이다. 문화정치적 관점에서 볼 때 엥겔지수를 구성하는 요소들을 다양화하면서 최소수준의 삶의 방식에도 욕망, 성정치 등의 활성화가 필요하다는 점을 강조하는 것으로 대응할 필요가 있다. 예컨대 내핍을 자청하거나 근검절약의 태도로 위기를 극복하자는 것은 자본의 논리에 그대로 말려드는 꼴이다. 또한 늘어나는 실업자 문제 때문에 고용안정만을 요구하는 것도 '노동'을 담보로 한 생존권 투쟁이라는 점에서 소극적인 투쟁이 아닐까 싶다. 민중의 생존권 투쟁이 반드시 고용안정을 요구하는 방식만을 가지지는 않을 것이기 때문이다. 나는 그래서 "노동자 대중의 생존권의 확보는 어떤 시기, 어떤 조건 속에서도 양보할 수 없는 노동자운동의 가장 기본적인 투쟁과제이며, 공황기를 맞이하면 이 과제는 더욱 절실한 것이 되지 않을 수 없다"는 말에 대해 대체로 동의하면서도 "생존권 문제와 관련하여 가장 중요한 문제는 무엇보다 임금과 고용문제이다"23)고 하는 견해에는 논쟁의 여지가 있다고 생각한다. 이미 대량실업 사태가 벌어지고 있고, 앞으로 더 많은 실업자가 예상되는 시점에 노동시간을 줄여서라도 고용을 안정시키는 것이 필요하다는 주장은 일면 분명히 타당하다. 그렇다면 노동거부라는 전략은 완전히 틀린 것일까? 이 맥락에서 어느 공장 관계자가 서울역에서 노동할 사람을 찾았으나 원하는 사람이 없어서 그냥 돌아갈 수밖에 없었다고 하는 최근의 언론 보도에 관심이 끌린다.24) 모든 실직자에게 적용할 수야 물론 없겠지

---

23) 김세균, 앞의 글, 109쪽. 다음 입장에 대해서도 비슷한 생각을 하고 있다. "노동의 생존권 투쟁은 신자유주의적 임금논리가 아닌 필요의 논리에 기반해야 하며 그럼으로써 노동시간 단축을 통한 고용안정과 노동자들의 기본생활급 보장을 강력하게 요구하여야 한다"(김성구, 앞의 글, 59쪽).
24) 『국민일보』, 1998. 5. 12. 참고.

만 이 보도는 실직자는 으레 복직을 원한다는 통념과는 다른 반응이 우리 사회에 나타났음을 전해주고 있다. 생산성주의 관점에서 노동거부를 무책임한 것으로만 매도할 것인가? 나는 이 맥락에서 부르주아 정치경제학이 대중을 노동에 의존해야만 생존할 수 있게 만드는 인구정책이라는 점을 상기하고 싶다. 맑스의 말대로 정치경제학은 "노동하지 않을 때의 노동자는 인간으로 간주하지 않으며, 그런 식의 간주는 형사 법정, 의사들, 종교, 통계표, 정치, 거지 단속 경찰에게 맡겨 버린다."[25] 이렇게 이해되는 정치경제학은 대중프롤레타리아를 노동자프롤레타리아로 전환시키는 인구정책인데, 노동거부는 자신의 노동자계급화에 대한 대중의 거부이며, 가난한 대중이 자본축적의 도구가 되기 위하여 자신을 노동시장에 내놓지 않겠다는 의사표현이기도 하다.

노동거부는 특히 문화정치 관점에서 매우 중요한 의미를 지닌다. 서울역에서 노숙하는 이들 중에는 '기타맨'으로 통하는 전력을 밝히지 않는 30대 남자도 끼어 있다고 한다. 소주를 마시며 그가 함께 있는 사람들을 위해 '흘러간 옛노래'를 연주한다고 하는데, 일종의 축제가 역광장에서 형성됨을 알 수 있다. 실직자가 월 70-80만원 정도의 임금을 받고 노동자로 복귀하는 것을 거부하고 옷차림 차이와는 상관없이 형님 아우님으로 호칭을 정해 쓰면서 십시일반으로 먹을 것을 장만한다는 기사를 보면 실직자들이 모여 있는 곳이 일종의 해방광장이라는 생각을 떨칠 수 없다. 여기서 해방은 물론 한정된 것이지만 노동에 종속되지 않은 형태를 띤다는 점이 주목된다. 앞으로 우리 사회에는 이런 종류의 해방에 대한 대중의 요구가 더 커질 가능성이 어느 때보다 높다. 실업자 수가 급증함에 따라 일상 대부분을 여가시간으로 보내는 인구가 많아지면서 자본주의적 생산과 소비의 폐쇄회로에서 벗어나는 인구가 늘어날 가능성이 있으며, 이들의 자본주의 생산양식에서의 일탈이 예상되

---

25) 『1844년의 경제학 철학 수고』, 박종철 출판사, 1991, 228쪽. 정치경제학이 대중을 노동자계급으로 전환시키는 기획이라는 점에 대해서는 졸고, 「대중문화, 주체형성, 대중정치」, 『문화론의 문제설정』, 문화과학사, 1996, 238-242쪽 참고.

기 때문이다. 강도 높은 노동에 시달리다 실직한 사람들의 경우 노동을 거부하는 것 자체가 해방을 위한 투쟁일 수 있다. 그런데 이 투쟁은 삶의 방식을 바꾸는 것이라는 점에서 문화정치적 성격을 지닌다.

문화정치는 게으를 수 있는 권리, 놀 수 있는 권리, 그것도 지적-윤리적-감성적 능력의 최대화를 꾀하면서 그렇게 할 수 있는 권리를 강화하는 노력이다.26) 그런데 '베짱이'가 된다는 것, 즉 문화적 요구를 증대시키는 일은 그 속에 정치경제학 비판의 함의를 이미 강하게 지니고 있다. 나는 정치경제학이 대중의 노동자화를 위한 기획이라고 한다면 노동거부의 문화정치는 정치경제학 비판의 프로젝트와 생산적으로 결합될 여지가 충분히 있다고 생각한다. 최근 들어와서 늘고 있다는 가출청소년의 귀가 사례 증가의 문화-정치-경제적 의미를 생각할 때도 그렇다. 귀가는 청소년이 안전한 환경으로 복귀하는 것만이 아니라 가정이라는 중요한 이데올로기 국가장치로 포섭된다는 의미이기도 하다. 귀가를 긍정적으로만 보는 관점은 그래서 청소년의 가정이탈을 사회적 병리현상으로만 볼 뿐 새로운 삶의 방식에 대한 탐색으로 보지 않는 데서 나온다. 탈가정 현상 자체가 한국의 노동정책과 연동되어 있는 교육정책, 특히 입시정책이라는 구조적 문제의 부산물 성격이 강한 상황에서 나온 것임을 생각할 때 청소년의 가정이탈 현상은 그 자체가 우리 사회를 이해하는 데 중요한 단서가 되는 것이지 단순히 없애야 하는 문제인 것만은 아니다. 청소년 일탈 현상에서 더 중요한 문제는 일탈을 문제로 만들어내는 우리 사회의 구조인 것이다. 다른 한편 탈가정 행위는 무조건 사회구조에 대한 바람직한 대응이라는 이야기도 성립될 수 없다. 성자유화나 새로운 라이프스타일 추구라는 청소년의 요구가 성의 상품화나 소비문화 등에 의해 수렴되는 경향이 크다는 점을 생각할 때 가출은 청소년을 매춘업, 유흥업 등에 복속시킬 우려가 크다. 그렇다고 최근에 입법한 청소년보호법으로 청소년을 '선도'하여 가정에 복귀시키는 것으

---

26) 이런 관점에 대해서는 폴 라파르그, 『게으를 수 있는 권리』, 조형준 역, 새물결, 1997 참고.

로 문제가 해결되지는 않는다. 가정 복귀는 들뢰즈와 가타리가 말하는 '오이디푸스 삼각형'으로의 귀환이요, 욕망의 포기가 될 가능성이 높다. 나는 이 딜레마를 푸는 한 방편은 국가장치로의 복귀와 소비문화 거부를 동시에 추진하는 문화정치의 활성화를 통하는 길이어야 한다고 믿는다. 가출자가 '우리에게 사랑할 공간을 달라'고 주장하고 나아가 실직자가 '우리에게 놀 공간을 달라'고 주장할 때 이들은 가정이나 직장으로의 복귀를 거부하면서 문화정치적 요구를 하는 셈이만 동시에 정치경제적 주장도 전개하고 있다고 볼 필요가 있다. 가출자, 실직자가 사랑을 나누거나 놀 수 있는 공간은 유흥업소나 숙박업소—러브호텔처럼 도처에 깔려 있기는 하지만—일 수는 없다. 그렇다면 귀가한 가정이나 복귀한 직장일까? 가정과 직장이 교육과 노동을 위한 훈육과 규율의 장소라는 점을 생각하면 그도 아닐 것이므로 사랑하고 놀 공간은 아주 다른 형태의 공간이 되어야 할 것이다. 문제는 현재 우리에게는 이런 공간이 없다는 점이다. 한국에서 쉬고 놀고 사랑할 공간은 모두 사적 소유가 되어 있기 때문이다. 하지만 바로 그 점 때문에 놀 장소를 달라는 요구는 강력한 정치경제적 요구가 될 수 있기도 하다. 부동산정책, 주택정책의 공공성을 강화하라는 요구와 직결될 수 있기 때문이다. 청소년의 귀가거부, 실직자의 노동거부는 부모와 교사의 강압적 훈육 대신 자유로운 삶을 선택하고, 금욕적 노동이 아닌 놀이와 여가를 선택한다는 점에서 문화적 결정이지만 이런 문화적 결정이 공공영역의 보존과 확장을 요구하는 것으로 이어진다면 정치경제적 요구가 될 수 있음을 보게 된다. 문화정치는 따라서 자본주의 공공영역의 확장 요구를 통해 신자유주의적 유연적 축적체제에 저항하는 효과를 가진다. 물론 이런 저항효과가 만들어지기 위해서는 자유분방함, 게으름, 여유, 여가 등이 소비문화와 연계되지 않고 복지국가 구축의 요구와 연계될 때뿐이겠지만, 발본적인 문화적 요구가 일어날 때는 정치경제적 요구가 문화정치적 요구와 결합될 수밖에 없다는 이야기는 부정되지 않는다.

청소년 가출자를 예로 들었기 때문에 여기서 말하는 문화정치 기획이 돌출 발언으로 들릴 수도 있을 것임을 인정한다. 그러나 문화와 정치경제의 내재적 절합을 강조하는 이 주장의 요지는 문화적 욕구—성적(신체적), 학문적(지적), 예술적(감성적)—를 지닌 사람이 자신의 욕구를 최대한 실현하고자 할 때 진정한 의미의 '윤리적' 실천이 강화되며, 이는 사회적 공공성의 강화라는 정치경제적 요구와 반드시 맞물릴 수밖에 없다는 것이다. 최근 들어와서 대중의 소비문화는 축소하는 반면 실직으로 인한 여가시간은 증가하는 경향이 늘고 있다. 이런 시기에 대중은 백화점과 같은 소비공간보다는 거리나 공원과 같은 공적 공간에 그 모습을 자주 드러내게 된다. 날씨가 좋으면 공원에서 옷을 빨아 말리는 노숙자들의 모습이 자주 눈에 띄는 것도 그 때문이다. 늘어나는 실직자는 그들에게 사회복지가 제대로 주어지지 않음에 따라 어떤 모습으로 바뀔까? 아직은 알 길이 없지만 다만 확실한 것은 공공영역 구축의 노력이 필요하며, 이 노력은 문화정치와 함께 추진될 필요가 있다.

문화정치의 일환으로 정체성의 정치도 중요하다. IMF국면에서 정체성의 혼동에서 비롯되는 자아상실 증후군을 앓을 가능성도 크다. 대통령이 나서서 현재 시점에 이윤을 남기는 몇 안되는 기업, 그것도 공기업을 외국자본에 팔아 넘기자고 까지 하는 판에 '우리'란 무엇을 지칭하게 되는지 불분명해질 수밖에 없는데, "이 상황에서 '우리'가 살려면 '우리'는 어떻게 해야 한다"는 아리송한 말들이 난무할 것이다. '우리'의 후보자들—우리 민족, 우리 국민, 서민—은 너무나 많다. 경제위기는 그래서 자본과 노동의 투쟁만을 안고 있는 문제가 아니라 '우리'를 둘러싼 정체성 규정의 문제이기도 한데, 이 규정에서 '우리'와 '남'의 단순한 구분은 우리와 우리의 적, 우리와 남보다도 못한 우리, 우리보다 나은 남 등의 복잡한 지형으로 전환되고, 새로운 '우리'의 구성을 위한 정체성정치가 위로부터 진행될 가능성이 높다. IMF가 추진할 신자유주의적 해법은 결국 '우리'를 (초국적) 독점자본의 축적에 유리한 주체형태로 만들자고 할 것임을 생각할 때 그에 대한 대응은 그렇게 구성되는 '우리'가 단일한 윤리적, 감성적, 지적 역능과 성향들, 나아가 이해관계들의 통일화에 맞서는 대응이어야 한다고 생각된다. 신자유주의가 경제적으로 이분화를 꾀한다면, 멕시코에서처럼 IMF 탁치경제의 극복 이후에 더 많은 실업자들과 빈곤을 양산하게 됨으로써 소위 5분의 1 대 5분의 4의 대립을 만들어낼 뿐이라면 '우리'에 실제로 포함되지 않으면서 '우리'로 호명될 개인들의 수는 더 많아질 것이다. 이런 상황에서 대중이 지닌 감수성, 욕망, 이해관계, 꿈 등의 다양성은 사상될 가능성이 크다. 초국적자본과 독점자본에 대한 국가의 복속 정도가 더 커짐에 따라서 한편으로는 민족문화에 대한 해체를, 다른 한편으로는 이데올로기적으로 가상적 민족의 위기라는 위기담론의 강화가, 그러나 또 한편 실질적으로 문화산업의 확산으로 말미암아 문화산업에서 확산되는 초국적 문화로 말미암아 민족적 정체성의 해체라고 하는 모순적 현상이 강화될 가능성은 더 높아졌다. 이때 민족문화의 옹호나 민족문화의 해체라고 하는 방향 중 어느 하나를 선택하는 것이 해결책이라고 보게 되면 문화의 다양성을 증진시킬 수 있는 길의 포기라는 여전히 심각한 문제가 나타날 것이고, 국민국가의 국가장치로서의 역할은 여전히 공고하게 될 것이다.

우리가 선택해야 할 길은 민족문화의 옹호와 해체의 양자택일 방식보다는 그들 사이에 위계화가 일어나거나 몰적 집적(molar aggregation)이 일어나지 않도록 소수문화들이 다양하게 보존되고 출현할 수 있도록 하는 일이다. 문화산업의 확산, 그리고 문화에 대한 경제적 지배, 문화에서 이윤창출의 기회만을 강조하는 방식은 결국 문화의 자양분을 없애버림으로써 사회적 창조력을 고갈시키고 문화가 일면적으로 배치되게 하는 역효과를 낳을 가능성이 더 크다. 문화정치의 중요성은 여기서도 확인된다. 나는 바로 이런 점 때문에 문화정치가 도덕주의의 강화, 욕망의 후퇴가 아니라 욕망의 강화를 그 방향으로 삼고, 차이의 정치, 소수문화의 강화를 방향으로 삼아야 한다고 본다. IMF로 인하여 문화적 전위를 도덕주의적으로 재단하는 '보수적 대응'이 강화될 수 있다는 점을 잊어서는 안된다. 여기서 '보수'는 신자유주의적 보수만이 아닌 정치적 진보까지도 포함된다. 역사적으로 보면 사회주의리얼리즘이 한술 더 떠서 아방가르드를 탄압한 사례가 있다. 전통적으로 정치적 좌파는 도덕주의, 엄숙주의에 물든 경우가 허다한데, 이런 문화적 경향은 정치적 보수가 요구하는 내핍과 절제, 근검절약의 삶과 크게 다르지 않은 경향으로서 정치적 진보가 문화적 진보를 탄압하는 일이 나올 수도 있다. 이것은 정치경제와 문화 사이의 내재적 결합보다는 간극만을 보는 경향이 정치경제학을 비판하는 세력 안에 여전히 팽배하기 때문에 나오는 결과이다. 좌파적 문화정치를 결코 포기해서는 안될 이유가 여기에 있다고 하겠다.

8. 결어

IMF 관리체제로 우리 사회에 새로운 근본적인 변동이 일어난 것은 아니다. 김영삼정권의 세계화 전략과 IMF 구제금융 의존의 극복을 위한 김대중정권의 경제정책 사이에 근본적인 변동은 없으며, 오히려 김대중정권은 김영삼정권이 제대로 수행하지 못한 신자유주의 정책을 IMF 관리체제를 빌미로 더 철저하게 가동하려 할 뿐이다. IMF의 신자유의는 국경을 초월한 자본의 자유로운 이동, 자본의 자유를 최대한 보장하려는 것이다. 이 결과 노동강도의 강화, 일상의 재조직, 노동력 재생산 조건의 변동이 예상된다. 기존의 생활양식들의 후퇴가 일어나면서 생활양식 문화와 생존문화 사이에 새로운 분할을 만들어낸다거나 사회적 욕구를 재배치하는 등 노동의 유연화와 노동강도의 강화를 노리는 독점자본에 유리한 방식으로 문화를 변동시킬 전략이 등장하고 있다. 문화정치적 요소들을 배제하지 않은 가운데 정치경제학 비판에 입각한 진보정치적 실천, 즉 문화정치와 정치경제적 비판의 절합이 필요하다고 생각하는 것은 이 때문이다.

이 절합을 위해서는 통합적 사고가 필요하다. 알다시피 자본의 세계화는 생산의 지구화를 수반한다. 생산의 국제적 분업체계에서 어떤 지점에 위치해 있느냐에 따라서 특정한 노동자는 혹은 구상의 능력이 최대한 발휘되는 총괄기획의 지위에, 혹은 전체 시스템과 연계되어 있지만 그 연관성이 삭제되어 '독자적으로' 작동하는 것으로 보이는 지점에, 대체로는 생산과정의 한 부속품—언제나 교체가 가능하며 따라서 늘 폐품으로 전락할 두려움에 떨 수밖에 없는—에 불과한 지점에 위치하게 됨으로써 복잡한 노동분할의 전체 상관관계를 알지 못하게 된다. 이런 속에서 우리에게 필요한 것은 여전히 연관지어 사고하라, 연대 속에 실천하라, 국제적으로 사고하되 국지적으로 행동하라일 것이다. 생산의 지구화는 국지적인 실천이 국제적인 파장을 미치게 만드는 조건이다. 그런데 이 국제적 연관은 통합적 사고에서만 인식될 수 있기 때문에 지식생산 방식의 개혁을 필요로 한다. 국제적 분업이 일어나는 상황에서 어떤 한 영역에 안주하면서 나는 이 부분의 전문가일 뿐이다, 그 쪽은 내가 하는 일과는 상관 없는 일이라는 식의 분과(학문)적인 사고와 실천은 자본주의 공리계를 지지하고 말게 되거나, 지배적 공리계를 해체시켜 새로운 사회기계의 탄생을 돕는 일을 포기하는 꼴이 된다. 혼자서는 스스로 진보라고 자처할지는 모르나 보수적인 결과만을 만들어낼 공산이 큰 것이다. 여기서 중요한 것은 분과적 실천들을 연계하는 일, 분산되어 이루어지고 있는 생산 절차들을 연결하고 통합하는 일, 그리고 현실에 대한 통합적 인식을 갖추는 일일 것이다. 연계되어 효과를 발휘하는 지배에 맞서기 위해 저항은 경직과 분산을 동시에 피해야 한다. 진보의 연대는 그래서 필수적인데, 이 연대는 정치적이기만 하거나 경제적이기만 한 것이 아니라 문화적이면서 동시에 경제적이고 또한 정치적이어야 할 것이다. (1998. 5)

1990년대 한국에서 산다는 것*

1

1997년 12월 21일 서울에서 가장 넓은 거리인 세종로에서 특이한 소동이 하나 있었다. 마침 한국의 10대들에게 인기가 아주 높은 보컬 그룹 젝스 키스의 공연이 세종문화회관 대강당에서 개최되고 있던 중이었다. 소동은 공연장을 채운 3,800명 가량의 팬들이 의자 위로 올라가 발을 동동 구른 것을 계기로 시작되어 그 중 1,000명 가량이 공연을 마치고 떠나는 그룹의 뒤를 따라 거리로 뛰쳐나가 교통을 마비시키면서 절정에 다다랐다. 10대 팬들이 그 난리를 친 것은 가수들에 대한 열광적 지지를 보여주기 위함이었다고 한다.1)

이 소동에 대한 신문 보도를 읽는 동안 가까운 한 친구의 부인과 얼

---

* 이 글은 1998년 6월 23-24일 한국-유럽지식인포럼이 프랑스 파리8대학에서 개최한 '오늘의 한국—문화, 정치, 경제' 학술대회에서 발표한 "Living in Korea in the 1990s: An Overview"를 번역한 것이다. 이 글의 본문은 1998년 1월, 후기는 같은 해 6월에 작성되었기 때문에 여기서 언급한 사실들이나 상황 판단 등은 당시의 시점에 준한다.
1) 젝스 키스의 팬들은 1997년 현재 한국에서 가장 인기있는 그룹인 H.O.T와 무척 "적대 관계"에 놓여 있는 것으로 알려져 있다.

마 전에 가진 대화가 생각났다. 몇 주 전 친구 집에 전화를 걸었더니 그의 아내가 전화를 받아 남편은 집에 없다고 한다. 최근 몇 년 동안 재미를 들인 경마 놀음을 하러 갔다는 것이다. 부인 혼자 있는 것이 마음에 걸려 아이들 안부를 물어보게 되었다. 화제가 둘째 아이에게 옮겨가자 다소 걱정하는 듯한 목소리다. 중학교 2학년인 동현이는 13살인데, 엄마는 딸이 또 다른 한국 보컬 그룹인 패닉에게 빠져 있다는 걱정이었다. 이 그룹의 콘서트에 딸을 데리고 간 적이 있다는 말을 친구한테서 들은 바가 있어서 새로운 이야기는 아니었다. 엄마는 아이가 이제는 PC로 패닉에 관한 "채팅"을 하느라 시간을 너무 많이 쓰지는 않는다며, 우상에 흠뻑 빠져있던 "최악의" 시기는 지나간 것 같다고 말한다. 하지만 왜 통신을 하며 그렇게 많은 시간을 보내야 하는지는 이해하기 어렵다며, 중요해 보이는 사실 하나를 덧붙였다. 동현이는 다른 그룹보다 "실험적"이기 때문이라고 패닉을 좋아한다고 말한다는 것이다. 친구 가족의 이런 모습이 요즈음 한국 중산층 가정의 전형적인 모습일 것이다. 내 아이들도 나름대로 자기 스타들과 동일시하기로는 별로 다르지 않다. 동현이나 세종문화회관의 아이들처럼 그렇게까지 열심히는 아니지만 주머니 돈을 털어 테이프와 CD를 사고 있는 것이다.

　동현이 이야기는 내가 겪은 또 다른 경험을 상기시킨다. 1995년 12월 말쯤 문화이론 연구팀의 젊은 회원들과 황금투구라는 락카페에 '대담하게' 가본 적이 있다. '대담하게'라는 말에 강조를 붙이는 것은 서울에 있는 락카페들은 입장시에 나이든 사람을 차별하기로 악명이 높기 때문이다. 함께 간 젊은 사람들이 없었다면 나도 물론 그 장소에 들어가지 못했을 것이다. 처음으로 락카페라는 "멋진 신세계"에 노출되었기 때문에 젊은 사람들이 춤추는 것을 보기만 했다. 그러다가 차츰 그 장소의 분위기에 정말로 도취되어 있는 것처럼 보이는 한 쌍의 젊은 여자들을 주목하게 되었는데, 입구에서 거의 중단하는 법도 없이 몸을 비틀고 있었다. 나는 학생들에게 그 사람들이 마약을 한 게 아니냐고 물어보았다. 그게 아니라 단지 락 매니아들일 뿐이라는 것이 대답이었다. 그 여자들

중 하나가 춤을 추다가도 손님들에게 음료수를 나를 때 실수하는 법이 없는 것을 보고서 동의하지 않을 수 없었다. 젝스 키스의 팬들이나 동현이처럼 이 여자들도 최근에 한국사회에 나타나기 시작한 새로운 스타일의 사람들, 엄밀히 말해 매니아들인 것이다.

대충 묘사한 이런 에피소드를 소개하는 것은 한국 대중문화에 대해 전문 역사가가 아닌 입장에서 이 글을 쓴다는 점을 나타내기 위해서다. 이 글에서 한국의 대중문화 영역에서 주도적 경향이라고 여기는 것들을 소개하려 하지만 여러분은 나 자신도 남한이 어떻게 현재의 모습처럼 보이게 되었는지, 사람들이 어떻게 현재처럼 행동하게 되었는지를 궁금하게 느끼게 된 사람들 중 하나에 불과하다는 점을 양지하기 바란다. 이 글은 이런저런 방식으로 나의 관심을 끌게 된 현상들과 문제들, 쟁점들을 내 입장에서 이해하려는 시도일 뿐이기 때문에 여기서 이야기하는 것은 1990년대의 한국적 삶의 불완전한 그림으로 받아들여져야 할 것이다.

2

친구의 어린 딸에 대해 언급한 것은 한국 대중문화의 변화된 지형 한 부분을 보여주기 위함이다. 동현이는 컴퓨터 통신을 하느라고 시간을 쓴다는 점에서 예외적인 아이가 아니라 요즈음 컴퓨터 통신에 중독이 된 수많은 한국인들 중의 하나일 뿐이다. 위에서 말한 문화이론 연구팀에 속한 한 대학원생은 컴퓨터 채팅을 하려면 번번히 새벽 두 시까지는 기다려야 한다고 말하였다. 수만 명의 광적인 채터들이 잠이 들고 난 이후라야 만족할 만한 속도로 키보드를 두드릴 수 있다는 것이었다. 그 말을 들으니 1996년에 나의 "미국시" 강의를 듣던 여학생 하나가 기억에 떠올랐다. 수업 시간에 곧잘 늦곤 했는데 나중에 알고 보니 통신 중독자였다. 지금 한국에는 "접속" 인구가 이처럼 많다는 사실을 인정한다면 동현이와 같은 아이들을 보는 것은 놀라운 일이 아니다.[2]

그러나 이러한 변화들이 어떻게 생겨났을까? 그렇게 많은 젊은이들이 인기 가수들에게 어떻게 그렇게 열광할 수 있을까? 그리고 어떻게 그렇게 많은 사람들이 컴퓨터 채팅에 중독이 되었을까? 이 변화들은 한국 사회가 지배적인 사회 조직 유지에 소비와 여가 활동이 필수적인 사회적 관행이 된 발달한 소비사회가 되었다는 사실과 관련이 있지 않겠는가 싶다. 잘 알다시피, 한국의 경제는 지난 반세기 동안 아주 인상적으로 발전했다. 한국의 국내 총생산(GDP)은 세계에서 11번째로 크다고 알려져 있다. 그리고 한국이 1996년에 OECD에 가입하게 된 것은 주로 이러한 "경제 기적" 때문이다. 이 경제적 발전 과정에서 평균적인 한국인의 소득은 1980년대 중반의 약 6,000불에서 1996년에 10,500불까지 증가했다.3)

그러나 위에서 언급할 가치가 있다고 여긴 현상이 요즈음 아무리 만연되어 있다 하더라도 그 현상들은 최근에 비로소, 즉 한국이 1986년부터 89년까지 3저―저달러·엔, 저이율, 저유가―로 인한 호황 경기를 누린 후에야 볼 수 있게 된 것이다. 1988년이 소비와 대중문화 성장의 전환점이었다. 그 해 한국은 서울에서 하계 올림픽 경기를 개최했고 그 쇼를 펼치기 위해서 정부는 막대한 예산을 썼다. 이때쯤부터 한국 경제는 과잉축적의 부담을 느끼기 시작했다. 한국은 전통적으로 복지제도가 매우 빈약한 사회이다. OECD 국가 중에서 최악일 것이다. 이것은 축적된 자본이 공공부문에 투자될 필요가 없었고 한국인들이 높은 세금을 낼 필요가 없었다는 것을 의미한다. 그 결과 적지 않은 사람들이 부를 축적할 수 있었다. 이 사람들은 선택된 소수지만 벼락 경기의 부수 효과로부터 혜택을 입은 사람들을 포함하면 그 수는 제법 많다. 임금이 1987년 이후로 상당히 올라감에 따라 조직화된 노동 또한 상당한 혜택

---

2) 내가 개인적으로 아는 정보기술 전문가는 CMC(컴퓨터통신)에 참여하는 사람의 추정치는 확인할 수는 없지만 300만 정도라고 하면서 200만은 분명히 넘는다고 말해주었다.

3) 그러나 전례없는 경제위기 이후 IMF 구제금융 신청이 확실해짐에 따라 1997년 개인 소득은 9,500불까지 급격하게 감소했다.

을 입었다. 물론 이 임금 인상이 한국 노동자들이 자본과 국가를 상대로 오랜 시간 열심히 싸운 결과라는 점을 잊어서는 안 될 것이다. 개인 소득이 올랐다고는 해도 대부분의 한국인들은 자신들이 살기가 더 나아졌다고 느끼지 못한다는 점 역시 지적할 필요가 있다. 한국인의 개인 주머니가 비교 대상이 되는 외국인에 비해 더 묵직해졌는지는 모르지만 의지할 수 있는 복지제도를 국가가 제공하지 못하기 때문에 이것은 개인들이 교육, 주택, 건강, 문화적 활동들을 위한 비용을 지불해야 함을 의미할 뿐이다.

　호황이 끝나자 축적된 자본은 생산 부문이 아닌 다른 곳에 재투자되어야만 했다. 소비를 촉진시키는 조치들이 취해진 것은 당연했다. 흔히 그렇듯이 부동산 투자가 재정적으로 여유가 있는 개인이 이익을 남기는 가장 효과적인 방법으로 여겨졌다. 과열된 건설경기가 뒤따랐다. 1991년에 서울에 있는 모든 상업용 건물들의 78%가 1980년대에 건설된 것으로 추정된다. 놀랍게도 이들 새 건물의 74%가 1987-89년 동안 건설되었다. 이 새 건물들은 서울의 일상 생활을 미화하고 심미적으로 만들고 상업화시키는 중요한 사회적 임무를 띠고 있었다. 도시 재개발이 증가했고 새로운 종류의 상업적 활동이 시작되는 더 많은 부도심들이 등장했다.[4] 새로운 장소들이 만들어지면서 일종의 지정학적 경제가 출현하기 시작한 것이다. 빌딩의 외양과 실내장식이 중요해졌고 사람들은 이제 음식과 서비스에 대한 요금뿐만 아니라 부동산 가격 상승이 가격을 올림에 따라 공간에 대해서도 돈을 지불해야만 한다. 동시에 사회적 지위와 소득, 그리고 세대간, 성간(性間) 차이 또는 선호에 따라 공간적으로 사람들의 소비를 분리하는 경향이 나타났다. 1980년대 말 이래로 서울의 거리는 사람들을 차별하는 데 있어서 중요한 사회적 역할을 해왔다. 젊은 사람이 아니면 황금투구와 같은 많은 락카페가 있는 장소에

---

4) 예를 들어, 전통적으로 근처 공장 노동자들의 유흥가였던 영등포 시장 지역은 영등포역에 롯데 백화점이 생기고 미도파, 신세계 백화점이 역 인근에 생기면서 상업 중심지가 되었다.

갈 엄두를 내지 않는 것이 보통이다. 젊은 사람조차 계층에 따라 차별당할 수도 있다. 1990년대 초부터 상류층 가정 출신의 "오렌지"족은 압구정동의 로데오 거리 같은 곳에 모여서 하룻밤에 1,000불 이상을 쓴다는 보도가 나오기도 했다. 반면에 중하층 가정 출신의 "감귤족"과 "탱자족"은 신촌 지역을 배회하고, 공장 노동자들은 영등포시장 주변에서 저녁에 맥주나 소주를 마시는 정도이다. 세대적인 혹은 행태적인 특징을 보여주는 다른 장소들도 있다. 10대들은 성신여대 인근을 자주 가는 편이다. 반면에 겁 없는 폭주족들은 여름밤에 대학로를 차지하고는 경찰에 뒤쫓기고 있는 와중에서도 운전솜씨를 자랑한다. 이 모든 것을 보면 새로운 세대적 행동과 감수성이 나타났다고 말할 수 있겠다.

1990년대에 한국인들은 유효 수요를 만들어내기 위해 점점 더 많은 돈을 쓰도록 부추김을 받았다. 소비 성장의 몇 가지 지표들을 보도록 하자. 거의 모든 한국 가정은 비디오 레코더를 소유하고 있는데, 이는 한국인이 비디오 제품을 많이 본다는 뜻이다. 자동차 숫자는 1996년에 천만 대에 달했다. 이동성의 증가와 연동되어 있겠지만 외식 사례 또한 증가했다. 그 결과 서울의 심장부를 흐르는 한강을 따라 볼 수 있는 경치 좋은 장소는 대부분 모텔과 레스토랑으로 가득 차 있고 인근의 주거지까지 레스토랑 지역으로 변모하고 있다. 한국은 또한 영화, 비디오, 대중음악과 같은 대중문화 상품을 위한 놀랍도록 거대한 시장을 갖고 있다. 대중음악 음반 시장은 거대하게 성장했다. 제대로 된 보컬 그룹이나 가수는 요즘 50만장 이상의 앨범을 쉽게 팔 수 있다. 아주 성공한 그룹이나 개인은 드물지 않게 100만 장 이상의 앨범을 팔기도 한다.[5] 이것은 젊은 사람들, 특히 십대들이 소비 대중이 되었다는 것을 의미한다. 새로운 앨범을 사기 위해 주머니 돈을 쓰는 것은 주로 그들인 것이다. 영화산업 또한 많은 관객을 확보하고 있다. 몰락한 판소리 고수와 그의

---

5) 신기록은 지금까지 낸 앨범 세 개를 모두 200만장 이상씩 판 김건모가 세웠다. 김건모의 성공은 1980년대의 스타인 조용필과 비교되는데, 80년대에는 조용필의 <창밖의 여자>가 100만장 이상을 판 유일한 앨범이었다.

딸의 삶을 보여주는 영화인 <서편제>가 1993년에 나왔을 때 백만 명이상의 사람들이 관람을 위해 서울과 지방에 있는 극장을 찾았다. <서편제>가 한국 영화로서는 예외적으로 성공한 경우가 아니냐고 할 수도있겠지만 요즘 성공한 한국 영화는 쉽게 50만 이상의 관객을 끌어들인다. 그러나 물론 세계의 다른 곳에서처럼 진정한 승자는 할리우드 영화이다. 미국영화 산업을 통해 생산되고 배급되는 모든 메이저 영화가 한국의 영화관에서도 성공을 거두고 있는 것이다.

이 모든 것의 결과로 "과소비"가 지난 십 년 동안의 주요 사회 쟁점이 되었다. "비도덕적 상업주의자들"에게 다양한 비판이 가해졌다. 섹스와 폭력의 적나라한 묘사로 악명이 높지만 초·중등 학생들에게는 인기가 높은 불법 일본만화의 비밀 배급망, 급속히 성장하고 있는 유흥가에 "팔"기 위해 여자들을 유괴하는 인신 매매자들, 거기에다 어린아이들에게 나쁜 영향을 끼친다는 혐의를 받고 있는 십대 유명인들이 비판의 도마에 오르곤 한다. 하지만 과소비란 자본의 입장에서 볼 때 과잉생산된 물품들을 팔기 위해 꼭 필요한 것이라 할 수 있을 것이다. 1990년대 초에 보컬 그룹 '서태지와 아이들'이 인기를 크게 끈 것도 매우 시의적절한 것이었다는 분석이 있다. 팬들이 그들의 스타일을 모방하기위해 적체된 옷들을 삼으로써 판매 문제를 해결할 수 있었다는 것이다.

언론이 과소비를 조장하는 데 주도적인 역할을 한 것은 말할 나위가없다. 한국은 최근에 방송 시장을 확대했다. 유선 방송이 도입되었고, 4번째 TV방송국인 SBS가 설립되었다. SBS는 상업 방송의 오락 측면을강화하는 데 중요한 역할을 했다. 어린 시청자들을 겨냥하여 코미디 프로그램에 집중한 것이다. 오랫동안 군사 독재에 의해 통제되어 왔던 한국의 텔레비전 방송은 오락보다는 엄숙함과 훈시적 측면을 특징으로하고 있었다. 그러나 SBS와 유선 방송이 등장한 이후 텔레비전 방송은다른 목소리를 내기 시작했고, 십대들을 열렬한 소비자로 만들기 시작했다. 어린 10대들은 대중문화 인기인들의 열성적인 팬일 뿐 아니라 강력한 소비자가 되었고, 새로운 CD와 옷들을 열심히 구입함으로써 패션과 생활양식의 흐름들을 결정할 수 있게 되었다.

한국인들은 개인 감정과 애정을 표현하는 데 내성적이고 소극적인 것으로 알려져 있다. 1990년대 초반까지 남녀 쌍들이 서로에 대한 애정을 공개적으로 표현하는 경우가 드물었다. 기껏해야 손을 잡는 정도였다. 그러나 지난 십 년 동안 신세대와 함께 유행이 바뀌었다. 젊은 사람들은 공개적인 장소에서 친밀함을 표현하는 데 더 솔직해졌다. 이러한 변화와 위에서 언급한 것들은 한국의 정치적·문화적 경제학의 변형이 축적된 결과로 봐야 할 것이다. 상황이 얼마나 많이 변했는지 알아보기 위해서 나는 이제 "상황이 달랐던" 시절로 되돌아가 보고자 한다. 이 회고가 "황금시대"의 신화를 뒷받침하는 것은 아니겠지만 말이다.

3

주지하다시피 남한은 선진국들이 포드주의적 생산방식을 "해체"하고 일부 산업 부문들을 제3세계로 보내기 시작했던 1970년대 초에 자본주의 세계 경제에 적극적으로 참여하게 되었다. 박정희 정권은 마산·창원 지역에 자유 무역 지대를 설치하거나 외국, 특히 일본 산업가들로 하여금 한국의 값싼 노동력을 착취하게 함으로써 외국 자본을 유치하려고 했다. 그리고 울산에 현대조선소, 그리고 포항에 포항제철과 같은 중공업 시설을 건설하기 위해 해외로부터 돈을 빌어오기 시작했다. 박정희 대통령이 새마을운동을 시작한 것이 이때쯤이다. 이 운동은 표면적으로 가난에 찌든 시골을 되살리기 위한 사회 운동이었지만 결국 국가의 자본주의화 과정 속에서 급속히 발전하고 있던 도시로 시골에 있던 사람들을 내모는 기능을 했다. 수출될 물건을 생산하는 데 필요한 노동력을 예비했다는 의미에서 그 운동은 자본주의 인구 정책의 일환이었다. 새마을운동과 같은 시기에 일련의 교육정책이 시작된 것은 그래서 우연이 아니다. 내가 1965년에 경남의 의령 중학교에 들어갔을 때 의령군 전체에는 중학교 2개와 고등학교 1개밖에는 없었다. 의령 읍은 물론 작고 가난한 지역이었지만 그 당시 5만명 가량의 많은 인구를 가지고 있었다. 10년이 안돼서 의령의 거의 모든 면 단위는 각기 중학교를 갖게 되었고, 여자 중학교까지 생겨났다. 중고등 학교 교육을 받은 사람들은 대개 공장으로 보내졌다. 지금 의령의 인구는 2만이 되지 않는다.

1970년대의 10년간은 우리 세대가 성년이 되기 시작한 시기다. 나의 세대는 1970년을 전후하여 공장에서 일하거나 대학에 들어가기 시작했고 한국의 민주화 운동이 시작된 것도 이때쯤이었다. 1970년에 피복 노동자였던 전태일이 비인간적인 노동관계법에 항의하여 분신 자살을 했다. 전태일의 자살은 즉각 많은 사람들의 관심을 끌었고 우리 세대에 커다란 영향을 미쳤다. 그의 죽음과 나라 안에서의 다른 비인간적인 조건에 도덕적으로 영향을 받은 당시의 대학생들과 지식인들은 언더그라운드 연구 모임,6) 거리 데모, 항의 모임, 그리고 저항 조직을 만들기 시작했다. 한국의 최근세사에서 한 중요한 시기가 이때 시작되었다고 할 수 있다. 이 시기 동안 '외부' (즉, 북한) 영향 없이 사회주의 원칙과 성향을 갖는 사람들이 지식인, 학생, 노동자, 그리고 종교인들 가운데 증가하기 시작한 것이다. 노동자 형제자매에게 빚을 졌다고 느낀 적지 않은 대학생들이 민주적인 노조를 조직하는 데 기여하고자 공장에 위장 취업을 했다. 한국 사회의 인프라를 붕괴시켰던 한국 전쟁 직전이나, 그 동안 혹은 직후에 태어난 우리 세대는 강한 연대 의식을 공유하는 편이었다. 우리 세대가 오늘날의 젊은 세대보다 서로에 대해 강한 유대감을 느낀다고 말하는 것은 과장이 아닐 것이다.

우리 세대에서 시작한 급진적인 전통은 최소한 '진보적'이라는 용어의 전통적인 의미에서는 끝난 것처럼 보인다. 이러한 변화의 이유를 나는 급속한 산업화의 과정에서 남한이 1970년대와는 매우 다른 사회가 되었다는 것과 특히 젊은 세대가 우리 세대가 살았던 환경과는 아주 다른 환경에서 살고 있다는 점에서 부분적으로 찾을 수 있다고 본다. 한

---

6) 70년대와 80년대 초에는 맑스주의 서적을 읽는 것이 불법이었기 때문에 급진적인 저술가들의 서적들은 은밀하게 읽지 않으면 안되었다.

국이 산업화가 된 다음에 태어난 더 젊은 세대들은 완전히 다른 정서와 선호, 습관을 가지고 있다고 가정할 수 있다.

1991년이 전환점인 것처럼 보인다. 그때 "강경대 사건"이 한국에서 저항 운동의 마지막 꽃을 피웠다.[7] 이 시기를 즈음하여 우리 사회의 급진적인 변혁에 대한 관심은 시들기 시작했다. 물론 한국에서의 진보 운동이 사회주의권 특히 소련이 1980년대에 붕괴되었을 때 이미 큰 타격을 받았지만 많은 사람들이 여전히 한국은 다를 거라고 믿었다. 한국에서의 민주적 변혁 운동은 사회주의권의 붕괴에도 불구하고 힘을 가지고 있는 것처럼 보였던 것이다. 그러나 1991년 이후에는 한국도 예외가 아니라는 것이 명백해졌다. 저항의 거리 정치는 영향력을 잃기 시작했고 혁명적인 이상으로부터 이탈하는 경우가 증가했고 지하 연구 모임과 진보적인 사상에 참여하는 젊은 학생들의 수가 급속히 감소했다.

이즈음 신세대의 정서에 호소하는 흥미있는 선언이 등장했다. 선언의 제목은 "신세대, 네 멋대로 해라"였다. 지하 사회주의 인터내셔널에 속한 작가들은 사회 변혁 운동의 "구좌파"적 경향이 성적 자유, 대중문화, 소비, 또는 무엇이든 오락적인 것과 같이 신세대에게 중요한 주제들을 억압한다고 비난했다. 이것은 물론 1960년대 후반, 70년대, 80년대 초에 성년이 된 세대에게는 매우 낯선 목소리였다. 이 세대는 진보적인 내용의 책들을 출간하는 것을 합법화하기 위해 열심히 싸운 세대이다. 많은 출판인들이 북한을 찬양하는 책들을 배포하고 출간했다는 죄로 투옥되었다. 『자본』을 한국어로 번역한 출판인도 감옥형을 받았다. 그러나 『신세대, 네 멋대로 해라』와 같은 책들이 인기를 끌게 된 것은 상황이 변했다는 것을 나타내준다. 맑스주의 책들을 출간하는 것은 웬만큼 합법화되었지만 더 이상 과거만큼 인기가 있지도 영향을 끼치지도 못했

---

7) 명지대 학생인 강경대가 4월 전경에 의해 살해되었을 때 전국적으로 대규모 시위들이 일어났다. 노태우 정권을 무너뜨리기 위해 3개월 동안이나 계속된 전국적인 항의시위 과정에서 10명 가량이 군사정권에 반대해서 스스로 목숨을 끊거나 거리 시위 동안 죽었다.

다. 예를 들어, 1980년대에 게오르그 루카치는 문학적 쟁점에 관심이 있는 사람들 사이에서 큰 관심을 모았는데, 요즘은 루카치를 읽는 사람이 거의 없다. 또 다른 예로 한국에 있는 거의 모든 대학 근처에는 하나 이상의 "사회과학 서점"이 있었다. 5개의 주요 대학―연세, 서강, 이화, 홍익, 명지―이 위치한 서울의 신촌에서 대학생들이 아끼는 서점인 "오늘의 책"조차도 건물 소유주가 레스토랑에 그 장소를 대여했기 때문에 더 구석진 데로 옮겨야 했다.

1990년대에는 신맑스주의적 혹은 비맑스주의적 전통―후기맑스주의, 후기구조주의, 포스트모더니즘―에 관심을 가진 독자 대중이 증가했다. 독일어 원전에서 번역되었던 맑스주의 책들은 더 이상 인기가 없어졌고 불란서 책들이 점점 더 많이 번역되는 추세이다.8) "정통" 소련 맑스주의에서 깨어난 사람들의 관심을 처음으로 끈 사람은 루이 알튀세르였다. 그 다음으로 진보적인 사람들의 관심을 끈 것은 미셸 푸코였는데, 지금은 질 들뢰즈(Gilles Deleuze)와 펠릭스 가타리(Félix Guattari), 안토니오 네그리(Antonio Negri) 등이 젊은 한국 지식인들로부터 관심을 끄는 서구사상가들이다.9) 동시에 페리 앤더슨이 『서구 맑스주의 고찰』에서 "문화적 전환"이라고 불렀던 일이 남한에서도 벌어졌다. 1991년 이래로 사람들이 문화적 문제들에 관심을 보이기 시작했기 때문이다. 여기에서 "문화"란 허위의식으로서의 이데올로기나 상부구조의 관점이 아니라 삶의 전체적 측면에서 이해되는 어떤 것이다. 문화연구 문제들을 다루는 새로운 잡지들이 등장하기 시작했고 문화이론을 소개하거나 현대 문화 현상을 분석하려고 하는 책들이 젊은 세대의 관심을 끌었다.

---

8) 1980년대 동안 세계의 진보적인 쟁점들을 이해하는 데 공헌한 언어는 독일어였다. 남한이 소련과 동구권 국가들과 공식적인 관계를 맺지 않았기 때문에 러시아어나 다른 동유럽 언어를 번역할 수 있는 사람이 드물었고 그래서 독일어가 맑스 저서를 번역하는 데 중요한 역할을 했던 것이다.

9) 이들은 예컨대 서울사회과학연구소의 회원들이 가장 중시하는 이론가들이다. 이 연구소에는 약 30명의 젊은 학자들이 사회적·인식론적 문제들에 대한 대안적 연구를 하기 위해 모여 있다.

반면에 역사적 유물론의 문제를 다루는 책들은 소량으로 팔리거나 아니면 눈에도 띄지 않는 경우가 많아졌다.

이러한 변화들은 신세대의 등장과 관련이 있음에 틀림없다. 위에서 언급한 아이들과 신세대 선언을 썼던 작가들은 1980년대 후반에 나타나기 시작했다. 앞에서 1991년 이래로 대학생들을 '진보적인' 사안으로 끌어들이기가 어려워졌다고 말한 바 있다. 1980년대에 수업시간에 분노한 학생들이 보수적인 교수에게 항의하는 일이 흔했다. 나 역시 강의에 대해 불평하는 소리를 들은 적이 있다. 수많은 많은 학생들이 미제국주의에 맞서 항의하고 있고 또 심지어 적지 않은 수가 죽기까지 하고 있는 터에 왜 영문학을 가르치는가라는 항의였다. 그러나 지금은 학생들이 변했다. 요즘 학생들은 특별히 요청 받을 때를 제외하고는 수업 시간에 사회 쟁점들에 대해 이야기하는 법이 거의 없다. 나는 물론 학생들이 사회적 문제에 대해 전혀 관심이 없다고 생각하지는 않는다. 하지만 겉으로 드러난 것만으로는 학생들이 혹시 사회 문제에 대한 관심이 있다고 하더라도 판단하기가 어렵다. 1980년대의 학생들과 90년대의 학생들 간에 가장 눈에 띄는 차이는 지금 학생들은 수업시간에 모자를 쓴다는 것이다. 옛날에는 정말로 볼 수 없었던 광경이다. 또 다른 차이는 거의 모든 대학 캠퍼스들이 학생들 소유의 자가용 때문에 교내 교통문제를 겪고 있다는 것이다. 이것은 특별한 경우에 중·상류층 가정들이 아들과 딸들에게 (비싼) 자동차를 사주는 것이 드물지 않기 때문에 발생하는 현상이다. 1980년대에 대학생들은 소주나 맥주를 함께 마시러 가서 1980년의 광주 항쟁을 기념하거나 민주 혹은 노동 운동에 대한 연대감을 표현하는 "운동가요"를 불렀다. 지금 그들은 진보 운동과 아무 관계가 없는 패닉, 서태지와 아이들, 김건모, 또는 H.O.T의 노래를 부른다.

4

1990년대의 젊은 세대에 대한 나의 이야기가 비난조로 들릴지도 모르겠다. 하지만 내 의도는 오늘날의 남한 젊은 세대가 사회적 문제들을 외면한다고 말하려는 것이 아니라, 신세대가 중요하게 생각하는 쟁점들과 진보적인 사람들이 생각하는 쟁점들 사이에는 절합의 문제가 있다는 점을 말하려는 것이다. 여러분도 알겠지만 한국의 대학생들은 전통적으로 80년대의 사회 변혁 운동에서 어쩌면 가장 중요한 역할을 담당했다고 할 수 있다. 다수파인 민족주의 학생들은 80년대 중반 이후 군사 정부에 대항하는 투쟁을 이끌어 왔다. 그러나 사회 운동에 있어서의 학생들의 중요성은 강경대 사건 이후로 줄어들기 시작했다. 아마도 그때가 학생들이 그들을 지지하는 노동자들과 시민들과 함께 거리 시위를 주도할 수 있었던 마지막이었을 것이다. 그 사건 이후로 학생운동이 대중으로부터 전폭적인 지지를 받는 것이 어려워졌다. 여기에는 운동을 주도해온 다수파 학생들이 북한의 사주를 받고 있다고 한 극우 세력의 음해가 작용한 것이 사실이다. 하지만 더 중요한 요인은 다수파가 노동운동의 대의에 무관심했던 데서 찾아야 할 것이다. 민족주의 노선의 다수파가 주도하는 학생운동은 사전에 짜놓은 일정을 고수하였고, 그로 인해 노동이나 다른 이슈들에 의해 자연발생적으로 생겨나는 사건들에는 적극 참여하지 않는 경향이 있었다.10)

노동 문제에 대한 대학생들의 무관심은 우리들에게는 수수께끼이다. 그들 또한 악화되는 노동 조건에 점차로 취약한 처지에 놓이고 있기 때문이다. 전두환이 1980년에 권력을 잡은 후 한국의 대학 교육은 엄청나게 팽창하기 시작했다. 지금은 대학 교육을 받은 사람이 넘쳐난다. 1995년에 18살에서 21살까지 연령층의 61.8%가 대학에 갔다. 그래서 대학생들의 전체 숫자는 230만명에 달했다. 1998년에만 60만 이상의 고등학교

---

10) 1990년대에 민족주의 노선의 학생들은 학교가 개강하는 3월에는 학내 문제를 제기하고, 4월에는 1960년의 4월혁명, 5월에는 1980년의 광주항쟁을 기념하고, 6월과 7월에는 농촌 활동을 하는 식으로 일정에 따른 투쟁을 전개하였다. 이런 일정을 설정하는 것은 학생 대중이 독립 기념일인 8월 15일에 통일을 요구하는 대투쟁을 전개하도록 운동 분위기를 지속시키기 위함이다. 이 일정을 따르는 운동권 학생들이 아직 있기는 하지만 그 중요성과 영향력은 점차 크게 감소하고 있다.

졸업자들이 2년제나 4년제 대학에 진학할 것이다. 물론 이런 점을 가지고 한국의 교육체계가 철저하게 되어 있다거나 발전했다고 믿어서는 곤란하다. 오히려 한국의 교육은 실패와 결점들로 인해 "번창한다"고 말할 수 있다. 한국의 고등학생들은 대학에 들어가기 위해 가장 혹독한 경쟁을 치러내고 있기 때문에 공교육을 믿지 않는다. 학교가 제대로 된 교육을 제공하지 못한다는 것을 너무나도 잘 알고 있기 때문에 부모들은 보통 아이들을 학원에서 과외 공부를 받게 하기 위해 많은 돈을 쓴다. 한국의 부모들이 사교육비로 1년에 14조원 이상을 써야 한다는 것은 우연이 아니다. 한국의 1년 정부 예산이 70조원이라는 것을 안다면 그 비용이 얼마나 많은지를 짐작할 수 있을 것이다.[11) 설상가상으로 학교 폭력이 점차로 빈번해지고 있고 퇴학률도 급속히 증가하고 있다. 교육 부문에서의 이러한 음울한 상황을 염두에 둔다면 문화 상품과 활동들에 대한 열광적 팬들이 보여주는 것처럼 대중문화가 학교보다 젊은 인구층에 더 큰 영향을 끼친다는 것이 전혀 놀랍지 않다. 교육 실패의 후유증 가운데 하나는 점점 더 많은 대학생들이 공부를 계속하기 위해서는 해외로 나가야 한다는 것이다. 현재 해외에서 공부를 계속하는 대학생들의 수는 13만명 이상이라는 통계가 있다.

이러한 맥락에서 젊은 세대에게 불만들이 생겨날 것이라 보는 것이 착각은 아닐 것이다. 그러나 내가 이야기했듯이 학생 인구는 여전히 증가하고 있지만 민주주의적이고 혁명적인 주장에 대한 학생들의 반응은 많이 줄어들고 있다. 교육의 성장은 새마을운동의 시작과 함께 발생한 도시화와 마찬가지로 박정희정권과 이후 정권들이 전통적인 농업국가에서 새로운 노동력을 준비하기 위해 취한 조치 중 하나이다. 대학생들의 증가로 한국은 고학력 노동자가 너무 많아졌다. 맑스나 다른 진보적 저술가들의 책을 읽던 대학생들이 이제 재벌 회사들에 취직하기 위해

---

11) 이 수치는 인용 출처에 따라 달라질 수 있다. 나는 여기서 교육개발원(National Education Development)의 공식 통계를 따르고 있지만 한국의 부모들이 사교육비로 20조 이상을 쓴다는 것이 주요 일간지가 통상 보도하는 바다.

비즈니스 영어를 공부하거나 검사나 고위 공무원이 되기 위해 공무원 시험을 준비하게 된 것은 아마 이 점과 무관하지 않을 것이다. 우리는 지금 과거 투쟁적이었던 대학생들이 서로 경쟁하는 덫에 빠져있는 모습을 목격하는 중이다. 이 새로운 광경은 그들이 이제는 국가와 자본에 의해 포획되어 있다는 표시일 것이다.

형세가 바뀔 수도 있다고 본다. 하지만 그렇게 되려면 대학생들이 불만의 목소리를 내거나 표현해야만 한다. 학생들이 상대적으로 노동문제에 무관심해졌다는 사실을 가지고 남한이 지금 부유한 국가가 됐다거나, 노동이 사회적 문제들에 비해 덜 중요해졌다는 말을 할 수는 없다. 반대로 1970년대 산업화 이후 처음으로 한국의 노동계급은 전에는 경험해 보지 못한 대량해고의 위험에 처하게 되었다. 1996년 남한에서의 실업률은 약 2%로 낮았다. 그러나 1996년 통계청의 통계에 따르면 1,300만 노동자 중에 600만이 일용 노동이나 파트 타임 일을 하고 있다고 한다. 이런 통계는 1997년 말 경제위기가 본격화되기 이전에 한국의 고용 상황이 이미 악화되고 있었음을 말해준다. 대학생들도 이런 사실을 오래 전부터 알고 있었다. 대학생인구가 폭발적으로 증가하기 시작했던 1980년 초반부터 대학생들의 취업은 갈수록 어려워졌기 때문이다.12) 최근에 들어와서 상황이 더욱 악화되었다. 김영삼정권의 집권 후반기에 해당하는 지난 2년 동안 한국 노동자들은 자신의 직업에 대해 불안감을 더 많이 느끼기 시작했다. 생산직 노동자뿐만 아니라 주요 공직자들과 대기업 간부들도 대량으로 해고되기 시작하였다. 하지만 지난 몇 개월 동안 한국 경제는 외환과 금융 부문에서 시작된 붕괴를 시발로 한층 더 본격적인 위기 조짐을 보이고 있다. 통계청 보고에 따르면 1997년 후반기에 계절적 실업률은 10월에 2.3%에서 11월에 2.9%로 0.6%가 치솟았다. 이것은 15년만의 월별 최고 기록이었고 대량실업의

---

12) 나는 1980년대 동안 학생운동이 빈번해지고 규모가 커진 것이나 학생들이 벌이는 거리 시위가 극렬해진 것은 학생 수가 크게 증가한 것과도 깊은 연관이 있다고 생각한다.

시대를 예고하는 것이다. 그 보고에 따르면 "실업인구가 574,000명에 달하고 이것은 일년 전에 비해 약 131,000명 가량이 증가한 것이다. 10월부터 11월까지의 기간에 실업 인구는 118,000명이 늘었다."13) 공식적인 이 통계청 통계는 일주일에 한 시간 동안 일한 사람들까지 아직 실직 상태가 아닌 걸로 해놓았고 이미 경제활동에서 축출된 사람들은 고려에 넣지도 않은 채로 만들어진 것이다. 그리고 이것은 대학생들의 잉여 인구는 계산하지도 않은 숫자이다. 앞으로 IMF의 구제 금융 프로그램에 따라 산업 활동이 급격히 위축될 것이기 때문에 실직자의 수는 급격히 증가할 것이다. IMF는 처음 한국 정부에 GDP 성장률을 연 6%에서 2.5%로 낮추도록 요구했는데, 한국 정부는 올해(1998년) 초에 성장률이 1% 이하로 재조정될 것이라고 발표했다. 1%의 하락이 약 20만명의 실업자를 양산한다는 것으로 해석될 수 있다는 것을 고려한다면 오랫동안 높은 성장 때문에 실업이 매우 낮았던 한국은 앞으로 엄청난 규모의 실업률을 겪게 될 것으로 보인다.14)

5

이러한 통계로 볼 때 대중들은 현 상황에 불만족을 크게 느낄 것으로 보인다. 노동의 불안과 세대차의 문제로 인한 불만족을 결합해서 생각해 보라. 지배세력의 편에 선 경우라면 잠재적으로 위험한 상황에 처해 있다고 느낄 것임을 충분히 예상할 수 있다. 최근 역사에 있어서 1997년의 인권 조건이 최악으로 악화된 것은 그래서 우연이 아닌 듯 싶다. 많은 예술가들, 소설가들 그리고 정치 활동가들이 터무니없는 이유들로 조사 받고 체포되고 투옥되었다. 물론 한국의 지식인들, 예술가들, 저술가들이 투옥되는 것은 지난 반세기 동안 흔한 일이었다. 그러나 최근에

---

13) *The Korea Herald*, 1997. 12. 30. 참조.
14) 1999년 2월에 이르러 실업률은 정점에 이르러 정부의 공식 통계에 따르더라도 8.6%(176만명)로 악화되었다.

는 경향이 바뀐 것처럼 보인다. '폭력'과 '외설'이 더 자주 검찰이 예술가들을 소환하고 심리하는 이유가 된 것이다. 최근까지 한국 문화 생산가들과 활동가들에게 중요한 쟁점은 사상의 자유였다. 이 글을 쓰고 있는 1998년 1월 현재 노동자 시인인 박노해는 반국가 사회주의 지하단체를 조직했다는 명목으로 지금 17년 수감형을 받아 몇 년 째 투옥생활을 하고 있다. 소설가 황석영 또한 허가 없이 북한을 방문해서 감옥에 갇혀 있다. 사법 당국은 이러한 작가들과 많은 다른 사람들이 국가 보안법을 어겼다고 생각한다(국가보안법은 지배계급과 세력이 투쟁적인 학생들뿐만 아니라 정치 선동가들과 노동 활동가들을 통제하는 효과적인 사법적 수단이다). 그러나 최근에는 지배 전략이 바뀐 것처럼 보인다. 왜냐하면 검찰이 국가보안법만 사용하는 것이 아니라 청소년 보호법이나 음반 및 비디오 관련법과 같은 다른 보충적 수단도 사용하고 있기 때문이다.

한국은 지금 한국판 "문화전쟁"을 겪고 있지 않은가 싶다. 극우파와 신자유주의자들에 의해서 주도된 미국에서의 문화전쟁은 인권과 복지의 측면에서 지난 몇십 년 동안 이룩했던 업적을 이전 수준으로 되돌리려는 목적을 갖고 있다고 알려져 있다. 한국의 지배계급과 보수층들도 같은 맥락에서 공세를 취하기 시작한 것처럼 보인다. 이현세의 만화 <천국의 신화>가 나왔을 때 검찰은 즉각 원시인들이 동물과 성교를 갖는 장면이 포함된 것에 문제를 제기했다. 이현세의 만화 연재물이 출간되기 전에는 <빨간 마후라>가 나와서 큰 반향을 일으켰다. 이 아마추어 포르노 필름은 4명의 10대들이 비디오 촬영을 한 것으로 친구들 사이에서 그들의 "예술작품"을 자랑하려고 돌린 것이었다. 보수 언론은 조심스러운 부모들의 분노를 격렬하게 부추겼고 검찰은 즉각 "대중의 도덕적 정서"를 해칠 수도 있는 외설물을 유포한 혐의로 아이들을 체포했다. 이와 함께 <음란폭력성조장매체공동대책협의회>와 같은 비정부기구들은 선정적인 만화를 일상적으로 싣는 스포츠 신문들에서 만화연재를 금지할 것을 요구했다. 대중의 도덕적 감수성이 스포츠 신문의 옐로우 저널리즘에 의해 침해를 받는 것이 문제가 될 수는 있다. 그러나 과도한 외설에 대한 비판과 표현의 자유에 대한 억압과 검열은 서로 별개의 문제이다. 유감스럽게도 갈수록 "비예술적 외설"을 시도했다는 만화가 이현세나 소설가 마광수, 장정일과 같은 예술가들과 작가들이 더 자주 검열의 목표가 되어 가고 있다.

이런 식의 검열은 아무 일 없다는 듯 다른 일들이 진행되는 동안에도 발생하고 있다. 1997년에 한국은 예술 축제에 많은 돈을 소비했다. 이 현상은 문화적 볼거리가 한국사회에 중요하게 되었다는 표시로서 볼 수 있다. 그러나 축제가 이어지는 가운데서도 검열은 여전히 계속되었다. 서준식씨가 몇몇 대학과 교회에서 제2회 인권영화제를 개최하려고 했을 때 검찰은, 대략 8만명의 목숨이 희생된 1947년의 4.3 사태를 다룬 다큐멘터리 <레드 헌트>를 보여주어 공산주의자들에게 동조했다는 혐의로 그를 체포했다. 이 영화가 부산 국제영화제 동안 상영되었을 때, 당국은 별 꼬투리를 잡지 않았는데 이번에 검찰은 작은 칼도 누가 소지하느냐에 따라서 위험성 여부가 정해진다는 주장과 함께 영화가 상영되는 장소(보통 대학 강의실이나 교회)를 폐쇄했다. 간첩 혐의로 17년 동안 감옥생활을 했던 유명한 인권운동가인 서준식씨는 지금 국가보안법을 어긴 죄목으로 재판을 받을 예정이다. 당국에 의해서 제지된 것은 인권영화제뿐만 아니다. 동성애를 다룬 영화들을 출품하려던 퀴어영화제도 강제로 취소당하고 말았다. 노동자 시인 박노해를 기리려던 문화축제 또한 취소되었다.

여러분은 왜 이런 검열과 억압인가 하고 물어볼지도 모르겠다. 지금 남한은 문화가 중요한 사회적 문제가 된 전환점에 있는 것처럼 보인다. 대량해고라는 중요한 노동 이슈를 갖고 있기 때문에 문화적으로 불만이 있는 사람들의 증가는 국가와 자본에 도전이 될 수 있다. 한국이 완전히 산업화된 이후에 성인이 된 신세대는 다른 욕구와 정서를 갖고 있다. 그들 중 많은 사람들이 반항적이고 불만을 가지고 있다. 사회적 이슈들에 무관심한 것처럼 보이는 아이들도 전통적인 좌파가 이해하지는 못하지만 흘려들어서는 안 되는 자신들만의 문제들을 갖고 있다. 그들은 데이비드 하비(David Harvey)가 "문화적 대중"이라고 불렀던 것과는 반대되는 "펑크족"(punk)으로 여겨진다. 문화적 대중들은 "여피족"들처럼 신자유주의적 경제의 부수 효과를 향유하는 사람들을 포함하고 있는 반면에 펑크족은 비록 그들의 도덕적 정서와 특징적 행위가 구세대와는 급진적으로 다르지만 삶의 반자본주의적 대안양식을 추구하는 사람들이다. 그러나 지배계급과 지배세력의 관점에서는 펑크족의 반항적 태도와 대량실업에 직면한 노동계급의 불만을 분리시키는 것이 중요하다. 양자의 결합은 매우 위험할 수 있기 때문이다. 아마도 이것이 표현의 자유 문제가 요즈음 더 중요해지고 있는 이유가 아닌가 싶다.

6

1997년은 내가 생각하기에 앞으로 오랫동안 기억해야 할 해가 될 것이다. 1996년 12월 한국의 OECD 가입에 흥분해서, 그리고 자본의 압력에 굴복하여 김영삼정부는 노동계와 야당의 반대를 무시하고 친자본주의적 조치들을 포함하고 있는 신노동관계법을 통과시키려고 했다. 그 결과가 남한 최초의 총파업이다. 다음해 1997년 초에는 블루 칼라만이 아니라 사무직 노동자들도 거리로 나섰다. 전두환 군사정권에 맞서 대통령 직접 선거 실시를 요구하며 단결했던 1987년 노동자들이 노조 결성의 자유를 요구하며 시위를 벌인 이래 처음 맞는 일이었고, 특히 학생들의 주도가 아닌 노동자들의 주도로 전국적인 항의와 데모를 할 수 있었던 최초의 일이었다. 1997년 말에는 금융위기와 함께 또 다른 대폭발이 있었다. 거의 모든 사람들의 재산 가치가 급락하였다. 한국인들은 그들의 운명이 갑자기 바뀐 것에 소스라치게 놀랐고 당연히 궁핍하고 불편해질 앞날을 걱정하게 되었다. 그들은 어떻게 집단적으로 변화된 상황에 반응할 것인가? 국가와 자본은 경제 붕괴를 책임지려 들지 않을 것이다. 이미 언론은 허리띠를 졸라매는 조처들이 필요하다고 외쳐대고 있다. 노동자와 대중들은 근검절약의 "지혜"에 귀를 기울여야 하는가? 저 젊은이들은 "착실한" 시민이 되기 위해, 그리고 더 열심히 일하기 위해 길들여져야 하는가?

한국의 진보운동은 위기에 처한 것으로 보인다. 확실히 노동자들이 뭉친다면 전체 국민에게 영향을 미칠 수 있다. 그러나 신세대뿐만 아니라 일반 대중들도 적극적으로 사회변혁이라는 이상에 응하지 않고 있다. 전지구적 신자유주의 시대에 공세를 취하고 있는 것은 보수 세력이다. 김대중 대통령 당선자가 금융 부문을 필두로 노동자들의 대량해고를 강제하는 계획을 발표했지만 한국인들은 전투적인 민주노총을 제외하고는 아무런 저항의 표시도 보이지 않았다. 이러한 망설임은 다양한 사회적 세력들간의 절합이 부재한 탓에 나오는 결과가 아닐까? 혹시 노동 부문이나 전통적 진보 세력 쪽에서 신세대가 중요하다고 여기는 주제들에 대해 주의를 기울이지 못한 대가는 아닌가? 이 글에서 나는 성차별, 지역주의, 그리고 민족주의와 같은 쟁점들을 고려하지는 않았지만 이것들 또한 현재 한국에서 매우 중요하다. 세대차, 성적 차별과 선호 문제는 최근 사회적 관심의 표적으로 나섰다. 그러나 진보적인 세력들은 종종 노동자들의 목소리 이외의 목소리는 들으려고 하지 않는다. 동시에 새로운 사회적 세력들도 노동의 문제에 눈을 감는다는 점에서 절합의 필요성을 외면하기는 마찬가지다. 대량 해고가 중요한 사회적 이슈가 된 바로 이 시점에 대중문화의 펑크적 경향이 국가와 보수적 세력들에 의해서 공격받고 있는 것은 우연이 아닐 것이다. IMF 구제금융 체제라는 새로운 상황이 주어졌기 때문에 계급간 투쟁은 확실히 더 격렬해졌지만 상황은 복잡해졌다. 계급 사이의 갈등뿐만이 아니라 이익들, 정서들, 그리고 성적 선호들 사이의 갈등도 중요하게 되었기 때문이다. 이것은 정치경제뿐만 아니라 문화정치학도 중요한 사회적 문제가 되었다는 것을 나타낸다. (1998. 1)

후기

이 글의 작성을 지난 1998년 1월 초에 끝마쳤기 때문에, 나는 그 이후에 발생한 변화들을 고려할 수 없었다. 1998년 1/4분기는 심각한 정치적 조처들과 사회적 증상들이 발생한 중요한 국면이었던 것처럼 보인다. 긍정적인 징후가 별로 없었다는 것은 아니다. 김대중씨가 작년 2월 대한민국의 새로운 대통령이 된 후 많은 죄수들이 풀려났고 풀려난 사람들 중에는 내가 이 글에서 언급한 시인 박노해씨와 소설가 황석영씨도 있었다. 인권 운동가 서준식씨도 지금 보석금을 내고 석방되었다. 이것은 확실히 그의 전임자보다 더 리버럴하다고 생각되는 새 대통령이 진보 진영에 보낸 호의적인 제스처이다.

그러나 한국 대법원의 최근의 판결이 보여주는 것처럼 문화적 신보수주의의 경향은 그래도 계속되고 있다. 무기와 소비재를 포함한 쓰레기 더미가 바깥에 버려져 있는 이상적 시골 사회를 그린 신학철씨의 그림이 국가보안법을 어긴 것은 아니라는 하급 법원의 판결이 대법원에서 뒤집어졌다. 검찰은 그림 상단의 초가집은 북한지도자 김일성의 생가와 닮았고 반면에 농부가 쓰레기를 치우는 하단은 남한을 상징한다고 주장했다. 하급 법원은 그림이 내적인 유토피아의 장소가 쓰레기가 가야만 하는 그림 바깥쪽의 세계와 대조를 이루는 내적·외적 대립구조를 갖고 있다는 미술 평론가 성완경씨의 해석을 받아들였다. 하급 법원의 판결을 대법원이 뒤집은 것은 김대중대통령의 재임 기간 동안에도 사상과 표현의 자유가 더 나아질 것 같지 않다는 것을 명백히 상기시켜 준다. 최근의 경제적 불황이 이러한 문제들에 있어 부정적인 역할을 할까 봐 두렵다. 지난 몇 달 동안 한국인들은 이미 침체의 쓴맛을 보았다. 파산과 실업이 급속히 증가함에 따라 자살, 이혼, 그리고 아동 유기가 증가하고 있다. 이 글에서 나는 올해의 경제 성장률이 1% 이하가 될 거라는 예측을 인용했다. 이것은 작년의 6%에 훨씬 못 미치는 것인데, 1998년 4월 초에 나온 더 우울한 예측에 의하면 성장률은 -5%까지 떨어질 것이라고 한다. 적지 않은 사람들이 한국에서의 대중적 파시즘의 성장을 염려하고 있는 것은 이런 경제적 상황 때문이다. 경제적 불황이 한국인들 사이에 보수주의 성장을 만연케 하지는 않을까? 어려운 시절에는 근검 절약, 개인적 책임, 애국주의, 또는 가족의 가치와 같은 보수적 가치들이 대중에게 더 호소력을 가질 전망이 크다. 노동자계급과 신세대 사이의 분리에 관해 내가 말한 내용이 이러한 맥락에서 중요한 정치적, 문화적 함의가 있는 문제를 제기한다고 믿는다. (1998. 6)

'위기' 이후의 한국문화

1. "위기"의 규정

이 글에서 나에게 부과된 주제는 "위기 이후의 한국문화"이다. 이 주제의 의미를 살펴보는 것으로 논의를 시작하고자 한다. 우선 "위기"를 어떻게 이해해야 할 것인가 하는 문제가 있다. 남한이 최근 위기에 빠졌다고들 하는데, 무엇이 위기라는 것일까? 위기의 의미는 무엇이며, 그것은 어떤 상황을 지칭하는가? 위기의 통념적 의미는 물론 분명하다. 1997년 말 남한 사회에 밀어닥친 외환위기와 그로 인해 발생한 경제위기, 나아가 국가위기를 가리키는 것이다. 그러나 이런 식의 이해는 위기의 본질, 특히 그것의 사회적 의미와 기능을 놓칠 우려가 있다. 물론 1997년 말 외환위기, 국가부도 사태 등 긴급한 상황이 일어난 것은 사실이고, 한국인 대부분이 그것을 위기로 인식한 것도 사실이다. 정부가 국제통화기금(IMF)에 긴급구제금융을 신청한 직후인 98년 초 대대적인 금모으기 운동이 전국적으로 벌어진 것도 많은 사람들이 위기감을 느꼈다는 증거이다.[1] 그러나 이렇게만 보면 "위기"는 극복대상으로만, 민중이

---

1) 98년 1월22일부터 같은 해 4월24일까지 주택은행, 외환은행, 국민은행, 농협 등 4개 금융기관이 범국민적 금 모으기 운동을 통해 모은 외화를 한국은행이 매입한

힘을 합쳐 뛰어넘어야 할 상황으로만 인식된다. 외환위기, 경제위기, 국가부도 등은 그 원인이 어디에 있든, 그리고 그것의 사회적 효과나 성격, 그리고 기능이 무엇이든 치유해야 할 질병으로만 간주되는 것이다.

위기를 다른 방식으로 이해하는 길도 있다. "외환위기" "금융위기" "경제위기" 등으로 위기를 표현한 전문가들과는 달리 대중은 "아이엠에프(IMF)"라는 표현을 더 많이 사용해왔다. "경제위기가 도래했다"는 "아이엠에프가 왔다"라고, 남한이 "위기를 맞았다"는 "아이엠에프를 당했다"라고 표현했고, 자신들이 고생하게 된 것도 "위기 때문"보다는 "아이엠에프 때문"이라는 식이었다. 위기를 이런 식으로 표현하게 된 데에는 지배적 통념과는 다른 대중의 지혜가 은연중에 작용한 것으로 보인다. 사실 대중이 실제로 위기를 겪기 시작한 것은 정부가 국제통화기금(IMF)에 긴급 구제금융을 신청하게 되면서 IMF의 관리체제가 가동된 이후부터이다. IMF는 융자를 해주는 조건으로 한국 정부에 긴축재정을 수립하고, 고금리정책을 펼치고, 구조조정을 실시할 것을 요구하였다. 이들 정책이 실시되면서 남한 민중의 삶의 조건은 극도로 악화되었다. 위기는 이제 단순히 외환 부족분, 금리 인상률 등 경제 지표적 문제, 혹은 수치로 파악되는 통계상의 문제가 아니라 직장 도산, 임금 체불, 실직, 소득 감소, 가정 파탄, 궁핍, 노숙, 굶주림 등 실생활의 문제로 떠올랐다. 남한 대중이 위기를 "아이엠에프"라고 표현한 것은 자신들이 겪게 된 삶의 조건 악화가 IMF가 권장한 일련의 정책들과 관련이 있다는 점을 감지했기 때문일 것이다. 대중의 "아이엠에프"는 경제학자들이나 저널리스트들이 사용한 "위기"보다 좀더 실질적인 인식을 담고 있었던 셈이다.

이렇게 볼 때 위기의 통념적 규정은 담론적 실천(discursive practice)이며, 이 실천에는 어떤 전략적 기능이 담겨 있었다고 볼 수 있다. 위기 담론에서 위기는 먼저 외환위기로 파악되기 시작하며, 곧 이어 금융위기, 경제위기, 급기야 국가위기의 형태를 띠는 것으로 이해된다. 이처럼

실적은 모두 19억6천3백20만달러에 달했다(<연합뉴스>, 1998. 10. 19).

갈수록 커지는 심각성 때문에 문제의 위기는 어떤 방식으로든, 어떤 희생을 감내하고서라도 극복해야 할 문제로 인식된다. 자연스레 위기 극복을 위한 조치들이 취해진다. IMF 관리체제가 도입되고, 대중의 삶의 조건을 파괴하는 정책들, 이전 같으면 엄두도 내지 못했을 반민중적, 반사회적 정책들이 시행된다. 대중은 이 과정에서 IMF가 곧 위기임을 정확하게 감지한다. 위기 극복의 대중적 구호는 그래서 "IMF 극복"이다. 그러나 대중의 이런 인식이 IMF에 대한 저항이나 사회위기 극복을 위한 운동으로까지 발전한 것은 아니다. 대중은 IMF의 지배권 강화가 자신들의 삶을 열악하게 만드는 위기 정세임을 감지하기는 했지만 여전히 그 영향권 안에 놓여 있었다. 자신들의 삶을 열악하게 만드는 위기인 IMF의 지배(와 그것을 조장하는 국내외 정세)에서 벗어나려면 역시 경제회복을 해야 한다는 통념을 따르고 말기 때문이다. 위기담론은 이리하여 삶의 문제들, 사회적 문제들을 경제문제들로 전환시키는 효력을 발휘한다.

내가 다룰 주제는 그렇다면 단순히 "위기 이후"만이 아니라, "위기담론의 전개 이후"의 한국문화가 어떻게 변동하는가를 다루는 문제로 보인다. 문화변동을 살필 때도 위기에 이중적 의미가 있음을 감지한 대중의 예지를 존중할 필요가 있다. 그래야만 외환위기, 경제위기, 국가위기 등과 같은 통념적 위기가 위기로 행세하는 동안 형성되는 정세, 즉 삶의 위기 또는 사회적 위기를 제대로 파악할 수 있다. 위기담론은 위기의 사회적 의의를 축소하고, 위기를 주로 경제적 위기로만 파악하게 하는 통념을 생산하면서 문화적 실천에 영향을 주는 정세를 형성한다. 이 글에서 나는 한국사회가 사회위기의 경제화를 추구하게 되면서 겪게 되는 몇 가지 중요한 문화변동의 지표들과 그 의미를 살펴보고자 한다.

2. 경제 이데올로기의 강화

쉽게 예상되는 일이지만, 위기 이후 사회 전반에 걸쳐 "경제중심주의"가 더 큰 위력을 발휘하게 되었다. 경제를 "최종 심급"으로 간주하는 경향이 최근에야 비로소 등장했다는 말은 아니다. 1960년대 이후 남한 사회는 자본주의 세계경제에 점점 더 깊이 편입되면서 경제발전을 사회발전의 최우선 과제로 삼아왔다. 경제제일주의는 "개발독재자" 박정희가 1960년대에 작사 작곡하여 퍼뜨린 <잘 살아 보세>라는 노래에도 반영되어 있다. 이 노래에서 "잘 산다"는 것은 사회복지의 구축, 사회적 차별의 극복, 인권의 보장, 자연생태계의 보존 등 좀더 근본적인 삶의 질 향상과는 동떨어진 경제적 부의 축적, 특히 소득 증대를 의미할 뿐이다. 그러나 최근에 들어와서 박정희정권이 토대를 닦은, 경제성장 중심의 사회발전 모델은 비판을 받기 시작하였다. 87년대 말 이후 노동, 농민, 빈민, 여성, 시민, 환경 등의 분야에서 대중운동이 크게 발전하고, 소비자본주의가 급속히 성장하는 등 남한사회에 새로운 삶의 조건과 요구들이 생겨난 결과이다. "잘 산다"는 말은 이제 단순히 수입 증대만을 가리키는 것이 아니라 여가생활의 확대, 기호의 추구, 자아의 실현, 정체성의 정치 실천 등 새로운 삶의 조건 확보와 긴밀한 관련을 맺게 되었다. 위기의 도래는 이런 새로운 정세의 형성에 큰 타격을 입힌 것으로 보인다. 개발 독재의 주범인 박정희를 추모하는 사람들이 늘어나고, 경제적 발전만이 아니라 삶의 질도 높여야 한다는 새로운 사회발전 모델이 후퇴하며 다시 경제발전을 우선시하는 경향이 그 사이에 늘어났다. 위기 국면이 조성되면서 새롭게 부상한 사회적 요구들은 시기상조라는 평가를 받지 않으면, 부차적 지위로 밀려나고, 경제가 가장 긴급한 사회문제라는 인식이 만연하였다. 경제가 사회—경제는 물론이고 정치와 문화를 포괄하며 계급, 성, 민족, 인종, 환경 등 다양한 쟁점들을 안고 있는—를 대변하게 된 것이다.

위기와 함께 일어난 한국의 문화변동 가운데 하나는 그래서 경제이데올로기가 강화된 것이다. 외환부족에 따른 국가부도 위험에 직면하여 사회가 경제로 인해 파탄을 맞는다는 위기의식이 커지는 것은 물론 당연하다면 당연한 일이다. 허겁지겁 국제통화기금에 긴급 구제금융을 신청하면서 국제통화기금이 요구하는 사회운영 기조를 수용한 것도 그 때문이다. 국제통화기금은 구제금융을 지원하는 대가로 한국정부에 초 긴축정책, 고금리정책, 금융개혁, 노동유연화 등을 요구하였는데, 이 요 구들은 한결같이 경제회복을 위한다는 명분으로 제출되었다. 98년 초 노사정위원회를 통해 정리해고제를 도입하여 대대적인 구조조정을 실 시하면서 김대중대통령이 실직을 당해야 하는 노동자들을 설득하며 내 놓은 변명도 경제를 살리기 위해 희생을 감수해야 한다는 것이었다.[2] 경제이데올로기의 효과는 사람들로 하여금 경기가 회복될 날만을 손꼽 아 기다리게 만드는 데 있다. 구조조정과 함께 정리해고를 실시하여 대 량해고가 초래되어도 경제만 회복되면 살 길이 열린다고 믿게 하는 것 이다. IMF 관리체제가 위기의 원인이라고 파악한 대중 역시 경제회복 을 기대한 것은 마찬가지이다.

경제이데올로기의 강화와 함께 문화를 보는 태도에 변화가 생겨났다. 문화를 경제의 관점에서 보는 태도, 특히 경제의 도구로 여기는 태도가 부쩍 강화된 것이다. "IMF 이후" 한국에서 문화는 돈벌이 도구가 아니 면 "식후경"일 뿐이다. 고부가가치를 생산하는 데 기여해야 하거나, 아 니면 더 급한 경제문제부터 해결하기 위해 뒷전으로 밀려나야 하는 신 세인 것이다. 이 바람에 문화산업론적 관점이 크게 부상하였다. '문화산 업 발전'은 김대중대통령이 대통령에 취임하면서 발표한 "100대 중점 과제" 속에도 포함되어 있다. 경제이데올로기의 강화는 최근 강력하게 진행되고 있는 대학개혁에서도 확인된다. 1995년 이후 한국의 대학들은 시장논리를 강화하는 "교육개혁"의 소용돌이에 빠져들기 시작했지만 김대중정권이 출범한 98년 봄 이후 대학들은 "대학의 기업화"를 더욱

---

2) 김대통령은 "20% 희생론"을 제안했다. 이것은 소수(20%)가 다수(80%)를 위해 정리해고의 희생을 감수해야만 기업이 살아남게 되고, 이 결과 경제가 회복되면 쫓겨난 20%도 다시 직장으로 복귀할 수 있다는 입장이었다. 그러나 살아남는 사 람은 일자리에서 쫓겨난 20%도, 일자리를 지키게 된 80% 전체도 아닌, 80% 중에 서도 소수인, 전체의 20%에 해당하는 사람들일 뿐이라는 점이 갈수록 분명해지고 있다.

급속하게 추진할 것을 요구받았다. 경쟁력이 없는 대학들은 퇴출당할 위협에 놓이게 되고, "소비자중심주의"의 강화로 학생들의 외면을 받는 강좌들이 폐강되고, 특히 학생들의 시장사회 진출에 도움을 주지 못하는 학문분야들, 인문사회과학과 자연과학 분야들을 운영하는 학과들이 대거 통폐합 당하였다. 김대중대통령이 특별히 관심을 가지고 한국대학들을 "지식기반사회"의 초석으로 삼겠다며 추진하고 있는 "BK(Brain Korea) 21" 사업도 같은 맥락에서 이해된다. 해마다 2,000억원의 예산을 더 투입하여 소수 대학의 연구능력을 향상시키겠다며 진행하는 이 사업은 주로 "생산성"과 "경쟁력"이 높은 대학들과 학문 분야들을 지원 대상으로 삼고 있고, 참여 대학은 학부제나 교수평가제 및 연봉제를 도입하도록 함으로써 대학의 조직유연화와 교육노동의 유연화를 요구하고 있다.

지식인사회에서도 비슷한 변화가 있었다. 지난 10여년 간 진행되던 "문화로의 선회"에 제동이 걸리고 "경제로의 복귀"가 이루어졌다. 1990 년대 한국 지식인사회의 특징 가운데 하나는 문화이론이 크게 부상했다는 점이다. 이 현상은 지식인 중심의 사회변혁운동이 쇠퇴하면서 80 년대에 성행하던 정치경제학적 사회인식이 대중적 설득력을 잃게 된 것과 관련되어 있다. 분단 상태의 남한사회에서 맑스주의와 정치경제학 비판이 세간의 관심을 얻기 시작한 것은 많은 운동권 학생들과 지식인들의 모험 및 헌신의 성과였지만, 90년대에 들어서면서 상황이 바뀌었다. 80년대 대학생 세대가 맑스의 저작들을 읽는 데 열중했다면 90년대의 학생들은 포스트구조주의, 포스트모더니즘 등 이데올로기, 욕망, 아비투스, 정체성 등의 문제를 다루는 이론들에 더 많은 관심을 가졌다. 이런 변화는 80년대 말 이후 남한사회가 매우 발달한 소비자본주의로 탈바꿈한 것과 관련이 있다. 87년 6월 항쟁과 7/8월의 "노동자 대투쟁" 이후 남한사회는 군사독재정권의 억압적 대중 통제는 약화된 반면 "문화적 통제"가 강화되기 시작했다. 지식인 대중의 관심이 문화이론으로 경도한 것은 따라서 사회변혁의 전망을 상실한 세대가 소비문화의 유혹에 빠져든 측면이 없지 않다. 물론 이런 관심 전환이 그 동안 "생산" 문제에 가려 보이지 않았던 "소비" 문제의 중요성 인식에 기반을 두고 있다고도 할 수 있겠지만 동시에 그것은 사회에 대한 정치경제학적 분석의 포기를 의미한다.

"위기" 담론의 확산과 함께 지식인들의 경제주의적 입장이 다시 부상하고 있다. 이런 현상은 경제의 중요성 또는 경제위기의 심각성을 강조함으로써 자신들의 입지를 높이곤 하는 우파 지식인들에게만 국한되지 않는다. 경제위기가 국면을 지배하고 있다는 인식이 팽배하게 되면서 진보적 지식인 역시 정치경제학(비판)으로 선회하기 시작했다. 이 과정에서 "위기 도래"를 예측하지 못한 진보적 사회과학의 자기반성이 다양하게 이루어졌고, 문화문제를 중시하는 "포스트담론"에 다수 지식인들이 "굴복"한 잘못에 대한 질타와 함께 정치경제학(비판) 기획을 재개해야 한다는 주장들도 제기되었다. 이 선회는 물론 정치경제학(비판)을 배척한 문화이론의 오류를 시정하려는 의도를 담고 있지만 '경제주의적' 시각의 보편적 강화에 적잖은 영향을 받은 것으로 보인다. 경기회복, 경제회생을 가장 중요한 사회적 과제로 내거는 지배적 담론과 마찬가지로 비판적 담론 또한 경제문제를 화두로 삼는 것을 어떻게 봐야 할까? 문화적 관점에서 볼 때, 경제적 문제의 재전경화(re-foregrounding)는 그 자체로 문화적 변동의 한 양상이다. 위기가 현실에 대한 인식에 적지 않은 영향을 미치는 이데올로기적 효과를 만들어내는 변동, 즉 담론 지형에서의 변동을 가져온 것이다.

3. 신자유주의와 사회 양극화

사회(위기)를 경제(위기) 중심으로 보는 시각의 전경화는 물론 신자유주의(세력, 이데올로기, 정책)가 한국사회를 지배하게 된 사실과 연관되어 있다. 위기는 극복의 처방책을 요구하는 법이다. 다른 자본주의 국가들과 마찬가지로 남한에서도 이 처방책을 규정한 사회적 세력—예컨대 97년 외환위기 와중에서 대통령에 당선된 김대중을 중심으로 한—은 신자유주의를 대안으로 선택하였다. 물론 신자유주의가 사회운영 기조로 채택된 것이 이때가 처음은 아니다. 이미 90년대 초 김영삼정권이 개방화, 민영화, 탈규제화, 노동유연화 등 신자유주의적 정책들을 도입하기 시작했었다. 그러나 그에 대한 저항도 만만치 않았다. 96년 말 김영삼정권이 정리해고제를 포함한 노동관계법을 개악하여 통과시키며 "신자유주의 개혁"을 본격적으로 시도하려 들자 노동계는 97년 초 총파업을 일으키며 이 "개혁" 시도를 저지시키는 데 성공했다. 하지만 신자유주의는 외환위기와 함께, 그리고 위기담론의 유포와 함께 더 큰 위력을 가지게 되었다. '

다른 나라에서도 마찬가지겠지만 신자유주의는 남한에서 "병 주고 약 주는" 일을 하고 있다. 사회위기의 주된 원인이 오히려 그 대안으로 행세하고 있는 것이다. 사실 신자유주의는 한국의 외환위기, 경제위기에 대한 책임을 결코 면할 수가 없다. 한국은 1996년 OECD에 가입하기 위하여 시장 개방과 자본의 자유화를 추진하였지만, 이 과정에서 대규모 무역수지 적자를 겪게 된다. OECD 가입을 추진한 1994년부터 가입이 실현된 1996년까지 2년 사이에 총외채가 520억 달러에서 1,080억 달러로 늘어났다. 김영삼정권이 신자유주의 경제정책을 적극 추진하던 바로 그 시기에 외환위기를 불러온 급속한 외채 증가가 이루어진 것이다. 그러나 위기담론의 형성과 함께 외채 증대의 주범인 신자유주의는 퇴출은커녕 오히려 사회적 위기의 해결책으로 둔갑하였다. 그 동안 한국 경제를 발전시킨 원동력으로 간주되었지만 최근에 들어와 낙후되고 비효율적이라는 지탄을 받게 된 국가 주도형 경제발전 모형을 대체할 수 있는 대안임을 자처하고 나선 것이다. 신자유주의가 대안으로 부상하게 된 것은 박정희정권 이래 자본축적 전략의 중심 축이었던 "종속적 포드주의체제"를 "종속적 포스트포드주의체제"가 대체하는 국면이 전개된 때문이다.3) 새로운 자본축적 전략으로 신자유주의가 채택된 것이다. 예

---

3) "종속적 포드주의 체제"의 해체와 "종속적 포스트포드주의 체제"로의 전환에

컨대 기업 부문에서 연공서열에 기반을 둔 위계적 질서가 깨지고 조직
유연화를 추진하고 연봉제 도입을 통해 실적 중심의 보상 체계를 갖추
는 관행이 도입된 것도 신자유주의적 포스트포드주의체제의 결과이다.
신자유주의는 시장부문만이 아니라 시장논리가 동원될 수 있는 거의
모든 부문에, 예컨대 행정서비스나 교육부문에까지 구조조정을 일으켰
다. 이 결과 "국가"와 "사회"는 더욱더 후퇴하고 사회적 감독과 통제 대
신 탈규제화, 무역과 자본이동의 자유화, 공공기업의 민영화 등이 노골
적으로 추진되었다.

　남한에서 신자유주의가 지난 2년 동안 더 큰 힘을 얻은 것은 국제사
회의 정세와는 아주 다른 사태 전개라 할 수 있다. 1990년대에 들어와
서, 특히 최근 수년간의 추세를 보면 신자유주의 노선을 노골적으로 추
진하는 것보다는 비판하고 견제하려는 노력이 국제적으로 더 많은 정
치적 지지를 얻고 있다. 이는 물론 신자유주의가 약속과는 달리 엄청난
사회적 폐단과 부작용을 낳는다는 인식이 광범위하게 생겨난 결과이다.
유럽에서 좌파 정당들이 지난 몇 년 사이에 다시 정권을 잡기 시작한
것이나, 99년 초에 열린 다보스 세계경제포럼에서 세계의 정계 및 재계
지도자들이 신자유주의가 추동한 세계화에 대한 "반성문" 쓰는 연기를
펼친 것은 신자유주의가 더 이상 대중적 지지를 받지 않는다는 사실을
보여준다. 그러나 한국에서는 위기담론의 득세로 신자유주의의 수정은
커녕 오히려 노골적인 강화가 이루어졌다. "국가부도"에 대한 위기의식
조성으로 한국은 신자유주의의 첨병인 IMF에 구제금융을 신청하며 그
관리하에 들어가게 되었고, 김영삼정권 말에 노동자의 총파업으로 기세
가 꺾였던 신자유주의는 본격적인 한국 침략을 시도하게 되었다. 한국
에서 위기 정세는 그래서 "신자유주의 공세의 강화"로 요약된다.

　신자유주의가 빚어내는 사회적 변동의 주된 흐름에 대해서는 새삼스
레 논급할 필요가 없을 것이다. 신자유주의가 자본의 세계화를 통해 빈

대해서는 손호철, 「신자유주의시대의 한국정치」, 『신자유주의시대의 한국정치』,
푸른숲, 1999, 246쪽 참조.

곤의 세계화를 낳으며, 부익부빈익빈 경향을 심화시킨다는 것은 이미 상식이다. 다만 여기서는 신자유주의가 남한 사회에 본격적으로 침투한 결과 다른 나라에서와 같이 "20 대 80 사회"가 형성되고 있다는 점을 확인하기 위하여 몇 가지 수치들을 확인하고자 한다.

무엇보다도 먼저 "IMF 이후" 실업자 수가 급증하였다. 97년 초 노동자들이 총파업 투쟁으로 막아냈던 정리해고제가 IMF의 정책 권유에 따라 전격 도입되어 사회전반에 실시된 결과이다. 실업률은 99년 2월 절정에 달하여 정부의 공식 통계에 따르면 8.6%(176만명)에 이르렀고, 민주노총의 독자 조사에 따르면 실업자수는 400만명을 넘어섰다. 사회보장이 제대로 갖춰져 있지 않은 남한사회에서 실업률의 급증은 수많은 사람들이 생존의 위험에 처함을 의미한다. 기업의 적자 누적, 부도, 도산은 경기 후퇴만의 문제가 아니고 수많은 사람들이 실직, 체불, 소득 감소, 가계 파산을 당하며 이혼, 가출, 학대, 기아(棄兒), 자살 등 삶의 파괴를 겪어야 함을 의미한다. "IMF 이후" 노동자 민중의 삶은 따라서 훨씬 더 열악해졌다. 통계청이 98년 2분기 도시근로자 가구 3,600곳을 소득금액별로 19등분하여 소득증감을 조사한 결과를 보면 최상위구간인 월 소득 495만원 이상 계층은 전년 동기보다 소득이 55%나 늘어난 데 비하여 최하위 구간(월소득 55만원 미만)은 17.1%가 감소한 것으로 드러났다. 또 소득과다에 따라 20%씩 5분위로 나눠 98년 상반기 소득 증감을 조사한 결과 최하위 20%인 1분위의 월 평균 소득은 지난해 상반기 92만2천원에서 올 상반기 78만4천원으로 14.9%가 줄었고, 나머지 중간 분위는 5.5-8.8%씩 줄면서 모두 하향 이동한 반면, 최상위인 5분위는 422만3천원에서 432만원으로 2.3% 늘었다(『한겨레신문』, 1998. 11. 19). 반면 상위 집단의 상황은 오히려 개선되었다. '관리체제' 도입 이후 구조조정을 한다면서 재벌간 빅딜을 유도하고 재벌 해체를 시도한다고 했지만 나타난 결과를 보면 오히려 재벌 기업 지배권은 강화되었다. 단적인 예로 아이엠에프 관리체제 이후 10재벌그룹 총수의 경영지배권이 더욱 강화된 점을 들 수 있다. 증권거래소가 99년 2월 17일 발표한 바에 따르면 상장기업 중 10대그룹의 내부 지분율이 평균 35.68%로서 98년 1월(30.44%)에 비해 5.24%가 높아졌다(『조선일보』, 1999. 2. 18). 내부 지분율이 높아졌다는 것은 재벌총수 및 재벌총수 친인척, 그룹 재단법인 등이 소유한 주식의 비율이 높아졌다는 것이니 총수들의 힘이 그만큼 강해졌다는 말이다. 이런 양극화 경향은 경기가 크게 회복되었다는 1999년 말 현재에도 계속되고 있다.

IMF 관리체제에 들어간 지 2년이 채 되기 전에 한국경제는 적어도 지표상으로는 괄목할 만한 회복을 이룬 것이 사실이다. 97년 12월 외환위기 발생시 39억달러에 지나지 않았던 외환보유고는 99년 12월 725억달러에 이르고, 종합주가지수도 97년 12월 말 376.3포인트에서 최근에는 1,000포인트를 넘나들고 있고, 99년 소비자물가상승률은 사상 최저인 0.8%이며, 99년 2월 8.6%까지 치솟았던 실업률도 12월에는 4.6%로 낮아졌다. 한국은 98년에 390억달러, 99년에 245억달러에 이르는 무역흑자를 기록하였으며, 99년 경제성장률은 10%에 달하고, 2000년 성장률도 6%를 상회할 것으로 예상된다. 김대중대통령은 그래서 11월에 외환위기를 완전히 극복했노라 선언했고, 12월 초에 방한한 캉드쉬 IMF 회장도 한국이 IMF를 졸업했다는 발언을 했다. 경기회복을 입증하듯 99년 한 해 동안 내국인의 해외여행도 급속도로 늘어났고, 소비도 크게 회복하였다. 경기회복을 반영하듯 1999년 연말연시 호텔 연회장들은 만원 예약의 호황을 누렸다.

그러나 이런 현상은 "그들만의 경기회복, 그들만의 호황"으로 보인다. 우선 고용조건이 크게 악화되었다. 이미 1997년에 일용직 임시직 노동자가 전체 노동자의 45%에 해당하여 고용구조에 문제가 있음이 드러났는데, 지난 2년 동안 문제가 더 악화된 것으로 나타났다. 99년 12월 통계청 발표에 따르면 실업률이 낮아지기 시작한 99년 3월 이후 11월까지 전체 임금노동자수는 98만5천명(3월 1212만7천명, 11월 1311만2천명)이 늘었지만 이 기간 중 상용노동자(노동계약 기간이 1년 이상)는 600만5천명에서 615만9천명으로 15만4천명 늘어나는 데 그친 반면, 일용직(계약 기간 1개월 미만)은 210만6천명에서 254만9천명으로 44만3천명이나 늘어났고, 임시직(계약 기간 1개월-1년 미만)은 401만6천명에서 440만4천명으로 38만8천명 늘어났다. 이에 따라 전체 노동자 중 상용직이 차지하는 비중은 지난 3월 49.5%에서 지난 11월에는 47.0%로 떨어진 반면, 일용직은 같은 기간 17.4%에서 19.4%, 임시직은 33.1%에서 33.6%로 높아졌다(『한겨레신문』, 1999. 12. 26). 이런 수치들은 지난 2년 사이에 얼마나 많은 사람들의 생활이 어려워졌는지 짐작하게 해준다. 상황이 이러하니 빈민의 수가 느는 것도 당연하겠는데, 참여연대가 UN개발계획 연구용역을 맡아 조사한 바에 따르면 월소득 23만 4천원 이하 절대빈곤 인구가 놀랍게도 전 인구의 18.8%인 1,029만명에 달하였다(『한겨레신문』, 1999. 12. 22).

이런 지표들이 말해주고 있는 것은 무엇인가? 단순히 경기상황만 보여주는 것은 아닐 것이다. "경제적" 지표는 경기불황, 기업의 부도와 도산, 정리해고, 소득의 감소, 가계 파산 등 경제적 현상들을 숫자화, 계량화한다. 오늘의 상황을 이런 지표 차원에서만 볼 경우 경제와 사회적 삶의 인과관계는 경제적 변동에 의해서 설명될 수밖에 없다. 대중의 삶에 파탄이 온 것은 그래서 마치 경제에 찾아온 위기 때문으로 보이게 된다. 이런 식으로 사태를 파악하게 하는 것은 물론 "위기" 담론의 이데올로기적 효과이다. 부익부빈익빈 현상의 심화가 경기악화라는 경제상황보다는 신자유주의적 전략에 따른 부의 불평등한 사회적 이동의 결과라는 점을 간과하게 만든 결과인 것이다. 오늘 남한대중에게 위기는 바로 이런 경향이 강화된다는 사실이다.

4. '생존문화'의 대두

신자유주의에 의한 지배로 열악해진 삶의 조건으로 인해 남한사회에는 지난 2년 사이에 "생존문화"가 확대되고 있다. "생존문화"란 여기서 사회적 조건의 악화로 인해 바뀐 대중의 삶의 방식으로서 90년대에 들어와서 크게 성장한 "소비문화"와 대비되는 개념으로 쓰인다. 남한사회를 지배하고 있는 것은 물론 여전히 소비문화이다. 사회위기가 지속되는 중에도 한국의 거리들, 특히 대도시 거리는 자본주의적 스펙터클이 지배하고 있다. 대규모로 집적한 상품들의 판촉을 위해 형성되는 "스펙터클들의 거대한 집적물"이 일상의 풍경을 지배하고 있고,4) 거리는 여전히 "24시간 축제" 분위기이다. 하지만 상품 판촉을 위한 축제와 스펙터클이 펼치는 "유토피아"적 표면에 생존을 위한 몸부림들이 균열들을 만들어내고 있다는 사실도 부정할 수는 없다.

한국에는 지금 한동안 보이지 않던 "낙오자들" "비정상인들" "빈민"들의 모습들이 자주 눈에 띈다. 이들이 "위기" 이후에 비로소 나타났다는 말은 아니다. 김영삼 정권이 출범한 93년 이후 길거리에는 전두환·노태우 시절에는 볼 수 없었던 부랑자들이 특정한 지역을 중심으로, 서울의 경우 주로 기차역, 전철역, 지하보도, 공원 등에 나타나기 시작했다. 이들이 그때 나타난 것은 "문민정부"가 이전처럼 "사회낙오자들"을 삼청교육대나 복지원과 같은 수용소에 강제로 감금하던 일을 중단한 때문이다. "IMF 이전"에는 이들의 수가 적었기 때문에 "정상인들"과 마주치는 경우가 많지 않았는데 97년 말 이후 상황이 바뀌었다. 노숙자들의 경우 97년 이전에는 전국적으로 200-300명 정도였으나(『한겨레신문』, 1999. 1. 15), "IMF 이후" 급증하여 99년 3월에는 6,200명에 달하였다(『한겨레신문』, 1999. 3. 31). 최근 들어와서 서울과 같은 대도시의 지울 수 없는 풍경의 하나는 그래서 지하철역이나 공원에 노숙자들이 군집해있는 모습, 이들이 급식을 타먹는 모습, 밤에 지하보도나 지하철 역사 안에서 웅크리고 새우잠을 자는 모습이다. 시내버스나 지하철에서 승객에게 물건을 파는 잡상인도 늘어났고, 지하도 입구에 웅크리고 앉아 적선을 비는 신체불구자들, 길거리에서 하찮은 물건을 파는 할머니들, 걸식자들, 앵벌이 등도 부쩍 늘어났다.

생활난이 가중되면서 이혼, 가출, 기아, 아동 학대 등 가정 파괴 현상

---

4) 기 드보르, 『스펙타클의 사회』, 이경숙 역, 현실문화연구, 1996, 10쪽.

이 늘고, 특히 자살과 범죄가 크게 늘어났다. 98년 한해 동안 자살한 사람은 8천5백여명으로 97년에 비해 2천5백여명이나 는 것으로 나타났다 (『중앙일보』, 1999. 9. 3). 통계청에 따르면 98년의 자살률은 인구 10만명당 19.9명으로 89년의 8.7명에 비해 배 이상이 높아졌고, 97년에 비해 50%가 증가했다(<연합뉴스>, 1999. 10. 26). 생계형 범죄율도 크게 치솟았다. 국제통화기금(IMF) 체제 이후에 생계유지를 위한 보험사기가 급증했다. 금융감독원에 따르면 98년 생명보험사의 보험사기 건수는 194건, 피해금액은 모두 3천331억원으로 한건당 평균 17억원인 것으로 집계된 반면, 99년에는 6월 말까지 보험사기건수는 164건으로 피해금액도 5천768억원에 달해 98년 전체보다 훨씬 많았다고 한다. 이에 따라 보험업계는 99년 보험사기 피해액이 1조원을 넘어설 것으로 예상하고 있다(<연합뉴스>, 1999. 10. 4). 생계형 범죄에는 자해 사기극도 포함된다. 98년 9월에는 생활고를 겪던 한 아버지가 보험금을 타기 위하여 10살 짜리 아들의 새끼손가락 두 마디를 자른 사건이 일어나 파문을 일으켰고, 12월에는 보험금을 노려 자신의 두 발목을 절단케 한 사람이 나오기도 했다. "IMF 이후"에는 범죄 유형도 크게 바뀌었다고 한다. 한국형사정책연구원이 98년 1-10월 검찰이 접수, 처리한 범죄를 유형별로 분류한 바에 따르면 이 기간중의 전체 범죄 발생건수는 전년 같은 기간에 비해 8.4% 증가한 144만2천654건에 달했다. 이중 절도, 사기, 횡령 등 재산 범죄와 살인, 강도, 폭행 등 폭력성 범죄는 각각 19.3%, 9.5%가 증가한 32만6천548건과 17만8천207건이었으나 교통 관련 범죄는 오히려 3.4% 감소한 49만1천844건으로 집계됐다(<연합뉴스>, 1999. 1. 3).

삶의 어려움은 구조조정과 정리해고의 피해를 직접 입지 않은 사람들에게도 마찬가지인 것으로 보인다. 노동부는 99년 10월까지 월평균 임금총액이 155만6천원으로 전년 동기보다 10.5%가 올랐다고 했다. 이는 임금 상승이 이루어지고 있음을 보여주는 지표이기는 하지만 삶의 조건이 크게 향상되었다는 표시는 아니다. 소비자물가상승분을 감안한 실질임금으로 따지면 99년의 월평균 임금은 131만2천원으로 98년 동기

(119만6천원)에 비해 9.7% 올랐으나 97년도(133만1천원)보다는 1.4% 낮은 수준이다. 임금 상승의 실상은 임금내역을 보면 알 수 있다. 정액급여 상승률은 5.6%에 그친 반면 초과급여와 특별급여가 각각 29.9%, 22.4%가 올라 임금상승을 주도하였다. 결국 임금이 오른 것은 사람들이 더 많은 노동을 한 결과, 즉 월평균 노동시간이 206.5시간(주당47.5시간)으로 전년 동기에 비해 4.3%가 증가한 결과일 뿐이다(『매일경제』, 1999. 12. 22). 이런 사정으로 인해 "IMF 이후" 한국인들은 훨씬 더 심각한 시간부족, 시간기근 상황에 빠져들었다. 정리해고 과정에서 겨우 자리를 보전하긴 했지만 실직한 동료들의 일거리까지 떠맡아 노동량이 늘어났기 때문이다. 노동대중이 이런 상황에 만성 피로와 스트레스에 시달리게 되는 것은 당연한 결과일 것이다. 그러나 사회복지가 제대로 되어 있지 않은 남한사회에서 노동강도 강화로 피폐해진 심신을 회복할 길은 너무 제한되어 있다. 장시간 노동 끝에 얻은 짧은 여가시간 동안 노동자들이 할 수 있는 것은 주로 자본주의적 소비문화에 빠져드는 것뿐이다. 이 결과 80년대 후반에 대중의 "여가시간"을 겨냥하여 생겨나 90년대에 더욱 비대해진 노래방, 오락실과 같은 여가산업, 유흥산업, 레저산업 등은 불황에도 불구하고 큰 타격을 입지 않고 살아남았다.

다른 한편 잉여시간을 주체하지 못하는 사람들도 늘어났다. 남아도는 "시간을 죽여야" 하는 실직자들이 늘어난 것이다. 98년 초반 서울 근교에는 평일에 갑자기 정장을 한 등산객들이 불어나기 시작하였다. 사무직에서 쫓겨난 사람들이 식구들에게 일자리를 잃었다는 말을 차마 하지 못해 평소처럼 "출근하는 모습"으로 나왔다가 갈 곳이 없어 등산으로 시간을 때우는 사례가 늘어난 것이다. 위에서 언급한 노숙자들과는 부류가 다르지만 "백수들"도 늘어났다. 한 예로 98년, 99년 봄에 졸업한 전국의 건축학 전공 대학졸업자들 1만여명과, 그 전까지 설계사무소 등에 고용되어 있다가 98년 이후 건축경기가 완전히 가라앉는 바람에 일자리를 잃은 또 다른 1만여명의 문화생산자들이 완전히 "백수"가 되었다. 이들 이외에 작가, 화가 등 전통적으로 백수생활을 하는 경향이 높은 사람들까지 쳐서 지난 2년 동안에는 문화예술인들의 백수 생활이 크게 만연한 시기라고 할 수 있다.

소비가 크게 위축한 것도 생존문화가 등장한 한 배경이다. IMF 관리체제와 함께 긴축재정이 실시되자 대중의 소비가 크게 줄어 98년 4월중 소비 감소폭은 85년부터 월별 산업활동 지표가 작성된 이래 사상 최대의 감소폭을 기록하였다. 소비동향을 나타내는 도소매 판매는 97년 4월 대비 15.0%, 내수용 소비재 출하는 24.4%가 줄었다(『한겨레신문』, 1998. 5. 29). 이런 변동은 80년대 말 이후 지속적으로 성장한 소비문화의 위축을 초래하였고, 소비문화가 급성장하던 시기에 형성된 대중들의 태도에도 큰 변화가 생겨났다. 기업 도산, 이자율 급증, 실직, 주가 폭락 등으로 자산과 소득이 크게 줄어든 개인들이 경제위기에 대처하는 방식은 근검, 절약, 절제 등이다. 1998년에는 기름값을 아끼기 위해 승용차 사용을 억제하는 사람이 늘어나 교통량이 줄어들기도 하고, 외식도 자제하는 경향이 늘어났다.

삶의 어려움을 드러내는 생존문화가 부상하게 되자 이에 대응하는 문화보수주의적 태도들이 강화되었다. 삶의 조건이 악화하여 형성되는 생존문화에 속한 대중은 사회적 불만을 가질 가능성이 높다. 문화보수주의는 생존문화의 이런 위험을 통제하기 위해 등장한 이데올로기적 수단이며, 소비문화의 조성과 함께 지난 10년 넘게 촉진되어온 대중의 욕망을 억압하려는 사회통제의 기능을 가진다. 문화보수주의는 이중적 기능을 하고 있는 듯하다. 한편으로 그것은 그 동안 남한에 어렵사리 등장한 차이의 정치, 혹은 욕망의 정치와 같은 새로운 정치가 요구하는 문화적 다양성을 축소시키는 효과를 낳고, 다른 한편으로는 삶의 조건 악화를 경험하고 있는 대중으로 하여금 위기, 즉 신자유주의적 사회지배와 IMF관리체제를 감내하도록 하는 효과를 낳고 있는 것이다. 80년대 말 이후 크게 늘어난 소비문화적 라이프스타일에 대한 공격이 늘어났고, 또 급증한 대중매체들에 빈번하게 등장하던 대중문화 평론 등 문화담론이 크게 위축하였다.5) 대신 소비문화적 삶의 태도에 대한 도덕주의적 훈계와 처방들, 그리고 "국민의 타락"에 대한 반성들이 난무했고, 민족위기론도 등장하였다. 민족정신을 회복해야 한다는 "각성의 소리"가 더 크게 울렸고, 복고주의가 큰 힘을 발휘하였다. 이런 보수적 흐름 속에서 독재자 이승만을 국부로 추앙하자는 분위기가 생겨나고, 일본군 출신이자 군사쿠데타로 정권을 장악한 독재자 박정희의 기념관을 세우려는 움직임도 나왔다. 가족이데올로기도 부쩍 강화되었다. 현실에서는 가족파괴 사례가 늘고 있는 와중에 가족이데올로기가 강화되는 것은 사회복지가 제대로 갖춰져 있지 않은 사회에서 삶의 위험에 노출된 개인들이 의탁할 곳이 가족과 같은 사적 영역밖에 없다는 것이 더욱더 분명해졌기 때문일 것이다. 이런 보수적 태도를 부추기는 데 앞장선 것은 물론 주류담론을 생산해내는 제도권 언론이다. 98년 초에 실시된 금 모으기 운동을 촉진한 것을 위시하여 언론은 "위기극복" "고통분담" 등을 외치며 대중에게 근검 절약과 허리띠 졸라매기를 권유하고, 노동자들로 하여금 정리해고제도를 수용할 것을 요구하였다. 물론 언론이 불우이웃 돕기 운동을 벌인 점에 비춰 사회적 호혜성을 완전히 외면한 것은 아니나, "박애정신"에 입각한 이런 노력은 복지정책 강화 등 사회적 공공성을 강화하는 쪽보다는 사적 영역에 대한 의존성을 더욱 키우는 결과를 낳고 있다.

생존문화의 등장으로 대중에 대한 보수이데올로기의 감시가 강화되고 있는 이런 상황은 최근의 경기회복으로도 반전될 것 같지 않다. 다시 소비가 늘어나는 것을 보면 90년대에 한국사회의 큰 흐름으로 자리잡은 소비자본주의와 소비문화는 여전히 맹위를 떨치고 있음에 틀림없다. 그러나 인구의 양극화가 심화되고 있는 한 생존문화의 풍경들이 사라질 전망은 없으며, 사회적 불만도 사라지지 않을 것이다. 무주택자들,

---

5) 80년대 말 『한겨레신문』, 『국민일보』, 『세계일보』, 『문화일보』 등 새 일간지들의 창간과 기존 매체의 대대적 증면, 90년대 초 제4 TV 방송국 SBS와 케이블 방송국의 개국, 그리고 한국영화의 중흥 등으로 대중매체가 확산되고 문화산업이 크게 성장하였다. 한국에서 1990년대를 "문화의 시대"라고 부르게 된 데에는 이런 변동 속에 문화담론이 번성한 것과 관련이 있다.

부랑자들이 공원이나 지하철 역사 안에서 노숙하는 모습은 소비문화적 매력을 제공하는 상품의 스펙터클, 사용가치를 약속하는 상품미학의 현란함 속에도 부정할 수 없는 생존의 고난이 존속한다는 증거이다. 이 결과 한국의 거리에는 항의와 저항의 모습들, 시위가 크게 늘고 있다. 현재 국회의사당 앞에 나있는 거리에 천막촌이 들어서 있는 것이 단적인 예이다. <민주노총>, <전농>, <전빈련>, <전국연합>, <해고자복직투쟁위>, <민주노동당> 등 수십 개 민중단체들이 길게는 1년이 넘게 짧게는 몇 달씩 천막 농성을 벌이고 있는 것이다. 이런 노상 천막농성은 생존과 같은 기본적 권리를 쟁취하려는 투쟁으로서, 사회적 위기 상황 때문에 생기는 현상이다. 지금 한국은 중산층이 크게 줄어들었다. 은행에 함께 다니던 중산층 부부가 직장을 잃어 군고구마 장사를 하며 70만원 정도의 수입으로 네 식구가 먹고사는 경우도 허다하다. 최근 부쩍 늘어난 도시 거리의 포장마차들도 대개 그런 사정을 안고 있을 것이다. "위기" 담론의 작용 속에 이들의 하소연은 "경기회복, 경제위기 극복"의 구호 속에 파묻히고 만다. 그러나 이들의 분노를 누가 부정할 것인가? 농민들도 마찬가지다. 농가부채의 증가로 고향을 등지는 사람들의 수가 늘어나고 있는 가운데, 도시의 생존경쟁에서 패배한 사람들이 귀농하는 사례도 늘어났다. 민중단체들의 천막 농성은 이들의 사회적 불만을 대변한다.

5. "문화"의 위축

앞에서 "위기" 담론의 확산 속에 사회적 위기가 경제적 위기로 인식되면서 경제와 문화의 관계가 경제 중심으로 바뀌며, 문화가 경제의 도구나 장식으로 전환되는 경향이 커진다고 언급하였다. 이런 사실을 통상 "문화"라고 부르는 사회부문의 위축에서 확인할 수 있다. 경제를 최우선시하는 상황이 되자 당장 문화행사의 살림 규모가 대폭 줄어들었다.

우선 90년대 들어와서 부쩍 늘어난 만화 관련 국제행사들이 "아이엠에프가 터진" 직후 대폭 축소되었다. 서울국제만화페스티벌이 연례 개최를 중단하고 2년에 한 번씩 열기로 한 것을 비롯하여, 97년에 처음 열렸던 문화방송 주최 서울세계애니메이션엑스포도 행사를 격년제로 바꿔 99년 8월에 2차 엑스포를 열기로 했고, 97년 9월 창설한 동아·엘지 국제만화페스티벌도 종합축제에서 공모전 형식으로 바꿔 규모를 줄였으며, 춘천만화축제는 지역 특색을 살린 행사로 발전시켜 해마다 가을에 행사를 열 계획이지만 문화체육부(당시)가 춘천시에 격년제 개최를 권유한 바 있다(『한겨레신문』, 1998. 1. 24). 영화 부문도 예외가 아니다. 부천국제판타스틱영화제의 경우 부천시 의회가 영화제 예산을 부결하면서 난관을 맞았다. 영화행사 자체는 호평을 받았지만, 부대행사를 맡았던 기획사의 부도 등으로 재정악화가 생긴 것이 시의회 내부의 영화제 자체에 대한 반발과 겹쳐 악재로 작용한 것이다(『한겨레신문』, 1998. 3. 4). 98년 한 해 동안 정부의 문화예술분야 예산도 크게 줄었다. 1998년 문체부(당시)의 문화예술(관광 포함) 예산은 원래의 5,155억원에서 12.9%(664억원) 줄어든 4,491억원이었는데, 이에 따라 정부 예산 가운데 문화예술 예산이 차지하는 비중도 97년의 0.68%에서 0.61%로 낮아졌다 (『한겨레신문』, 1998. 2. 7). 곳곳에서 펼쳐지던 지방의 문화행사들도 무더기 취소 사태를 맞았다. 경상북도의 경우 울진군은 14일 노래자랑, 민속놀이, 경축행사, 문예행사 등 21년 동안 해마다 개최한 성류문화제를 취소했고, 청도군은 감 축제를 취소했고, 의성군도 연례 군민의 날 행사인 22회 의성문화제를 열지 못했고, 상주시는 상주문화제를 전면 취소했고, 영천시는 시민의 날 축제행사를 중단했고, 구미시도 문화의 거리 축제, 제4회 구미축제 문화행사, 야외영화제 등을 취소하고 오는 30일 열리는 구미예술제는 규모를 대폭 줄였고, 김천시는 예산이 줄어 민속놀이와 전통혼례 등 대부분의 행사를 취소한 채 문화예술제를 열었고, 경주 신라문화제도 대폭 축소하였다고 한다(『한겨레신문』, 1998. 10. 15). 문화예술에 대한 기업의 협찬도 크게 줄었다. "해외의 대형작품이나 오케스트라 초청계획이 잇따라 취소되는 실정이다. 이런 공연을 하려면 기업의 협찬비가 최소 2억원이 필요한 데다 R(로얄)석은 12만원 정도에 팔아야 하는데 둘 다 자신할 수 없어서다"(『한국일보』, 1998. 1. 2). 문화의 위축은 다른 방면에서도 나타난다. 한 예로 내가 아는 화가들 중 대부분이 지난 2년 간 작품을 거의 팔지 못했으며, 건축가들 역시 새 계약을 거의 하지 못하고 있다.

문화의 위축은 물론 문화진흥정책에서 문화논리보다는 경제논리가 우위에 놓인 결과이다. 문화는 이제 문화산업의 관점에서 이해되고, 이윤을 남기는 상품이 되는 한에서 지원을 받는 경우가 많아졌다. 경제논리의 문화 지배 현상은 2000년도 예산안에서 문화예산이 증액된 과정에서도 확인된다. 정부는 99년 6,647억원에 그쳤던 문화예산을 2000년 9,315억원으로 40%나 크게 올려 문화예산을 정부예산의 1.06%로 만들었다. 문화예산 1% 달성은 역대 대통령 후보들의 단골 공약 사항이었는데 김대중대통령이 처음 실천에 옮긴 것이다. 문화예산이 이처럼 늘어난 것은 분명히 바람직한 변화이며, 적잖은 사람들이 환영한 바이기도 하지만 문화예산 확대의 내역을 살펴보면 주로 문화산업의 부흥을 위해 예산이 증액되었다는 점이 확인된다. 문화예산이 1% 장벽을 넘는 데 결정적으로 기여한 것은 게임, 애니메이션, 영화, 방송, 음반 등 5대 문화산업 분야와 관광산업 분야에서의 지원 증가였다. 이는 예산 증액이 고부가가치 산업에 편중되고 있음을 말해준다. 예컨대 영화진흥금고 지원은 99년에 비해 5배, 문화산업창업보육센터 지원금도 4배 가까이 늘어난 데 비해 지방문예회관 예산은 오히려 30억원이 줄어들었다. 교육분야에서 대학교수들의 반발을 받으며 실시되고 있는 "브레인코리아(BK)21 사업이 과학, 공학 분야에 집중돼 논란을 불러일으키고 있듯이 2000년 문화정책 역시 지나치게 상업 논리에 얽매여 있다는 비판"이 그래서 가능하다(『문화일보』, 1999. 9. 20).

6. 스크린쿼터 논란

문화에 대한 경제결정론적 시각이 지난 2년 동안 한국의 공식적 문화정책을 주도해왔지만 이로 인해 적잖은 사회적 논란이 빚어지기도 했다. 대표적인 예가 스크린쿼터 문제를 둘러싸고 벌어진 논란과 다음 절에서 다룰 일부 지역문화축제를 둘러싼 논란, 그리고 영화진흥위원회 구성을 둘러싸고 벌어진 보수세력 대 개혁세력간의 갈등이다. 스크린쿼터 문제는 "위기"를 빌미로 김대중정부가 미국과 양자간 투자협정을 맺으려는 과정에서 협상교섭에 나선 미국 측이 한국에 대해 스크린쿼터를 축소하고 궁극적으로는 폐기하라고 요구한 데서 생겼다. 이 요구는 물론 문화를 "예외적 조항"으로 인정하여 자국내 영화상영업소들로 하여금 국내제작영화를 일정한 기간 이상 상영하는 것을 의무화하는 스크린쿼터제를 허용하는 국제적 관행에 어긋난다. 스크린쿼터는 "GATT/WTO 하에서 확립된 내국산 제품과 외국산 제품간의 차별을 금지하는 내국민대우원칙에 정면으로 배치되는 것이지만 영화가 갖는 문화적 영향 등을 이유로 1947년 GATT 제4조에서 내국민대우에 대한 예외로서 인정된 후 현행 WTO체제하에서도 GATT 1994(WTO) 제4조로서 변경없이 인정되어" 왔다.6) 미국은 투자협정 교섭을 계기로 이 제도의 축소와 폐지를 강력하게 요구하였다.

여기서도 "경제위기" 의식이 작용하였다. 98년 6월 한-미정상회담에서 김대중대통령은 한국과 미국 양자간 투자협정(BIT, Bilateral Investment Treaty)을 체결하자고 제안했다. 한-미간 투자협정 체결 제의를 투자 수용국인 한국 측이 먼저 한 것은 매우 이례적인 일이라 한다. 미국은 다른 나라와 양자간 투자협정을 체결할 때 자국의 표준문안에 따라 하는 것으로 알려져 있는데 이 문안은 "일방적으로 투자가(미국)의 권익보호입장을 반영하고 있으며, 투자 수용국의 권한을 극히

---

6) 김완순, 「2000년 라운드(밀레니엄 라운드) 서비스협상과 스크린쿼터제」, 원용진·유지나·심광현 편저, 『스크린쿼터와 문화주권』, 문화과학사, 1999, 182쪽.

제한"하는 특징을 가지고 있기 때문이다. 이런 연유로 "주무부서(외교통상부)는 미국과의 양자간 투자협정이 우리에게 끼칠 여러가지 경제적 및 경제외적 손실을 철저히 검토했는지" 의문까지 제기되었다.[7] 물론 98년 6월이면 외환 부족에 따른 위기감 때문에 가능한 모든 수단을 동원하여 외자를 유치해야 한다는 압박감이 정부 당국자를 억누르던 시점이고, 김대중대통령도 미국과 투자협정을 체결하여 국가 신인도를 높임으로써 미국 기업, 나아가 외국인 투자유치를 기대했을 것임을 이해할 수는 있다. 그러나 이처럼 외자 도입에, 경제적 문제 해결에 온 관심이 집중된 결과 문화의 중요성은 뒷전으로 밀리고 말았다.

미국의 스크린쿼터 폐지 요구를 둘러싸고 한국에서는 첨예하면서도 복잡한 논쟁과 투쟁이 일어났다. 투쟁에 참여한 세력은 크게 3자였다. 스크린쿼터 폐지를 원하는 미국 영화업계와 그 이익을 대변하며 한미 투자협정에 나선 미국의 교섭단, 이들의 협상 파트너로서 가능한 한 투자협정을 빨리 추진하고자 하는 한국 외교통상부의 통상교섭본부, 그리고 한국영화를 지키기 위해 스크린쿼터를 사수하려는 한국의 영화인들과 이들을 지지하는 시민사회운동단체들이 그 3자였다. 그런데 이상하게도 미국의 교섭단과 한국의 외국통상부가 입장을 같이하며 영화인들을 압박하는 상황이 벌어졌다. 98년 7월 21일 한미투자협정실무협상에서 미국측이 스크린쿼터는 국산영화를 업계에 강요하므로 미국의 양자간 투자협정(BIT) 표준문안에 어긋난다고 지적하며 제도의 폐지를 요구하자, 한국의 통상교섭본부장이 이에 화답하며 다음날 기자회견에서 "외자유치와 한국영화진흥을 위해서 스크린쿼터 폐지가 바람직"하다는 의견을 내놓은 것이다. 이때부터 한국 영화인들이 총궐기한 스크린쿼터 사수 투쟁이 벌어졌다. 7월 27일 <스크린쿼터사수 범영화인 비상대책위원회>가 구성되었고, 이어서 영화인들이 삭발과 농성을 하고, 거리시위를 하는 투쟁이 전개되었다. 영화인들의 투쟁만으로 사태가 해결되지 않자 12월 4일에는 미온적인 태도를 취하는 한국정부를 압박하여 스크

---

7) 같은 글, 181쪽.

린쿼터를 지키고 한국영화를 보호할 것을 요구하며 31개 사회단체들이 참여하여 <우리영화지키기 시민사회단체 공동대책위원회>가 결성되기도 했다.

스크린쿼터를 둘러싼 논쟁에서 쟁점의 하나는 문화와 경제의 관계를 어떻게 이해하고 설정할 것인가라는 문제였다. 이미 말한 대로 남한의 외교통상부는 영화를 공산품으로 간주해야 한다며 문화적 예외를 인정하지 않으려는 미국의 입장을 그대로 수용했다. 이에 대해 영화계와 시민사회단체들은 경제회복을 빌미로 문화를 희생시키는 것이라며 강력히 반발하였다. GATT/WTO가 "예외"로 인정하여 허용하고 있는 스크린쿼터 제도를 폐지하려는 것은 정부가 국가이익을 스스로 저버리는 것이며, 미국의 문화제국주의적 침략에 굴복하여 문화주권을 포기하는 반민족적 정책이라는 비난도 제기되었다. 외교통상부는 이에 대해 한국은 영화부문에서는 미국과 경쟁이 되지 않으니 자동차나 반도체 수출에 전력해야 하고, 또 그렇게 하려면 영화부문에서의 양보가 필요하다는 논리를 펼쳤다. 이런 입장에 대해 영화인들이 반발한 것은 당연한 일이다. "경제를 먼저 살려야 문화도 살 수 있다"는 외교통상부의 주장에 대해 영화인들은 경제관료의 무지를 드러낸 입장이라고 비판하였다. "문화와 경제가 긴밀히 융합하고 문화가 경제적 고부가가치의 원동력이 된다"는 사실을 전혀 모르고 펼치는 주장이라는 것이다.[8]

스크린쿼터 논란은 지금 어느 정도 진정 국면에 접어들었다. 범영화인 비상대책위원회와 시민사회단체 공동대책위원회가 공동 투쟁을 전개하고 시민들의 호응이 높아지자 그 동안 투자협정 교섭단과 외교통상부의 눈치를 보며 불분명한 태도를 보이던 문화관광부 장관이 스크린쿼터 유지 입장을 밝히고, 국회본회의에서도 제도 유지를 결의하는 안이 채택된 것이다. 그러나 미국이 계속 스크린쿼터 폐지를 요구하는 태도를 버리고 있지 않고, 한국정부가 미국과의 양자간 투자협정, 나아

---

8) 스크린쿼터 사수 범영화인 비상대책위원회, 『충무로 함성 II』, 1998. 12. 21, 61쪽. (스크린쿼터비대위 자료집).

가서 WTO가 추진하는 다자간 투자협정(MAI)을 체결해야 한다는 입장을 유지하는 한 스크린쿼터 논란은 사라지지 않을 전망이다.

투자협정에서 핵심 쟁점 가운데 하나는 "현지 생산물"(local content)에 대한 규정이다. 미국은 1994년에 발표한 양자간 투자협정의 <표준문안>(prototype)에서 의무이행 강제의 금지조항(6조)을 두고, "어떠한 수준 혹은 비율의 내국 생산량을 달성하도록 하거나 혹은 국내에서 생산되거나 어떠한 형태로든지 국내에서 비롯된 상품 또는 용역을 구매하거나, 사용하거나 다른 형태로 특혜를 주도록 하는 조건"을 포함할 수 없도록 규정하고 있다. 이 조항을 준수할 경우 "극장업에 투자한 투자가에게 한국 정부가 '영화진흥법'에 의거 영화산업 보호를 위해 부과한 국산영화 의무상영 일수라는 현지 생산품(local content) 사용 의무를 부과할 수 없다."9) 한국의 영화인들은 현지 생산품의 의무적 사용이 이처럼 금지될 경우 한국영화가 설 자리는 사라질 것이며, 나아가서 민족문화 역시 그 발전의 터전을 잃게 될 것이라고 반발하고 정부에 대해 "문화적 예외"를 협상의 기본입장으로 견지할 것을 요구하였다. 여기에는 민족문화를 보호해야 한다는 인식과 함께 신자유주의적 지구화로 인해 위험에 빠진 세계의 문화적 다양성을 지켜야 한다는 인식이 담겨 있다. 때마침 한국적 정취가 물씬 풍기는 이광모 감독의 <아름다운 시절>이 출시되어 관객으로부터 좋은 호응을 받고 있는 시점이어서, 그와 같은 영화는 한국인이 아니면 결코 만들 수 없으며, 스크린쿼터가 축소되거나 폐지될 경우 한국에서는 그런 영화를 극장에서 볼 수 없게 되리라는 주장도 제출되었다. 한국영화의 보호로 극장가에 할리우드 영화만 걸리는 문화 획일화 현상을 막아야 한다는 논지였다.

스크린쿼터를 둘러싼 논란과 투쟁은 국제적으로는 미국의 문화제국주의 침투를 놓고 문화주권을 지키는 문제가 쟁점이 되었지만, 국내적으로는 정부관료와 시민사회 사이의 투쟁이라는 형태가 되었다. 이와

---

9) 이혜영, 「신자유주의적 지구화와 한미투자협정(BIT)」, 『스크린쿼터와 문화주권』, 159-160쪽.

관련하여 문화관광부의 경우에는 스크린쿼터와 관련한 주무부처이면서도 뒷짐을 지고 사태를 방관하는 태도를 취하여 비판을 받았지만, 외교통상부 소속 관료가 "스크린쿼터 축소 또는 폐지를 통해 야기될 장단기적 손실이 너무나 크고 명확하다는 점을 방치한 채, 한미투자협정을 연내에 체결하려고 서두른 것은 단지 정치적 효과를 노린" 것이며, 이는 특정 관료집단이 자신의 이해관계에 집착하고 있다는 증거라는 비판을 받았다.[10] 또한 스크린쿼터 제도의 존속과 관련하여 주무부처인 문화관광부를 젖히고 경제부처인 외교통상부가 주도권을 쥔 것은 한국정부가 경제중심주의적 시각에 사로잡혀 있음을 단적으로 보여준다. 경제가 최우선이라는 생각은 불리한 양자간 투자협정을 맺자고 성급하게 나서게 만들고, 경제를 살리려면 문화주권도 포기할 수 있다는 입장을 갖게 한 것이다. 이런 반(민족)문화적 태도는 IMF 관리체제에서 한국이 더욱 강력하게 추진한 신자유주의적 자유화, 개방화 정책의 산물이다.

7. 문화정치의 조직화

신자유주의 공세의 강화와 유연적 축적의 한국적 변형, 자본의 세계화와 신문화제국주의의 침투에 따른 민족문화의 위기 등은 남한사회가 IMF 정세 속에서 격심한 문화적 변동을 겪고 있음을 보여준다. 문화적 권력을 둘러싼 제 세력간의 갈등과 투쟁도 심화되고 있다. 지난 2년 동안은 "문화정치"가 격렬하게 진행된 시기였다. 스크린쿼터 보존을 위한 투쟁이 문화주권을 지키고, 경제주의에 맞서 문화적 권리를 지키려는 노력이라는 점에서 문화정치의 중요한 한 사례이지만, 문화의 권력 투쟁 사례를 지역문화예술축제를 둘러싼 논란에서도 찾을 수 있다.

1994년 지방자치제도가 30년만에 부활한 이후 한국사회는 그 이전에 보지 못하던 지역간 경쟁이 격화되는 현상을 목격하였다. 수자원 개발이나 공급을 놓고 지역간 갈등이 자주 일어나고, 환경오염과 관련한 이

---

10) 스크린쿼터 비상대책위, 『충무로함성 II』, 65쪽.

웃한 지방정부간 다툼도 자주 발생하였다. 다른 한편 지역의 정체성을 정립하여 지역 홍보에 이용하려는 적극적인 노력도 확산되었다. 이런 경향은 그 동안 중앙정부의 지시를 받아 수동적으로만 움직이던 지방 자치단체가 "기업가정신"(entrepreneurism)을 도입하여 지역활성화를 추구하고 있음을 보여주는 사례인데, 이런 방안의 하나로 최근 들어와 서 지역문화예술 축제 개최가 부쩍 늘어났다. 새로 생긴 축제 중에는 국제적 규모의 것들도 포함되어 있다. 부산국제영화제, 부천판타스틱영화제, 춘천인형극제, 고양(일산)꽃축제, 경주엑스포, 강원도관광엑스포, 광주비엔날레, 과천세계마당극큰잔치 등이 몇몇 예들이다.

"아이엠에프 원년"인 1998년 이들 축제 가운데 몇 개가 공교롭게도 문제를 일으키기 시작하였다. 광주비엔날레와 과천세계마당극큰잔치가 파행적 운영의 기미를 보이며 사회적 물의를 일으킨 것이다. 문제의 발단은 공무원 집단이 이들 행사의 집행과 관련하여 무리하게 주도권을 행사하고자 한 데 있었다. 광주비엔날레는 광주시장이 위원장인 행사 주관 재단에서 전시총감독을 전격 해임함으로써 관료의 권한을 강화하고자 했고, 과천마당극제 또한 과천시 부시장이 민간전문인과 함께 공동집행위원장을 맡는다며, 행사를 직접 관장하겠다고 나선 것이다. 관료들이 문화행사를 장악하려 하자 문화예술계와 시민단체들은 당연히 그 부당성을 지적하며 반발하였으나 별다른 성과를 거두지 못하였다.

국제적인 문화행사의 주관을 문화예술 전문가가 아닌 공무원들이 맡으려 나선 것 자체가 우스운 일이지만 이런 사태가 98년 말에 일어난 것은 당시 행정조직에 불어닥친 구조조정 바람과 무관하지 않다. 광주비엔날레와 과천마당극제는 둘 다 국제적인 행사로서 특히 전자의 경우 외국에 비해 그 조직이 터무니없이 비대하다는 지적을 받고 있었다. 광주비엔날레는 상근자가 140여명이었는데, 그 중에 공무원이 100명이 넘는다. 이런 이유로 민간인 전문가들은 외국의 유사한 규모의 비엔날레의 경우 실무자 30여명으로 운영되고 있다며 조직의 비대화를 문제 삼고 나섰다. 그러나 재단법인광주비엔날레는 문제제기를 주도한 전시총감독을 해촉하고 관료들의 말을 잘 듣는 인사를 대신 임명하며 조직을 장악하고 말았다. 과천의 마당극제도 비슷한 문제를 안고 있었다. 98년 12월 과천시는 부시장이 축제의 공동집행위원장을 하겠다고 요구하였고, 민간인 전문가가 그전까지 아무런 문제없이 운영해온 조직에 행정지원을 한다는 명분으로 공무원 10여명을 상근자로 파견하겠다며 나선 것이다. 지방자치정부가 중요한 국제적 문화행사를 운영하는 데 민간인 전문가를 배척한 것은 잿밥에 마음이 가있었던 때문으로 분석된다. 문제가 발생한 98년 말과 99년 초에는 행정 조직의 구조조정이 한창 진행되던 때이다. 공무원들 역시 퇴출 위험에 직면하면서 광주시와 부천시는 정례적인 국제행사로 치르는 문화예술축제를 위한 조직을 공무원의 퇴출 피난처로 활용한 혐의가 짙다. 물론 이런 과정은 민간 전문인의 축제 기획과 집행에 대한 참여를 제한하는 것인 만큼 민간 전문가의 반발을 불러일으키고, 나아가서는 시민사회단체들의 항의까지도 불러일으켰다. 이들 사례는 "위기" 이후 민간인 전문가와 관료집단 사이에 문화정치적 갈등이 더 첨예하게 발생하고 있음을 보여준다.

문화분야에서의 권력투쟁은 관료집단과 문화인 사이만 아니라 문화계 내부에서도 격화되었다. 99년 후반 스크린쿼터 수호를 위해 연대했던 영화인들 사이에 갈등이 생긴 것이 그 한 예이다. 이 문제의 발단은 김대중정권이 영화계의 요청을 받아들여 합의제 행정기구인 <영화진흥위원회>를 구성하도록 한 데 있었다. 위원회 구성을 놓고 군사정권 이래 영화계를 지배해온 보수적 인사들과 90년대에 한국영화 부흥을 주도한 개혁세력 사이에 권력투쟁이 벌어진 것이다. 참고로 말하면 미국의 스크린쿼터 폐지 요구라는 악재가 있기는 했지만 90년대 한국영화산업은 기대 이상의 발전과 성장을 이루었다. 국산영화의 시장점유율도 놀랄 만큼 상승하여 스크린쿼터 사수 투쟁이 한참 진행되던 98년에는 25%이던 것이 99년에는 37%에 달하였다. 한국영화가 최근 이처럼 괄목할 성장을 하게 된 것은 80년대에 학생운동과 문화운동에 참여했던 젊은 세대가 영화계 쪽으로 많이 진출하면서 영화산업이 크게 혁신된 결과로 평가받는다. 그러나 한국 영화 중흥을 실질적으로 주도한 젊은 개혁세력이 영진위 진출을 시도하자 역대 정권과 유착관계를 맺으며 기득권을 유지해오던 영화계 보수세력이 반발하는 사태가 벌어졌다. 영진위 장악을 둘러싼 권력투쟁은 김대중정권의 보수화와 함께 개혁세력의 패배로 끝나는 듯했다. 99년 가을에 임명된 신임 문화관광부 장관이 박정희정권 시절 공보처에서 영화검열의 책임자로 있었던 인사를 위원장으로 임명하여 보수세력이 영진위를 장악하도록 방조한 것이다. 물론 개혁세력이 투쟁을 포기한 것은 아니다. 과거의 예에 비추어 보수세력의 영진위 장악이 영화산업의 발전에 결코 도움이 되지 않는다는 논거를 내세워 반격을 시도한 결과 적지 않은 성과를 낳았다. 한국영화를 실질적으로 주도하고 있는 개혁세력의 비판이 여론의 지지를 받게 되자 보수파 3명을 제외한 영화진흥위원들이 모두 사퇴하는 사태가 벌어져 신임위원장도 위원회 구성에 실패한 데 대한 책임을 지면서 물러나게 되었다. 문화관광부는 결국 2000년 1월 말 새로 임명된 젊은 개혁적 인사들로 영진위를 재구성할 수밖에 없었다.

최근의 사례들을 보면 정부와 보수세력이 문화권력을 독점해온 과거의 관행에 대한 저항이 조직적으로 전개되는 것을 알 수 있다. 문화분야에서의 권력투쟁이 빈번하게 일어나자 문화개혁을 사회적 의제로 만들어야 하며, 이를 위해서는 시민운동이 필요하다는 견해도 널리 공유되기 시작했다. 이런 분위기 속에서 99년 9월에 <문화개혁을 위한 시민연대>가 창립된다. 문화연대는 한국에서는 처음으로 문화개혁을 주된 설립 목표로 삼아 결성된 시민운동단체이다. 출범 이후 문화행정과 예산 및 의정 감시를 실시하는 등 공적인 문화정책을 감시하는 데 주력하면서, '투자협정과 WTO 반대 국민행동'과 같은 범사회적 운동에 동참하고, 시민사회에 퍼져있는 문화보수주의 극복에도 앞장서고 있다. 문화연대의 출범으로 한국의 문화운동에는 새로운 조류가 등장한 셈이된다. 한국 문화운동의 대표적 조직은 80년대 문화운동의 전통을 계승하고 있는 <한국민족예술인총연합>(민예총)이라고 할 수 있다. 그러나

이 단체는 전문가 중심의 예술운동단체이기 때문에 시민운동단체로서의 역할은 상대적으로 약한 편이다. 문화연대는 문화예술인만이 아니라 시민들에게도 문호를 개방하고 있다는 점에서 한국에서 문화정치가 시민운동으로 조직화되고 있음을 보여준다.

8. 문화감시장치의 등장: 청소년보호법의 경우

1990년대 한국은 현실 사회주의권 붕괴의 영향으로 사회주의적 대안에 대한 신뢰가 크게 줄어든 반면 86년-88년 동안의 호황으로 형성된 소비자본주의적 경향의 강화 속에서 "문화로의 전환"이 이루어졌다. 이 과정에서 주목할 변화 가운데 하나가 생활양식과 주체화양식에서 변화가 생겨났다는 점이다. 90년대 남한사회의 특징은 따라서 다양한 새로운 "문화구성체들"(cultural formations)이 출현했다는 데 있다. 새로운 감수성을 지닌 신세대의 등장과 이들의 소비문화 내 편입, 여성의 사회적 진출 요구의 증가, 삶의 질 고양에 대한 시민적 요구의 증가, 자연파괴로 인해 발생한 지역 주민의 삶의 질 저하에 따른 불만의 사회적 조직과 같은 새로운 양상들이 노동자들의 민주노조 건설 노력과 함께 등장한 것이다. 이런 변화는 삶의 조건을 개선하고자 하는 문화적 욕구의 증대, 새로운 욕망의 생산을 의미한다. 위기담론의 확산은 이런 문화적 정세가 지닌 정치적 폭발력을 순치하는 효과를 가지고 있음이 분명하지만, 담론의 힘만으로 그런 효과를 보장받는 것은 아니기 때문에 지배세력은 좀더 구체적이고 위력적인 인구통제 장치가 필요해졌다.

이 맥락에서 97년 7월에 통과된 청소년보호법의 문화정치적 의미를 되새길 필요가 있다. 이 법이 통과된 시점은 총파업을 유발한 노동관계법과 함께 안기부법이 통과된 지 얼마 되지 않았으며, "문화보수주의"의 공세가 드세었던 시점이다. 당시는 이현세의 <천국의 신화>라는 만화시리즈, 10대 소년소녀가 자작한 포르노 비디오물(<빨간 마후라>), 장정일의 소설 『내게 거짓말을 해봐』, 그리고 몇몇 스포츠신문에 연재되던 만화들이 음란물로 보수적 시민단체들로부터 비판을 받거나 검찰에 입건되는 일들이 한꺼번에 벌어지던 시점이다. 이처럼 보수적 분위기가 조성된 국면에서 통과된 청보법은 위기담론의 확산 이후에도 문화보수주의의 팽창에 큰 역할을 하고 있다. 90년대 한국에서는 세대문제, 특히 10대 청소년문제가 중요한 사회적 문제로 등장했다. 사회운동의 측면에서 볼 때 90년대는 노동자, 농민, 빈민 등 기층 민중들의 대중단체가 크게 성장하고 시민운동이 발전한 반면 전통적으로 강력한 사회 비판 세력으로 군림해온 대학생운동의 중요성이 크게 떨어진 시기이다. 반면에 10대 인구의 사회적 중요성은 훨씬 더 커졌다. 청보법의 등장은 이런 정세 변화와 관련이 있어 보인다. 한국의 지배세력은 그 동안 사회비판세력을 감시하는 사회적 장치로서 국가보안법을 활용해왔으며, 민중민주통일운동을 억압하는 데 이 법을 이용해왔다. 청보법이 등장한 것은 이제 국보법이 다루기 어려운 문화영역을 감시할 필요가 생겼기 때문이다.11) 하지만 아울러 10대 청소년들이 새로운 사회적 불만 세력으로 떠오를 가능성이 높아졌다는 사실도 매우 중요해 보인다.

"IMF 이후" 청소년문제는 한국사회에서 매우 민감한 사안으로 떠올랐다. 물론 이 문제가 사회적 관심사가 된 것은 90년대에 "신세대문화"가 확산하면서이다. 그러나 위기 이후 "20대 80 사회"로의 전환이 가속화되기 시작하자 청소년문제는 좀더 치밀한 통제가 필요한 사안이 되었다. 한국사회는 지금 매우 심각한 10대 문제를 안고 있다. 우선 "교실붕괴" 현상이 심각하다. 학생들이 자신들에게 부과된 "학습노동"을 거부하는 현상이 만연하고 있기 때문이다. 한국에서는 고등학생의 경우 늦어도 아침 8시에 등교하여 정규 수업을 받은 후 밤 10시 정도까지 학교에서 강제적인 "자율학습"을 받거나 사설 보습학원에서 공부하는 것이 일반적 관행이다. 상상을 초월하는 이런 학습노동은 물론 대학진학

---

11) 고길섶, 「문화시대와 국가권력의 이동—'국가보안법'에서 '청소년보호법'으로」, 『진보평론』 2호, 1999년 겨울, 173-195쪽 참조.

을 목적으로 한 것인데, 문제는 대학에 진학해도 장래가 보장되지 않는다는 점이다. 위기 이후 상황이 악화된 것은 두말할 필요가 없다. 이전 상황도 좋았던 것은 아니지만 위기 이후 대학졸업자들의 취업이 거의 이루어지지 않았다. 현재 대학생의 경우 2000년 초 취업희망 대졸자들의 수는 대략 50만명(졸업예정자 20만명, 취업재수생 30만명)에 이를 전망이지만 이중 정규직 채용은 7만-8만명에 이를 뿐이고 15만-20만명이 실업자가 될 전망이다.(『한겨레신문』, 1999. 12. 31). 이런 상황에서 대학진학을 위한 장시간 학습노동에 대해 중등학생들이 거부 반응을 보이는 것은 너무 당연한 일일 것이다. 최근 들어 학교에서 자퇴하는 청소년 수도 그래서 급증하고 있는데, 이런 경향은 90년대에 진행된 소비문화의 확산, 대중문화의 유흥산업화, 청소년 참여가 가능한 문화산업의 확대 현상들에 의해서도 부추겨지고 있다. 이 결과 한국의 10대 청소년은 지금 매우 유동적인 인구층으로 바뀌고 있다. 사회적으로 유동적인 거대한 인구집단은 물론 지배세력에게는 두려운 존재이다. 청보법은 이 두려운 존재에 대한 방비책으로 보인다.

청보법이 어떤 사회적 통제 기능을 가지고 있는지 살펴보자. 작년 한국에서는 어처구니없는 사건 하나가 터졌다. 인천에 있는 호프집에 불이나 그 안에 있던 손님 50여명이 불에 타죽었는데 희생자 대부분이 중학생, 고등학생들이었다. 이런 사건이 일어나면 보수적 시민사회와 제도권 언론이 청소년에 위해한 환경을 걱정하는 시늉을 하게 마련이다. 청보법은 한편으로는 청소년을 보호해야 한다는 여론을 업고 불법 유흥업소에 대한 단속을 강화하는 법적 수단으로 작용하지만 다른 한편으로는 "사회적으로 위험한" 청소년들을 통제하는 훌륭한 수단이 된다. 이 글을 쓰고 있는 지금도 한 여성경찰서장이 10대 매춘을 근절하겠고 나서서 여론의 주목을 받고 있는데, 청보법이 그가 벌이는 매춘업소 단속의 중요한 근거가 되고 있다. 문제는 매춘이 단속이나 통제로 쉽게 근절되지 않는다는 점이다. 매춘은 여성의 사회적 지위를 높이거나 사회복지를 갖추지 않고, 남한사회의 기업문화를 근절시키지 않고, 유흥산업의 급성장을 막지 않고서는 사라질 현상이 아니다. 10대 매춘도 예외가 아니다. 중등학생들의 학습노동 거부는 대중교육을 노동력과잉 공급 수단으로 만든 한국자본주의가 자초한 교육 실패 현상이며, 이 현상이 지속하는 한 10대 청소년의 유흥산업 편입은 중단될 수 없다. 청보법은 이런 현실을 호도하기 위한 중요한 수단이다. "청소년 보호"라는 합법적 이유를 내세워 업소들의 불법행위를 단속하는 시늉만 벌이면 청소년 문제에 제대로 대처한다는 인상을 만들어 실질적 사회적 위기를 은폐할 수 있는 것이다. 청보법은 지금 문제로 떠오른 영화 <거짓말>을 둘러싼 논란에서도 한 몫 하고 있다. <거짓말>은 지난해 제작되었으나 음란성 문제로 등급 분류가 보류되어 개봉되지 못하다가 새해 초 "18세 이상 관람가" 등급을 받아 개봉하였는데, 보수적인 한 시민단체가 음란물 제작과 유포를 혐의로 검찰에 제작사를 고발하는 사태가 벌어졌다. <거짓말>의 개봉을 문제삼은 또 다른 시민단체는 이 영화가 10대 매춘을 조장할 것이라고 비난하였는데, 이런 예를 볼 때 청보법이 앞으로 문화 활동을 겨냥하여 표현의 자유를 억누르고 새로운 사회적 통제장치로 작용할 것이 분명하다.

90년대 소비자본주의 성장과 함께 신세대의 문화적 욕구는 크게 증대하였지만 위기 도래와 위기담론의 형성과 함께 강화된 사회위기 속에 청소년의 미래는 차단당하고 있다. "정상적" 사회 진출과 고용 기회는 축소되고 있는 것이다. 수많은 청소년이 불만에 가득 차 학습노동을 거부하며, 유동인구로 전환되고 있다. 청보법과 같은 청소년인구에 대한 통제장치가 등장한 것은 이런 이유 때문이다. 지배세력은 인구통제를 위해 청보법을 도입하여 활용하고 있지만 이는 남한사회에 새로운 사회적 변동이 일어나고 있다는 증거인지도 모른다.

9. 결어

한국에서 "위기"는 담론으로 작용하면서 새로운 사회위기를 만들어내고 있다. 위기담론은 지금 국가와 자본에 의해서 전략적으로, 즉 신자유주의 이데올로기와 경제 정책을 확산시키고 실시하는 데 요긴한 빌미로 쓰이고 있는 중이다. 이 담론의 효과는 대중으로 하여금 경제위기의 극복을 최우선 과제로 여기게 하는 것이지만, 이 결과 남한의 대중은 부익부빈익빈의 심화로 더 열악해진 삶, 생존의 어려움에 처해있다. 이런 변동의 효과 중 하나는 문화를 경제의 수단으로 부차적으로 만드는 것이다. 문화는 이리하여 당장 경제가 급하기 때문에 뒷전으로 밀려나는 "식후경" 신세가 되거나, 아니면 경제적 부가가치를 생산하는 문화산업으로만 치부된다. 하지만 이런 경제주의의 득세는 문화적 권력을 둘러싼 투쟁을 격화시키는 계기로도 작용하였다. 민족문화 기획에 필요한 한 제도인 스크린쿼터제에 문화제국주의의 위협이 닥치자 남한 민중은 단합하여 투쟁을 전개하였고, 이 과정에서 문화주권에 대한 인식이 싹트기도 하였다. 위기담론의 확산과 함께 권력투쟁이 다양한 형태로 발생하여 문화정치가 활성화되기도 하였다. 기득권을 유지하려는 관료들과 문화계의 보수적 인사들의 정체가 이 과정에서 드러나기도 했다. 물론 패배도 있었다. 예를 들어 청소년보호법이 새로운 인구감시장치로 작동하게 된 것은 대중, 특히 10대들이 권력의 "포획장치"에 포섭된다는 의미이다.

그러나 이런 통제 노력이 앞으로 있을지 모르는 대중적 저항에 대비하여 도입된 것임을 잊어서는 안되겠다. 생존문화의 등장과 함께 남한 사회에는 사회적 불만이 좀더 노골적으로 나타나고 있다. 남한의 대중은 이제 다시 전면적인 사회운동에 본격적으로 나설 채비를 하고 있는지도 모른다. 국회 앞에서 농성을 하고 있는 민중운동단체들만 저항을 시작한 것이 아니다. 스크린쿼터와 문화주권 사수를 위한 시민단체들의 궐기, 문화개혁을 목적으로 한 시민운동단체의 등장, 지역문화축제의 파행적 운영에 대한 시민사회의 개입, 영진위 구성을 둘러싼 영화계 개혁세력의 투쟁 등은 저항이, 그리고 이 저항의 조직화가 문화계에서도 시작되었음을 보여준다. 위기 이후의 한국문화는 이렇게 볼 때 적지 않은 변동을 겪은 셈이다. 이 변동이 위기담론의 강화와 함께 사회위기가 심화되고 동시에 문화 내부에서도 적대가 심화한 결과라는 것은 두말할 필요가 없다. 문화권력 투쟁의 격화, 문화정치의 활성화가 그 증거이다. 이런 점을 보면 사회위기란 그것을 관리하고자 하는 위기담론에 의해서는 결코 전적으로 포섭될 수 없으며, 위기에 대한 대처는 결국 사회적 입장의 차이에 따라 다른 방식으로 일어남을 알 수 있다. (2000. 2)

신자유주의와 민족문화

1

악령 하나가 얼마 전부터 세상을 배회하고 있다. 이 악령이 우리 중생의 몸과 영혼에 달라붙어 생명력을 빼앗아 가기 시작한 것은 오래 되었지만 사람들이 그 정체를 파악하기 시작한 것은 비교적 최근이다. 이 악령은 지금 신자유주의라는 이름표를 달고 밤낮을 가리지 않고 우리 주변을 서성거리며 사람들을 파멸로 이끌고 있다. 하는 짓거리가 사악하기 그지없건만 스스로 사악하다 실토할 악령이 어디 있겠는가, 신자유주의는 입만 열면 자신의 출현이 세상과 사람을 위한 것이라고 떠들어댄다. 그러나 신자유주의를 삶의 기조로 수용한 사회의 민중이 예외없이 파멸에 빠져드는 것을 보면 이 놈이 봉사하는 것은 오직 하나 죽음의 신임에 틀림없다. 이 죽음의 신의 정체는 무엇인가? 신자유주의를 하수인으로 삼아 온갖 형태의 죽음들을 복제하는 사신과 같은 존재, 인간의 활력을 죽은 노동으로, 상품으로 전환시키는 자본이다. 자본은 신자유주의를 시켜 사람들을 포함한 지상의 모든 생명에 흉측한 죽음의 올가미를 씌우려 든다. 생산성의 이름으로 우리를 경쟁의 악다구니 속으로 몰아넣고, 이익의 이름으로 호혜와 상생의 삶을 포기하게 하며, 신

상품을 내세워 소중한 옛것들을 폐기 처분하고, 세계화를 위한다며 문화적 정체성을 말살하고, 발전을 내세워 생태계를 파괴하고, 재개발이라는 명분으로 도시공간을 독점하는 것이 이 악의 세력이 하는 짓거리다. 신자유주의라는 악령, 이 놈의 악령을 인류사회에서 쫓아내지 못하면 인류는 얼마 가지 않아서 폭삭 망하고 말거나 아니면 죽음과 야만의 늪, 사람들이 새로운 중세라고 하는 지옥으로 빠지고 말 것이다. 신자유주의와 자본의 지배를 격퇴하기 위한 투쟁! 오늘 인류에게 주어진 절대절명의 과제는 바로 이것이다. 민족문화의 앞날을 걱정하는 사람들에게도 이 악령을 물리칠 의무가 있다.

2

신자유주의가 발호하고 있다는 것은 민족문화에 위기적 상황이 벌어지고 있다는 말이다. 신자유주의는 우리가 소중하다고 여기는 호혜, 연대, 자비, 우정, 사랑, 자율, 창조력, 여유, 공생, 친절 등을 죄다 상품으로 전환시키며, 이 과정에서 이런 것들이 결집되어 만들어지는 민족문화의 토양 역시 황폐하게 만든다. 신자유주의를 격퇴하는 일은 따라서 민족문화를 지키기 위해서라도 꼭 필요함에 틀림없다. 그러나 문제가 하나 있다. 민족문화와 신자유주의의 관계가 생각만큼 단순하지 않다는 것이 그것이다. 신자유주의를 격퇴하는 일이 절대적으로 요청되는 만큼 민족문화를 옹호하는 것도 절대적이라고 할 수 있을까? 신자유주의가 악의 화신인 만큼이나 민족주의가 절대적인 선이라고 할 수 있는가? 혹시 민족문화를 수호하자는 입장에도 문제가 있지는 않은가? 굳이 이런 질문을 하는 것은 오늘과 같은 자리에서는 신자유주의에 대한 비판은 쉽게 쏟아지는 반면 민족문화를 비판적으로 검토하자는 제안은 잘 나올 것 같지 않기 때문이다. 신자유주의와 민족문화의 관계를 단순 대립관계로만 볼 수는 없다. 신자유주의와 민족문화 중 어느 하나를 택해야 한다는 양자택일의 관점을 취할 수도 없다. 민족문화에 가치가 있다면 기정의 사실보다는 '사후효과'에 가깝지 않을까 싶다. 민족문화가 소중한 것은 민족문화가 민족문화이기 때문이라기보다는 민족문화에 가치 있는 것들이 포함되어 있기 때문이라고 해야 한다. 민족문화는 민중이 살아오면서 터득한 삶의 지혜가 응집되어 있고 삶의 방식이 결정(結晶)되어 있는 문화이다. 민족문화는 그래서 사회적 생명과 가치들의 화신으로 보이고 꼭 지켜야 할 대상으로 부각되기도 하지만, 민족문화가 가치를 가지는 것은 그 구성 요소들이 먼저 가치를 가지고 있을 때에 나타나는 사후효과이다. 이런 점에서 민족문화를 옹호하는 데 급급할 것이 아니라 좀더 근본적인 질문이 필요하다. '우리는 어떤 사회를 원하는가' '가치있는 삶이 가능한 사회는 어떤 사회인가' '교환가치를 우선시 할 것인가, 필요가치를 우선시 할 것인가' '선물경제를 택할 것인가 상품경제를 택할 것인가' '사랑과 우정과 자유시간과 생태 보존이 가능한 사회적 조건을 만들기 위해서는 어떤 노력이 필요한가'와 같은 것들이 그런 질문들이다. 신자유주의는 이들 질문의 관점에서 볼 때 상생과 호혜와 사랑과 연대를 파괴하는 죽음의 세력인 만큼 분명 악이다. 이 악의 정체가 매우 분명한 데 비하면 '민족문화'는 그 정체가 상대적으로 모호하다. 민족문화의 본질을 잡았노라고 말할 수 있는 사람은 별로 없을 것이다. 민족문화는 다양한 형태로 나타난다. 민족이라는 이름 때문에 순교를 서슴지 않기도 하고, 그 때문에 폭력과 탄압을 행사하기도 한다. 따라서 "신자유주의는 절대악이다"라는 명제는 성립하더라도 "민족문화는 절대선이다"라는 명제는 쉽게 성립하지 않는다. 결국 관건은 신자유주의에 맞서서 어떤 민족문화를 내세울 것인가에 달려 있다. 나는 수호해야 할 민족문화가 있다면 '소수문화'의 형태를 띠어야 한다고 본다. 만에 하나 민족문화가 다수자의 논리를 지향한다면 현재 다수자의 논리로 지배질서를 재편하고 있는 신자유주의와 결탁할 여지도 없지 않다. 민족문화가 신자유주의 악령의 하수인이 되지 말라는 법이 없는 것이다. "우리 것이 좋은 것이여" "가장 한국적인 것이 가장 세계적이다" "한국문화의 세계화!" 등과 같은 구호성 발언에는 신자유주의에 대한 지지가 알게 모르게 깃들어 있다고 생각한다.

3

물론 민족문화에는 소수자적 성격이 포함되어 있는 경우가 많다. 지구상의 많은 민족문화는 소수문화이며, 특히 신자유주의적 지구화, 또는 자본의 세계화가 민족국가의 경계들을 초월하여 이동의 자유를 최대한 누리고 있는 지금은 더욱 그러하다. 오늘 지구화는 실제로 미국화이며, 이 미국화는 아메리칸 내셔널리즘의 다른 이름이다. 여타의 다른 민족문화들이 소수문화의 위치를 차지한다면—민족국가 내부에서는 그렇지 않은 경우가 허다하지만—미국문화는 '지구적 민족문화'로서 다수문화, 즉 지배문화로 군림한다. 우리 민족문화가 신자유주의라는 현존하는 인류 최대의 적을 공격할 정당성을 가지려면 자신이 지닌 소수자적 성격을 망각하거나 포기해서는 안될 것이다. 소수문화의 관점에서 볼 때 신자유주의는 민족문화에 생존권의 위기를 초래한다. 오늘 인류세계는 각종 '생명다양성'을 지킬 수 있을 것인가 없을 것인가라는 중대한 문제를 안고 있다. 문화분야에서 신자유주의가 발호하는 것은 생태계의 다양한 토종들을 멸종시키는 터미네이터가 발호하는 것과 같다. 신자유주의에 의한 자본세계화로 세계문화로 군림하는 미국문화가 전세계에 퍼지면서 민족국가의 국경 안에서 보호받던 소수자적 민족문화는 지금 멸종의 위기에 빠져 있다. 이 상황은 신자유주의 악령이 오로지 자본의 증식에 봉사한 결과로 빚어졌다. 신자유주의 악령에게는 호혜와 연대, 사랑과 연민, 우정과 같은 문화적 토양을 아끼는 일은 관심 밖이다. 이런 일도 돈이 되면 위하는 척은 하지만 원래 '상징적 교환'의 차원에 속하고 선물경제 영역에 속하는 이들 가치들이 돈이 될 리 없으므로 신자유주의는 이들 가치로 구성되는 삶을 파괴하는 데 혈안이다. 문화와 예술도 신자유주의 악령에게는 모두 돈벌 기회로 보일 뿐이다. 최근 미국이 스크린쿼터 제도를 폐지할 것을 요구한 데서 이런 신자유주의적 입장이 적나라하게 드러난 바 있다. 신자유주의는 문화예술 창작물들과 공산품을 구분하지 않는다. 신자유주의자들에게는 문화가 지닌 지역적, 국지적 특성이나 전통은 아무런 의미도 없다. 민족문화가 중시하는 문화주권, 문화생존권도 자본의 세계화 운동에 거추장스러운 장애일 뿐이다.

4

위에서 신자유주의와 민족문화의 관계를 둘 중 어느 하나를 선택해야 하는 대립의 관계로 보지 말자고 한 데는 나름대로 이유가 있다. 민족문화의 관점에서 볼 때 신자유주의의 발호는 그 존립의 기반을 흔드는 위기적 상황을 의미한다. 신자유주의가 추구하는 자본의 세계화가 민족문화의 성장을 보장하는 물적 기반을 뒤흔들어 놓기 때문이다. 자본의 이동 자유화와 그에 따른 자본의 세계화로 인해 지식, 정보, 이미지, 기호 등이 아무런 제재를 받지 않고 국경을 넘나들면 문화적 경계가 허물어지고 이와 함께 민족 정체성이 형성되는 방식에도 큰 충격을 주게 될 것이다. 이로 인해 민족문화는 자신의 수호를 위해, 문화주권과 문화생존권의 수호를 위해 신자유주의를 적으로 삼게 될 것이다. 신자유주의가 절대악에 가까운 만큼 이것은 너무나 당연한 선택으로 보일 수 있다. 그러나 민족문화가 절대선은 아니라는 점을 생각하면 신자유주의에 저항한다는 명분만으로 민족문화를 무조건 투쟁전선의 중심에 세울 수는 없다. 신자유주의를 외부의 적으로 삼고 민족문화를 그에 저항하는 주된 세력으로 여길 경우 민족문화 자신이 지배문화로 군림할 가능성은 언제든지 있다. 민족문화를 지킨다며 내부의 문화적 차이들을 억압하고, 전통문화만이 민족문화라며 새로운 세대의 감수성을 무시하고, 여성해방이나 노동해방을 요구하는 것을 내부 분열을 조장한다고 몰아붙일 수도 있다. 신자유주의가 강제하는 정치경제적 조건과 문화적 선택에 맞서서 민족문화가 저항하는 것이 필요함을 인정하더라도 양자의 '대립'을 두 일괴암적 힘들의 충돌로 볼 것이 아니라 내부에 차이와 다양성을 지닌 경향들의 대립으로 볼 필요가 있을 것 같다. 민족문화가 신자유주의에 맞선다며 스스로는 소수문화임을 자처하면서 실제로는 다수문화의 행세를 한다면 지배문화 이상이 될 수 없을 것이다. 민족문화가 신자유주의 세력에 맞서 투쟁할 수 있는 것은 실질적으로 지배문화가 되지 않고 소수문화가 되는 경우에 한한다.

5

신자유주의 공세로 위기에 처한 소수자적 민족문화를 지키기 위한 노력, 저항, 투쟁 등은 자본의 신자유주의적 전략에 대한 저항과 투쟁과 절합(articulation)을 이룰 필요가 있다. 신자유주의에 대한 민족문화 진영의 대응은 문화예술적 대응을 넘어서야 한다. 최근 신자유주의에 대한 투쟁 중에서 그런 대로 잘된 것이 스크린쿼터 사수를 위한 투쟁이었다. 아직도 성공했다고 할 수는 없지만 정부로부터 스크린쿼터제 유지에 대한 약속을 받아낸 바 있고, 또 정부가 약속을 파기할 경우 투쟁을 조직할 동력이 그런 대로 남아 있다. 이만한 정도의 '성공'을 거둔 것은 아무래도 영화계가 스크린쿼터 문제를 영화계만의 문제가 아닌 전체 국민의 문제라는 점을 부각해 낼 수 있었기 때문일 것이다. 물론 투쟁의 주축은 <스크린쿼터 사수 범영화인 비상대책위원회>가 맡았지만 <우리 영화 지키기 시민사회단체 공동대책위원회>가 꾸려져 영화인들의 싸움의 정당성을 지지해주고, 나아가서 공대위가 적극 참여한 것이 투쟁에 큰 몫을 했다. 그러나 다른 한편에서 보면 영화인들의 투쟁에는 한계도 있었다. 스크린쿼터 문제의 중요성을 인식시키는 데는 성공하였지만 스크린쿼터 문제가 지닌 문화예술적 의미 이외에 대중의 삶 전체라는 좀 더 넓은 의미의 문화, 즉 삶의 총체적 방식과 관련된 문제라는 점을 인식시키고 스크린쿼터 이외의 다른 사회적 쟁점들과 스크린쿼터 문제를 절합시키는 노력은 적었던 편이다. 스크린쿼터 문제는 IMF 국면에서 불거져 나온 측면이 매우 크다. 98년 6월 김대중 대통령이 경제위기를 극복하려면 외화를 유치해야 한다며 미국과 '양자간 투자협정'(BIT)을 빨리 체결하려고 한 것이 기화가 되어 이 틈을 타서 미국이 잽싸게 스크린쿼터 제도가 BIT 표준문안에 어긋난다며 철폐를 요구하고 나섰으니까 말이다. IMF가 외환위기를 가지고 압박하지 않았다면, 그리고 김대중정부가 IMF의 모범생이 되어 신자유주의 옹호자 역할을 하지 않았다면, 즉 BIT 체결에 목매달지 않았다면 스크린쿼터 문제는 이번에 불거져 나오지 않을 수도 있었다. 이런 점에서 스크린쿼터 사수 투쟁은 BIT 체결 반대 투쟁의 일환이 될 수 있었고 또 그래야 했지만 문화예술인의 "자율성"이 발동한 것일까, BIT나 나아가 그와 유사한 역할을 하게 될 다자간 투자협정(MAI)에 대한 문화예술인의 투쟁은 거의 나오지 않았다. 민족예술과 민족문화의 터전을 보존할 목적으로라도 정치경제적 투쟁에서 문화예술인의 참여가 필요하다고 본다.

6

신자유주의를 타도하는 일은 매우 어려운 과제이다. 이 악령이 지금 천지사방에서 그 맹위를 설쳐대고 있는 것도 그것의 '축귀'가 어렵기 때문일 것이다. 물론 전혀 불가능한 것은 아니다. 신자유주의에 대한 투쟁은 이미 다양한 방식으로 일어나고 있다. 멕시코에서는 사빠띠스타 저항운동이 오래 전부터 벌어지고 있고, 국내에서도 신자유주의적 구조조정에 대한 저항 운동이 노동계를 중심으로 전개되고 있다. 특히 최근에 일어난 한 사건이 우리를 고무시킨다. 1999년 12월 1일 미국 시애틀에서는 세계사적인 상징적 의미를 지닌, 어쩌면 앞으로 일어날 세계사적 혁명의 예고편인지도 모르는 사건이 하나 벌어졌다. 세계 각국의 각료들이 WTO의 뉴라운드 협상을 위해 개최하려던 각료회의를 세계의 민중행동 대원들이 못하도록 막아 비상사태가 선포된 것이다. 이 사건은 신자유주의 세력의 담합에 맞서 이제 전세계의 노동운동, 여성운동, 환경운동, 시민운동 단체와 개인들의 민중적 행동 강령이 만들어지고 있음을 보여준다. 민족예술인은 이런 상황에서 어떤 과제를 안고 있는가? 나는 BIT나 MAI와 같은 정치경제적 쟁점들에 관심을 기울이고 민중연대를 강력하게 추진해야 한다고 본다. 이것은 우리의 문화적 토양을 지키기 위해서도 필요한 일이다. 오늘 신자유주의에 맞선 저항이 전세계적으로 벌어지는 데는 이유가 있다. 우리 주변을 보자. 경제지표들이 많이 호전되어 IMF의 터널을 빠져 나왔노라는 호언장담이 난무하고 있지만 대중의 삶은 고난의 연속이요, 극빈자의 수가 놀랍게도 1,000만명을 돌파하였다. 이제는 뭔가 다른 방향을 찾지 않으면 안된다고 느끼는 사람이 많다. 대중은 지금 장시간노동에 시달리면서 자유시간의 축소로 빚어지는 시간기근에 헐떡이고 있고, 여가를 소비문화에 빼앗기고, 과거 모두 공짜로 얻던 자원들을 비싼 돈을 주고 구입하며 호혜, 연대, 자비, 사랑, 우정이 고갈된 삶을 살고 있다. 민족문화진영은 이 사회적 참상을 바로 잡는 일에 동참해야 한다. 그렇지 않으면 민족문화를 꽃피울 사회적 가치들이 모두 사라지고 말 것이다. 그 이후에 남게 될 풍경을 생각해 보라. 더 이상 해칠 생명도 없는 죽음의 땅에서 신자유주의 악령과 그의 신(神) 자본이 날뛰는 모습만 있게 될 것이다. (1999. 12)

일본 대중문화 개방의 문제

1

　박지원 문화관광부 장관은 2000년 6월 27일 기자회견을 열고 "제3차 일본 대중문화개방" 조치를 발표하였다. 1998년 10월 20일에 발표한 1차 개방조치, 1999년 9월 10일에 발표한 2차 개방조치에 이은 이 3차 개방조치의 특징은 '대대적'이라는 것이다. 이번 조치로 일본 대중가요와 영화는 대폭 개방, 애니메이션, 방송과 게임은 신규 개방의 길이 트이었다. 이미 두 번에 걸친 개방으로 한국시장 개척을 위한 교두보를 확보한 바 있는 일본 대중문화는 이번 조치로 더 확실한 보장을 받으며 한국 문화시장에 진출할 수 있게 되었다.

　문화관광부가 3차 개방 조치를 발표한 직후 국내 언론은 2, 3일간 개방의 의미나 예상되는 파장에 대해 집중 보도를 하였다. 이들 보도는 한결같이 3차 개방이 대폭 개방으로 가닥이 잡히게 된 데에는 과거 2차에 걸친 개방의 영향이 문화산업의 측면에서나 대일 감정의 측면에서나 우려할 만한 수준이 아니라는 판단이 작용했다고 전한다. 지금까지의 "개방에 따른 영향은 그다지 크지 않았을 뿐 아니라 국내 관련 산업도 경쟁력을 갖추었다"는 것이다.

일본 대중문화에 대한 개방정책이 실시되기 시작한 98년 이후 현재까지의 흐름을 '단편적으로만' 볼 경우 이런 판단이 크게 틀리지 않아 보일지도 모른다. 정부가 발표한 바에 따르면, 개방의 영향이 가장 클 것으로 예상되었던 영화 쪽의 경우 개방 이후 현재까지 들어온 일본영화는 모두 15편이었는데, 이 가운데 전국적으로 10만명 넘게 관객이 몰린 것은 <러브레터>(120만명), <철도원>(40만명), <사무라이픽션>(38만) 등 5편에 지나지 않았고, 대중가요 공연도 낮은 횟수에 그쳤다(그러나 1차 개방 후 1년 8개월 동안 380만명의 흥행기록 중에서 지난 6개월의 흥행이 200만명을 차지했고, 이 기록은 같은 기간 동안의 한국영화 관객의 근 40-50%에 육박한다고 하는 점을 주시해야 한다). 한국 대중문화의 일본 진출도 나름대로 성공을 거둔 것으로 평가된다고 한다. 물론 영화 <쉬리>가 일본 흥행에 좋은 성적을 거둔 바 있고, 대중가요 그룹 <핑클> 등이 일본 진출에 성공하였다. 정부는 이런 근거를 들어 이번의 일본 대중문화 개방은 일본 대중문화의 국내 진출이 예상보다는 '미미'했다고 보면서, 우리 대중문화의 일본 진출이 성공했다고 자신감을 드러내고 있다.

하지만 이번 개방이 대폭으로 잡힌 데는 다른 이유도 있다. 무엇보다도 2002년 월드컵 축구를 앞두고 한일관계를 긴밀히 하겠다는 정부 의지가 작용한 것으로 보인다. 정부로서는 현해탄을 가운데 두고 국제적 주목을 받게 될 월드컵 대회를 공동 주최하는 두 나라 사이에 대중문화 교류가 없다는 사실이 부담스러울 수도 있다. 국제적 체면 때문에라도 개방이 필요했다고 이해할 수도 있다. 나아가 '문화담론'의 확산도 개방론에 무게를 얹었을 것으로 보인다. 20세기 말, 특히 1990년대 이후부터 '문화의 세기' 담론이 확산되고 문화의 중요성에 대한 새로운 인식이 생기면서 문화산업을 육성해야 한다는 소리가 높아졌으며, 문화경쟁력을 높이기 위한 정책 모색을 하는 과정에 개방론이 대두되었다. 국내 문화산업계도 더 이상 더 '보호문화정책'에 의존할 것이 아니라 이제는 당당하게 외국 문화산업계와의 경쟁을 통해 자생력을 키워가야 한다는 논리가 갈수록 큰 목소리를 내는 중이다.

개방론이 득세하게 된 데에는 각종 양성적, 음성적 문화매체들을 통해 일본 대중문화를 수용해온 젊은 세대의 일본 대중문화에 대한 태도 변화도 크게 작용한다. 일본제국주의의 문화적 침탈을 직접 겪은 바 있는 노년층, 그리고 해방 이후에 성장하거나 탄생하기는 했지만 한국전쟁, 60년대 초 한일외교 정상화에 대한 반대운동, 80년대의 민족민주운동 등을 거쳐오며 일본 식민지배의 후유증을 실감해온 장년 혹은 중년 세대와는 달리 신세대는 일본문화에 대해 비교적 개방적이다. 아마도 일제의 침략에 대한 기억이 없어져 피해의식이나 거부감을 많이 느끼지 않기 때문일 것이다. 이런 태도 변화에는 'N세대'라고도 불리는 오늘의 신세대가 이미 90년대 초부터 일본 대중문화의 영향을 받아온 사실도 적지 않게 작용한다. 이들은 폭발적으로 증가한 컴퓨터, CD 플레이어, 인터넷 등의 매체를 통해 일본 대중문화를 자연스럽게, 자주 접할 수 있는 문화환경에서 성장했고 생활하고 있다. 일본의 대중가요나 애니메이션, 영화, 게임 등을 인터넷에서 다운 받아 즐기기도 하는 이들에게 정부의 일본 대중문화 개방 조치는 일부 분야에서는 '기정 사실'의 사후 인정에 불과하며 때늦은 감마저 있을지 모른다.

이렇게 본다면 일본 대중문화의 한국 진출은 기정사실이요 대세로 보인다. 그러나 과연 이 대세는 바람직하며 일본 대중문화에 대한 개방 정책은 올바른 것인가? 이 글은 이 물음에 대한 고찰이다.

2

먼저 원론적인 논의부터 시작해보자.

문화는 표현이다. 표현은 그 성격상 드러냄이지 숨김이 아니다. 음악, 회화, 조각, 건축, 무용, 연극, 문학, 영화, 게임 등 모든 문화적 활동과 생산물은 표현을 그 기본적 존재 방식으로 가지고 있으며, 이 존재방식의 특징은 드러냄이라는 것이다. 그 어떤 문화적 표현도 이 드러냄의 원칙을 저버릴 수는 없다. 문화적 행위에는 침묵도 있지 않으냐고 할 수도 있겠지만 '절필'이 곧잘 문필가가 취하는 가장 극단적 항의이듯 문화에서는 침묵도 표면적으로만 표현과 대립될 뿐 사실은 표현의 한 방식이 된다.

문화는 이처럼 표현이요, 드러냄이기 때문에 억압받거나 폐쇄당해서는 안된다. '표현의 자유'가 인간의 기본적 권리로 인정받는 것은 이 때문일 것이다. 기본적 권리란 부정적이 아닌 긍정적인 원리로 인정받아야 하며, 억압과 통제, 폐쇄보다는 자극, 장려, 진흥의 대상이 된다. 무엇보다도 문화분야가 진흥을 필요로 하는 것은 그것이 표현의 영역이요, 표현이 은폐나 숨김이 아니라 드러냄의 원리에 의해 작동하고 따라서 표현의 자유를 누려야 하기 때문이다.

다른 한편 문화는 소통이기도 하다. 소통을 전제로 하지 않는 문화적 표현은 상상하기 어렵다. 나중에 사장되는 문화적 생산물이 많기는 하지만 그 생산의 계기, 창작의 계기는 드러냄의 욕망에서 찾아져야 하고, 따라서 문화적 표현은 언제나 노출가능성, 혹은 소통가능성을 전제로 한다. 아무리 난해한 예술적 표현일지라도 표현인 한 그것이 언제든 누군가와 '소통'할 가능성을 가지는 법이다. 이 소통은 소수에 한정될 수도 있다. 예술 창작자들 가운데 자기 작품의 의미나 가치를 알아줄 사람이 많으리라 기대하지 않는 경우도 그래서 많다. 『실락원』에서 '선택받은 소수'만이 자기 작품을 이해할 것으로 본 밀턴이 한 예이다. 사실 능력 있는 독자, 감식안을 가진 사람은 소수에 그치는 경우가 허다하며 '소지음'(少知音)이라는 표현도 그래서 나왔다. 하지만 이런 경우라도 예술가가 소통 가능성을 아예 배제한 것은 아닐 것이다.

더군다나 대중문화의 견지에서 볼 때 문화적 소통은 엘리트 예술에 해당하는 소통과는 다른 차원의 대중적 교류를 전제로 한다. 아방가르드 예술이 '제도로서의 예술'을 비판하며 노력한 것도 예술적 소통의 엘리트 구도를 깨고 폐쇄된 예술 세계와 대중의 삶의 세계 사이에 가로놓인 단절과 간극을 타파하기 위함이었다. 아방가르드에 자주 등장하는 모더니즘적 난해성도 대중의 예술 접근권 혹은 시청권의 제도화된 한계를 무너뜨리려 함이었다는 점에서 좀더 민주적인 문화 소통 구조를 만들려 한 시도였는지도 모른다. 움베르토 에코가 『열린 예술작품』에서 지적한 바 있듯이, 아방가르드적 실험은 예술적 소통에서 엔트로피를 증대시키고 소음을 야기하여 소통의 난관을 자초하는 것이지만 이는 동시에 기존 예술의 안이한 소비에 만족할 수도 있는 예술 대중의 가청력, 이해력, 시청력을 확대하려는 시도였다. 여기에는 당연히 새로운 지성과 감수성에 대한 개방적 태도가 포함된다.

소통의 견지에서 볼 때 이질적 문화라고 하여 배타적 태도를 취한다는 것은 바람직하지 않다. 이질적인 문화와의 소통을 거부하는 문화는 정체되고, 그 안에 포섭된 대중에게는 질곡으로 작용할 가능성이 높다. 자기 확인과 자기 재생산에 그칠 뿐인 동질적 문화는 근친상간적 자기 폐쇄성에 갇히며 생존의 기회를 잃게 되는 동물들처럼 고사할 가능성이 높다.

구태여 이런 원론적 지적을 하는 것은 현재 우리문화의 지배적 경향 때문이다. 한국문화가 매우 위계적이고, 차별주의적이고, 반여성적이고, 편협하고 폐쇄적이라는 점을 부정할 수 있을까? 우리 사회는 문화적 다양성과 이질성을, 문화적 일탈이나 도전을 너그러이 포용할 줄 아는 사회가 결코 아니다. 비관용의 태도는 한국인 상호간에도 지역, 계급, 성별, 세대, 직업, 혈통 등의 경쟁적, 갈등적 적대적 관계에 따라 자주 등장하지만 외국인에 대해서도 심하게 나타난다. 외국인 공포증 혹은 혐오증은 일반 시민에게서 곧잘 발견되는 증상이다. 최근에는 외국인 노동자를 부당하게 대하는 사례가 빈발하고 있고, 해외 여행에서 거드름을 피며 망신살을 뻗치는 경우도 많다. 이런 태도는 탈북자, 조선족 동포와 같은 우리 민족에게도 그대로 적용된다.[1]

---

1) 이는 근대역사에서 일본 제국주의의 식민지배를 받으면서 나타난 후유증일 것이다. 일제 강점에 대한 반작용으로 수용한 저항적 민족주의 혹은 '강성 민족주의'의 문화적 귀결이라는 것이다. 거의 1세기가 넘게 '민족의 위기'를 겪은 민족으로

이와 같이 볼썽 사나운 모습을 다른 문화와의 교류가 빈곤한 데서 비롯된 것으로 볼 수는 없을까? 외국문화에 대한 이해의 부족은 외국인에 대한 편견과 배타적 태도를 낳으며, 특히 이웃한 문화에 대해 무지한 경우 이것은 더 악화된 형태를 띠기 쉽다. 한국인들은 그 동안 일본에 대해 무지한 채로 지내왔으며, 일본적인 것이라면 무조건 거부하는 태도를 취하는 경향이 많았던 것이 사실이다. 이웃한 나라를 이처럼 소원하게 여기는 것은 두 나라 대중과 민중 사이의 관계를 개선하는 데 결코 도움이 되지 않는다. 일본 대중문화의 개방을 무조건 반대하는 것은 그래서 문제라 할 수 있다.

마지막으로 문화를 '접근권'의 관점에서 살펴볼 필요가 있다. 문화가 표현이고 소통이라면 그것은 접근을 전제로 한다. 문화적 행위, 문화적 표현물에 대한 접근을 금하는 것은 표현의 자유에 어긋나며 문화적 권리의 원칙에 어긋난다. 일본 대중문화도 이런 관점에서 볼 수 있을 것이다. 일본 대중문화의 국내 유입을 막는 것은 문화시민의 볼 권리, 들을 권리인 '시청권', 즉 '문화적 접근권'을 앗아가는 일이다. '시청권'은 소비적 행위이므로, 표현의 원칙을 더 완벽하게 구현하는 창작적, 생산적 행위와는 구별해야 한다는 의견도 있을 수 있지만 '시청권' 역시 문화적 권리이기는 마찬가지이다. 개인들이 문화적 환경 속에서 각종 문화적 표현들과 접촉하는 것은 자신의 문화적 표현 욕구를 실현하는 데 필요한 기본적 조건에 해당한다. 시청권을 포함한 문화적 접근권도 '표현의 자유'라는 기본권의 일부를 이룬다고 할 수 있을 것이다. 일본 대중문화의 개방을 촉구하는 사람들에게도 이런 기본권이 있다는 것을 인정해줘야 한다.

잠깐 이야기를 요약해보자. 문화는 표현이고, 이 표현은 드러냄이며,

서 저항적 민족주의를 기른 데에는 불가피한 측면이 분명 없지는 않지만, 문제는 이로써 은연중에 배타적 민족주의가 대중의 지배이데올로기가 되었다는 점이다. 이 과정에 놓친 것은 '민족' 또는 '민족문화'에 대한 비판적 태도이며, '민족'이 사실은 민족부르주아지가 그 안에서 지배적 위치를 차지하는 '상상적 공동체'라는 점에 대한 비판적 시각이다.

그런 만큼 또 소통이고, 소통인 만큼 접근의 자유가 보장되어야 한다. 성숙한 사회라면 당연히 이런 권리와 자유가 보장되어야 한다. 그리고 우리 문화의 성장과 발전을 위해서도 문화적 표현과 교류, 그리고 접근의 기회를 높이는 노력을 최대한 해야 한다는 결론을 내릴 수 있다. 이런 관점에서 본다면 지난 6월 27일 박지원 문화관광부 장관이 일본 대중문화에 대해 제3차 개방안을 내놓은 것에 반대할 이유가 없어 보인다. 오히려 우리의 문화적 성숙을 자축해야 할 것인지도 모른다!

그러나 원론적 차원에서 개방을 찬성하는 것과 그 원론을 현실화하는 방안을 마련하는 일은 다른 일이다. 그리고 원론적으로 일본 대중문화 개방에 찬성하는 것과 문화관광부가 이번에 내놓은 3차 개방안에 찬성하는 것은 더더욱 다른 문제이다. 이번 개방안은 그 시행시기와 방식 및 절차 등에 있어 문제가 있을 뿐 아니라 양국간 문화교류의 바람직한 방향이라는 관점에서도 문제가 있다. 무엇보다도 지금까지 어쩌면 지루할 만큼 장황하게 거론한 문화의 원칙들, 즉 표현과 소통과 접근의 측면에서 보더라도 이번 조치는 근본적인 문제를 안고 있다는 점을 지적하지 않을 수 없다.

3

문화개방의 목적과 의의는 어디에 있는가? 서로 다른 문화권 사이에 교류가 필요한 것은 이 교류를 통해 양측에 살고 있는 사람들이 더 나은 문화적 환경을 누리고, 더 향상된 문화적 권리를 향유할 수 있다는 가능성 때문이다. 만약 문화교류를 통해 어느 쪽이 일방적으로 자신의 문화적 전통과 정체성에 상처를 입거나 문화주권의 손상을 당한다면 그것은 문화적 교류라기보다는 침략에 가깝다. 역사적으로 인류는 이런 사례를 광범위하게 자주 목격해왔다. 유럽의 '신대륙 발견'과 함께 많은 아프리카, 아메리카 원주민의 토착문화들이 멸절의 길을 걸었고, 오늘 전지구적 상황으로 퍼져 있는 '서구'의 '기타 세계' 지배 현상은 그와 같은 역사적 문화지배 사건들이 농축된 결과이다.

한국의 경우도 19세기 말 이후 양풍, 특히 왜식 문화가 지배적 위치를 차지하면서 우리가 역사적으로 구축해온 삶의 방식에 엄청난 변화가 생겨났으며, 우리의 고유한 지적, 도덕적, 감성적 구조의 변화와 함께 문화적 정체성에 심대한 타격을 받았다. 일제의 조선문화 말살정책으로 우리말조차 자유롭게 할 수 없는 지경에 이르렀다가 해방을 맞아 겨우 '민족문화'를 다시 일으켜 세울 기회를 맞았지만 일제의 잔재와 미국대중문화의 지배적 위치로 인해 그나마도 어려움을 겪어왔고 겪고 있는 중이다.

문화정체성의 문제는 일본과의 문화교류 문제를 생각할 때 결코 놓쳐서는 안될 관점이요 시각이다. 한국이 그 동안 특히 대중문화를 포함한 일본문화에 대해 비개방의 태도를 견지해온 데에는 역사적 이유가 있다. 일본은 지난 세기 전반에 걸쳐 한국을 강점하고 식민통치를 강행하면서 우리 문화를 압살하는 정책을 펼쳐왔다. 이 결과 우리는 오늘날 '탈식민주의' 이론이 지적하는 대로 왜곡된 자국문화 구조를 갖게 되었다. 해방 이후 직접적 식민지배는 벗어났지만 친일세력 청산에 실패함으로써 일제잔재는 극복되지 않은 채 그대로 남아 있다. 우리 사회가 일본문화 개방을 거부해온 것은 따라서 인근한 나라와의 문화교류를 무조건, 국수주의적으로만 거부한 것은 아니다. 그보다는 우리 문화를 압살한 바 있으며, 지금도 그 영향력이 크게 남아 있는 일본제국주의 문화, 혹은 파시즘적 문화에 저항해야 할 필요성이 사라지지 않았기 때문이다. 일본은 이제 식민통치를 하던 일본과 다르다고 할 수도 있지만 오늘의 일본도 타문화를 지배한 자신의 과거를 기억하기보다는 망각하는 데 더 익숙하며, 이것은 현 일본 수상인 모리를 비롯하여 일본의 정계인사들이 되풀이하는 망언 시리즈로 증명되고 있다. 독일과 달리 일본은 자기가 저지른 죄악상을 망각하는 길을 택함으로써 제국주의적 문화적 요소를 탈각할 기회를 가지고 있지 못하다. 한국이 일본 대중문화 개방을 늦추어온 것은 이 점 때문이기도 하다.

일제 잔재의 문제에 대해 우리는 지금까지 어떤 태도를 보여왔는가? 해방 이후 한국은 북한과의 적대적 관계를 통한 대치 메커니즘을 작동시켜 반공이데올로기를 수용하는 과정에서 친일파 제거의 역사적 과제를 외면했으며, 이 결과 20세기 내내 우리 역사와 문화에 깃든 일본화의 문제를 외면해왔다. 일본군 출신 박정희 장군의 집권으로 군부독재가 장기간 지속되면서 우리 문화 내부에 스며든 일본문화적 요소들에 대한 비판적 분석은 사상적, 학문적 탄압과 금기의 대상이 되었고, 이로 인해 우리는 일본문화 배척을 외치면서도 일본문화를 그대로 온존시키는 이율배반적 상황을 연출해왔다. 일본문화도 일본의 대중과 민중의 삶의 방식이요 결과일진대 무조건 배척할 대상은 물론 아니다. 문제는 우리가 일본문화를 알고 수용하는 것이 아니고 그것을 무의식으로 수용한다는 것이며, 이렇게 우리의 무의식이 된 일본문화는 대부분 일본의 제국주의 문화라는 점이다.

이번 일본 대중문화 개방으로 우려되는 점의 하나는 일제잔재를 청산해야 하는 우리의 역사적 의식이 약화될 것이라는 점이다. 일제 잔재의 청산이 여전히 우리의 역사적 과제라면, 우리는 아직 이 과제를 제대로 수행한 적이 없다. 잔재 청산의 사회적 노력 없는 일본 대중문화의 대대적인 개방은 이 과제의 절박성을 희석시킬 가능성이 매우 높다. 특히 일본 대중문화에 이미 물들기 시작한 신세대 인구의 상당 부분은 '역사적 망각' 증상을 드러낼 우려마저 있다. 일본 대중문화 개방은 이런 점에서 그것이 가져올 사회적 영향, 파장, 결과 등에 대한 논의, 토론, 분석, 점검 등을 제대로 하지 않은 채 이루어지는 만큼 사회적 역효과를 일으킬 소지가 매우 크다. 과거 일제문화 잔재의 극복을 하지 못한 채 이제 다시 자신의 제국주의 식민지배 전력에 대해 오히려 자랑스럽게 여기는 정치지도자들이 많은 동시대 일본의 대중문화가 한국에 들어올 경우 한국의 문화는 신식민지문화의 온상이 될 가능성이 매우 높다.

사실은 일본 대중문화 개방 이전에 먼저 할 일이 있다. 그것은 일본의 한국지배를 기억하고 기념하는 일이다. 일본의 한국 지배가 우리의 삶과 의식구조에 어떤 폐해를 가져왔는지 제대로 아는 일이 절대적으로 필요하다. 이런 작업은 독립기념관의 건립과 유지만으로 이루어지지 않는다. 예컨대 일제 때 세워진 서울역사 안에 일제에 의한 한국 지배의 잔혹상을 알리는 자료나 전시물을 설치하는 것도 한 방법이다.2) 일본 대중문화 개방을 반대하기 위해 이런 일을 하자는 것은 물론 아니다. 그보다는 일본 대중문화를 받아들이려면 일본의 식민지배를 우리가 계속 기억하고 제국주의 문화, 즉 우리 속에도 이미 깊숙이 파고든 파시즘을 극복하는 노력을 배가해야 한다는 말이다. 일본문화의 무조건 반대도 문제이지만 무조건 수용은 더 큰 문제이다. 우리가 역사에서 배워야 할 것은 일본문화 수용을 위해서라도 일본의 한국지배에 대한 기억을 지속하고, 파시즘문화를 극복하는 데 온갖 노력을 기울여야 한다는 점일 것이다.

4

우리의 문화정책은 이런 점을 고려할 때 '민족문화'를 세우는 데 노력을 게을리 해서는 안될 것이다. 물론 이 민족문화가 수구적, 배타적이어서는 안되며, 위에서 언급한 대로 위계적, 가부장적, 차별적이어서도 안된다. 우리의 민족문화는 내부 구성원들의 문화적 차이와 다양성을 관용하고, 외부 문화에 대해서는 열린 자세를 취하는 개방적이며 민주적인 것이어야 할 것이다. 이번의 일본 대중문화개방에 이런 기본적 방향이 들어있는가? 두 가지 질문을 제기할 필요가 있다.

첫째, 일본 대중문화의 개방은 평등한 개방인가?
현재 진행되고 있는 일본 대중문화 개방은 경쟁력에서 큰 차이가 있는 일본 대중문화에 대한 한국 시장의 일방적 개방으로 끝날 가능성이

---

2) 이 생각은 중앙대 철학과의 이명한 교수한테서 빌어온 것이다.

높다. 문화의 교류에는 자본의 교류처럼 강자 지배의 원리가 작용한다. 자본운동의 특징은 자본이란 어지간한 통제를 하지 않고서는 자본력이 강한 쪽으로 집중된다는 점이다. 특히 지금처럼 신자유주의적 정세가 조성되어 있는 상황에서는 자본을 공급하는 쪽, 즉 자본강자에게로 자본이 집중되는 현상이 매우 강하다. 문화적 교류도 문화적 역량이 강한 쪽의 문화가 지배한다는 것은 역사적으로 이미 입증된 사실이다. 한일 간 문화교류에서 이런 일반적 경향이 관철되지 않을 가능성이 있을까? 현재 추진되는 개방정책은 자유무역정책의 일환이다. 자유무역이란 교역에서 가능한 한 통제를 가하지 않고 교역에 참여하는 사람들이 '자유롭게' 경쟁을 벌이게 하는 것이다. 이런 자유 경쟁의 게임에서 유리한 쪽은 당연히 자본력이 큰 쪽이다. 일본이 우리보다 훨씬 더 큰 자본력을 보유하고 있다는 것은 다시 말할 필요가 없다. 그러나 훨씬 더 큰 자본력을 지닌 일본 대중문화가 한국대중문화와 경쟁할 경우 어떤 일이 일어날 것인가? 지금까지 아무런 제재를 받지 않고 이루어진 미국과 한국의 문화교류에서 어떤 일이 발생했는지 생각하면 그 결과는 너무도 뻔하다.

이번 개방으로 한국 대중문화가 일본 진출을 할 수 있을 것인가? 그렇게 생각하면 지나친 낙관론이다. 정부는 최근 영화 <쉬리> 등 몇몇 대중문화 작품이 일본에서 성공을 거두었다는 사실로 마치 앞으로 일본과 대등한 관계에서 문화교류를 할 수 있을 것으로 본다. 물론 개별적으로, 혹은 일부 분야에서 이런 현상이 나타날 가능성이 있다. 하지만 문제는 전체적인 대차대조표이지 부분적 현상이 아니다. 부분적으로는 온갖 양상이 나타날 수 있지만 중요한 것은 이번 조치로 확대될 교류를 통해 한국문화와 일본문화 사이에 어떤 일반적 경향이 생길 것인가이다. 이런 질문을 할 때 우리가 참고해야 할 것은 그 동안 진행되어온 한일 간 경제 교류의 경험이 아닐 수 없다. 1960년대 초의 한일국교정상화 조치 이후 한국과 일본의 경제 교류가 일본의 일방적 우위 속에 진행되었다는 것은 만성적인 양국간 무역역조가 말해주고 있다. 이번 '문화개방'이 이와 같은 전철을 밟지 않을 가능성이나 이유가 있는가?

둘째, 문화를 경제의 수단으로 삼고 있지는 않은가?

일본 대중문화 제2차 개방을 앞둔 99년 9월 당시 김종필 국무총리가 오부치 게이조 일본 총리를 방문한 적이 있다. 이 자리에서 오부치는 2002년 월드컵대회 공동개최를 앞두고 셔틀여객기를 운항한다는 방침을 밝혔고 "이에 대해…오부치 총리에게 이달중으로 2차 대중문화 개방조처를 취하겠다고 '선물'을 안겨주었다"(『한겨레신문』, 1999. 9. 3)고 한다. 여기서 우리는 '대중문화 개방'이라는 문화정책상의 결정이 경제 정책의 결정과 교환물로 쓰이고 있음을 보게 된다.

이와 비슷한 일이 이번 3차 개방에서도 일어나고 있다는 혐의가 있다. 이번 개방이 "남북한 통일 분위기 조성에 대한 일본의 지원을 고려한 것이라는 관측도 있다"(『한겨레신문』, 2000. 6. 27)는 보도가 그것이다. 이 말은 무슨 말인가? 남북한 정상회담으로 인해 통일 분위기가 고조되고 있는 지금 정부로서는 북한 경제에 대한 원조 문제를 심각하게 고민하지 않을 수 없을 것이다. 하지만 IMF 국면을 거치면서 남한이 북한에 경제 지원을 할 수 있을지는 의문이다. 당장 급한 것이 미국과 일본의 지원일 것이다. 그래서 우리는 일본의 대북한 경제원조를 기대하며 일본에 대한 '선물'로 대대적인 3차 개방을 하지 않았는가 하는 의문을 품지 않을 수 없다.

이런 의문은 최근 우리 정부와 일본 정부 사이에 올해 안으로 투자협정을 체결하려는 움직임이 활발한 상황에서 더욱 증폭된다. 정부는 미국, 일본, 칠레 등과 양자간 투자협정을 체결하기 위해 분주하게 움직이고 있다. 투자협정은 '투자자'의 권익보호 입장을 반영하고 있으며, 투자 수용국의 권한을 극히 제한하는 경향을 지닌다. 자본이 없어서 얻으려는 측과 대주는 측이 대등한 입장에서 협상을 할 리가 없다. 이런 점 때문에 투자협정은 통상 자본 수여국이 수용국에 협상을 하자고 먼저 제안하는 것이 관례이다. 한국 정부는 이상하게도 이런 관례와는 다른 태도를 보이고 있다. 스크린쿼터 문제로 체결이 난관에 부딪치긴 했지만 미국과의 양자간 투자협정도 한국이 먼저 제안했고, 일본과의 투자협정도 마찬가지이다.

김대중 정부가 이런 입장을 취하는 것은 신자유주의 정책을 기조로 삼고 있기 때문인 것으로 보이는데 문제는 그 결과 민족경제의 틀이 무너지고 민족문화의 바탕이 흔들린다는 데 있다. 민족 자주권의 문제도 심각한 타격을 받고 있다. 최근 항간에는 정부가 독도를 일본에 넘겨준 것이 아닌가 하는 소문이 나돌고 있으며, 이 소문은 지난 얼마간 동안 민간인의 독도 접근이 금지되고 있는 현실로 나타나고 있다.

정부가 3차 일본 대중문화 개방의 폭을 대대적으로 잡은 데에는 한일 투자협정을 위해 문화부문에서 양보를 해야 한다고 판단한 때문으로 보인다. 정부가 한미간, 한일간 투자협정을 무리하게 체결하려는 데에는 위에서 언급한 대로 남북한 정상회담 이후의 상황이 크게 작용하고 있을 것이다. '통일 분위기 조성에 대한 일본의 지원'이 필요해져서 투자협정을 성사시키려는 조급한 마음이 발동하고 있고, 투자협정 성사를 위해 대중문화의 대폭 개방과 같은 큰 선물을 준비한 것이라는 말이다. 그렇다면 이번의 대중문화 개방은 위에서 원론 차원에서 언급한 문화교류의 당위성과는 거리가 먼 결정이다. 이질적 문화권 사이의 문화적 소통과 교류는 필요하며, 외국문화에 대한 접근권도 문화적 권리 차원에서 보장해야 한다는 원칙은 명분일 뿐 실인즉 한일간 투자협정을 체결할 필요성—이 필요성의 근거도 불명확하지만—때문에 나온 결정일 뿐인 것이다. 이번 결정은 따라서 문화정책적 결정이 아니다. 그보다는 문화정책이 투자협정이라는 경제정책에 종속된 사례에 지나지 않는다.

5

그렇다면 다시 근본적인 문제가 제기된다. 무엇을 위한 문화교류인가? 누구를 위해 일본 대중문화를 대대적으로 개방하는 것인가? 정부는 과연 우리 문화의 발전을 위해서 이번 조치를 감행한 것인가? 위에서 분석한 대로 지금 진행되는 일본 대중문화 개방이 한일간 투자협정을 체결하기 위한 사전 양보 조치라면, 이제 물어야 할 것은 투자협정이라는 것이 과연 바람직한가라는 질문이다.

과연 투자협정은 바람직한가? 물론 정부는, 그리고 이 협정의 타당성을 검토한 국무총리 산하 대외경제정책연구원과 일본 아시아경제연구소는 그렇다고 한다. 양국 경제가 합쳐지면 그 규모가 커져 경쟁력이 높아지고, 관세, 비관세 장벽 철폐와 투자 자유화를 통해 양국간에 중복투자와 경쟁 교역구조를 해소하고, 안정적인 시장을 확보할 수 있으며, 세계적 추세인 지역통합을 이룰 수 있다는 것이다. 하지만 이런 전망은 현실과는 매우 다른 이야기이다. 보호무역 장치를 사용해도 한국은 대일 적자라는 경제적 열세를 면하지 못했던 것이 지난 시절의 형편이다. 투자협정이 체결되면 일본의 이익을 위해 한국의 경쟁력 있는 분야가 희생되고 한국이 일본의 독점시장으로 전락하는 것으로 끝날 공산이 훨씬 더 높아진다.

투자협정은 위에서 잠깐 언급한 대로 투자국의 이익을 위해 그 내용이 마련된다. 투자협정이 체결되면 한국에 투자하는 일본 자본은 더 많은 자유와 더 많은 이윤창출을 위한 보장을 받게 될 것이다. 투자협정은 국제법의 지위를 갖기 때문에 국내법의 저촉을 받지 않게 된다. 투자자의 권익 보호를 우선으로 여기는 투자협정 안에서는 내국인이 당하게 될 불이익은 언제나 부차적인 것으로 취급된다. 고용의 안정이나 사회보장, 나아가 환경보호와 같은 사안에서도 투자협정이 적용되면 국내법이 밀리게 된다. 노동, 여성, 농축산, 환경, 보건 등의 부문에서 투자협정에 반대하는 이유가 여기에 있는 것이다.

투자협정은 기본적으로 신자유주의 노선에 따른다. 여기서 가장 중시되는 것은 이윤의 최대화일뿐 다른 것이 아니다. 신자유주의가 득세한 1980년대 이후 노동, 여성, 환경, 보건, 복지 등의 사회적 환경이 크게 후퇴한 것은 이제 상식이다. 신자유주의 세계화로 빚어진 것은 빈곤의 세계화요 20대 80의 사회, 즉 부익부빈익빈의 참상일 뿐이다. 이런 참상을 참다못해 전세계 민중이 들고 일어서고 있는 중이다. 1999년 11월 초 미국의 시애틀에서 세계에서 모여든 수만명의 인파가 뉴라운드 체결을 위한 각료회담을 저지한 것은 그냥 일어난 해프닝이 아니다. 세계화와 신자유주의에 맞선 저항과 투쟁은 갈수록 견고해지고 있다는 증거이다.

정부는 신자유주의 노선에 따라서 투자협정을 강행하려 하고 있는가? 그리고 왜 투자협정 체결을 위해서 문화부문에서 양보를 하고 있는가? 현정부가 반대중적, 반민중적 입장을 취하고 있기 때문은 아닌가? 정부는 경제위기를 빌미로 사회전반에 걸친 구조조정을 통해 노동유연화를 추진하면서 대중의 삶의 질을 훨씬 더 떨어뜨리고 있다. IMF 위기 극복 과정에서 생겨난 것은 삶의 안정성의 파괴이다. 비정규직 노동자의 수가 50%를 상회하고 있는 것이, 최근에 생겨나는 일자리 대부분이 비정규적이라는 것이 그 증거이다. 이 모든 것이 위기 극복을 위한 것이라면 위기는 누구를 위한 극복인가? 그것은 이윤창출의 위기가 아닌가? 즉 자본의 위기를 극복하기 위함이 아닌가.

일본 대중문화의 개방 역시 이런 관점에서 이해된다. 투자협정을 위한 일본 대중문화 개방은 경제적 이유로 채택되는 문화정책이요, 이 정책은 당연히 이윤창출의 기회를 주기 위함이다. 이 이윤창출은 누구를 위한 것인가? 한국인 문화향수자의 권리를 위한 것인가? 일본 문화자본을 위한 것인가? 아니면 극소수의 일본문화 수입업자들을 위한 것인가? 일본 대중문화 개방 정책은 기본적으로 신자유주의적 정책으로서 한국인의 삶의 질, 문화적 환경의 향상보다는 어느 쪽이든 자본력이 있는 쪽을 배려하고 있다는 생각을 금할 수 없다.

6

일본의 문화산업 인사들의 설문조사에서 일본 문화산업의 한국 진출에 가장 큰 걸림돌이 될 것으로 스크린쿼터 제도가 꼽혔다고 한다. 대폭개방 또는 전면개방의 일정 속에서 일본까지 스크린쿼터에 대한 압력을 은근히 제기하기 시작하고 있는 셈이다. 사실상 이번 3차개방 발표시 영화계에서 우려했던 것은 스크린쿼터제에 대한 미국측 압력이 거세질 것이라는 점이었다. 일본영화의 대폭 개방이 한국 내에서 미국의 시장점유율을 크게 위협할 것이기 때문이다. 아니나 다를까 바로 며칠 전 외교통상부 통상교섭본부장은 근 1년간의 침묵을 깨고 "스크린쿼터를 없애는 대신 상영일수를 줄이기로 미국과 합의했다"며 "구체적인 방안은 문화관광부에서 마련중"이라고 기자간담회장에서 밝혔다고 한다. 지난 해 7월 3차 스크린쿼터사수투쟁 시 정부가 2002년까지는 축소논의 자체를 거론치 않기로 한 약속을 다시 뒤집는 발언이다. 물론 문화관광부에서는 그런 일이 없다고 일축하고 있지만, 두 부처간에 상반된 주장을 하는 이런 양상은 이미 1, 2, 3차 사수투쟁 때마다 반복되었던 것인데, 이제 다시 이런 일이 재연되기 시작하고 있다. 이를테면 시기상조인 이번 3차개방이 결국은 외교통상부와 미국측의 스크린쿼터 축소음모에 다시 발동을 걸게 해준 셈이라고 할 수 있다.

지난 해 스크린쿼터 문제가 터졌을 때 가장 큰 쟁점은 문화주권의 문제였다. 단순히 우리 영화를 지키자는 것이 아니라 우리의 문화적 정체성을 지키는 것이 핵심적 쟁점이었다. 이번 일본 대중문화 개방도 이문제와 연결되어 있다. 일본과의 투자협정을 위해 일본 대중문화에 대해 개방조치를 취하는 것은 우리의 문화적 정체성을 지키는 태도와 관련되어 있다.

이미 언급한 바이지만 외국의 문화에 대해 폐쇄적 태도를 취하는 것을 바람직하지 않다. 일본 대중문화 개방의 문제점을 지적하고 있기는 하지만 이 글 역시 우리 문화의 폐쇄성을 높이자는 입장을 취하는 것은 아니다. 하지만 일본 대중문화 개방은 조심스럽게 진행해야지 지금과 같은 방식은 곤란하다. 어떻게 해야 하는가?

1) 문화를 경제에 종속시키는 문화정책에서 벗어나고 문화정책 실시는 문화계와 그 전문가들과 정책상의를 거쳐야 한다. 투자협정이라는 경제적 사안을 위해 문화분야는 희생해도 좋다는 발상은 용납할 수 없다. 문화와 경제는 서로 다른 층위에서 작동하는 자율적 공간이다. 이들 간에는 당연히 복잡한 관계가 있을 수 있지만 결코 어느 하나가 다른 하나를 일방적으로 지배하는 방식으로 움직이는 것은 아니다. 사회를 경제적으로 파악하는 것과 문화적으로 파악하는 것은 서로 다르며, 또 다르기 때문에 두 입장간에는 관계가 형성되지만 사회의 문화적 접근에 대해서 경제적으로만 재단하는 것은 문화의 고사를 가져오며, 이는 최근 유네스코가 펴낸 한 보고서가 잘 지적하듯이 '인간발전'에 도움이 되지 않는다. 인간발전은 경제적 발전만이 아니라 문화적 발전도 필요로 하며, 이 문화적 발전은 자본의 이윤창출을 위한 투자협정의 논리만으로 결코 이룰 수 없는 목표이다.

그런데도 우리 정부는 그동안 스크린쿼터나 일본 대중문화 개방정책 등에서 언제나 경제를 앞세우며 문화를 수단으로 여기는 태도를 지녀왔다. 이런 태도는 정부가 문화계를 철저하게 무시하는 데서도 드러난다. 정부는 이번 발표를 하면서 박지원 문화관광부 장관이 동경 TV와의 인터뷰를 통해, 그리고 국내 신문기자 회견을 가졌을 뿐 사전에 문화계와의 여론 점검 작업은 전혀 하지 않았다. 국책연구소인 문화정책개발원에 지시하여 '일본 대중문화 개방정책 심사분석'을 시켰을 뿐이다. 이것은 문화관광부가 영화, 애니메이션, 게임, 방송 등 분야로부터 나올 문제제기의 기회를 사전에 봉쇄한 것이나 다름없으며, 민주적 절차는 결코 아니다.

2) 문화정책은 국민의 문화적 권리를 향상시키는 방향으로 실행되어야 한다. 이번 일본 대중문화개방을 통해 문화적 권리가 과연 신장될 것인가? 이질적 문화가 국내에 들어오는 것은 문화의 다양성을 높이고 대중으로 하여금 문화적 경험의 폭을 넓히게 하는 기회가 될 수 있다. 문제는 대중문화의 경우 문화산업의 측면이 강하며, 문화자본이 큰 힘

을 발휘한다는 점이다. 일본 대중문화의 국내 진출로 국내 문화산업이 위축될 경우 문화교류의 원래 목표라고 할 수 있는 문화적 접근권의 확대는 오히려 위축될 우려가 있다. 더군다나 지금은 신자유주의적 국면이 지속되고 있는 시점이다. 자본의 논리가 문화의 논리를 지배하는 문화산업에서는 문화자본의 규모가 큰 일본 대중문화가 우위를 점할 가능성이 높다. 이렇게 되면 국민의 문화적 권리를 향상시켜야 하는 문화정책의 원칙이 실종하게 된다. 정부는 문화적 권리 향상을 위해 어떤 노력을 하고 있는가?

3) 문화주권을 지켜야 한다. 문화주권은 포기할 수 없는 문화적 권리의 하나이다. 우리는 국민의 문화 권리에는 외국문화를 접할 권리도 당연히 포함된다고 본다. 일본 대중문화를 개방하는 것은 그런 점에서 문화적 권리를 신장하는 일임에 분명하다. 그러나 문화적 권리는 복수적이며, 이들 권리들 사이에는 상충되는 점도 있기 때문에 그 관계를 잘 조절하지 않으면 안된다. 문화적 접근권과 문화주권의 관계가 그런 예이다. 문화적 접근권을 보장하기 위해 일본 대중문화를 개방하는 일은 다시 문화적 주권을 지키기 위한 노력과 상치하지 않아야 한다. 문화주권을 지키기 위해서는 국제간 경제교역에서 인정을 받고 있는 "문화적 예외" 조항을 철저하게 이용할 태세가 필요하다. 문화주권은 문화적 생존권과 연관되어 있으며, 국제관계에서 상대적으로 취약한 위치에 있는 사회가 이 권리의 보장을 주장하는 것은 당연한 일이다. 문화적 예외를 주장하며 문화주권을 지키려는 노력은 결코 소극적인 자국이기주의가 아니다. 자본주의적 세계화와 함께 미국의 대중문화가 전지구적 문화로 번져가고 있는 상황에서, 그리고 한국과 같이 일본이라는 인접한 강력한 문화가 영향력을 행사하는 경우 문화적 예외를 고수하는 것은 세계문화를 위해 바람직한 노력이기도 하다. 문화도 생태와 마찬가지로 종다양성을 지켜야 한다. 세계문화의 종다양성은 다양한 민족문화, 특히 내부적으로 민주적인 민족문화가 발달할 수 있을 때 가능하다.

4) 문화교류는 평등한 관계에서 이루어져야 한다. 과연 한일간 문화

개방은 평등한 방식으로 진행되고 있는가? 이번의 개방은 문화산업적 측면에서 이루어지는 만큼 양국간의 문화산업 관련 경쟁력과 여타의 조건들을 정확하게 파악하는 일이 매우 중요하다. 이를 위해서는 정부가 개방을 위한 계획과 방안만 내세울 것이 아니라 문화산업 현장의 움직임을 실제로 파악하고 분석하는 일이 필요할 것이다. 그러나 현 상황은 그렇지 못하다. 지난 6월 27일 문화관광부의 발표에 대해 문화계에서는 이번의 개방 조치가 "국내 문화산업과 문화환경의 지각변동을 다양한 각도에서 충분히 살펴본 후에 내린 결론인지" 의문을 제기한 바 있다. 정부는 이번 조치를 발표하면서 영화의 경우 일본영화의 국내 시장점유율은 3%에 지나지 않았고 대폭 개방을 해도 앞으로 10%를 넘어서지 않을 것이라 전망했지만 이 전망이 나오기 전에 이미 일본영화의 국내점유율은 11%를 넘어섰다. 이 사실 하나만 보더라도 정부가 일본 대중문화 개방을 제대로 점검도 하지 않고 대책도 없이 진행하고 있음을 알 수 있다. 이는 이번 개방이 투자협정이라는 다른 일정에 묶여 있다는 반증이며, 문화적 논리가 아닌 경제적 논리로 일을 진행한다는 증거이다. 우리는 문화개방을 하더라도 상호주의의 원칙이 지켜져야 한다고 본다.

7

필자는 문화개방에 반대하는 입장을 가진 사람이 결코 아니다. 일본문화에 대한 개방정책 자체를 무조건 반대하려는 국수주의적 의도는 없다. 필자가 속한 문화연대는 국내 대중문화에 가해지는 보수적이고 억압적인 통제에 맞서 개인과 집단의 다양한 문화적 취향을 자유롭게 표현할 수 있는 문화적 환경을 만들 것을 주장해 왔다. 최근 보수적 시민단체가 '음란성'을 이유로 검찰에 고발한 영화 <거짓말>에 대해서도 문화적 다양성을 위해 설령 그 영화가 음란물일지라도 사법적 처벌의 대상이 되어서는 안된다는 의견을 개진한 적도 있다. 일본 대중문화의 국내 진출도 마찬가지 입장에서 반대하지 않는다. 그러나 일본 대중문화의 경우는 거대한 자본력을 가지고 들어오는 것인 만큼 개별적 영화하나와는 다른 차원에서 판단해야 할 필요가 있다. 우리가 문제로 삼는 것은 현재 상황에서는 일본 대중문화 개방이 문화적 다양성을 높이기보다는 오히려 획일화할 가능성이 있으며, 우리의 민족문화의 토양에 필요한 문화적 종다양성에 해가 될 공산이 크다고 보기 때문이다. 이런 우려는 정부가 조급하게 추진하고 있는 투자협정이 대중과 민중의 삶의 방식을 초토화하는 신자유주의 기조에 묶여 있다는 점을 생각할 때 결코 허황한 것은 아니라고 본다. 그 동안 한국은 경제 교류에서 일본에 대해 만성 적자와 함께 경제종속에서 벗어나지 못하고 있다. 그간의 경제종속에 이어 이제는 문화종속까지 해야 하는가? 문화종속을 피하려면 대중문화 개방정책은 다시 점검하고 훨씬 더 면밀한 준비를 통해 추진해야 할 것이다. 21세기 문화의 세기에 우리의 문화적 정체성과 문화산업의 경쟁력 유지는 세계적 차원에서도 문화적 종다양성 유지와 호혜적인 문화교류의 필수적인 전제이다. 시기상조적인 이번 3차개방의 문제점을 직시하고, 하루 속히 국내 문화산업정책을 일신하고, 인프라 구축에 박차를 가해야 한다. 또한 이번 3차개방을 스크린쿼터 축소와 연계시키려는 외교통상부의 음모론적 태도를 철저히 비판하고, 정부는 2개 부처간의 모순된 입장을 속히 정리해야 한다. 지난 1년간의 범국민적인 스크린쿼터 사수투쟁을 통해 스크린쿼터제 지키기는 이제 국제적인 운동으로 확산되고 있다. 국제사회에서 큰 호응을 받고 있는 이런 흐름을 위배하고 우리 정부가 미국과 일본에 대해 문화 종속의 길을 걷는 것이야말로 반민족적 태도가 아닐 수 없다. (2000. 7)

제2부 신자유주의를 넘어서

노동거부의 사상—진보를 위한 하나의 전망

여름 내내 일한 개미는 추운 겨울에도 생존을 보장받고, 놀고 지내던 베짱이는 굶어죽고 만다고 가르치는 개미와 베짱이 우화의 문제점 가운데 하나는 그 교훈이 너무 명백하다는 것일 게다. 필연성, 결핍, 난관이 지배하는 세계에서 살아 남으려면 궂은 날에 대비해야 한다는 저축의 논리, 사람은 모름지기 부지런해야 한다는 노동의 윤리를 담은 이야기만큼 진부하게 들리는 것도 없지 않은가. 그 진부한 우화가 요즘 들어 전에 없는 설득력과 호소력을 얻고 있다. 경제위기 때문이다. "단군 이래 최대의 호황"이 지속되던 기간 동안 "베짱이 삶"이 만연하여 오늘의 경제위기를 초래했다는 지적이 득세하면서 개미만이 삶의 모델인 양 치부하는 경향이 커지고 있다. 한동안 지속되던 호황 속에서 허우대만 키운 생활양식을 삶의 원래 모습인 것처럼 굴던 언론은 "IMF 위기"가 전개되자 언제 자신이 소비문화를 부추겼냐는 듯 이제는 소비를 죄악시하고, 여가와 놀이를 문제의 근원으로 지목한다. 언론과 '국민의 정부'가 주도하는 사회운동의 기조도 하나같이 노동에 대한 강조다. "다시 뛰는 한국인", "제2의 건국" 등의 구호에 깔린 생각은 "일하라, 열심히 일하라, 더 열심히 일하라"이다.

개미의 교훈을 이처럼 수용하는 것은 그러나 과연 바람직한가? 노동의 윤리를 또 다시 강조하는 것이 위기 극복의 방안인가? 노동이 언제나 미덕으로 치부되었던 것은 아니다. 비자본주의 사회에서 노동이 찬양받지 못하였다는 데 대해 폴 라파르그는 다음과 같이 말한다. "한참 전성기를 구가할 때의 그리스인들도 철저하게 노동을 경멸했다. 노동은 오직 노예들만이 하는 일이었다…고대 철학자들은 노동에 대한 경멸을 가르치며 노동은 자유인을 타락시킬 뿐이라고 설파했으며, 시인들은 신들이 보내준 선물인 게으름을 찬미했다."1) "경제적 이성"에 대한 체계적 비판을 수행한 앙드레 고르 역시 모든 전근대 사회에서 노동을 수행하는 사람들이 별로 좋은 평가를 받지 못하고 오히려 열등한 존재로 간주되었음을 지적한다. 노동하는 사람이 "열등하다"는 평가는 그가 인간적 영역이 아닌 자연의 영역에 귀속하고 있고, 자연이 부과하는 필연성의 법칙에 얽매여 있음으로써 인간적 자유를 누리지 못한다고 보는 데서 나왔다.2) 사회에 따라서 노동을 비천한 것으로 본 경우가 적지 않았다는 사실은 노동을 미덕으로 치부하는 일이 특정한 사회구도에서 나오는 현상임을 말해준다. 노동의 윤리 혹은 그 신성화는 노동을 사회적 의무로 만들 필요가 있을 때, 그리고 다수 인간에 대한 노동의 부과를 통해 사회적 지배가 이루어질 때 생긴다. 부지런한 개미에 대한 찬양은 자본주의 체제에서 이루어졌다.

자본주의와는 다른 종류의 사회, 임금노동이 지배하지 않는 사회를 꿈꾸는 사람들 사이에서는 그래서 개미와 베짱이 우화의 새로운 판본이 만들어질 수 있다. 최근에 들은 한 판본에 따르면 승자는 베짱이란다. 개미는 노역에 시달려 그만 허리 디스크에 걸린 반면, 베짱이는 최

---

1) 폴 라파르그, 『게으를 수 있는 권리』, 조형준 역, 새물결, 1997, 47쪽.
2) André Gorz, *Critique of Economic Reason*, tr. Gillian Handyside and Chris Turner, Verso, 1989, p. 14. 이 책의 마지막 장은 「노동사회에서 '문화사회'로의 이행: 노동시간의 단축―쟁점과 정책」이라는 제목으로 번역되어 이병천/박형준 공편, 『후기자본주의와 사회운동의 전망』, 의암, 1993, 364-404쪽에 실려 있다.

신곡이 떠서 잘 나가는 중이라나. 또 다른 판본에서 베짱이는 겨울 동안 따뜻한 방에서 심심해하는 다른 곤충들에게 여름 동안 보고 들은 자신의 경험으로 특강을 베풀며 삶을 즐기고 있는 것으로 그려진다. 이들 판본에서 비쳐지는 삶은 결핍, 희소성으로 특징지어지는 자연의 필연성에 의해서 강요되지 않는 것으로, 자연은 결핍이 아닌 풍요의 기반이라고 설정된다. 노동은 여기서 인간에게 부과된 유일한 삶의 형태가 아니다. 베짱이의 생존은 개미와는 다른 삶의 형태가 가능함을 보여준다. 그러나 새 판본을 처음 듣고 사람들이 대개 웃음섞인 반신반의의 반응을 보이는 데서 짐작할 수 있듯이 베짱이의 삶은 여전히 사회적 모델이 되지 못하고 있다. "아니 놀고만 먹다니, 어떻게 그럴 수 있어?" 노동에서 면제된 삶에 대한 꿈에는 이처럼 언제나 의문이 뒤따른다. 하지만 이런 의문에 사로잡혀 노동의 종교를 계속 신봉해야 할 것인가? 노동을 찬양하거나 신성하게 여기는 노동윤리보다는 노동거부의 태도가 오히려 인간사회에 더 합당하다고 할 수는 없는가?

2

노동거부의 사상은 라파르그에 의해 "게으를 수 있는 권리"라는 형태로 1세기 전에 제출된 바 있지만 알다시피 노동을 거부할 수 있다는 생각은 근대사회의 지배적 통념이 되지는 못하였다. 지난 100여 년간 노동해방을 위한 노력이 지속되었지만 노동해방사상이 노동거부사상으로 이해되는 경우도 드물었다. 20세기에 접어들면서 사회주의 혁명이 빈번하게 일어나고 또 상당수가 성공을 거두게 된 과정에서도 이는 마찬가지였다. 노동해방을 외치며 혁명을 성공시킨 현존사회주의 사회도 기존의 자본주의 국가들과 다를 바 없는 생산주의 모델에 의해 사회를 구축하고자 했고, 노동가치론, 노동의 인간학과 같은 노동윤리를 지지하는 이론과 사상으로 노동자계급을 "지도"한 것이다.

노동거부사상이 전적으로 무시되었다는 말은 아니다. 노동거부의 태도는 노동시간을 단축하려는 시도에 반영되어 나타났고, 이 노력은 맑스가 노동일 단축을 노동운동의 중요한 조건으로 내건 19세기 중엽으로 거슬러 올라간다. "맑스는 과학에 의한 자연 지배로 개인들은 자신의 노동 내부에서 모든 역능들을 발전시키고, 개인의 이 귀중하디 귀중한 계발 덕택에 개성의 자유로운 자기실현이 하나의 욕구가 되고, 그 욕구의 만족은 사회적 필요노동 감축의 일반화 덕분에 노동 외부에서 추구되고 공급될 것이라고 예측했다."3) 노동운동이 시작되면서 노동시간 단축에 대한 노력이 지속적으로 일어났고, 그 결과 엥겔스가 『영국 노동자계급의 상태』에서, 그리고 맑스가 『자본』 1권의 「노동일」 장에서 개탄하며 보고한 주 72시간 또는 그 이상의 노동시간을 강요하던 관행은 이제 많은 사회에서 사라졌다.4) 20세기 초 유럽에서는 연간 약 3,200시간, 즉 주당 62시간 가까이 노동을 했지만,5) 현재 선진 자본주의 국가에서는 주 40시간 노동이 보통이고, 형편이 더 나은 국가에서는 주 35시간을 실시하는 곳이 있으며,6) 특히 독일의 경우는 지난 10월의 선거에서 주 30시간을 공약으로 내세운 사민당이 집권함으로써 노동시간

3) ibid., pp. 91-92.

4) 참고로 19세기 영국의 노동법을 살펴보자. "현재(1867년)까지 실시되고 있는 1850년의 공장법은 하루 평균 10시간의 노동을 규정하고 있다. 즉, 주초의 5일 동안은 아침 6시부터 저녁 6시까지 12시간인데, 그 중에는 아침식사에 반 시간, 점심식사에 한 시간이 포함되어 있으므로 노동시간은 10시간 반이다. 그리고 토요일에는 아침 6시부터 오후 2시까지의 8시간인데 그 중에는 아침식사를 위한 반 시간이 포함되어 있다. 따라서 1주에 60시간 노동인데, 주초의 5일간은 10시간 반씩이고, 토요일은 7시간 반이다"(『자본론 I(상)』, 김수행 역, 비봉, 1991, 303쪽). 공장법에서는 주당 60시간을 규정해 놓았지만 현실은 물론 법과는 완전히 달랐다. 착취에 대한 법적 제한이 없는 부문들이 많아서, 심한 경우 7세의 어린이에게 15시간의 노동이 부과되기도 했기 때문이다(309쪽).

5) 고르, 「노동사회에서 '문화사회'로의 이행」, 401쪽.

6) 폭스바겐 등 독일의 일부 산업현장에서는 주 35시간 노동이 실시되고 있고, 프랑스 경우는 2000년부터 20인 이상 노동자를 둔 현장에서 35시간 노동을 하기로 예정되어 있다. 프랑스와 독일을 중심으로 한 서구의 노동시간 단축운동을 살펴보려면, 이은숙, 「'노동시간단축과 생활임금보장' 투쟁의 현재적 의의」, 『경제위기와 신자유주의, 그리고 노동운동』, 한국노동이론정책연구소 창립 3주년 기념심포지움 자료집, 1998, 26-48쪽을 참조하라.

의 획기적인 단축이 이뤄질 것으로 보인다.

그러나 의미있는 수준으로 노동시간 단축을 보편화하는 일은 아직 요원하다. 주 40시간 미만의 노동시간도 아직 서구의 일부 국가에서만 실시되고 있고, 주 30시간으로의 노동시간 단축은 아직 요구나 약속의 형태로 제시될 뿐 구현되지 못하고 있다. 장기 호황을 맞고 있는 미국에서도 일자리(job)를 축소하는 대신 노동(work)을 강화하는 경향이 늘어나 고용상태에 있는 사람의 경우 오히려 노동시간이 늘어나는 현상까지 생기는 중이다.7) 제3세계는 상황이 더 열악하다. 서구의 여러 나라들이 그래도 어쨌든 노동시간 단축을 시도하고 있는 것과는 반대로 제3세계에서는 여성노동과 아동노동이 늘고 있고 노동시간도 연장되고 있는 것이다. 주당 노동시간이 법정으로 44시간, 실질적으로는 48시간인 우리 사회 역시 의미있는 수준의 노동시간 단축은 요원한 사회적 목표다.

노동시간의 단축이 부분적으로 불균등하게밖에는 이뤄지지 않은 것은 어떤 이유 때문일까? 여러가지 이유가 있겠지만 핵심적인 것은 노동자의 시간을 착취해야만 이윤을 축적할 수 있는 자본이 노동시간의 단축 요구를 철저하게 그리고 효과적으로 거부하고 있는 데 반해 노동은 시간단축 투쟁을 제대로 조직해내지 못하고 있기 때문이다. 이태리 자본가단체(콘핀두스트리아)의 대표는 35시간 노동시간이 달성되려면 80년에서 100년이 걸릴 것이라고 했다고 하는데, 단기간 안에는 노동시간의 단축을 허용하지 않겠다는 자본의 태도가 담겨 있는 발언이다.8) 한국에서도 마찬가지다. 최근 국내에서도 현대자동차, 만도기계 등 자동

---

7) 미국은 1983년 이후 노동시간이 오히려 연장되고 있어서 "현재 추세가 지속되면 평균 노동자는 일주일에 60시간 일년에 50주를 일할 수도 있다"고 한다. Stanley Aronowitz, Dawn Esposito, William DiFazio, and Magaret Yard, "The Post-Work Manifesto," in Stanley Aronowitz and Jonathan Cutler, eds., *Post-Work: The Wages of Cybernation*, Routledge, 1998, p. 64. (이 선언문의 결론 부분은 『문화과학』 16호, 1998년 겨울에 번역되어 실려 있다.)
8) 이은숙, 앞의 글, 17-18쪽.

차산업 분야 노동자가 주35-38시간으로 노동시간을 줄여달라고 요구하였으나 사용자측의 거부로 관철되지 않았다. 자본 쪽에서 보면 노동시간 단축 요구는 자본의 이익과 정면으로 대치되는 요구다. 임금삭감을 감수하는 조건으로 노동시간 단축을 요구해도 자본은 듣지 않으며, 당장 다른 자본과의 경쟁을 눈앞에 둔 개별 자본의 입장으로 보면 듣기도 어렵다. 자본은 그래서 경쟁조건의 개선을 위해 인건비 삭감 또는 실질적 인건비 삭감 효력이 있는 노동시간 연장을 꾀한다. 사실 인건비가 전체 생산비용에서 차지하는 비율은 얼마 되지 않지만 개별 자본은 지대나 금리를 경쟁의 고정적 조건으로, 인건비는 가변적이라고 보고 인건비 삭감을 통해 경쟁력을 강화하려는 경향이 크다.[9] 노동시간 역시 경쟁력 강화에 중요한 변수다. 노동시간이야말로 잉여가치를 생산하는 데 핵심적인 조건이기 때문이다. 자본은 당연히 노동시간 연장에 눈독을 들이고, 노동시간 단축을 위해 임금 삭감을 감수하겠다는 제의에 대해서도 단호히 거절한다.

경쟁논리는 국가적 차원에서도 작용한다. 극심한 국제경쟁에 놓인 개별 국민국가의 입장에서 보면 노동시간 단축, 나아가 노동거부는 선뜻 수용할 수 없는 정책이요 태도다. 그동안 우리 사회가 노동을 당연한 사회적 의무로 간주하고, 노동윤리를 거스르는 일체의 노동관을 억압해온 것도 따지고 보면 경제개발을 사회 존립의 유일한 목표처럼 삼고 경제 규모의 증대를 사회발전과 거의 동일한 것으로 간주해온 결과요, 국가경쟁력 강화라는 구호가 효과적으로 작용한 결과다. 혹시 누군가가 "그동안 실컷 일했으니, 이제 좀 쉬자, 푹 놀아보자"고 한다면 어떻게 될까? 당장 조국의 부흥을 바라지 않느냐고, 겨레의 삶을 윤택케 하지 말자는 것이냐는 힐책이 뒤따르지 않겠는가. 잘 살자는 데 웬 딴지요 잔소리인가라는 것일 게다. 노동시간 단축과 노동거부는 개별 단위 노동현장이나 일국 수준에서 일어나기 어려운 운동임을 여기서 확인할 수 있다.

---

9) 같은 글, 22쪽.

노동거부가 사회적 요구로 일어나지 않는 것이 자본 및 국가의 거부와 저항 때문만은 아니다. 아니 노동자 자신이 노동거부를 선뜻 수용하지 못하는 점이 더 크게 작용한다고 봐야 할지 모른다. 노동을 당연시하고, 노동을 신성시하는 태도, 즉 노동윤리 혹은 노동종교는 노동자계급을 포함한 대중의 의식 속에, 아니 그들의 신체에 습속으로 각인되어 있다. 라파르그는 "단지 불행할 수 있는 권리만을 의미할 뿐인 '일할 권리'가 아니라 누구든 하루 세 시간 이상을 일할 수 없도록 금지하는 철의 법칙을 주조하기 위해 봉기해야 할 것이다. 그러면 대지는, 기쁨으로 전율하는 이 오래된 대지는 안에서 펄펄 살아 뜀뛰는 새로운 우주를 느낄 수 있을 것이다. 하지만 도대체 어떻게 하면 자본주의 윤리에 의해 타락한 프롤레타리아들에게 이처럼 진짜 사나이다운 결심을 하도록 할 수 있을까" 하고 묻고 있다.[10] 노동윤리에 젖어든 프롤레타리아는 "일할 권리", 노동권을 주장하며 일거리를 요구한다. 이런 요구는 지금과 같은 준공황 시기에, 기업들이 도산하고 실업자가 양산되는 시기에 더욱 절실하게 제출된다. 실업으로 인한 소득 감소로 생존의 위협, 굶주림에 대한 공포가 커져가고 있는 상황인 만큼, 노동에 대한 욕구는 더 커질 수밖에 없다. 일할 수 있는 기회를 달라는 소리가 지금 천지사방에 메아리치고 있다. 하지만 노동권을 주장하는 것만이 능사인가? 경제위기를 극복하는 방안으로 더 열심히 일해야 한다는 정부와 기업, 그리고 언론의 외침에 공명하는 것이 노동의 올바른 태도인가?

3

최근 국내에서는 노동거부와 관련하여 새로운 요구가 일어나고 있다. 노동운동 진영 일부에서 "임금삭감 없는 노동시간단축"을 요구사항으로 내놓고 있는 것이다. 노동시간을 단축하라는 요구, 그것도 임금삭감 없는 단축을 요구하는 것은 의미가 아주 커보인다. 노동시간의 단축을

---

10) 라파르그, 앞의 책, 94쪽.

요구하는 것은 더 많이 일하라는 구호와는 상치되기 때문이다. 더 오래 더 많이 일해야 한다는 논리가 득세하고 있는 시점에 노동시간을 단축하자는 것은 완전히 다른 유형의 구호처럼 들린다. 드디어 우리 사회에도 노동거부가 노동운동의 새로운 전략으로 등장한 것일까? 그런 것 같지는 않다. 급증하고 있는 실업자 문제에 대한 해결책으로 제시되고 있다는 점에서 "임금삭감 없는 노동시간단축" 요구는 일자리 나눠갖기라는 성격이 더 크다. 이은숙에 따르면 "'임금삭감 없는 '노동시간단축' 요구투쟁은, 실업문제(상대적 과잉인구 문제)의 장기적이고 구조적인 해결 전망을 담고 있다. 여기에는 크게 두 가지 내용이 포함된다. 하나는 구조적 실업의 해소, 다른 하나는 불완전취업자 해소를 통해 고용불안정성을 해소하는 것이다."[11] 이 관점에서 가장 큰 사회적 문제로 인식되는 것은 실업이요, 고용의 감소 혹은 불안정성이다. "임금삭감 없는 노동시간단축"은 그런 점에서 노동할 권리에 대한 요구투쟁인 것이지 노동을 거부하자는 것은 아니다. 예의 "노동자에겐 일할 권리가 있다, 일할 기회를 달라"라는 구호만이 들리고 있는 것이다. 이러한 태도는 현재 국내 노동운동 진영의 보편적인 태도로 보인다. 정리해고로 직장에서 내몰리고 있는 노동자들은 말할 것이 없고 노조지도자, 노동운동 활동가, 진보적 지식인 들 대부분이 노동자계급의 생존권 투쟁의 차원에서 노동권을 지켜야 한다고 믿고 있는 것이다.

그런데 "임금삭감 없는 노동시간단축"에는 노동권에 대한 주장만이 아니라 노동거부권에 대한 주장도 함께 포함되어 있다고 이해할 수는 없을까? 그 요구는 노동과 임금의 관계를 자본과는 완전히 다른 관점에서 사고할 수 있게 해주고 있다. 노동자들이 파업을 단행할 때 자본은 곧잘 "무노동무임금"을 내세우며 일하지 않는 사람은 먹을 것도 없다는 논리를 제출한다. 반면에 노동계가 들고 나온 요구는 노동은 덜 하겠지만 먹을 것은 이전처럼 달라는 것이다. "임금삭감 없는 노동시간단축" 주장에는 노동시간을 줄여도 생활임금을 보장해 달라고 함으로써 적어

---

11) 이은숙, 앞의 글, 16쪽.

도 부분적으로는 노동거부를 당연시하는 태도를 포함하고 있다. 노동시간을 단축하자고 하면 당장 임금을 삭감해야 한다고 하거나, 노동측이 임금삭감을 감수하겠으니 노동시간을 단축하자고 해도 거부하는 자본이 이런 요구를 수용할 리는 물론 만무하다. 하지만 반면에 노동 쪽에서 보면 소득이 보장된 가운데 노동시간을 단축하는 것은 자본과의 투쟁과정에서 꼭 실현시켜야 할 목표다. 관건은 자본이 문제의 요구를 수용할 것인가가 아니라 노동이 그 요구를 얼마나 강력하게 제출할 수 있는가다. "임금삭감 없는 노동시간단축"을 노동권만이 아닌, 노동거부권의 관점에서 볼 필요도 있다고 생각하는 것은 이 맥락에서다.

이와 관련하여 노동자가 원래부터 노동윤리를 간직했던가 반문할 필요가 있다. 노동윤리는 강제된 것이지 노동자가 원래부터 가졌던 태도는 아니다. 노동에 대한 의무를 느끼게 할 필요가 생긴 것은 노동자가 원래 노동을 자연스러운 것으로 생각하지 않았기 때문이다. 노동자가 작업 도중 틈만 나면 태업을 하고 게으름을 핀다며, 노동자의 "게으름"을 도덕적으로 비난하는 것은 노동력을 착취하고자 노동자에게 노동윤리를 각인하기 위한 자본의 책략이다.12) 노동자의 기본 성향은 노동을 회피하고 거부하는 것이다. 이를 부끄러워할 하등의 이유가 없다. 오히려 노동거부는 노동자에게 주어진 권리요, 무기다. 노동자에 권력이 있다면 그것은 노동을 거부할 수 있기 때문에 나온다. 이 점은 조직된 노동운동이 가장 큰 힘을 발휘할 때가 총파업 시기라는 사실, 노동자들이 투쟁과정에서 대대적인 노동거부를 조직해내는 순간이라는 사실로 증명된다. 자본의 이해는 노동자로부터 가능한 한 많은 노동량을 뽑아내는 데서 결정된다. 자본가가 가장 큰 타격을 받는 것은 노동자가 임금을 얻고자 노동력 판매에 연연하지 않을 때, 고용상태에서도 태업이나 파업을 감행할 때, 즉 노동자가 노동을 거부할 때다.

목표는 노동해방이다. "노동권"의 개념은 노동해방을 노동과정 내부

---

12) 고르는 그의 『경제적 이성 비판』(*Critique of Economic Reason*)에서 노동은 문자 그대로 창조되었다고 강조하고 있다. Gorz, op. cit., pp. 13-22 참조.

에서의 해방으로 이해하도록 강제한다. 하지만 노동해방은 노동으로부터의 해방이기도 하다. 노동거부와 함께 사고되지 않을 때 노동해방은 노동으로부터의 해방이라는 차원에서 추구되지 못하고 노동 내에서의 해방으로만 인식될 가능성이 크다. 앞서 인용한 맑스의 견해 역시 노동자가 "자신의 노동 내부에서 모든 역능을 발전시"킴으로써 "개인의 귀중한 계발"을 이룬 덕택에, 즉 노동시간 이후에 비로소 "개성의 자유로운 자기실현"에 대한 욕구가 생길 것으로 보고 있다. 노동 내 해방이 먼저요, 노동으로부터의 해방은 나중이라는 말이다. 하지만 노동으로부터의 해방을 후차적인 것으로 규정하게 되면, 노동거부는 생각하기 어려워진다. 노동거부권은 그렇다면 노동권에 종속되는 것인가? 노동거부를 그 자체로 중요한 권리로 인정할 수는 없는가? 노동 내 해방과 노동으로부터의 해방에 순차를 두는 것은 노동거부에 대한 회의가 여전히 달라붙어 있다. 하지만 노동거부가 전제되지 않는다면 노동 내 해방이 노동으로부터의 해방으로 전환되어야 할 까닭이 별로 없다. 노동 내 해방이 우선이라는 발상에서는 해방은 노동의 전면화를 통해서만 이루어진다는 결론으로 귀결되기 쉽다. 끝없는 노동으로부터 벗어날 길은 여전히 멀기만 할 뿐이다.

　노동거부에 대한 회의에는 나름대로 납득할 부분이 없는 것은 아니다. 거기에는 노동을 전적으로 거부한 삶은 유지될 수 없다는 냉혹한 현실논리가 작용한다. 베짱이만 사는 사회, 모든 구성원이 아무런 노동도 하지 않고 살 수 있는 사회는 없다. 내가 본 문제의 우화 한 판본에는 베짱이가 서리 온 풀숲을 배회하고 있는 장면이 있다. 여름내 일벌레 개미를 업신여기며 놀았던 베짱이에게는 이제 갈 데가 없다. 급기야 눈까지 내리자 낙엽을 이불 삼아 추위를 피하려 하나 어찌할거나, 얼어죽고 만다. 베짱이의 치명적인 실수는 자연이 늘 풍요하지만은 않다는 사실을, 겨울이 오면 먹을 양식이 사라진다는 사실을 망각한 데 있다. 우리는 자연의 필연성을 거역할 수 없으며, 그 필연성의 세계 안에서 일정한 자유의 공간을 유예받고 있을 뿐이다. 노동거부 주장을 선뜻 수용할 수 없는 것도 우리 모두가 필연성의 세계를 벗어난 완전한 자유의 세계에 사는 것처럼 굴어서는 추위와 굶주림에 죽고마는 베짱이 신세가 될 것이 분명하기 때문이다. 사실 노동거부를 노동의 전면적 거부로 이해할 수는 없다. 자연의 필연성이 지배하는 한 사회적으로 필요한 노동은 존재할 수밖에 없으며, 그런 노동이 있는 한 사회구성원은 그 노동에 참여할 의무를 나눠가진다. 이 의무의 수행을 통해 개인은 사회에 대해 일정한 권리를 행사할 수 있다. 사회의 조직, 사회의 조직 과정에서 등장하는 의사결정에 참여할 권리는 사회적 노동에 대한 의무와 함께 나온다. 이런 권리 중 하나가 일정한 기간 동안 사회적 필요노동으로부터 해방되어 자신의 고유한 삶을 영위할 권리다. 사람들이 노동을 거부하고, 노동의 고역으로부터 자유로울 수 있는 이 기간이 얼마나 되느냐가 곧 그 사회가 자연의 필연성 법칙으로부터 벗어나 인간 고유의 자유를 누리는 정도에 대한 척도가 될 것이다.

노동거부권과 노동권은 따라서 서로 결합될 때만 의미를 지닌다. 생산 없는 노동거부를 고집하는 사회는 베짱이처럼 생존의 위협에 처하게 될 것이다. 그렇다고 노동거부권 없는 노동권만 주장할 경우 남는 것은 끝없는 노동일 뿐이며, 그렇게 될 경우 인간에게는 노동 이외의 해방은 없다. 노동거부권이 노동권에 의해서 통제되어야 하듯이 노동권 역시 노동거부권에 의해서 조절될 필요가 있다. 임금삭감 없는 노동시간 단축은 이런 점에서 핵심적인 요구사항이다. 대중 대부분이 임금노동을 통해 소득을 보장받고 있다는 점에서 그 요구는 노동하는 대중 전체에 해당된다. 대중에게 필요한 것은 노동할 권리와 노동을 거부할 권리를 동시에 충족하는 것이다. 이를 충족하는 것은 바로 소득보장과 함께 노동시간을 단축하는 것밖에는 없어 보인다.

4

옛날 초등학교 교과서에서 읽은 개미와 베짱이 우화의 다른 한 판본에서 베짱이는 겨울에 살아남기는 하지만 개미가 선심을 베풀었기 때문인 것으로 설명된다. 결핍이 지배하는 자연의 필연성 세계에서 비참한 최후를 맞는 결말에 비한다면 이 판본이 설정한 베짱이의 운명은 그리 나쁜 편이 아니다. 그렇다고 만족할 만한 해결책도 아니다. 베짱이는 생명을 유지하는 대신 규휼의 대상으로 전락하고 말았다. 그의 생존은 자신의 능력에 따른 성취가 되지 못하고 개미의 호의에 전적으로 의존한다. 개미가 비축해둔 식량을 나눠주지 않으면 베짱이는 굶어죽을 수밖에 없다. 베짱이는 사회에 대한 권리 행사도 제대로 할 수 없다. 식량 생산에 기여하지 못했기 때문이다. 의무 불이행으로 권리를 박탈당한 베짱이는 사회적으로 불필요한 잉여적 존재일 뿐이다. 그런 만큼 주변화될 수밖에 없으며, 자신의 존엄을 지킬 수도 없다.

베짱이를 살려놓기는 하지만 사회적으로 불필요한 존재로 만드는 이 사회적 모델을 우리는 사민주의적 복지국가로 인식한다. 사민주의 복지사회는 겨우 생존만 보장받는 신세로 전락한 잉여인구를 양산하였다. 1970년대 중반 이후 포드주의적 축적체제가 위기를 맞아 포스트포드주의적 축적체제로 전환하면서 자본이 복지제도를 맹공하는 신자유주의적 공세를 취할 수 있었던 것도 이런 비생산적 잉여인구가 사회에 실제로 많았고, 그들의 잉여성이 사회적 지지를 받을 수 없었기 때문이기도 하다. 신자유주의 '개혁'은 물론 사태를 악화시켰을 뿐이다. 복지제도가 사회적 나태를 부추기며 거대한 관료화를 조장하여 자발적인 기업가정신을 말살한다며 공공부문을 민영화하는 데 앞장선 결과, 유연적 축적을 위하여 노동의 유연화를 추진한 결과 사회적 안전망의 해체와 함께 잉여인구의 양산이 초래되었다. 특히 포드주의 생산양식의 해체로 과거 자신의 노동을 통해 사회적 부를 축적하던 핵심 노동자들 다수가 노동의 유연화를 통해 잉여인구로 전락함으로써 그들마저 다시 핵심과 주변부 노동자로 양분되어 버렸고, 갈수록 일자리에 대한 불안은 늘어나게 되었다. 노동이 특권이 된 사회가 온 것이다. 복지를 그런 대로 구축하기는 하지만 다수 인구의 자율적 삶을 허용하지 않는 포드주의적 축적체제도, 복지해체를 통해 더 많은 인구의 주변화를 초래하고 소수 인구에게만 노동권을 부여하는 포스트포드주의 축적체제도 아닌 다른 유형의 사회적 형태가 필요하다.

새로운 사회형태는 어떠해야 할까? 지금처럼 장시간 노동에 찌든 사회가 되어서는 곤란하다. 소득이 없어서 겨우 연명만 하는 사람들이 득실대는 사회, 사회적 필요노동을 일방적으로 특정한 계급에게 부과하는 사회여서도 안된다. 이윤축적이 유일한 사회적 목표가 되어 과잉생산이 생산의 법칙이 되고 과잉축적으로 불황과 공황을 체제 내 현상으로 만드는 사회, 그리하여 갈수록 삶을 이윤추구의 경제활동에 옭아매고 향유의 대상인 자연마저 상품으로 환원하고 마는 사회는 더구나 아니다. 삶이 자본주의적 생산에 의해서 전일화되는 사회가 아니라 비자본주의적 삶의 형태가 가능하고, 사회적 생산이 이윤의 축적만을 위해 종사하지 않는 사회라야 한다. 삶이 자연의 필연성에 의해서 일방적으로 지배되는 것을 막기 위해 사회적으로 필요한 노동은 물론 지속해야 할 것이다. 그러나 그와 같은 노동은 최소화되어 개인들이 자유로운 자기실현을 할 수 있어야 하겠다. 강제된 노동의 외부에서 자율적인 삶을 조직할 수 있는 기회가 많아져야겠다. 얼핏 들어서는 유토피아 같지만 사실 인류는 이미 이런 사회를 실현할 수 있는 조건을 갖추고 있다. 끝없는 노동을 더 이상 하지 않아도 충분한 생산력 수준에 도달했기 때문이다. 그런 점에서 여기서 말하는 노동거부권은 배부른 소리만이 아니며, 노동시간 단축 요구도 현단계 노동의 조건과 결부해서 매우 시의적절하다. 노동은 지금 종말을 고하고 있거나 아니면 급격하게 그 사회적 필요성이 감소하고 있는 중이다.[13) 컴퓨터화로 작업의 자동화가 가능해짐

---

13) 고르는 독일의 통계를 인용한다. "1955년부터 1985년 사이 서독의 GNP는 3.02배 증가하였고 같은 기간 연노동량은 27%가 감소하였다. 1982년부터 1986년까지 노동량은 1조 시간이 약간 넘게, 즉 완전고용 일자리 60만에 해당하는 정도로 감소했다. 1984년부터 1986년까지 3억5천만 시간, 즉 20만명의 일자리 20만의 노동량 감소에도 불구하고 고용인구의 수는 20만명이 늘었다. 이 현역노동자수 증가는 집단적으로 동의한 노동시간 감축과 부분고용 일자리 수의 증가에 기인한

으로써 인간노동이 기계에 의해 대체되는 "노동의 종말"이 사회적 경향으로 나타난 것이다. 노동의 종말 자체가 나쁜 것일 수는 없다. 인간이 힘든 노동의 고역에서 해방되는 가능성을 더 많이 제공해줄 수도 있기 때문이다.

그러나 아다시피 노동의 종말은 정리해고제도 등의 도입으로 "일자리 제거"라는 형태로 왜곡되어 나타나면서 실직과 노동강도 강화로 귀결되었다. 과학기술 발전으로 획기적인 노동 감소가 가능해졌지만 증진된 생산력이 오히려 노동자 감축으로 이어지는 신자유주의적 축적전략이 가동되었기 때문이다. 신자유주의가 지배하는 국면에서 자동화의 증가는 더 많은 사람들로부터 노동할 수 있는 기회를 박탈하는 것으로 나타났고, 노동하는 권리가 특권으로 비치는 경우마저 생겨났다. 동료의 해고가 늘어나는 상황에서 어렵사리 노동할 권리를 부여받은 사람들은 노동의 양이 늘어나고 강도가 높아져도 감내하지 않을 수 없다. 결국 노동할 기회를 부여받은 사람들은 장시간 노동에 시달리게 되고, 노동을 거부하지도 못한 채 노동할 기회를 잃은 다른 많은 사람들은 소득이 적어 허덕인다. 생산의 과잉 속에서, 축적의 과잉 속에서 경제는 불황이고 사람들은 미래에 대한 불안에 떨고 있다. 일자리 제거를 막고 아울러 삶의 질 저하를 막기 위해서는 임금삭감 없는 노동시간 단축이 꼭 필요하다.

5

무엇보다도 노동시간의 단축, 그것도 의미있을 만큼 충분한 단축이 핵심이 아닐까 싶다. 노동시간 단축의 목적은 사회적으로 필요한 노동의 양을 최소화하고, 필요노동을 사회적으로 공정하게 배분하였을 때 남게 되는 가처분 시간을 늘이자는 데 있기도 하지만, 또한 개인들이 자신의 삶을 조직하는 데 필요한 자유시간을 최대한 확보하는 데 있다.

다." Gorz, op. cit., p. 9.

현재 우리가 지키고 있는 장시간 노동 조건 속에서 개인들이 의미있는 삶을 영위하는 것은 불가능하다. 장시간 노동은 자본주의가 강요하는 삶에 바로 부합되는 노동형태로서, 장시간 노동의 보편화는 인간의 삶을 자본주의적 생산양식에 순기능하도록 하는 중요한 지배전략이다. 사실 오늘 대부분 사람들의 삶은 노동시간의 연장으로 인하여 시간기근에 빠져 있다. 24시간 편의점 등 밤을 지새는 유통업이 번성하고 있는 최근의 변화는 우리가 늘 시간기근에 사로잡혀 있음을 보여준다. 각종 형태의 속도위반, 사회적 급행료 내기, 심지어는 청량음료의 급증까지도 우리 사회가 속도중독증, 조급증, 조갈증에 걸려있다는 증거다. 시간이 전면적으로 부족한 사회에서는 한꺼번에 여러 일들을 처리해야 하는 동시다역 현상이 늘어난다. 이는 노동의 종말이 일자리의 제거로 전환됨으로써 생겨나는 현상으로 하나의 일자리 노동으로 가족을 꾸리며 생활하던 사람들이 2개, 3개의 일자리에서 노동을 해야 하기 때문이다.14) 이로 인해 사람들은 현재의 삶에 대해 아무리 깊은 불만을 지니고 있다고 하더라도 대안적인 삶을 꾸릴 수 있는 여유를 가질 수 없다. 지금 상황에서 사람들에게 여유가 있다면 그것은 소비문화라는 형태를 띨 뿐이다. 소비문화는 노동으로 지친 사람들이 겨우 마련한 여가시간마저도 자본의 이윤축적을 위해 아까운 시간마저 바치게 하는 자본주의적 지배기제다. 인간의 삶을 생산하고 소비하는 데 얽매이게 한다는 점에서 소비문화는 임금노동의 굴레를 지키는 데 큰 몫을 하고, 사람들로부터 창조적 삶을 허용할 대안문화를 추구할 시간과 마음의 여유를 빼앗는다.

---

14) 미국의 민주당 정치인들은 클린턴이 집권한 이후 100만개의 새 일자리가 만들어졌다고 자랑스럽게 말한다고 한다. 그에 대한 유권자의 반응은 "그래 나도 그 중에 3개나 얻었지"라는 냉소라는 것이 아로노비츠의 전언이다. Stanley Aronowitz, "The Last Good Job in America," in Stanley Aronowitz and Jonathan Cutler, eds., op. cit., p. 213. 며칠 전 배달된 대학 관련 신문은 최근의 대학생들은 몸이 열 개라도 모자라는 소위 "문어발족"이 되어가고 있다고 전하고 있다. 『대학문화신문』, 1998. 10. 29.

시간이 없으면 자본주의와 맞서 싸울 수 없다. 시간이 없는 사람은 대안적인 사고도 하지 못하며, 대안적 삶을 추구할 수가 없다. 오늘 우리의 삶이 자본주의 공리계에 전반적으로 예속되어 있는 것은 시간기근의 확장과 연계되어 있으며, 자본주의적 주체화과정 또한 거의 대부분 시간기근을 모티프로 삼아 작동한다. 예컨대 소비문화는 대중의 시간기근증에 대한 당의정이다. 고등학교 학생들로 하여금 대학입시를 위해 새벽부터 밤 늦게까지 학습에 매달리게 하는 것도 따지고 보면 자본주의사회에 만연한 시간기근에 대한 훈련과정이다. 사회 전반에 걸쳐 노동윤리의 강조가 체계화되어 있는 것 역시 시간기근을 당연하게 여기게 하는 이데올로기 작업이라고 할 수 있을 것이다. 하지만 이런 식의 주체화 작업이 효력을 발휘하는 한 자본주의 공리계를 무너뜨릴 방법은 없다. 우리가 바라는 것조차 오히려 우리의 지배에 대한 욕망으로 전환되기 마련이고 이 욕망 속에 추구하는 대안들은 끝내 지배적 공리계를 벗어나지 못한다. 오늘 진보는 이처럼 사회적으로 생산된 필연성의 구도를 깨치는 것, 그래서 그 필연성을 넘어서는 새로운 가능성들을 추구하는 것일 게다. 이 새로운 흐름을 찾고, 그 흐름이 다른 흐름들과 접속하게 만드는 일이 오늘의 진보적 활동일 것이다. 이 활동을 위한 필수적인 조건의 하나가 노동시간 단축이다.

노동시간 단축이 핵심적인 것은 그것을 통해 자유시간을 확보해야만 비자본주의적 삶의 형태를 추구할 수 있기 때문이다. 비자본주의적 삶의 형태, 그것은 이윤축적 기계의 부속품이 되는 과정에서 시간기근에 빠지게 되어 겪는 자본주의적 전일적 삶과는 다른, 복수적인 삶일 것이다. 이를 위해서는 의미있는 수준의 노동시간 단축이 이루어져야 한다. "의미있는" 수준이 될려면 노동시간이 어느 정도 단축되어야 할까? 정확하게 산정하기 어렵지만 고르의 경우는 연 1,000시간 정도로 잡고 있다. 이런 정도면 일주일에 20시간 미만만 노동을 하면 된다. 8시간 노동일을 기준할 때 월, 화요일 이틀에 16시간, 수요일 4시간만 일하면 된다. 주 40시간으로 계산할 경우 1,000시간은 25주간 노동으로 계산된다. "1

년에 천 시간은 일주일에 2일의 작업, 한 달에 10일의 작업, 3개월에 4주의 작업, 2주일에 1주일의 작업, 2개월에 1개월의 작업, 혹은 1년에 6개월의 작업 등등으로 수행할 수" 있다.15) 이처럼 연 1,000시간 혹은 그보다 더 짧은 노동시간을 가질 수 있게 될 때 우리의 삶은 얼마나 근본적으로 바뀌겠는가! 아픈 사람 돌보기, 옛 친구 만나기, 아이 기르기, 이웃 돕기 등 인간적 활동들이 획기적으로 달라질 것이다. 그뿐만 아니다. 자원봉사를 비롯하여, 각종 사회운동, 환경보호 등의 조건들도 근본적으로 달라진다. 개인의 자아실현도 차원을 달리할 수 있다. "만일 노동자들이 더 긴 시간(몇 주나 혹은 몇 개월)을 한꺼번에 쓸 수 있다면 노동자들은 교육을 받거나, 일정한 구상을 실현할 수도 있을 것이다."16) 예술가는 1주일에 이틀만 일하고 나머지 시간은 창작활동에 전념할 수 있게 된다. 제2의 인생, 제3의 인생을 설계하는 것도 충분히 가능하다. 이런 삶의 조건이 실현되면 지금 우리가 당연하게 여기는 시간기근과 전일적 삶은 더 이상 인간적인 삶의 형태로 여겨지지 않을 것이다.

하지만 지금 인간 대다수의 삶은 소수자들의 지배와 이윤을 남기기 위한 수단으로 전락하였고, 사람들은 겨우 연명하기 위하여 뼈빠지는 노동에 시달리고 있다. 신자유주의 공세 속에서 세계는 빈익빈부익부 현상이 갈수록 심각해지는 소위 20대 80의 사회로 바뀌고 있다. 사실 사람들은 시간기근에 빠져 있기만 한 것이 아니다. 시간기근에 사로잡힌 사람도 많지만 남아도는 시간을 주체하지 못하는 사람도 늘어나고 있다. 정리해고를 당하여 타의로 자유시간을 부과받은 사람들의 경우는 노동시간 단축의 효과와는 정반대되는 현상으로 남아도는 시간을 적극적으로 사용할 수 없는 처지에 빠진다. 우리 사회의 특징인 사회적 안전망 부재로 인해 실직은 거의 필연적으로 소득의 감소나 소멸로 이어지기 때문이다. 사민주의적 사회에서처럼 복지제도가 그런대로 가동되고 있는 데서도 사회적 필요노동에서 제외된 인구에게 주어진 자유시

---

15) 고르, 「노동사회에서 '문화사회'로의 이행」, 401쪽.
16) 같은 글, 381쪽.

간은 자율적 삶으로 이어지기 힘들다. 사회복지가 거의 전무한 한국 상황에서 자유시간은 부랑의 삶으로 빠질 확률이 더 높다. 소득에 대한 사회적 보장이 없는 상황에서 자유시간의 증대는 오히려 삶에 대한 의욕 상실, 인간적 위엄의 포기로까지 이어진다. 노동시간 단축이 정리해고가 아닌 형태로, 그리고 소득이 보장되는 가운데 이루어지는 것이 중요한 것은 그 때문이다.

이때 당장 떠오르는 질문 중 하나는 일정한 소득보장과 함께 노동시간을 단축하는 것이 어떻게 가능한가라는 것이다. 그렇잖아도 가뜩이나 공황성 경제위기를 겪고 있는 처지에, 기업과 은행의 빚이 천정부지인 상황에서 노동시간도 단축하고 소득도 보장하라는 것은 그야말로 비현실적인 요구일 뿐이라는 지적이 나올 법도 하다. 하지만 나는 지금 이 요구가 당장 실현가능한 것이라거나 혹은 어떤 어떤 방식으로 하면 충분히 가능하다는 말을 하려는 게 아니다. 물론 예컨대 최근 미국에서 연간 소득보장과 함께 주 30시간으로 노동시간을 단축하자는 제안을 내놓으면서 이를 위해 소요되는 재원은 국방비 삭감, 기업체의 탈세 방지 등을 통하여 충당할 수 있다는 견해를 내놓고 있는 사람들이 있다는 점을 참조할 수는 있을 것 같다.17) 한국에서도 국방비 삭감은 오래 전부터 과제가 되고 있으며, 재벌의 세금 탈루를 막거나 진보진영이 오래 전부터 주장한 재벌해체를 실현하게 되면 상당한 재원을 확보할 수 있을 것이다. 제레미 리프킨이 『노동의 종말』에서 말하고 있는 제3부문의 활성화도 생각해봄직하며, 기 아즈나르가 말한 제2의 수표를 도입하는 것도 고려해봄직하다.18) 하지만 노동시간 단축과 소득보장 제안에 반론

17) Lynn Chancer, "Benefitting From Pragmatic Vision, Part I: The Case for Guaranteed Income in Principle," in Stanley Aronowitz and Jonathan Cutler, eds., op. cit., pp. 120-122.
18) "제3부문"에 대해서는 제레미 리프킨, 『노동의 종말』, 이영호 역, 민음사, 1996을, "제2의 수표"에 대해서는 앙드레 고르, 「노동사회에서 '문화사회'로의 이행」을 참조하라. "제2의 수표"는 노동자들이 과거와 같은 속도로 일하지 않는 시간에 대한 보상이다. 그것은 노동시간이 단축되어 기업이 돈을 적게 지불하게 되는 데 대한 안전장치와 같다. "경제가 점점 더 자동화됨에 따라서 노동이 더 이상 유일한

을 제기하거나 의문을 품는 쪽에서는 자본주의적 경제로 전환한 이후 최대의 경제위기를 겪고 있는 한국의 상황은 1990년대 들어와서 계속 호경기를 맞고 있는 미국과는 경우가 완전히 다르며, 복지사회 구도가 그런대로 정착된 서구와도 완전히 다르다고 지적할 것이다. 이 지적은 사실 맞으며, 어떤 방식으로 재원을 마련하고 어떻게 해야 두 마리 토끼를 잡을 수 있을지 그 실현 방안을 마련하기는 힘들다. 그러나 여기서는 어떤 방법으로 노동시간 단축과 소득보장을 동시에 추진하는 재원을 얻느냐라는 문제보다는 얼마나 많은 사람들이 그런 삶의 방식을 강렬하게 원하느냐라는 문제를 더 중시하고 싶다. 국방비 삭감이나 재벌의 탈세 방지만 하더라도 그 방법을 몰라서 못 한다기보다는 그런 조치를 취할 현실적인 힘이 우리 사회에 없기 때문이라고 봐야 할 것이다. 문제는 대중의 욕망이요, 그런 욕망과 결부된 현실적 힘이다. 따라서 오히려 대중의 힘과 욕망을 기르기 위한 방법이 무엇일지 생각해보는 것이 더 낫겠다고 본다.

문제의 핵심은 노동시간을 단축하고 자유시간을 확보하는 것이다. 물론 여기에는 악순환이 작용함을 잊어서는 안되겠다. 자유시간을 확보하려면 노동시간을 단축해야 하고, 노동시간을 단축하려면 현재의 노자간 계급투쟁을 노동자계급에게 유리한 방향으로 이끌어야 하고, 또 이를 위해서는 투쟁을 위한 물적 조건인 자유시간이 미리 주어져야 한다. 당위적으로는 노동시간의 단축과 자유시간의 확보가 동시에 실현되어야 하지만 현실에서 보면 어느 것도 주어져 있지 않기 때문에 둘 다 실현해야 할 목표일 뿐이다. 게다가 임금 혹은 소득 문제까지 끼어들면 자유시간 확보의 실현은 더욱 난감해진다. 이런 악순환을 풀 수 있는 해법이 있다면 앞서 말한 노동거부의 사상이 아닐까 싶다. 자본주의적 전

부의 주요원천이 아니고, 또한 노동시간이 그것의 측정기준이 아니게 되면서, 제2의 수표가 장차 가장 중요한 소득의 원천으로 되는 경향이 등장하게 될 것이다"(고르, 389쪽). 리프킨과 고르의 견해를 수용하여 한국에서의 대안적 삶 구축 문제를 논의하고 있는 심광현의 「'사회적 경제'와 '문화사회'로의 이행에 관하여」(심광현·이동연 편, 『문화사회를 위하여』, 문화과학사, 1999)도 참고하기 바란다.

일적 사회, 자본주의 체제 안에서 '사회적으로 유익한' 생산에 종사하는 것을 자신의 본분으로 삼는 한 노동자는 노동으로부터의 해방을 실현할 수 없다. 노동시간 단축을 실현하려면 노동을 거부할 수 있어야 하고 이를 위해서는 자유시간에 대한 강렬한 욕구가 전제되지 않으면 안 된다. 이 욕구는 어디에서 오는가?

6

바로 이 지점에서 문화운동이 사회의 진보운동에서 중요하다는 사실이 드러난다고 본다. 노동거부의 경향은 임금노동과는 다른 형태의 삶에 대한 욕구에서, 노동의 멍에에서 벗어난 자유시간을 갈망하는 욕구에서 나올텐데, 이 욕구는 문화적 삶에서 생산되기 때문이다. 문화운동은 문화적 삶을 주조하는 노력, 혹은 최근 언급되고 있는 "문화적 사회"를 구축하는 노력으로서 삶의 새로운 형태를 형성하는 것을 그 과제로 가진다. 그것은 문채와 문양의 새로운 변형, 행동양식의 새로운 개발, 문채와 문형과 색채와 음색, 냄새, 풍미 등에 대한 감수성의 계발이나 실험 등을 둘러싼 표현의 욕망을 통제, 절제 혹은 해방하는 일, 쾌락을 통제하거나 분출시키는 일, 자유로운 행동을 강화하는 일 등 인간 오관의 작용을 통한 감각적 경험의 문제들과 연결되어 있다. 이들 감각적 경험을 단순화하는 것을 타기시한다는 점에서 문화운동은 금욕주의, 경건주의, 엄숙주의와 비판적 거리를 두며, 아울러 쾌락주의, 선정주의도 받아들이지 않는다. 핵심은 다양한 형태의 욕망들의 흐름이고, 이 흐름들을 고정시키지 않는 것이다. 따라서 문화운동은 표현의 욕구가 최대한 발휘되게 하고, 그와 함께 단순화되고 전일화된 자본주의적 삶의 해체를 지향하고, 삶의 복수적 형태가 생기도록 하는 과제를 가진다.

문화적 삶, 혹은 문화의 시간은 자유시간과 함께 올 수밖에 없다. 이 시간은 상품생산의 시간, 또는 사회적으로 필요한 노동시간과는 분리된 시간이며, 노동으로의 복귀를 위해 노동으로 피폐해진 개인의 신체를

복구하거나 노동과정에서 쌓인 스트레스를 푸는 데 활용되는 여가시간
과는 질적으로 다른 시간이다. 오늘 우리 사회의 여가시간의 대부분은
자본주의 소비문화에 의해 관리되는 시간으로서 장시간 지속되는 노동
시간으로 하루 중 얼마 되지 않는 짜투리 시간이기 십상인지라 여가시
간은 의미있는 문화적 활동을 할 수 있는 여유를 제공할 만큼 충분하지
못하다. 노동거부로 확보된 자유시간에 하는 활동은 이런 전일적 자본
주의적 삶과는 질적으로 다른 삶이어야 하고 그럴 때에만 사실 노동거
부를 촉발할 수 있는 매력을 지닐 수 있을 것이다. 그런 활동, 그런 활동
으로 성취되는 삶은 무엇일까, 새롭게 요청되는 활동은 어떤 것일까? 물
론 삶의 복수화를 가능케 하는 활동, 자본주의적 전일화에 귀속되지 않
고 오히려 거기서 탈주하게 하는 활동이다. 하지만 이런 활동을 어떻게
구체화할 것인가가 문제다. 여기서 문화적 기획의 중요성이 떠오른다.

우선 생각할 수 있는 것은 기존의 예술적 실천을 모방하는 일일 것이
다. 시를 짓고, 소설을 쓰고, 악기 등을 연주하는 일 따위 말이다. 예술
은 전통적으로 구상과 실행 혹은 정신노동과 신체노동이 통합된 실천
을 포함하고 있다는 점에서 파편화되고 부문화된 자본주의적 노동과는
다른 인간활동의 유형으로 간주되어 왔다. 이런 실천의 가능성이 자유
시간의 확보로 확장되는 것은 분명히 바람직한 일일 것임을 부정하지
는 않지만 문화적 실천이 이런 전통적 예술장르에 국한되는 것은 아니
라고 본다. 오히려 앞에서 말한 감각적 경험 일체와 관련된 다양한 실
험들이 가능하다는 점을 강조할 필요가 있다. 문화적 삶은 예술을 포함
한 자발적 활동 일체와 연결되어 있다고 봐야 할 것이다. 문화가 인간
의 신체가 지닌 지적, 감성적, 윤리적 능력들의 계발과 그 능력들의 사
회적 배치, 관리 등과 관련이 있다면, 문화적 삶은 이런 사회적 실천을
둘러싼 일체의 활동을 포함하며, 따라서 예술에만 국한되지 않는 훨씬
더 포괄적인 실천들을 포함한다고 할 수 있다.19) 예컨대 문화적 실천은

19) 이 점에 대해서는 이 책에 같이 실려 있는 「IMF의 신자유주의 공세와 문화변
동—문화정치를 구상하며」를 참조할 것.

교육과 노동, 환경 등 다양한 부문과도 연결되어 있고, 계급, 성, 욕망, 민족 등 다양한 사회적 쟁점들과 연결되어 있고, 이들 부문 및 쟁점들에 깃든 상징적 차원과 이들 상징적 차원의 표현과 관련된 욕망의 배치 문제와 연결되어 있다. 문화적 창조성은 예술의 창작에서만 발휘되는 것이 아니라 인간이 자신의 환경 속에서 새로운 행동의 가능성을 발견하고, 새로이 접하는 사물을 인식하고, 당면한 문제나 과제를 풀 때 발휘되는 능력이다. 이런 능력은 삶의 곳곳에서 발휘되어야 하고 또 발휘되고 있다. 이렇게 이해되는 창조성은 인간이 소리를 듣고, 색채를 인지하고, 두뇌를 사용하고, 신체를 움직이며, 감정을 발하는 과정에서 나타나는 이미지, 소리, 색채, 동작, 꼴, 형태들의 부분적, 임시적 배합의 가능성들을 일정한 계열로 나타낼 수 있는 능력과 연결되어 있다. 이 맥락에서 인간은 생명을 가지고 있는 한 자기조직적 능력을 발휘하고, 이 자기조직의 수준과 범위에 따라서 쾌감과 불쾌감 등을 느끼며, 단속적으로 혹은 지속적으로 새로운 배합들을 시도하고 실험하는 존재로 이해된다. 문화적 실천들은 인간의 자기 만들기 혹은 자기조직을 위한 시도이다. 이들 실천들의 복잡성이 말해주듯 스스로 만든 인간의 모습은 통일적이지 않고 오히려 복합적 구성물과도 같은 존재이며, 주체를 구성하는 요소들의 변동에 따른, 혹은 요소들의 배열 차이에 따른 정체성의 횡단 현상을 경험할 수 있다. 주체의 다른 주체 되기가 일어나는 과정을 통하여 인간은 자신이 살아있음을 확인하며, 새로운 삶을 추구해나갈 수 있다.

문화운동은 이런 관점에서 볼 때 매우 중요한 운동적 과제를 안고 있다. 이런 삶이 얼마나 매력적인가, 얼마나 많은 희열을 그런 삶을 사는 이에게 줄 수 있는가, 아니 아직 그런 삶을 사는 사람들이 거의 없다는 점 때문에 그런 삶이 얼마나 강력하게 새로운 삶의 모델로 제시될 수 있는가에 따라서 노동거부권을 행사하려는 사람들이 얼마나 많이 생기느냐가 결정될 것이기 때문이다. 노동거부를 유도한다는 점에서 문화운동은 반자본주의적이다.[20] 문화운동 혹은 문화정치는 노동윤리가 강조

20) 문화운동이 반자본주의적임은 많은 사람들이 지적한 바 있다. 예컨대 라이언

하는 저축의 사상에 강한 거부감을 가지고 있다. 문화정치는 노동시간을 단축하고 자유시간을 늘이는 것을 당연한 일로 여긴다. 그것은 삶을 단 한 번밖에 없는 기회로 보고 지나간 것은 영원히 지나간 것으로 보며 따라서 삶의 유예와 연기는 불가능하다고 본다. 노동하는 대중이 미래 대비를 위해 오늘을 희생하는 것을 당연한 의무로만 여긴다면 이런 태도는 기대할 수 없다. 삶의 영위와 완성을 미래에 두지 않고 현재에 두고, 해방을 늦추는 것이 아니라 해방을 지금 여기에 실현하려고 함으로써 문화운동은 노동운동과 접속을 시도한다. 접속의 고리는 욕망 혹은 욕망의 정치다. 욕망의 정치는 지금 여기서의 문제를 중시하기 때문에 미래를 예약하는 정치, 금욕이나 절제를 강조하는 정치가 아니다. 그것은 노동의 윤리가 강조하는 삶의 유예를 거부한다.

7

널리 알려진 대로 베짱이 모토는 놀자는 것이다. 이런 모토를 표방하게 되면 물론 강력한 제동이 걸린다. 노동의 윤리를 내세우며 나서는 세력은 자본이나 국가만이 아니다. 노동에 대한 의무감은 노동세력 내부에, 우리들 자신의 심리에, 신체에 깊숙이 혹은 전면적으로 자리잡고 있다. 그것은 지난 수백년간 자본주의가 발전해오면서 만들어진 습속이요, 무의식이다. 이 무의식은 생산성의 논리에 따라 작용한다. 개미의

은 다음과 같이 말하고 있다. "하위문화적 직업이 없는 이유는 노동 규율을 요구하는 자본주의 문화로서는 대규모 단위로 젊은이들이 화가, 음악가, 댄서나 무위도식자가 되게 놔둘 수 없기 때문이다. …자본주의는 일상적 미학이나 유희를 위해 노동규율을 거부하는, 하위문화 무대에서 획득가능한 자유가 대규모로 획득될 수 있다면 살아남을 수 없다. 이처럼 하위문화의 스타일들은 가상적 해결책에 그치기보다는 잠재력을 표상하고, 어떤 가능성을 예시하는 것으로 볼 수 있다. 이들은 문화생산이 가지는 창조력을 예증하고 있으며, 노동규율의 논리가 아니라 문화형식의 창조적인 유희인 수사가 사회적 삶의 물질성을 형성하는 세계에 대한 윤곽을 그려보여 주고 있다." Michael Ryan, *Politics and Culture: Working Hypotheses for a Post-Revolutionary Society*, Macmillan, 1989, p. 20.

생산성! 이 생산성은 자연의 필연성에 대한 합리적 인식에 기반하고 있다는 것을 명분으로 내세우지만 실제로는 그 필연성의 무시 속에 구성된다. 근대적 노동과 생산은 산업화라는 흰개미집을 만들면서 자연을 초토화하였다. 자연을 극복하기 위해 만든 인공의 집에서 만든 또 다른 자연은 사실 자연의 파괴 위에서 건립되는 만큼 개미의 작업은 뮌하우젠(Munchausen) 남작의 허공 오르기와 같은 것이다. 수렁을 건너던 이 남작은 공중에서 떨어져 수렁에 빠지는 것을 막고자 자기의 머리카락을 위로 잡아끈다. 그의 추락은 그가 한 발이 더 아래로 떨어지기 전에 다른 발을 좀더 위로 내딛는 '위업'에 의해 방지된다. 이 허풍의 요지는 모든 일이 공중에서 일어난다는 사실에 있다. 개미의 생산은 어떤 면에서 이런 허풍과 같은 것이 아닐까? 자연을 파괴하며 자연을 극복하고자 하는 것은 바로 이런 작업이 아니겠는가.

개미라고 즐거움이 없겠느냐고 할 수도 있을 것이다. 일중독증자는 일에서 재미를 찾을 수 있지 않느냐는 말이다. 개미가 느끼든 일중독자가 느끼든 일의 쾌락, 노동의 쾌락을 부정하자는 것은 아니다. 포스트포드주의 생산양식에서 등장하는 노동관이 여기서 부각된다. 기계화된 노동, 즉 노동의 파편화 속에서 부속품의 위치에 속하게 된 포드주의적 노동과 비교할 때 부품들의 연관관계를 따지고 기획할 수 있는 포스트포드주의 노동은 훨씬 더 높은 수준의 자기조직화를 이룬 것임에 틀림없다. 그만큼 성취도와 만족도도 클 것이다. 하지만 여기에는 중요한 단서가 붙는다. 이 포스트포드주의적 개미는 예외적인 존재일 뿐이고 개미군단의 다수는 사라지고 말았다는 점 말이다. 누군가가 더 많이 일하기 위해서, 더 효율적으로 일하기 위해서, 더 많은 생산을 위하여 수많은 노동자들이 일자리에서 내몰린다. 노동은 여기서 특권이요, 해방은 노동 안에만 있는 것으로 인식된다. 그러나 노동 바깥에서 해방을 찾는 사람에게 이 인식은 강요될 수 없다. 노동을 거부함으로써, 노동시간의 단축을 통해, 사회적으로 필요한 노동의 최소화를 통해, 자유시간의 최대한 확장을 통해 삶의 새로운 의미를 찾을 때다. (1998. 12)

문화사회를 위하여

1

지난 수십 년간 성장밖에 모르던 한국경제가 1997년 말 밀어닥친 외환위기를 계기로 급속히 불황의 나락으로 빠졌다. 크고 작은 기업들이 부도와 도산을 겪고 시장에서 퇴출당해 이들 기업체에 근무하던 수많은 노동자들이 하루아침에 소득원을 잃게 되었다. 도산을 당하지 않은 기업에서도 실직자가 양산된 것은 마찬가지다. 사기업, 공기업, 정부기관 가리지 않고 사회조직들이 구조조정을 유일한 살길로 설정하고, 정리해고제를 도입한 결과 사상 초유의 대량 실업이 발생한 것이다. 결식, 노숙, 구걸, 이혼, 기아(棄兒), 자살 등 각종 문제들이 빈발하고 있는 것은 이 결과다. 위기를 당한 지 1년 여, 그 동안의 각고가 효과를 내고 있다는 진단이 나오고 있는 것도 사실이다. 고난의 늪을 건너며 들인 노력이 결실을 거두고 있다고 하는 평가, 위기 극복이 얼마 남지 않았다고 하는 예상이 들리기 시작하는 것이다. 하지만 문제는 이런 진단과 예상대로 경기가 호전된다 하더라도 우리의 삶이 좋아지거나 크게 바뀌지 않으리라는 것이다. 비슷한 사태를 먼저 겪은 외국의 예들이 이런 우울한 예측의 근거가 된다. 지금 세계 여러 나라들을 보면 고실업은 이제 자본주의 사회의 보편적 현상이 되지 않았는가 싶다. 실업률의 증가는 경기의 호전 여부와도 별로 연관 없어 보인다. 특별히 경제위기를 겪고 있지 않은데도 오랫동안 높은 실업률로 시달리고 있는 프랑스와 독일이 그 점을 말해준다. 경기가 호전되고 실업률이 낮아지는 경우가 물론 없지는 않다. 미국과 영국이 그런 예다. 하지만 이들 나라의 "성공"은 사회 전체를 불평등하게 양분한 채 이루어진 성과요, 극심한 사회적 희생을 치른 결과라는 평가를 받고 있다. 소수의 부유한 인구와 다수의 가난한 인구로 양분된 "20 대 80 사회"가 만들어진 것이다. 이처럼 외국 사례들은 우리 경제가 살아나더라도 그 회생은 급증한 실업자를 그대로 방치한 채 이루어지거나, 실업률이 준다고 해도 노동하는 다수 인구의 삶은 계속 열악한 상태에 놓일 것이라는 우울한 전망을 제시하고 있다. 전망의 우울함이 사회생태계에 한정되는 것도 아니다. 경제가 회생한다고 파괴될 대로 파괴된 자연생태계가 복원될 것을 기대하기도 어렵지 않은가. 이렇게 볼 때 오늘의 위기를 경제적 위기일 뿐인 것으로 파악해서 경제회복을 그 대안으로 삼아서는 안될 것 같다. 지금의 위기는 경제적 위기에 그치지 않는 '사회적' 위기다. 사회적 위기는 경제적 위기를 초과한다. 자본축적을 위한 새로운 경제적 해법이 나타난다 해도 사회적 위기는 그래서 사라지지 않는다. 사회적 위기를 극복하려면 그 동안 당연시해온 삶의 방식을 근본적으로 바꾸고 지금과는 질적으로 다른 새로운 형태의 사회를 건설해야 할 것이다.

2

이 새로운 사회를 "문화사회"라고 규정할 수 있지 않을까 싶다. "문화사회"는 용어도 생소하려니와 그 의미나 개념, 혹은 그 기획의 내용과 취지 등이 우리에겐 그렇게 많이 알려져 있지는 않지만 서구의 좌파들이 1970년대 이래 꾸준히 제창해온 사회기획의 하나다. 경제적 이성의 기획을 비판하며 대안적 사회 건설을 줄기차게 모색해온 앙드레 고르에 따르면 "문화사회"(Kulturgesellshaft)는 독일 좌파들이 "노동사회"(Arbeitgesellschaft)와 대비하여 사용한 사회의 이름이다.[1] 노동사회에서 개인들의 사회적 활동은 완전히 혹은 거의 전적으로 자본주의적 임금노동에 의해 규정되고, 일상 자체가 임금노동과 그것을 위한 부수적 활동으로 이루어진다. 반면에 문화사회는 개인이 임금노동을 위해 바치는 시간이 최대한 줄어든 사회, 사회구성원에게 가처분시간, 자유시간을 최대한 제공함으로써 임금노동과 무관한 자율적인 활동을 추구할 수 있게 하는 사회이다. 문화사회를 구성하는 데 핵심적인 조건의 하나는 자유시간의 충분한 확보이다. 자유시간은 상품의 생산과 소비로부터 자유로운 시간, 이윤 창출이라는 자본주의적 명제가 부과하는 압박에서 벗어나 개인이 자율적인 삶을 추구할 수 있는 시간이다. 이 시간의 특징은 쉽게 판매 대상이 되지 않는다는 데 있다. 판매될 필요가 없기 때문에 이 시간은 남에게 공짜로 제공될 여지가 높다. 이런 시간으로 구성되는 사회는 리프킨이 『노동의 종말』에서 언급하고 있는 "제3부문"과 유사할 것이다. 리프킨에 따르면 "제3부문은 독립적 또는 자원적 부문으로도 알려져 있다. 이 부문은 공동체연대가 금전적 장치를 대체하고 '자신의 시간을 남에게 주는 것'이 자신과 자신의 서비스를 타인에게 판매하는 데 근거한 인위적인 시장관계를 대체하는 영역이다."[2]

물론 지금 우리가 살고 있는 사회는 이런 문화사회가 아니다. 삶의 조건, 일상은 노동사회의 특징들로 점철되어 있고 대부분 사람들은 노동의 고역에 시달린다. 며칠 전에 시청한 한 TV 프로그램은 창업투자에 관한 것이었는데, 어느 대기업 자회사 사원의 활동을 그리면서 저녁 8시30분에 귀가한 것을 놓고 모처럼 일찍 퇴근한 것이라고 말하고 있었다. 그 전에 본 한 TV 프로그램은 농구스타 허재가 시즌 중에는 일주일에 한 번씩밖에는 집에 가지 못하는데 최근에는 소속 팀의 성적 부진

1) André Gorz, *Critique of Economic Reason*, tr. Gillian Handyside and Chris Turner, Verso, 1989, p. 93.
2) 제레미 리프킨, 『노동의 종말』, 이영호 역, 민음사, 1996, 316쪽.

으로 선수들 전원이 휴가를 반납한 상태라 그나마 한 번도 들르지 못하는 형편이라 했다. 지난 학기 내 강의를 들은 박사과정 한 학생은 영세 의류제조업을 경영하는 친구가 몇 달 동안 두세 시간만, 그것도 자동차 안에서 새우잠을 자는 신세라고 했다. 불황으로 종업원을 모두 내보내어 혼자 일을 감당해야 하는 것이 이유였다. 내가 아는 한 여성은 10년 이상 전업주부로 지내다가 최근 취직을 했는데, 직장에서 대량 감원이 있은 후 퇴근시간이 자꾸 늦어지고 있다고 한다. 며칠 전에 읽은 『한겨레신문』에는 10여 년 동안 아침 6시에 출근하여 저녁 12시에 퇴근하던 한 젊은 회사원이 과로사로 사망했다고 하는 기사가 실려 있었다. 이처럼 우리 주변에는 일 때문에 고난을 겪고 있는 사람들이 쫙 깔려 있다. 이들의 고난은 한결같이 임금노동의 강요에서 벗어날 수 없기 때문에, 오늘 우리가 살고 있는 사회가 임금노동에 기초한 사회, 즉 노동사회이기 때문에 발생한 것이다. 노동사회는 그 속에 사는 사람들이 늘 시간 부족, 시간기근증에 시달리게 만드는 경향이 있다. 사회적 목표가 자본의 축적에 있기 때문이다. 더 많이, 더 효율적으로 자본을 축적하고자 하면 자본의 회전에 가속도가 붙게 된다. 상품의 생산과 소비도 가속도의 원리에 지배받게 된다. 이런 사회에서 대중의 삶이 높은 노동강도에 시달리는 것은 당연한 일이다. 문화사회가 노동사회와 대비된다면 그 삶의 형태는 대중을 노동의 고역에 찌들게 만드는 오늘의 상황과는 달라야 할 것이다.

자유시간으로 구성되는 문화사회의 주요 특징은 그 속의 활동들이 이윤 창출보다는 더 나은 삶을 창출하는 쪽으로 사회적 목표가 설정될 수 있고, 시간 및 삶의 자율적 조직이 가능하다는 것이다. 문화사회에서 시간은 노동사회의 주요 활동인 상품의 생산과 소비에 얽매여 있지 않다. 상품의 생산과 소비에 전유되고 나면 삶은 일그러진 일상으로 점철되고, 노동시간 이후에는 특히 소비문화의 지배를 받게 된다. 오늘날 소비문화가 대중문화를 이루고 있는 데에는 물론 그만한 이유가 있다. 남녀노소, 계급, 직업, 인종, 지역 등을 망라하는 다수 인구가 소비문화를

190

자신의 문화로 수용하는 것은 거기에 어떤 해방적인 측면이 있기 때문이다. 소비문화의 해방성은 대중이 지닌 꿈과 욕망의 구현을 약속하는 데 있다. 하지만 대부분의 경우 소비문화의 이런 약속은 약속으로 끝날 뿐이다. 소비문화는 욕망의 구현을 약속하지만 실인즉 그 구현의 가능성을 환기시키고 있을 뿐이다. 소비문화에 만연한 자극들, 부추김들, 약속들은 욕망의 구현과는 거리가 멀다. 소비문화는 상품이 약속하고 있는 것을 제공하지는 않는다. 그런 점에서 소비문화는 우리의 욕망 충족을 차단함으로써 욕망의 갈증을 계속 갖게 만드는 욕망 창출 기제이다. 욕망 충족의 약속을 위반함으로써 존립하는 것이 소비문화인 것이다. 욕망의 충족이 아니라 그에 대한 약속이 노동사회와 소비문화의 특징으로 자리잡는 것은 자본주의 사회에서는 삶이, 그리고 삶이 드러내는 다양한 욕망들이 이윤 창출에 종속되기 때문이다. 이 결과 욕망은 단수화를 면치 못한다. 사람들의 다양한 복수적 꿈들은 사람들이 "소비의 전사"가 됨에 따라 상품 생산과 소비의 틀로부터 벗어나지 못하게 된다. 결국 욕망의 다양화, 복수화는 예방되고 말고, 복수적 욕망들의 차이도 통제의 대상으로 전환되고 만다.

문화사회는 욕망의 약속이 아니라 욕망의 자율적 조직으로 구성된다고 할 수 있다. 문화사회에서 욕망은 부풀려지거나 창출될 필요가 없다. 상품논리로부터 벗어나면 욕망은 약속에 의해서 유예될 필요가 없고 그 충족이 미래로 예기되지 않고 현재에 실험될 수 있다. 욕망의 이 현재적 실험은 문화사회의 활동들이 자유시간에 의해 보장되는 자율적 활동이 될 수 있기 때문에, 현재의 삶이 미래에 일어날 욕망의 충족에 대한 약속 형태가 아닌, 지금 여기서의 활동들로 구성되기 때문에 가능하다. 문화사회에서 이런 활동이 가능한 것은 노동보다는 놀이가 일상을 지배할 수 있기 때문이다. 삶의 목표는 이제 노동을 위한 노동을 하는 데 있지 않다. 임금노동은 인간의 창조적 능력의 발휘나 자아 실현을 위한 기회보다는 개인의 쾌락, 즐거움을 지연시키고 자아 실현을 유예시키는 계기로 작용하기 쉽다. 자아의 실현을 위해서 필요한 것은 임금노동에서 해방된 시간, 즉 자유시간이 필요하다. 이런 자유시간을 확보한 문화사회에서 노동은 놀이에 비해 부차적이다. 삶의 목표는 이윤을 남기는 데, 임금을 획득하는 데 머무르지 않고 개인적 집단적 여유를 확보하는 데, 삶을 반추하며, 이상을 실현하고, 표현의 욕구를 마음껏 펼치는 데 놓인다. 물론 이런 즐거움의 추구는 소비문화적인 행태와는 다르다. 노동사회의 여가시간은 노동의 후유증을 치유하는 활동에, 피로회복을 위한 오락, 기분전환, 유흥 정도에 그친다. 자본주의적 소비문화는 이런 활동을 관장하는 사회적 장치다. 반면에 문화사회에서 자유시간은 개인적 집단적 꿈, 이상, 욕망의 실현에 바쳐진다.

3

문화사회의 구체적인 양상은 어떠할까? 가장 기본적인 양상은 지금과는 비교되지 않을 정도의 긴 자유시간이 확보되어 있다는 것일 게다. 이 자유시간의 정확한 길이에 대해서는 논란의 여지가 있겠지만 앙드레 고르는 나름대로 근거를 가지고 연 1,000시간 또는 그 이하의 노동시간을 제시한다.3) 이런 정도면 1주일에 이틀 반, 1개월에 열흘, 6개월에 2개월, 1년에 5개월, 2년에 10개월 정도의 노동이다. 노동하는 날보다 하지 않는 날이 더 많다. 이런 조건에서 사람들은 무엇을 할 수 있을까? 임금노동의 질을 향상시키는 데, 기술 혁신을 위해 시간을 쓸 수도 있겠지만 임금노동에서 벗어난 활동들을 다양하게 할 수 있는 길이 더 많이 열릴 것이다. 임금노동을 할 기회를 얻기 위해서만 시간을 보내는 것은 지난 시절의 일이 된다. 취업을 위한 새로운 기술을 습득하는 것도 여전히 필요하겠지만 그보다는 자신의 삶의 질을 높이는 데 더 많은 시간을 쓸 수 있다. 일주일에 4일 내지 5일을 쉬고, 1개월에 20일, 6개월에 4개월, 1년에 7개월, 2년에 14개월, 또는 일생 동안의 노동가능 기간 중 3분의 2를 쉴 수 있는 개인이 할 수 있는 일은 무척이나 다양할 것

---

3) Gorz, op. cit., pp. 195, 227-228, 234.

이다. 새로운 기술을 익히거나 여유있게 여행을 즐기거나 새로운 인생 행로를 개척하기 위한 준비도 가능하고, 상품문화의 수동적인 소비가 아닌 자율적이고 창조적인 문화활동을 할 수 있다. 노동하는 시간보다 노는 시간이 더 많게 되면 쌓인 피로를 푸는 데 사용하는 시간이 훨씬 더 작은 비중을 차지하게 된다. "자신의 시간을 남에게 주는 것"도 그래서 일상적인 일이 될 수 있다. 여유가 더 많이 생긴 만큼 타자에 대한 배려도 질적으로 달라진다. 적대적이고 파괴적인 행동이 줄어들고 호혜적인 행동들과 태도들, 관용과 포용의 태도가 낯설지 않게 될 것이다. 공동체생활을 윤택하게 만들기 위한 자원봉사에 더 많은 정성을 쏟고, 파괴된 환경을 복구하고 자연의 생명력을 복원하는 일에 더 열심히 참여하게 된다. 이런 활동들은 물론 자유시간의 충분한 확보를 통해 가능한 것이다. 이들 활동은 욕망의 자율적 조직인 것이지 그 충족의 약속이나 유예와는 다르다. 시간의 자율적 조직, 삶의 자율적 설계가 가능할 때 우리의 활동들은 욕망의 충족에 대한 약속에 의존하는 것과는 다른 유형의 삶을 가능하게 만든다. "더 나은 삶"은 더 이상 미래에, 상품의 약속 안에 있지 않다. 새로운 형태의 생활을 발견하거나 실험하는 일도 내일의 일만이 아니다. 대상세계를 탐구하고 과학이론을 섭렵하고 사회를 연구하고 그 구성을 이해하고, 새로운 기술을 개발하고 사색을 즐기는 일 등도 소수 전문가의 특권적 활동이 아니라 자발적으로 원하는 사람들의 일상적 활동이 될 수 있다.

　문화사회적 양상은 노동하는 인구에게만 나타나지 않을 것이다. 중고등학생들은 어떻게 될까? 마침 교육부가 2002년부터 대학입학시험을 무시험 전형으로 치르겠다고 나서고 있는데, 무시험 전형이 바람직한 방향으로 실시되면 학생들의 일상이 크게 바뀔 수 있다. 이 변화를 문화사회의 관점에서 상상해보자. 이 "상상해보자"는 표현에는 새로운 교육정책이 가져올 청소년 생활환경의 개선 가능성에 대한 기대와, 교육부 방침에 대한 불신이 뒤섞여 있음을 미리 고백한다. 사실 무시험 전형이 실시된다 해도 문화사회적 효과가 나올 것이라 믿기지는 않는다.

현재 교육부가 추진하고 있는 "개혁"은 신자유주의 정책으로서 문화사회 건설을 목표로 하기보다는 오히려 그 반대이기 때문이다. 신자유주의 교육개혁은 "20 대 80 사회"의 준비를 위한 개혁이요, 주로 인구의 서열화를 꾀한다. 시험을 치르지 않는다고 해서 학생들을 평가하지 않는다는 것도 아니다. 그러나 이런 불신을 품으면서도 무시험 전형의 보편화가 가져올 함의를 과소평가하고 싶지는 않은데, 그 조치가 학생들에게 지금껏 누리지 못한 자유시간을 듬뿍 제공하는 계기가 될 수도 있겠다 싶기 때문이다. 무시험 전형이 자유시간의 확대로 이어질 수만 있다면 입학시험 준비에 사용가능한 시간을 죄다 바치고 있는 학생들의 삶과 그것을 둘러싼 여러 환경, 조건 등에 적지 않은 변화를 일으킬 것이다. 지금 고등학생들은 오전 7시 정도에 등교하고 오후 9시나 10시 정도에 하교한다. 정규 수업이 끝나도 학교가 "자율" 학습이라는 명목으로 늦게까지 학생들을 강제로 잡아두고 있기 때문이다. 더 일찍 하교한다고 해서 쉴 수 있는 것이 아니다. 대개 학원으로 직행해야 하거나 일찍 귀가한다 해도 "5당6락" 운운하는 상황에서 학습 이외 활동은 모두 문제학생들의 행태로 치부된다. 한국의 학생들은 지금 그래서 생산활동에 얽매인 노동자보다 더 심한 중노동에 얽매여 있는 셈이다. 무시험 전형과 함께 이런 학습노동이 줄어들면 고등학생들도 오전 9시에 등교하고 오후 3시께 하교할 수 있게 된다. 수업일수도 축소되어 토요일에는 등교할 필요가 없다. 이런 변화가 일어나면 학생들의 일과는 지금과는 크게 달라질 수밖에 없다. 시간이 많은 사람들은 기상천외의 생각과 활동을 하는 법이다. 학습노동에서 해방된 학생들은 넘쳐나는 자유시간을 스스로 조직하는 기회를 갖게 된다. 학생들이 방임되면 오히려 문제를 더 많이 일으키지 않겠느냐고 걱정하는 사람도 있겠지만 구더기 무섭다고 장 못 담그지는 않는다. 그런 우려가 전혀 근거 없다는 말은 아니다. 오후 3시 이후부터 학교에서 나와 거리를 배회하는 학생들이 자본주의 소비문화에 포획당할 가능성이 큰 것도 사실이다. 여태 타율적인 삶을 강요받아온 청소년이 쉽게 자율적 생활을 이끌 능력을 갖추리라 기대하기도 어렵다. 그러나 이런 문제점들이 예측된다고 해서 학습노동을 계속 강요할 수는 없다. 그보다는 학생들이 창의적으로, 생산적으로 시간과 삶을 조직할 능력을 갖추도록 돕는 일이 필요하고 따라서 문화사회를 조직하고 그 사회에 걸맞은 활동을 강화하는 것이 요청된다. 교육도 새로운 형태로 바뀌어야 할 것이다. 방과 후 학생들이 탐구, 봉사, 창작, 교제, 오락 등 다양한 활동을 능동적이고 창의적으로 할 수 있도록 하는 일이 새로운 교육과제로 부상된다. 정규교육과 방과 후 교육의 연결도 새로운 과제가 될 것이다. 여기서 핵심은 여전히 학생들이 스스로 자율적인 삶을 이끌 수 있는 능력을 강화하는 것이다. 학생인구의 규모를 생각할 때 이런 능력 강화를 위해서는 사회의 전면적인 노력이 필요할 것이다. 당연히 우리 사회의 새로운 조직과 구성이 요청된다.

4

이쯤해서 아직 도래하지 않은 사회를 놓고 마치 현실이라도 된 것인 양 말하는 것이 썩 마음 편한 일은 아님을 밝히고 싶다. 현재 한국의 법정 노동시간은 44시간이요, 실질 노동시간은 48시간에 달한다. "자유시간"이 많아진 사람이 최근 들어 많아졌으나 알다시피 대부분 기업의 도산이나 정리해고로 실업자가 된 사람들이다. 노동시간도 최소화되지 않았고, 자유시간을 "확보"한 경우일수록 삶의 질이 추락하는 것이 우리의 열악한 현실이다. "문화사회" 운운하는 나의 귓전에는 그래서 "웃기는 소리하지 말라"는 힐난이 자꾸 들리고 있다. 사실 문화사회의 도래는 현실도 아니고, 쉽게 이루어지는 것도 아니다. 자유시간이 많아진다 한들 소득이 크게 감소해버리면 남는 것은 굶주림이요 절망일 뿐이다. "문화사회" 논의는 그래서 문화사회 형성을 위한 조건들을 면밀하게 검토하면서 진행될 필요가 있다.

문화사회를 구성하는 데 가장 중요한 조건은 아무래도 지금까지 강조한 '자유시간'이겠지만 그에 버금가는 조건으로 소득보장을 꼽을 필요가 있다고 본다. 노동시간이 줄어든다고 해서 소득이 줄어들어서는 안 된다. 물론 노동시간이 단축될 경우 그만큼 임금을 줄여야 한다는 주장이 대두할 것은 충분히 예상된다. 독일의 폴크스바겐 자동차공장 등 외국 사례를 보더라도 노동시간을 단축한 기업에서 임금을 삭감하는 것은 통례다. 노동시간 단축은 통상 정리해고를 회피하기 위한 조치이다. 개별 기업에 노동시간 단축은 그래서 경쟁력 약화로 이어질 가능성이 높다. 노동자수는 그대로인데 노동시간은 줄어드니까 말이다. 그러나 노동시간이 줄어든다고 자동적으로 임금을 삭감해서는 안될 것이다. 물론 기업의 약화된 경쟁력을 보상하기 위한 조치가 필요하기는 할 것이다. 기업에 대한 세제 감면 등 지원책도 강구해야 할 필요가 있다. 하지만 임금 삭감이 불가피한 경우라고 해도 임금 삭감이 곧장 노동자의 소득 감소로 이어져서는 안 된다고 본다. 임금과 소득을 사회적으로 구분하여 설령 임금이 줄어든다고 해도 임금 이외의 수단으로 소득을 보장해야 할 것이다. 이를 위해서는 여러가지 사회적 조치와 장치들이 필요하다. 무엇보다도 탄탄한 사회적 안전망을 구축하는 것이 요청된다. 임금의 삭감을 보충하는 사회적 지원, 이를테면 실업기금의 임금 삭감분으로의 전환이나 혹은 세제상의 특혜와 지원 등의 형태로, 또는 일상생활에 비용이 많이 들지 않게 하는 사회적 정책이 필요하다. 천정부지로 솟은 부동산가격을 낮추거나 제대로 된 주택 정책을 펼쳐 주거비를 낮추고 교육, 의료비를 최소화하는 노력도 같은 맥락에 속한다.

문화사회의 도래는 또한 노동사회에서 당연한 것으로 여기는 삶의 조건, 생활태도, 가치관 등의 변화를 전제로 한다. 문화사회가 되기 위해서는 커져만 가고 있는 상품화 경향에 대한 제동이 필요하다. 노동사회는 삶에 필요한 물품, 재화, 서비스를 죄다 상품으로 전환시키는 상품사회다. 여기서 지배하는 사고방식은 상품제일주의이다. 무엇이든 돈이 되면 상품으로 만들자는 태도인데, 과거에는 비상품으로 인정되던 문화예술이 상품의 부가가치를 높이는 데 기여할 것을 요구하는 문화산업론이 그 한 예다. 마찬가지로 이전에는 그대로 마시던 물, 마음껏 숨쉬던 공기, 청정하던 환경이나 이웃끼리 오가던 인심까지 지금은 상품으로 전락하였다. 이런 것은 노동시간에서 분리된 놀이시간이 소비의 시간으로 전환되는 것과 맥을 같이하는데, 문화사회가 되기 위해서는 이런 식의 삶에 변화가 와야 할 것이다. 특히 놀이에 돈이 들어가는 문화, 소비문화에 제동이 걸릴 필요가 있다. 노는 데 돈이 들어가면 임금노동에서 면제된 시간은 노동으로 복귀하기 위한 준비시간으로 전환될 뿐이다. 노는 데 쓸 돈을 벌기 위해서는 임금노동에 의존할 수밖에 없기 때문이다. 소비문화에 길든 사람들은 비용이 더 많이 들어가야만 더 재미있게 놀 수 있다고 할지 모르지만 사실 노는 데 큰돈이 필요한 것은 아니다. 소비와 구분된 놀이가 사회적으로 가능해지면, 놀이시간이 자율적 활동시간으로 전환되고, 자율적 활동이 된 놀이가 사적인 이윤 추구와 구분되면, 노는 데 별로 돈이 들지 않는다. 물론 이렇게 되기 위해서는 놀이에 공공성이 깃들 필요가 있다. 우리 사회에서 노는 데 꼭 돈이 들어야 하는 것은 비노동 부문에 공공성이 전혀 구축되어 있지 않기 때문이다. 한국의 도시에는 공원이 너무 부족하고 공공시설이 거의 없다. 있다고 해도 시민을 기피하거나 거부하는 운영 방식 때문에 접근이 거의 불가능하다. 공짜로 혹은 염가로 사용할 수 있는 놀이시설이 태부족한 상황에서 사람들이 여가를 즐기기 위해 갈 수 있는 곳은 커피점, 술집, 음식점 등 비용을 써야 하는 곳들 뿐이다. 큰 돈 들이지 않고 잘 놀 수 있는 문화를 만들려면 사회적 공공성을 강화해야 한다.

지금의 노동사회는 노동을 신성시하는 노동윤리를 당연하게 여긴다. 사람들은 열심히 일하는 것이 당연하고 바람직한 생활태도라고 받아들인다. 이 자본주의적 노동종교의 후유증은 수많은 사람들이 일의 노예가 된다는 것이고, 적지 않은 사람들이 노역의 결과 스트레스가 쌓이고, 건강을 해치고 심지어는 과로사까지 당하게 된다는 것이다. 문화사회가 오게 하기 위해서는 노동윤리를 무조건 수용하는 태도에서 벗어날 필요가 있다. 이는 노동거부의 사상이 사회에 널리 퍼져야 한다는 말이다. 노동이라는 노동은 모두 거부하자는 것은 물론 아니다. 노동은 사회적으로 필요하며, 사회적으로 필요한 노동을 외면할 경우 인간의 삶, 문명은 성립될 수가 없다. 그러나 동시에 사회적 필요 노동은 최소화해야 한다. 임금노동의 고역에 수많은 사람들이 신음하고 있는 상황에서 필요 노동을 증대시키려 하고 그것을 당연한 것처럼 여기게 하는 노동 찬양의 태도, 노동윤리는 그 의도가 심히 의심스럽다. 삶을 노동의 지배하에만 두는 것은 삶의 목적을 망각하는 일이다. 노동거부 사상은 노동찬양의 태도에 깃든 반인간적 기획에 대한 비판적 입장에서 나온다. "즐거운 노동"의 가능성을 부정해서는 안되겠지만 즐거운 삶이 우리의 목표라면 사람들을 노동을 위한 노동으로 몰아가는 노동윤리를 무조건 지지할 수는 없다. 문화사회는 더 많은 사람들이 노동을 거부하는 태도를 당당히 드러낼 때 앞당겨질 수 있다. 다행히 최근 들어와서 노동을 무조건 찬양하지 않는 사람들의 수가 늘어가는 추세로 보인다. 월급을 적게 받더라도, 승진을 늦게 하더라도 일에 얽매이지 않겠다는 젊은 사람들이 늘었고, 한평생 일만 죽도록 한 것을 원통하게 여기는 노인들도 늘어났다. 인생의 목표를 일을 더 많이 하는 데 두기보다는 더 많이 놀고 즐기는 데 두는 사람들의 수가 늘어가는 것이 그렇게 나쁜 것이 아니다. 문화사회가 더 빨리 오기 위해서는 생활태도, 가치관을 노동 중심에서 벗어나게 하는 것이 필요하다.

5

생활 태도, 삶의 태도가 이처럼 바뀌는 데에는 그만한 이유가 있어 보인다. 오늘날 사회적 삶의 물질적 조건에 변화가 생긴 것이다. 한편으로 보면 전세계에서 노역에 시달리는 사람들이 많아지고 있지만 또 다른 한편으로 보면 지금 노동은 사라지고 있는 중이라 할 수 있다. 리프킨에 따르면 이것은 문명사적 변환이다. "인간의 노동은 현재 처음으로 생산과정으로부터 체계적으로 제거되고 있다. 1세기 이내에 시장 부문의 대량 노동은 사실상 세계의 모든 산업 국가들에서 사라져갈 것이다. 정교한 정보통신기술의 새로운 시대가 다양한 노동상황에 신속하게 침투하고 있다. 지능기계가 무수한 과업에서 인간을 대체하면서 수많은 블루칼라와 화이트칼라 노동자들을 실업자로 만들고 있다.”4) 이 결과 세계는 지금 실업자의 증가로 몸살을 앓고 있다. 프랑스와 독일은 벌써 오래 전부터 10%대를 훨씬 웃도는 실업률로 몸살을 앓고 있고, 미국과 일본도 완전 고용은 먼 꿈이다. 우리 사회도 마찬가지다. 1998년 말 정부의 통계방식으로도 실업자수가 이미 165만명에 이르렀다고 하는데, 집계 방식을 현실적으로 잡으면 400만명이 넘는다는 것이 노동계의 주장이다.

실업자가 늘어난다는 것은 일자리가 줄어든다는 말이다. 왜 자꾸만 일자리가 줄어드는가? 흔히 경기가 나빠서, 경제가 위기에 처해서 그렇다고 한다. 그러나 일자리가 줄어들고 있다는 사실은 사회적으로 필요한 노동량이 줄어들고 있다는 말이기도 하다. 사회적으로 필요한 노동시간이 줄어드는 것은 기술혁명 때문이다. 고르는『경제적 이성 비판』에서 “1978년 이후 산업의 생산성은 5%에서 6% 사이로 증가했고, 경제 전체에서는 매년 3%에서 4% 사이로 증가했다. 상업적 재화와 서비스의 생산은 매년 2%가 증가했다. 다른 말로, 경제는 성장해왔지만 필요로 하는 노동의 양은 매년 약 2%가 감소한 것이다. 이 노동의 절약은 주로 로봇공학과 정보테크놀로지에서 예견되는 개선 덕분으로 지금(1986년)과 세기말 사이에 가속될 전망이다”고 하였다.5) 리프킨도 “우리는 역사상 유례가 없는 거대한 사회변혁을 초래하는 강력한 신기술혁명 속으로 휩쓸려 들어가고 있다”고 한다.6) 두 사람의 말은 종합하자면 기술혁명의 진전과 그에 따른 생산성의 증가로 인해 사회적으로 필요한 노동량이 획기적으로 줄어들고 있고 바로 이 때문에 노동시간을

4) 리프킨, 앞의 책, 21쪽.
5) Gorz, op. cit., p. 227.
6) 리프킨, 앞의 책, 32-33쪽.

단축할 수 있는 기술적 조건이 갖춰졌다는 것이다.

문제는 이 "신기술의 경이로움과 마력"을 신뢰할 수 없고, "근대적 기술이 우리를 해방시켜줄 것"이라는 기술해방론자의 말을 믿을 수 없다는 점이다. "수많은 사람들이 보다 나은 내일의 희망을 컴퓨터 혁명의 해방적 잠재력에 걸고 있"지만, "일하는 사람들이 지금까지 고대해왔던 풍요와 레저라는 '꿈'의 실현이…더욱더 멀어지고 있"고 "대다수 노동자들의 경제적 운명은 기술적 풍요의 와중에서도 계속 악화될 것"이기 때문이다.[7] 따라서 우리가 지금 던져야 할 질문은 문화사회의 실현이 충분히 가능한 지금 왜 문화사회는 오늘 우리의 현실이 아닌가라는 것이겠다.

6

노동시간 단축을 실현할 기술적 조건이 충분히 구비되었음에도 불구하고 노동시간 단축이 많은 사람들에게 여전히 꿈으로 남아 있는 것은 무엇보다도 계급투쟁의 결과이다. 지난 20여 년간에 걸쳐 자본주의사회는 자본의 신자유주의 전략에 의해 농락당해 왔다. 이 "자본의 혁명"은 사회변혁의 꿈을 무력화하였고, 노동자계급으로 하여금 노동시간 단축 투쟁에 힘차게 나서지 못하게 하였다. 자본의 혁명이 성공을 거둔 결과 노동자계급은 지금 분할 지배당하고 있다. 노동할 권리를 유지하고 있는 노동자와 노동권을 상실한 노동자 사이에 분할이 생겨, 노동과 자본 간 싸움이 아닌 노동과 노동간 경쟁과 갈등이 일어나고 있다. 이 결과 노동조합 가입율은 갈수록 낮아지고 있고, 노동조합은 조합원만의 이익을 위한 경제투쟁에 급급한 실정이다. 노동자계급의 이러한 분열을 막기 위해서는 어떻게 해야 할까? 노동자 전체의 고용 안정이 이루어지고, 노동자들이 노조를 중심으로 단결할 수 있어야 할 것이다. 그러나 정리해고당하는 사람들의 수가 늘어나고 있는 상황에서 고용 안정은

---

7) 같은 책, 33쪽.

목표일 뿐이다. 고용 안정을 달성하기 위해서도 반드시 필요한 조건이 있다. 노동시간 단축이 바로 그것이다. 사람들이 노동권을 박탈당하지 않고 고용 안정을 누리기 위해서는 모든 사람들이 일을 덜 하는 체제가 만들어져야 한다. 노동을 원하는 사람들을 모두 고용할 수 있도록 하기 위해서는 일자리를 더 많이 창출하는 것도 필요하겠지만, 일자리 창출은 경기회복과 자본의 방침에 더 크게 의존하기 때문에 노동자계급으로서는 신뢰할 수 없는 고용안정책이다. 그보다는 현재의 일자리만으로도 노동을 원하는 사람들 모두가 노동할 수 있는 조건이 갖춰져야 한다. 이를 위해서는 정리해고를 막아내는 일이 필요하고, 기업의 도산이나 불가피한 구조 개혁으로 해고되는 노동자에게 가능한 한 빠른 시간에 다시 고용의 기회를 갖도록 하기 위해 전체 노동자의 노동시간을 단축해야 한다. 이미 말한 대로 실업자를 양산하는 일, 곧 정리해고는 사회적으로 필요한 노동량의 감소 때문에 생긴 일이다. 자본은 정리해고제 도입을 통해, 대량 해고를 통해 이런 정세에 대응하고 있다. 하지만 노동자로서는 정리해고 대신 노동시간 단축으로 정세를 돌파해야 한다.

하지만 현재 상황에서 노동시간 단축을 실현시킬 전망은 그렇게 많지 않다. 노동운동의 활성화가 핵심적인 조건이겠지만 노동운동이 모든 사람들의 일할 권리를 주장할 만큼, 그리고 노동시간 단축과 자유시간의 확대를 통해 문화사회를 건설하는 데 앞장설 만큼 발전해 있는 것은 아니다. 노동운동의 이런 현실적 한계는 문화사회의 건설에 중대한 장애 요인으로 작용한다. 조직된 노동자만 노동자로 간주하게 되면 노동에서 배제된 사람들은 노동운동과 동떨어지게 된다. 이 결과 노동운동은 노동 내부의 문제에만 매몰하게 되고 노동시간을 벗어난 문제들, 문화사회적 문제들을 다룰 관심이나 여력이 없어질 공산이 크다. 이런 상황은 노동운동이 다른 사회운동과 연대하는 데에 지장을 초래할 수 있다. 하지만 문화사회 건설에서 노동운동의 역할은 핵심적이다. 노동운동이 빠지게 되면 노동시간을 단축할 수 있는 역량을 가진 실질적인 주체가 사라지고, 문화사회를 건설할 사회적 주력이 사라지게 된다. 노동운동이 노동조합운동의 형태를 띠되 늘 외부의 다른 사회운동과 연대를 모색해야 하는 이유가 여기에 있다.

비노동 부문에서 활동하는 사회운동들도 그 활성화를 위해 노동운동과 연대하지 않으면 안 된다. 사회운동의 활성화 역시 노동시간 단축을 전제로 하기 때문이다. 오늘 우리 사회에 사회운동이 저조한 상태에 놓인 데는 열악한 노동조건이 중요한 이유로 작용하고 있다. 인구의 대부분이 장시간 노동시간에 시달리는 상황에서는 사회운동에 기여할 자유시간을 확보하기란 매우 어렵다. 대부분 시민운동이 상층부 인사들을 중심으로 하여 전개될 뿐 풀뿌리 운동의 형태를 띠지 못하고 있는 것도 일하는 대중이 너무 긴 노동시간에 얽매여 있는 점과 무관하지 않을 것이다. 노동시간 단축과 함께 더 많은 자유시간을 확보하지 못할 경우 우리 사회의 시민운동, 사회운동의 전망은 그렇게 밝지 못하다. 이런 점에서 사회운동은 노동시간 단축을 실현코자 하는 노동운동이 사회운동 활성화의 주요 동력임을 인식하고 노동운동의 그러한 노력에 기여할 수 있어야 한다. 환경운동, 여성운동, 문화운동, 소비자운동 등 다양한 시민사회운동이 노동운동에 대해 적극 협조하고 연대하는 태도를 취해야 할 이유가 여기에 있다.

7

문화사회를 유토피아로 생각해서는 안 된다고 본다. 우선 노동시간 단축이 이제 현실적 요구로 다가와 있다는 의미에서 문화사회는 유토피아가 아니다. 대량 실업의 발생은 사회적 생산을 위해 필요한 노동의 양이 감소했다는 증거이다. 인간의 모든 활동을 임금노동에 종속시키는 지금은 관행은 더 이상 필요하지도 바람직하지도 않다. 문화사회의 건설은 그래서 희망사항만이 아니라 현실적으로 필요하고 또 가능하다. 문화사회는 또한 이상사회가 아니라는 점에서 유토피아가 아니다. 문화사회를 모든 사회적 쟁점들이 해결된 완벽한 사회라고 볼 수는 없다.

문화사회가 온다고 해서 계급투쟁, 성차별, 지역 또는 세대 간 갈등, 환경 문제 등이 완전히 사라질 것으로 기대해서는 안될 것이다. 노동 문제도 그렇다. 문화사회라면 획기적인 노동시간 단축을 이룬 사회겠지만 그렇다고 노동이 완전히 소멸하리라는 것은 망상에 불과하다. 『노동의 종말』이라는 리프킨의 책 제목은 그런 점에서 오해의 소지가 크다. 노동은 사회적으로 여전히 필요할 것이며, 사라지지 않을 것이다. 사회에서 노동이 없어지려면 자연적 필요가 없어져야 하고, 인간이 더 이상 자연의 일부가 아닐 수 있어야 할텐데, 이것은 어불성설이다. 이데올로기나 권력관계, 상품관계도 존속할 것이다. 상품 생산, 시장이 사라지게 되면 물품을 각자 만들어야 하거나 남한테서 공짜로 얻을 수 있어야 하는데, 그런 환경이 좋다고 할 수는 없다. 용품, 식품 등을 자급해야 하거나 선물로 받을 뿐이라면 물품의 질과 관련된 선택권을 행사할 길은 아예 없는 셈이다. 권력문제가 사라진다는 것도 생각하기 어렵다. 그렇게 되면 인간 사이의 모순과 갈등이 사라지는 것일텐데 그런 사회야말로 유토피아, 즉 불가능한 사회이다. 이데올로기가 소멸하는 것도 꼭 바랄 일은 아니다. 그렇게 될 경우 과학을 위한 입장, 즉 과학이데올로기마저 없어지게 될 테니까. 이런 점들은 문화사회에서도 여전히 치유해야 할 사회적 문제들이 남게 될 것임을 말해준다. 바람직한 삶의 형태, 인간관계, 인간-자연관계 등을 만들기 위한 노력이나, 노동사회에서 당연시되거나 강화되는 태도, 활동, 경향, 관계들을 근절하려 하고 축소하려 하는 노력은 여전히 필요할 것이다. 사회세력들간의 지배 현상을 최소화하는 노력과, 이런 노력이 힘을 얻게 하는 이데올로기 투쟁도 지속되어야 한다. 환경을 지키려는 노력, 성차별의 최소화나 자유시간의 확대를 위한 노력, 표현의 자유와 사상의 자유를 신장하기 위한 노력도 마찬가지다.

그렇다고 해도 "문화사회"를 상정하는 것이 전혀 의미가 없지는 않다고 본다. 노동사회와 대비되는 사회를 설정하고, 그것을 새로운 사회로 인식하는 일은 오늘 일상이 강요하는 생활과는 다른 유형의 삶을 꿈꾼다는 말이다. 일상이 강요하는 삶은 노동과 시장이 결합된 삶일 뿐이다. 거기서 인간다운 삶은 상품가치와 화폐가치에 의해서 오염되고 있을 뿐이다. 문화사회를 상상하고 그런 사회를 실현하기 위해 노동운동과 사회운동을 활성화하는 노력은 우리의 삶을 새로운 차원의 삶으로 전환시키기 위함이다. 그 노력은 인류사회가 오랫동안 가치 있다고 여겨 온 것들을 보존하고 인간의 잠재력을 더 잘 구현하는 새로운 조건들을 만드는 것이다. 이를 위해서는 봉사, 헌신, 인정, 우애, 평화, 자유, 자율, 명예, 위엄, 지혜 등을 위한 활동이 이윤을 남기려는 계산과는 무관해질 필요가 있다. 인간적 가치들을 구현하기 위해서는 그 가치들의 소중함을 느낄 수 있어야 한다. 가치들을 지속시키고, 새로운 가치들을 창조하는 능력도 강화해야 한다. 이윤을 위한 계산에 의거한 생활이 아니라 그런 계산을 넘어선 활동, 인간적 가치의 의미를 추구하는 삶의 방식, 인간과 인간의 공존, 인간과 자연의 공존을 위한 노력이 일상적이 될 필요가 있다. "문화사회"라는 이상은 이런 인간 활동과 노력을 좀더 분명히, 선명하게 인식하도록 만드는 효과가 있을 것 같다. 오늘의 현실이 아니라는 점에서 그것은 여전히 꿈이지만 우리는 그 꿈을 좀더 강렬하게 꿀 필요가 있다. 문화사회적 삶에 대한 꿈의 강렬도에 따라 사람들의 일상에 대한 태도도 많이 달라질 것이다. 문화사회의 꿈은 새로운 삶을 보지 못하게 하거나 불가능하다고 여기게 만드는 노동사회적 일상을 돌파할 수 있는 힘으로 작용할 수 있다. 계급투쟁이나 성/인종/민족 차별에 대한 저항, 환경 보호 등 지금 우리가 필요하다고 여기는 사회적 노력도 그런 꿈과 함께 더 큰 위력을 얻게 된다. 문화사회를 선호할수록 그런 노력의 필요성을 더 느끼게 될 터이니까. 자유시간과 자율적 활동으로 구성되는 문화사회, 그런 사회를 건설하는 것은 지금 우리의 과제가 아닐까? (1999. 2)

문화사회 건설과 노동거부

1. 비자본주의 사회를 꿈꾸며

1998년 가을『한겨레신문』에는 지난 수십 년 동안의 한국에서는 보기 드문 사진이 하나 실렸다. 서울 시내 열 개 남짓 대학 총학생회 대표들이 당시 노동부 장관 이규호를 만나는 장면이 담긴 사진이 나온 것이다. 보도에 따르면 학생 대표들이 이 장관을 만난 것은 대학 졸업생들의 취업 여건을 개선해달라고 요구하기 위함이었단다. 97년 말에 도래한 외환위기, 금융위기, 경제위기로 인한 "IMF 관리체제"의 도입으로 긴축경제와 함께 구조조정이 진행되어 대량 정리해고가 발생하게 되어 대학을 졸업한 신규 노동인구의 취업 기회가 크게 줄어들자 학생 대표들이 나선 것이다. 그러나 80년대 이후 대학의 총학생회들이 통일운동을 주도하고 노동자-학생 연대를 꾀하면서 정부와 대립과 긴장의 관계를 빚은 학생운동의 지도부 역할을 해온 점을 생각하면 학생대표와 정부 고위 관리의 만남은 사실 매우 이색적이다. 상황이 상황이었던지라 노동부 장관을 만나 취업 대책을 세우라는 강력한 요구를 전달할 속셈이었을까? 하지만 "우리에게 일할 기회를 달라"는 학생들의 말은 요구가 아니라 차라리 호소였다. 일할 기회를 달라? 수십만 대학졸업생들이 졸업 이후 실직 상태에 처하게 되고, 또한 취업 재수니 삼수니 하는 현상이 등장하는 판에 학생 대표들이 학생들의 경제적 요구를 전달하는 것은 당연하지 않으냐고?

학생들의 요구와 호소는 그 동안 민족민주민중운동의 선두에 선 것을 자랑으로 내세우는 학생운동의 지도부가 얼마나 기존 사회 통념에 얽매여 있는가를 보여준다. 학생들은 왜 "우리에게 일할 기회를 달라"는 말밖에는 할 수 없었던 것일까? 왜 "우리는 일하기 싫다, 누가 뼈빠지게 노동하고 싶단 말이냐, 하지만 지금은 일을 하고 싶어도 일자리마저 없다, 취업이 되건 안되건 우릴 먹여 살려라, 우리 생활을 보장하라"고 하지는 못했을까? 물론 일자리를 달라고 외친 것은 학생들만이 아니다. 대량 해고가 진행되는 과정에서 노동자들이 가장 크게 외친 구호역시 고용안정, 즉 일자리를 빼앗지 말라는 것이었고, 민주노총도 구조조정의 반대로 일자리 보장을 요구하였다. 모두들 일할 기회를 달라고 한 셈인데, 이런 호소는 아무래도 문제가 있어 보인다. 그것은 지배질서와 논리에 길들여져도 한참 길들여진 사람들의 입에서나 나올 말로 들린다. 시쳇말로 IMF 귀신이 날뛰는 세상, 가뜩이나 경제가 어려운데 일할 기회를 얻지 못하면 먹고살기 어려움을 알게 된, "생존의 지혜"를 터득한 사람들 말이라서 무조건 잘못 되었다고 할 수는 없지만 뭔가 부족하다는 느낌을 지울 수 없다. 일할 기회를 달라, 일자리를 보장하라고 요구 아닌 호소를 하는 것은 자본가가 곧잘 외치는 "무노동, 무임금" 주장을 그대로 수용한 꼴이 아닌가. 노동이 없으면 임금이 없고, 임금이 없으면 삶이 없다는 자본주의적 공식 이외에는 다른 공식이 없다고 인정하는 것과 다르지 않다.

우리는 이런 지배적인 삶의 논리와 방식과는 다르게 작동하는 사회를 그려보고 싶다.[1] 이 그림이 꿈꾸기와 같다는 것을 인정한다. 흔히 사람들은 꿈을 꾸는 것은 현실을 외면하는 것으로 생각한다. 꿈꾸기를

---

1) 여기서 "우리"는 필자를 포함하여 이 글을 쓰는 데 논의에 참여한 『문화과학』 편집위원회 구성원이다.

곧잘 유토피아적, 즉 "비과학적"이라며 매도하는 것도 그 때문일 텐데, 그래도 우리는 꿈꾸기를 멈추고 싶지 않다. 이 꿈꾸기가 현실의 외면이 아니라 차라리 현실의 거부요, 오늘의 삶의 전체를 지배하는 자본주의적 생산을 더 이상 용납하고 싶지 않은 태도에서 나오는, 새로운 삶을 가능케 하는 미래를 위한 몸짓이라고 보기 때문이다. 여기서 말하는 꿈은 오늘의 현실과는 다른 현실, 다른 길을 찾는 몸부림, 좀더 적극적으로는 새로운 삶을 위한 기획이다. 이 기획은 불투명한 미래를 걸고 이루어진다는 점에서 하나의 모험이지만, 이 모험이 진행되려면 오늘의 지배적인 현실과는 다른 세계에 대한 소망이, 즉 오늘의 지배적인 삶에 대한 부정, 특히 현존하는 자본주의 체제에 대한 거부가 전제되어야 한다. "우리에게 일할 기회를 달라"는 호소, 아니 읍소는 이런 거부를 원칙으로 삼기보다는 오히려 그 속에 편입해 들어가기를 바란다는 점에서 패배적 태도이다.

오늘 자본주의 체제는 "천하"를 이루고 있다. 하늘 아래 모든 것이 천하요, 천하에 귀속되지 않은 것이 없다는 것이 "천하론"이라면 새로운 사회를 꿈꾸는 자세는 천하를 거부하는 자세일 것이다. 이런 자세를 가진 사람은 그래서 요순의 천하를 거부한 허유와 소부와 같아야 한다. 이들은 동북아의 유토피아로 간주되는 요순시대에 당시에 구현되었다고 하는 성인정치와는 다른 종류의 삶을 추구했던 사람들이다. 순 임금이 천하를 맡아달라고 하자 공짜로 굴러 들어온 대권을 거부하고 더러운 소리를 들었다며 위수로 귀를 씻은 허유와 자기 소에게 그 물도 먹이지 않으려 한 소부는 성인의 천하마저 속된 세상으로 보고 거부하였으니 세상 자체에 싫증을 낸 것일까? 그런 구석이 전혀 없지는 않으나 각도를 달리해서 보면 그들은 주어진 세상, 아니 심지어는 성인정치와도 다른 세상을 꿈꾸는 태도를 지니고 있었다고 할 수 있다.

오늘 우리가 새로운 세상을 꿈꾼다면 그것은 비자본주의적 사회에 대한 꿈이 되어야 할 것이다. 오늘의 천하는 자본주의 천하요, 우리 대부분은 요순의 천하에 들어오라 권유받은 허유처럼 자본주의 세상에 편입할 것을 요청, 아니 강요받으며 살고 있다. 어머니 뱃속에서 상품화된 태교 음악을 듣기 시작하면서부터 유아, 초-중등 및 고등 교육을 받을 때까지, 아니 평생교육에 이르기까지 우리가 받는 학습은 자본주의 생산양식에 적응하기 위한 예비노동이요, 자본주의적 습속에 길들여지기 위한 훈련이다. 자본주의 사회에 살게 되면 대부분 꼼짝 못하고 자본주의가 강요하는 삶을 살게 된다. 사회 구조는 자본 축적을 위한 조절양식에 의해 조직되고, 일상은 이윤 창출을 위해 시간 단위로 짜여진다. 개인들은 임금 소득의 의무를 지는 가장 혹은 맞벌이 부부로, 미래의 노동자로 성장하는 학습 노동자로, 유효수요를 충족시키는 소비자로, 투자가로, 개발업자, 사업가, 자본가, 착취자로 혹은 이런 인간유형들을 양성시키는 교육자로 아니면 이런 정상인의 범주에서 벗어나는 사람들을 관리하기 위한 기관원 등으로 살아간다. 이와 같은 사회적 생산에 생산적으로 참여하지 못할 경우 개인들은 실직자요, 낙오자요, 범법자요, 패배자일 뿐이다.

왜 우리가 꿈꾸는 사회는 자본주의 사회가 아닌 사회여야 하는가? 인간에 의한 인간의 착취, 인간에 의한 자연의 착취를 정상적인 삶의 방식으로 만들고 있는 자본주의 체제를 계속 유지해서는 인류에겐 현재도 없고 미래도 없겠기 때문이다. 자본주의 체제는 인류의 발전에 핵심적인 역할을 한 것으로 선전되고 있지만 사실 인간으로부터 생명과 행복과 희망을 앗아가고 있다. 경제의 성장은 부의 축적과 함께 빈곤의 증가를 초래하고, 도시의 확장과 토지의 개발은 생활의 편의를 가져왔지만 동시에 범죄의 증가와 자연 파괴를 가져왔고, 지식의 축적과 기술의 개발은 인간 능력의 향상을 가져왔지만 아울러 지식과 기술이 부 축적의 수단이 되게 하고, 생명공학의 발전은 의학의 눈부신 발전과 함께 생명 조작으로 인한 인간 생체의 기계화와 비인간화를 초래하고 있다. 자본주의 생산양식이 지속되는 한 계급, 성, 인종간의 착취와 차별과 종속도 피할 수 없을 것이다. 이들 사회적 관계들에서 억압과, 차별과 종속의 대상이 되는 "무식자" "무능자" "비정상인" "주변부인" "타자들"은 거의 반드시 정치경제적 착취의 대상이 되기 마련이다. 이런 점에서 새로운 사회는 반드시 자본주의와는 다른 사회가 되어야만 한다.

2. "문화사회"

비자본주의적 사회는 어떤 사회일까? 자본주의 사회가 아니라고 하니 혹시 사회주의인가? 아니다. 금세기 내내 세계를 이끈 세력은 자본주의와 사회주의 혹은 "현실사회주의"였으며 이 둘은 사실 닮은꼴이었다. 둘 다 사회적 생산을 위해 대중을 동원하고 이 대중의 일상을 이데올로기나 사회적 무의식 혹은 소비문화로 문화산업으로 또는 노골적인 탄압으로 지배하였으며, 대중의 꿈과 삶과 개인들의 특이성들을 억압하고 일원화하였다. 현실 사회주의에서도 복지는 노동에 대한 대가였고 여기서도 자본 혹은 당-국가의 무노동무임금 원칙이 사회를 운영하는 기조로 작용하였다. 아직 현실사회주의가 현실로 남아 있던 시절 가타리와 네그리가 사회주의는 "자본이 조직되고 관리되는 여러 방식 가운데 하나일 뿐"이라 한 것도 이 때문이다.[2] 사회주의가 이처럼 문제가 있다면 대안은 그렇다면 "공산주의"인가? 그럴 경우 우리가 꿈꾸는 새로운 사회는 "공산사회"라는 이름을 가질텐데 우리가 선택하고 싶은 비자본주의 사회의 이름은 "공산사회"가 아니라 "문화사회"이다.

새로운 사회를 "문화사회"로 부르는 데에는 이유가 있다. 오늘 우리가 극복해야 할 자본주의 사회는 유난히 "노동사회"의 성격을 가지고 있다. 자본주의 사회는 노동을 업으로 삼지 않으면 사람들이 정상적인 삶을 살 수 없다는 의미에서 필연적으로 노동사회이다. 노동사회에서 사람들은 직업노동이 아니면 임금노동에 종사해야 한다. 개인들은 자기 자신을 고용하는 자영업을 하건 남에게 고용된 삶을 살아야 하건 노동을 전업으로 삼지 않으면 안 되고, 이 결과 삶의 모든 것이 노동에 종속

---

2) Félix Guattari and Toni Negri, *Communists Like Us: New Spaces of Liberty, New Lines of Alliance*, tr. Michael Ryan, Semiotext(e), 1990, p. 165.

되고 노동의 하위 범주가 되고 만다. 특히 중요한 것이 하루의 일과가 조직되는 방식이다. 자본주의 사회에서 대중의 하루는 임금을 벌기 위한 노동시간에 종속된다. 물론 노동시간이 크게 단축되면 상황이 달라지겠지만, 이런 경우는 예외에 속하고 고용이 된 경우는 시간기근을 경험할 정도로 바쁜 일상을 살아가야 하는 것이 대부분 사람들의 처지이고, 시간이 남아도는 경우는 대부분 일자리에서 쫓겨난 실직자들일 뿐이다. 비자본주의 사회는 자본주의가 만들어낸 이런 노동사회와는 근본적으로 다른 사회가 되어야 할 것이다.

이런 관점에서 "공산사회"라는 표현은 노동사회와 구별되기에는 지나치게 생산주의적인 관점을 담고 있는 표현이라고 생각된다. 물론 "공산사회"가 완전히 쓸모 없는 용어라는 것은 아니다. "공산사회"는 공동체의 의미를 지닌 "코뮌"(commune)의 번역어라는 점에서 생산주의적인 함의만 있는 것은 아니다. 코뮌에서는 생산 활동 이외의 다른 활동들, 생활을 위한 다양한 활동들이 가능할 수도 있다. 하지만 "코뮌"이 공동체라는 의미를 강하게 담고 있는 한 그 속의 삶은 복잡성보다는 단순화를, 공산제의 강화를 특징으로 한다는 느낌에서 자유로워 보이지 않는다. 더군다나 "공산사회"는 생산주의적 관점을 더 강조하는 표현이라는 점에서 새로운 사회가 허용해야 할 다양한 삶의 방식들을 생산 중심으로 사고하게 한다는 문제를 안고 있다. 공산사회라는 표현을 사용할 경우는 그래서 자본주의가 생산의 거의 유일한 방식으로 만들어 놓은 노동을 중심으로 한 사회와는 다른 사회상을 그려내기가 어려워진다. 우리가 "문화사회"라는 용어를 사용하려는 것은 자본주의 생산양식이 만들어내는 노동사회적 경향과는 다른 사회적 경향을 지향하기 위함이다. 문화사회라고 해서 생산 활동을 없앨 수는 없을 것이지만, 우리는 거기서의 생산은 자본주의적 노동, 임금노동, 직업노동의 관점에서 이루어지지 않는 것으로 보고 싶다. 물론 공산사회에도 당연히 자본주의적 노동과는 다른 유형의 노동의 관념이 들어 있지만, 현존 사회주의라는 형태로 제시된 공산사회의 상은 오히려 자본주의적 생산성논리에서 벗어나지 못한 면모를 보여주는 면이 있었다. 우리는 자본주의 사회에서 또 다른 세상을 꿈꾼다는 것은 따라서 공산사회라는, 노동사회와 근본적으로 다르지 않은 사회상이 아닌 다른 사회상을 만들어내는 것이라고 보고 얼마 전부터 "문화사회"라는 명칭을 사용해왔다.3)

"문화사회"란 구체적으로 어떤 사회인가? 부정적인 방식으로 말하면 문화사회는 임금노동이든 직업노동이든 노동을 하지 않는다고 하여 삶을 어렵게 만드는 노동사회가 아니라는 의미이다. 그것은 노동의 "천하"에 포섭되지 않고, 노동과는 다른 삶의 방식이 가능한 사회, 삶이 노동에 의해 전적으로 포획되지 않는 사회이다. 문화사회는 자본주의 사회가 아니다. 노동을 통한 착취로 인해 사람들이 고통받는 사회가 아니며, 노동을 강요하기 위해 성차별과 인종차별이 일어나지 않으며, 또한 자본 혹은 부의 축적을 위해 인간적, 자연적 자원들이 착취되지 않는 사회라는 점에서 그러하다. 문화사회는 또한 타율적인 삶을 강요하는 사회가 아니다. 오늘의 타율적인 삶은 대체로 대중이 임금노동을 강요받고 있기 때문에 생긴다. 노동자들이 노동을 하며 보내는 대부분의 시간은 타율적인 시간이며, 노동사회의 보완물이거나 그것의 다른 모습이라 할 소비사회가 허용하는 소비생활 또한 타율적으로 영위된다고 할 수 있다. 물론 모든 노동이 타율적인 것은 아니며, 상품의 소비에도 많은 창조적 에너지가 동원되는 것이 사실이다. 흔히 창의성이 요청된다고 하는 포스트포드주의적 노동이나 자아 실현의 중요한 장으로 인정되기도 하는 소비생활에서 자율성이 전혀 없는 것은 아니다. 하지만 포스트포드주의 생산에서 자율적 노동이 허용되는 것은 극소수의 고급 노동자에 국한되고, "전복적" 소비행위도 자본주의 체제의 틀 안에서 유지되며, 자본주의적 생산양식에 의해 오히려 제도화된 측면이 크다는

---

3) 『문화과학』은 '문화와 경제'라는 주제로 15호 특집을 꾸민 이후 계속 '문화사회'와 관련된 글들을 싣고 왔으며, 특히 17호에서는 '문화사회'를 주제로 특집 전체를 꾸민 적이 있다. 심광현·이동연 편의 『문화사회를 위하여』(문화과학사, 1999)도 '문화사회'라는 주제를 더 널리 홍보하기 위하여 그 동안 『문화과학』에 발표된 문화사회 관련 글들과 다른 매체에 발표된 글들을 모아 만든 책이다.

점을 외면해서는 안 된다.

적극적인 방식으로 규정할 경우 문화사회는 우리가 통상 문화라고 여기는 것이 만개한 사회, 문화적 활동이 활발하게 일어나는 사회일 것이다. 물론 문화란 무엇이고, 문화적 활동이란 무엇인가 따지고 들어가면 문화사회가 무엇인지 규정하는 것이 그렇게 간단하지는 않다. 그러나 우리가 생각하는 문화적 활동은 대체로 인간의 자아 실현과 그에 따른 다양한 표현 방식이 허용되는 자유의 영역 속에서 보장된다. 이 새로운 사회가 지금과는 다른 일상, 즉 타율보다는 자율이 지배하고, 자아의 위축보다는 그 실현을 지향하며, 개인들의 꿈꾸기가 몽상으로 치부되지 않고 한껏 펼쳐질 수 있는 일상을 갖춘 사회가 되어야 하는 것은 그런 이유 때문이다. 이런 상황에서 문화적 활동은 피로회복이나 단순한 오락으로 그치는 여가 활동과는 질적으로 다른 자발적 활동, 자아를 실현하는 예술적 창조적 표현 활동 등을 가리킬 것이다. 자아의 실현이 가능하려면 개인의 특성들과 아비투스가 인정되어야 하고, 따라서 개인의 특이성과 개인들간의 차이들이 최대한 보장되어야 한다. 문화사회는 이들 차이들과 특이성들의 만개로 다양한 삶의 형태들이 이루어져 사회적 생태계가 삶으로 충만할 때, 이 사회적 생태계가 건강한 자연생태계 속에서 보존될 때 구현된다.

노동사회가 허용하는 활동이 타율적인 성격이 강하다면 문화사회에서의 활동은 자율적이어야 한다. 우리가 꿈꾸는 문화사회가 문화적 활동으로 넘쳐난다면 그것은 자율적인 삶이 최대한 보장되기 때문일 것이다. 타율적이 아닌 자율적인 태도에서 자아 실현이 가능하고, 그래야 개인과 집단은 창조성을 제대로 드러내는 문화적 활동을 할 수 있다. 자율성의 보장 속에서 펼쳐지는 창조적 활동의 결과로 다양한 자기 표현들이 가능하고 또 표현 능력들이 계발된다. 자율적 활동이 필요한 것은 또한 그런 활동의 확보를 통해서만 평등과 자유, 나아가서 연대와 호혜가 넘치는 삶의 구축이 가능할 것이기 때문이다. 특히 연대와 호혜는 인류가 공통 운명을 가지고 있다는 인식과 함께, 인류의 번영은 개인들과 집단들에게 특이성과 차이점들을 인정해야만 보장된다는 인식을 가질 때 나오는 인류애적 태도이다. 이런 태도가 허위가 아니라 진정성을 가지려면 개인들, 집단들의 자율적인 선택이 아니면 안 된다.

이렇게 볼 때 문화사회는 개인들이 임금노동의 고역과 그 타율적 삶에서 벗어날 뿐만 아니라 자율적 선택을 바탕으로 연대와 호혜의 관계, 자유와 평등의 구현을 실현함으로써 자신을 표현할 수 있는 사회, 즉 꿈과 희망과 욕망을 마음껏 펼칠 수 있는 사회라야 할 것 같다. 문화사회가 추구하는 목표는 이런 점에서 차이와 특이성들을 지닌 개인과 집단의 꿈과 이상, 그리고 욕망의 실현, 즉 자아의 실현이라고 할 수 있다. 이 자아는 물론 외부와 단절된 자아가 아니라 바깥을 향해 열려 있는 자아, 늘 새롭게 구성될 수 있는 과정 속에 있는 자아이다.

3. 노동거부 테제

우리는 문화사회가 현실로 나타나기를 바라기 때문에 우리만이 아니라 더 많은 사람들이 문화사회를 꿈꿀 것을 바란다. 하지만 문화사회를 꿈꿀 사람이 많은 것 같은데도 현실은 일할 기회를 달라고 조르는 학생운동 지도자들의 모습이 보여주듯 그런 것 같지 않다. 자본주의 "천하"를 당연시하여 새로운 세상에 대한 꿈꿀 자세가 되어 있지 않기 때문일 텐데 이런 태도를 바꾸려면 무엇보다도 '노동을 거부하는 태도'가 필수적이라고 본다. 노동거부, 너무 강한 주장일까? 노동 없이 어떻게 생산을 한단 말인가, 그리고 생산 없이 어떻게 생존하고 생활할 수 있단 말인가 하고 누가 나설 법도 하다. 의심의 눈으로 보면 노동거부는 매우 비현실적인 태도와 주장으로 보일 수밖에 없다. 하지만 여기서 말하는 노동거부는 노동의, 더더구나 생산의 불필요성을 지칭하는 말이 아니다. 우리는 "필요의 영역"이 불가피함을 인정한다.

맑스는 『자본』 3권에서 "자유의 영역은 실인즉 필요성과 현세적 고려들에 의하여 결정되는 노동이 끝나는 데서만 시작"하고, "현실적인 물질적 생산 영역을 벗어난 곳에 자리한다"고 말하고 있다. 여기서 자유의 영역은 이 글의 관점에서 보면 문화사회에, 필요성의 영역은 노동사회에 해당할 것이다. 방금 인용한 데서 문화적 활동이 가능한 "자유의 영역"은 노동을 하지 않으면 안 되는 시간 또는 영역과는 구분되고 있다. 하지만 맑스는 이어서 이 문화적 자유가 노동과 완전히 분리될 수는 없다는 단서를 단다. 왜냐하면 이 자유는 인간이 생산력을 증대시켜 자연이 강제하는 필요성을 넘어설 수 있을 때, 사회화된 인간들이 연대를 이루며 자연의 요구에 맞설 수 있을 때 비로소 획득될 수 있기 때문이다. 아무런 노동을 하지 않고 있을 경우 인간에게 남은 것은 자유가 아니라 굶주림과 기아일 뿐이다. 그래서 진정한 "자유의 영역"은 필요성의 영역 너머에 있다고 하더라도 자유의 영역은 그 토대인 필요의 영역과 더불어서만 개화할 수 있다는 입장이 나온다.4) 문제는 그렇다면 문화사회에서는 필요 노동이 어떻게 될 것인가라는 점이다. 필요 노동 위에서만 자유의 영역이 구축될 수 있다면 그것의 소멸을 기대할 수는 없는 것일까? 이 질문에 대해 부정적으로 대답할 수밖에 없다면 우리가 제출하는 노동거부 테제는 성립하기 어렵다.

하지만 우리는 일단 노동거부 테제가 지칭하는 "노동"은 맑스가 말하고 있는 "노동"과는 범주상으로 차이가 있다는 점을 지적하고 싶다. "노동거부"에서 "노동"은 오늘의 지배적 노동 형태인 임금노동, 직업노동인 반면, 맑스가 말하고 있는 "노동"은 그보다 넓은 의미의 노동, 어찌 보면 "생산"이라는 말이 더 적합한 넓은 의미 폭을 가지고 있어 보인다. 자유의 영역을 구축하는 바탕이 되는 필요의 영역은 따라서 반드시 임금노동에 의해서 구축되어야 할 필요가 없다. 사실 필요의 영역은 인류의 동물적 생존을 위해 필수적이지만 그렇다고 이 목적에 국한되어 성립하는 것은 아니다. 인간의 기본적 필요 조건에는 생존만 포함되는 것

---

4) Karl Marx, *Capital*, vol. III, International Publishers, 1977, p. 820; Frederic Jameson, *The Political Unconscious: Narrative as a Socially Symbolic Act*, Cornell University Press, 1981, p. 19에서 재인용.

이 아니라 생존을 넘어선 생활도 포함되며, 따라서 필요 영역에는 사회적 문화적 인프라가 포함되어야 한다. 의식주 문제를 해결해주는 기본적인 복지제도 이외에도 자율적 창조적 활동을 가능하게 하는 기본적인 시설들이나 제도들(예컨대 박물관, 미술관, 문화센터, 문화교육, 축제 등)이 필요한 것이다. 이런 맥락에서 노동거부는 필요 영역을 축소하기 위한 것이 아니라 오히려 확대하기 위해 요청되며, 노동에 대한 새로운 정의를 지향하는 테제라고 할 수 있다. 소극적인 의미로 볼 때 이 테제는 임금노동과 같은 강제적 성격의 노동이 필요 영역 구성에서 차지하는 비중을 최소화하자는 것이다. 적어도 필요 노동을 과도하게 해서는 안될 것이다. 하지만 이 테제는 필요노동의 최소화뿐만 아니라 필요영역을 구축하는 인간의 활동을 임금노동과는 다른 형태의 것으로 전환시키자는 적극적인 제안을 포함하고 있다. 사회적 문화적 인프라를 구축하는 일은 임금노동만으로 이루어지는 것이 아니라 공익 재원과 자발적 활동 등 좁은 의미의 노동 개념만으로 포괄되지 않는 조건과 활동을 필요로 한다.

필요영역은 형성되는 사회구성체의 성격에 따라서 다른 양상을 띠고 나타난다. 우리는 필요 영역이 역사적으로 형성된다면 이 영역의 역사적 특성을 이해하는 작업이 중요하다고 본다. 오늘 필요성의 영역은 어떤 특징을 지니고 있는가? 우리는 이 영역이 결코 축소되거나 소멸되지 않는 반면 과거에 비해 이 영역에서의 인간노동 참여의 필요성은 갈수록 줄어든다고 본다. 기본적으로 이 경향은 과학기술의 혁명이 만들어낸 결과요, 이는 그 자체로는 작지 않은 진전이다. 하지만 이 기술적 변화는 그에 대한 사회적 반응의 복잡성으로 인해 기술발전이 곧 사회발전이라고 떠드는 테크노토피아 사상의 유포자들과는 다른 결과들을 가져오고 있다. 물론 기술 발전으로 인한 "인간 노동자로부터 기계 노동으로의 이행" 현상은 당연히 나타난다.[5] 하지만 이 탈노동화 현상은 지금 사회적으로 결코 바람직하지 않은 결과를 만들어내고 있다. 과학기

5) 제레미 리프킨, 『노동의 종말』, 이영호 역, 민음사, 1996, 24쪽.

술의 발전과 그에 따른 생산력의 증가가 기술예찬론자들의 약속인 테크노토피아는 지금 사실 어디에도 없다. 필요 노동량의 축소가 노동시간의 축소를 불러오기는커녕 일자리 축소와 고실업 사태를 불러일으켜 오히려 디스토피아적 상황이 만들어지고 있다. 사회적 노동 총량의 축소로 더 많은 사람들이 노동에서 해방되는 혜택을 누리는 것이 아니라 오히려 노동을 희소한 것으로 만든 결과, 노동에 대한 접근권을 갖는 소수 노동자는 핵심적 지위를 갖게 되고, 나머지는 주변부 노동자로 전락시키는 양극화 현상이 빚어진 것이다. 최근 주목을 받고 있는 "20 대 80 사회" 현상은 바로 이 양극화의 결과이며, 부익부빈익빈 현상이 심화되고 있는 것도 마찬가지다. 이로 인해 사회적 노동량의 축소 속에서도 개인들의 노동량은 결코 줄어들지 않고 있다.

우리가 노동거부를 중요한 전략으로 상정하고 테제로 제출하는 것은 이런 정세 때문이다. 우리는 지금 서로 관련된 두 가지 객관적 사실을 눈앞에 두고 있다. 한편으로는 과학기술의 발전으로 인해 인간노동의 필요성이 감소하고 있다는 사실과, 다른 한편으로 이 "노동의 종말" 현상이 무산대중에게 노동시간의 감소, 자유시간의 증가라는 혜택 수여의 기회로 작용하기보다는 오히려 노동의 희소화를 통한 새로운 지배의 계기로 작용하고 있다는 사실이 그것이다. 이런 사실을 놓고 볼 때 우리가 어떤 선택을 해야 할지는 분명하다. 인류의 생산성이 과거 어느 때보다 높아진 시점, 생산과 축적의 과소가 아니라 과잉이 더 문제인 시점에 대중을 임금노동의 노예로 잡아둘 이유는 지배세력의 무지나 악의가 아니라면 있을 수 없다. 노동거부 테제는 노동이 갈수록 불필요해지고 있다는 점 때문에, 그래서 지금은 노동을 다양한 생산적 활동, 삶을 위한 활동, 문화적 활동으로 전환시킬 수 있는 가능성이 어느 때보다 높아진 시점이기 때문에도 요청된다.

이제 자발적이든 아니든 노동을 하지 않으면 안 되는 사람들은 그들의 인권으로서의 노동권의 구성 요소를 새롭게 정의할 필요가 있다. 노동권은 이제 노동 요구권만이 아니라 노동 거부권도 포함해야 한다. 노동권이 노동자의 권리라면 거기에는 노동을 할 수 있는 요구 이외에도 부당한 노동을 거부할 권리도 포함되어야 할 것이다. 노동자는 이 두 개의 노동권리를 자신에게 유리한 방식으로 행사할 수 있도록 할 필요가 있다. 물론 노동 요구권이 노동권의 중요한 부분인 만큼 취업 요구가 전적으로 잘못되었다는 말은 아니다. 고용안정에 대한 요구도 마찬가지다. 사람들에게 생존과 안전과 안정을 제공할 복지제도가 제대로 구축되지 않은 상황에서 복지는 개인의 임금소득에 의존해야 하는 것이 한국사회다. 이런 상황에서 유일한 소득원인 임금노동을 거부하자는 것은 무책임하며 대책 없는 일로도 보일 것이다. 노동거부를 주장하는 입장은 이런 점에서 노동 자체가 희귀해진 상황에서 노동에서 배제된 수많은 사람들이 처하게 되는 처참한 현실을 외면한 태도라는 비판도 가능하다. 그러나 노동거부 테제는 노동으로부터의 배제가 곧 소득의 감소, 가족 복지의 붕괴, 개인적 자유의 위축, 인간 존엄의 손상으로 이어지는 상황에 대한 거부를 담고 있는 것이지 불안정 노동이나 실업 등으로 인한 고통받는 현실이 없다고 주장하는 것은 아니다. 이 테제의 핵심은 기술 발전으로 사회적 필요노동 시간이 축소되었기 때문에 이에 따른 과실이라 할 자유시간을 노동자계급이 획득해야 한다는 것이며, 이 자유시간을 획득하기 위해서는 노동거부권을 행사할 수 있어야 한다는 것이다.

4. 노동윤리 비판

노동시간은 기본적으로 가능한 한 많이 단축되어야 한다. 이 점을 모르거나 또는 원하지 않는 사람은 적어도 노동 문제를 심각하게 생각하는 사람으로서는 별로 없을 것이다. 우리는 여기에 사회적 필요 노동의 양이 크게 축소된 지금 노동시간의 단축은 충분히 가능하다 점을 객관적인 사실로 추가한다. 하지만 그런데도 노동시간의 단축, 의미있을 만큼 대대적인 단축은 일어나고 있지 않다. 이는 곧 문화사회 건설을 위한 조건이 갖춰지고 있지 않다는 말이다. 이런 조건 마련에 어떤 장애들이 있는가? 우선 우리를 필요성의 세계에 가두어 자유를 성취하지 못하게 하는 세력과 집단의 힘과 권력이 그런 장애 요소라고 할 수 있다. 이들은 우리로 하여금 내재한 자율적 능력과 창조성을 발휘하지 못하게 하고 우리의 자유 구가를 방해하는 세력이다. 하지만 동시에 여기에는 계급투쟁의 결과가 작용한다. 계급투쟁에서의 패배, 각종 혁명의 실패 등의 효과로 나타나는 것, 즉 패배의 후유증이 자못 심각하다. 이 결과 자유의 영역을 구축하는 것을 방해하는 요인이 자본 등 지배 세력만이 아니라 우리 자신 속에도 자리잡게 되었다. 사실 우리는 자유의 영역, 즉 문화사회 건설을 막는 걸림돌이 우리 외부만이 아니라 내면에도 있다고 보고 노동거부 테제를 제출한다.

우리 내면에서 문화사회 건설을 위한 힘의 비축을 막는 것 중 가장 큰 힘을 가진 것이 '노동윤리' 또는 '노동 이데올로기'이다. 이것은 흔히 노동 예찬론의 형태를 띠거나 인간 해방은 노동을 통해서 이루어진다고 하는 입장으로 나타나는데, 여기에는 노동을 초역사적으로 간주하는 관점이 작용하고 있다. 사실 노동윤리만이 아니라 오늘날 우리가 정상적이라고 생각하는 노동의 형태 자체도 역사적으로 만들어진 것이지 원래 노동의 모습이 아니었고, 인간의 생산적 활동의 모습으로 전형적이라 할 수 없다. 오늘의 노동은 "인간 활동이 노동으로서, 따라서 자신에게 완전히 낯선, 인간 및 자연에 따라서 의식 및 생활 표명에도 낯선 활동으로서 생산된" 결과이기 때문이다.6) 맑스가 말한 "소외된 노동"은 인류 사회가 자본가 계급과 노동자계급의 적대적 관계에 의하여 운영되기 시작하면서 본격적으로 등장하였다. 맑스는 소외를 두 가지 측면에서 고찰한다. 소외의 한 측면은 "부자들을 위해서는 기적을 생산하지만 [자신을 위해서는] 궁핍을 생산"하는 노동자가 "자신의 노동의 생산물에 대"하여 갖는 관계로 나타나고, 다른 한 측면은 자본주의가 강제하는 "생산의 행위에서도, 즉 생산 활동 자체 내부에서도" 나타난다. 물

---

6) 칼 맑스, 『1844년의 경제학 철학 초고』, 최인호 역, 박종철출판사, 1991, 143쪽.

론 이 양 측면은 긴밀한 관계에 놓여 있다. "만약 노동자가 생산행위 자체 속에서 자기로부터 자기 자신을 소외시키지 않는다면, 어떻게 그의 활동의 생산물과 낯설게 대립할 수 있게 되겠는가? 생산물은 확실히 활동의, 생산의 요약일 뿐이다. 따라서 노동의 생산물이 외화라면 생산 자체는 활동적 외화, 활동의 외화, 외화의 활동이지 않을 수 없다. 노동 대상의 소외 속에는 단지 노동 활동 자체 속에서의 소외, 외화가 요약되어 있을 뿐이다."[7]

고르에 따르면 노동은 원래 있었던 것이 아니라 창안된 것이다. 노동이 사회적으로 가치있는 것으로 인정받기 위해서는 전통적으로 비천한 사람들에게만 강요되던 노동을 고귀한 것으로, 일종의 소명으로 만드는 과정이 필요했다. "모든 전근대 사회에서는 생존을 보장받기 위해 노동을 한 사람들은 열등하다고 여겨졌다. 그들은 필요의 노예였고, 도시국가의 업무를 볼 수 있게 하는 고귀함과 공평무사함을 갖출 수 없었다…. 고대 그리스에서는 생명 유지를 위한 인간의 욕구를 충족시키는 데 필요한 노동은 시민의 자격, 즉 공적인 업무에 대한 참여와 양립할 수 없는 노예 직업으로 간주되었다."[8] 고르는 오늘의 노동이 이전의 노동에 대한 경제적 합리화이기는 하지만 이 합리화는 기존의 생산적 활동들을 보다 조직적으로, 그리고 활동 대상에 더 잘 부합되는 것으로 만든 것만은 아니라고 말한다. "경제적 합리화는 혁명이요, 삶의 방식, 가치들, 사회적 관계와 자연에 대한 관계의 전복이요, 이전에는 결코 존재한 적이 없는 어떤 것의 전적인 의미에서의 발명이었다"는 것이다. 근대적 의미의 노동이 등장하면서 "생산적 활동은 그 의미, 동기, 대상과 단절되고 임금을 버는 수단에 불과해졌다. 생산 활동은 삶의 일부가 되기를 그치고 생계를 버는 수단이 되었다. 일을 위한 시간과 삶을 위한 시간은 분리되었다"(21-2) 베버에 따르면 이 결과는 다음과 같다.

---

7) 같은 책, 270-271쪽.
8) André Gorz, *Critique of Economic Reason*, tr. Gillian Handyside and Chris Turner, Verso, 1989, p. 14. 이하 이 책에서의 인용은 본문에 표시한다.

"치열한 경쟁이 시작되자 목가적 분위기는 붕괴하고, 상당한 재산이 모아져도 이자를 노리는 대부로 사용되지 않고 재차 사업에 투자되었다. 안락하고 쾌적한 옛 생활방식은 박정한 냉혹함에 굴복했다. 그 이유는 합리화 과정에 참여하여 성공한 사람들은 쓰지 않고 벌려고만 했기 때문이며, 옛 방식을 고수한 사람들은 위축될 수밖에 없었기 때문이다."9)

이 변화를 촉발한 것이 새로운 정신, 즉 노동윤리였다. 사람들은 이제 삶을 위해서 사는 것이 아니라 사업을 위해서, 혹은 임금 노동을 위해서 살아가야 하게 되었다. 오늘날 우리가 당연하게 받아들이는 직업 의무 또는 노동윤리는 이 시점에 구성된 행동 강령이다. 이는 노동윤리가 결코 자명한 것이 아니라 "자본주의 문화의 '사회윤리'에 특징적인 것이며, 어떤 의미에서는 그 윤리에 대해 구성적인 중요성을 갖는 것"임을 말해준다(39). 이제 노동은 "삶의 불가결한 부분"(52)이 되었을 뿐만 아니라 삶을 구성하는 원칙이 되었고, "인간이 일을 위해 있는 것이지 그 역은 아니"게 되었다(53). 이런 태도는 베버가 "이념형의 기업가"라고 부른 인물 유형에 잘 나타난다. 이 인물은 "과시, 불필요한 낭비, 권력의 고의적 사용 등을 꺼리며, 자기가 받는 사회적 존경이 밖으로 표현되는 것을 오히려 부담스러워 한다. 그의 생활태도는…일종의 금욕주의적 특징을 갖는다"(53). 금욕주의는 프로테스탄티즘에 국한된 것이 아니고 "노동에 충실한 것이 신을 만족시키는 것이라는 관점으로 가득 찬" 종파들 대부분에서 찾아볼 수 있는 것이지만 "프로테스탄트적 금욕은 이러한 관점을 매우 강력하게 심화시켰을 뿐 아니라 그 규범이 통용되기 위해서 유일하게 중요한 것을 만들어 내었다. 즉 이 노동을 직업(소명)으로, 구원을 확신하기 위해 가장 좋은 그리고 궁극적으로는 유일하기도 한 수단으로 파악함으로써 심리적 동인을 만들어 내었다. 그리고 이 금욕은 다른 면에서 기업가의 화폐 취득도 '소명'이라고 해석하여, 위와 같이 특별히 노동의욕을 가진 자들에 대한 착취를 정당화했다. 분명

---

9) 막스 베버, 『프로테스탄티즘의 윤리와 자본주의 정신』, 박성수 역, 문예출판사, 1988, 50-51쪽. 이하 이 책에서 인용하는 것은 본문의 괄호 속에 쪽수로 밝힌다.

한 것은 직업으로서의 노동 의무의 이행을 통한 신의 나라에 대한 배타적 추구와 교회규율이 당연히 무산계급에 강제했던 엄격한 금욕은 자본주의적 의미에서의 노동'생산성'을 강력히 촉진시키지 않을 수 없었다는 것이다"(142-3). "영리활동을 '소명'으로 보는 것이 근대 기업가의 특징이듯이 노동을 '소명'으로 보는 것도 근대 노동자의 특징이다"(143).

노동의 윤리가 이처럼 초역사적인 것이 아니라 역사적으로 형성된 것이라면 당연히 그것은 역사적 분석의 대상이 되어야 한다. 어떤 특정한 국면에서 노동윤리가 강조되고 있다면 그 이유를 알아내는 것이 그래서 필요한데, 최근 이 윤리를 부쩍 강조하는 경향이 있어서 우리의 관심을 불러일으킨다. 알다시피 지난 30년 가까운 기간은 전세계적으로 신자유주의 세력의 정치경제적 권력이 강화되어온 시기였다. 이 기간 동안 노동하는 사람들에게 특별히 강조된 "덕목"이 있다면 생산성과 경쟁력을 빼놓을 수 없을 것이다. 생산성을 높이고 경쟁력을 강화하려면 당연히 노동의 윤리가 강조되어야 한다. 한국에서도 신자유주의가 득세한 1990년대 중반 이후 생산성 제고와 경쟁력 강화는 전사회적 구호가 되었다. 우리가 던져야 할 질문은 왜 갈수록 노동의 사회적 필요성이 줄어드는 시점에 노동의 윤리가 강조되고 있느냐는 것이다. 고르에 따르면 여기에는 기술 발전과 그에 따른 새로운 노동자 유형의 출현이라는 변수가 작용한다. 최근에 들어와서 요청되는 유형의 노동은 물리적, 신체적으로는 통제하기가 매우 어려운 것이다. 새로운 노동자들은 자동화된 생산 체계를 운영해야 하므로, 기민하게 반응할 수 있어야 하고, 상황에 따라 업무를 나누는 동료들과 협조해야 하고 독창력과 책임감을 보여야 한다. 이런 다기능 노동자를 통제하고 모니터하고 감독하는 것은 물리적으로 거의 불가능하다. 윤리가 강조되는 것은 바로 이 때문이다(Gorz, 65).

한국 우리 사회에서도 이런 변화가 감지되고 있다. 최근의 국내 노동이데올로기는 노동자가 스스로 창의성을 발휘하여 생산성을 높이도록 작용하는 듯 보인다. 삼성경제연구원에 따르면 21세기에 필요로 하는 인재상은 "평범한 인재에서 확실한 자기만의 '주특기'를 갖춘 인재, 평균적인 인재에서 개성·끼·색깔을 갖춘 인재, 순응·협조적인 인재에서 도전적이고 적극성있는 인재"로 바뀌었다고 한다. 이제는 "다른 이들이 보지 못하는 면을 발견하는 '창의형' 인재가 필요"해졌다는 것이다.10) 이런 창의적 "인재"는 최근 "국민의 정부"가 펼치고 있는 "신지식인" 담론에서 제출되고 있는 주체 형태와 다르지 않다. 신지식인론도 창의적인 노동자를 내세우는 것과 다를 바 없다. 스스로 지식을 생산하고 부가가치를 올리는 데 골몰한 사람들을 신지식인으로 부르자고 하는 이 담론은 따지고 보면 생산성 증대를 위해 온갖 노력을 아끼지 않는, 일중독증에 걸려 있고, 즐겁게 자기착취를 하는 인물형을 바람직한 인물로 내세우는 지배 담론이다. 이런 담론은 얼핏 보면 과거 자본주의적 노동의 대표적인 유형으로 보이는 파편화한 노동과는 판이하게 다른 노동을 지지하는 것처럼 보일 수 있다. 창의적 아이디어를 높이 평가한다는 점에서 구상과 실행을 동시에 수행하는 지식인-노동자라는 새로운 인물을 창출하는 것처럼 보이기도 한다.

아마 이런 관점에서 보면 자유의 영역은 노동을 벗어난다기보다는 그 안에서 구가될 수 있는 것처럼 보일 것이다. 이때 노동은 인간이 자아 실현을 할 수 있는 장, 인간화될 수 있는 영역이 된다. 하지만 노동을 통하여 소외당하지 않고 자아 충족의 경험을 할 수 있는 사람이 소수에 불과한 오늘의 실제 상황을 고려할 때 노동을 통해 인간 해방을 이룬다는 관점을 쉽게 수용할 수는 없다. 자본주의 체제는 지금 노동을 강요하는 것으로만 끝내지 않고 노동을 희소화하여 노동에서 벗어난 사람들에게 생존의 어려움을 가중시키고 있다. 이 맥락에서 노동의 가치를 높이 평가한다는 것은 노동의 종말 혹은 그것의 필요성 감소를 염두에 둔 자본의 지배 전략에 휘둘린 결과로 보인다. 노동을 신성시하는 관행을 고치고, 노동윤리가 이데올로기임을, 즉 노동자계급을 지배하기 위해 작동하는 이데올로기라는 점을 확실하게 할 필요가 있다.

---

10) 『한겨레신문』, 1999. 10. 5.

5. '상징적 교환'의 회복

우리는 노동윤리, 노동의 가치를 옹호하기만 할 것이 아니라, 노동과는 다른 가치들을, 특히 오늘의 지배적인 노동인 임금노동, 직업노동이 전제하는 것과는 근본적으로 다른 가치들과 삶의 방식들을 찾아내고 실현해야 한다고 본다. 오늘 노동사회가 강요하는 가치는 상품의 교환에 의해 생산되는 교환가치이지만, 이와는 근본적으로 다른 새로운 가치 형태, 아니 사실은 더 오래된 가치형태인 사용가치를 회복할 필요가 있다. "문화사회"라는 표현이 지금은 새롭게 들릴지 몰라도 그것이 지향하는 가치는 사실 역사가 오래된 것이다. 문화사회가 구현하려는 삶의 방식 가운데 상당 부분, 예컨대 호혜와 연대도 새롭기만 한 것이 아니라 자본주의 사회가 성립되기 이전에는 거의 모든 사회에 일반적으로 나타난 현상이었다. 이와 함께 오늘 우리가 경제라고 인식하는 행위가 전통 사회에서는 있었다고 해도 부분적인 데 불과하였고, 오늘의 일반적 교환 형태인 상품교환, 즉 화폐를 매개로 한 교환은 존재하지 않았거나 부분적 현상일 뿐이었다는 점도 상기할 필요가 있다. 전자본주의, 비자본주의 사회에서의 교환은 교환 형태를 띠고 있다는 점에서 오늘의 경제적 행위와 통하기는 하지만 그와는 크게 다른 교환 행위, 즉 선물교환의 성격을 강하게 가지고 있었던 것이다. "선물교환"은 "전통적으로 사회적 위신을 세우는 데만 목적이 있을 뿐, 이윤이라든가 나아가서는 부라는 관념마저 결여"한 교환 형태이다.11) 이런 선물교환이 가능했던 사회는 오늘 모든 것을 지배하는 경제적 동기와는 다른 사회적 동기들, 즉 위신과 명성과 상징적 가치들에 의해서 지배되는 사회였다.

문화사회 건설을 위해서는 선물 교환과 "상징적 교환"의 복원이 필요하다. 오늘 사회의 특징 가운데 하나는 화폐 교환이 선물 교환 또는 상징적 교환을 대거 대체한 점에 있다. 상징적 교환이 사라진 것은 교환

---

11) 칼 폴라니, 『거대한 변환: 우리시대의 정치적·경제적 기원』, 박현수 역, 민음사, 1991, 66쪽. 이하 이 책에서의 인용은 본문의 괄호 속에 표시한다.

의 직접성이 배제되고, 교환이 매개를 통하여 평균화된 과정이었다. 이 평균화 경향은 일반적 간접화 경향, 즉 삶의 직접성이 축소 또는 소멸되고 맑스가 말한 소외가 전면화한 것으로 자본주의적 근대화가 강제해낸 것이다. 상징적 교환의 제거를 통해 인류의 일상은 희생(犧牲)의 축제, 목숨을 건 맹약, 종교적 위반(transgression), 위신과 명성을 위한 결투, 경쟁적 인심 베풀기(potlatch) 등 삶과 죽음 전체를 건 활동 대신 상품의 수동적 소비로 바뀌었다. 이제 교환되는 것은 삶과 죽음과 필요가 아니라 화폐이고, 교환 이후 남는 것은 영웅적 행적과 위업, 명예와 위신 대신 인격과는 동떨어진 임금 또는 자본이다. 폴라니는 이 결과 "거대한 변환"이 이루어졌다고 말한다. "변환은 사회성원 측의 행위동기 변화를 요구한다. 즉, 생존의 동기와 이윤동기: 모든 거래는 화폐거래로 바뀌고, 다시 교환의 매개체가 경제생활의 모든 마디 속에 끼어들 것을 요구한다. 모든 소득은 무엇인가의 판매로부터 나오고, 일 개인의 실제 소득 원천이 무엇이든 판매로부터 기인하는 것으로 간주되어야 한다"(61).

상징적 교환이 삶에서 차지하던 위치와 그것이 행하던 역할을 복원하지 않고서는 문화사회의 건설은 불가능하다. 상징적 교환이 가능한 사회는 다른 관점에서 보면 교환가치보다는 사용가치가 지배적 가치형태가 된 사회라고 할 수 있다. 사용가치는 거래되거나 교환되는 물품들, 서비스들, 의미들, 기호들 간에 화폐와 같이 결코 단일한 가치체계로 환원될 수 없는 어떤 비대칭성이 있다는 것을 전제한다. 사실 화폐에 의한 교환에서도 실제로 교환되고 거래되는 것들 사이에는 엄연한 차이가 일어나며, 거래 이후에는 반드시 비대칭적 혹은 불평등 교환이 일어난다는 사실이 확인된다. 맑스는 시장에서 노동자와 자본가 사이의 "자유계약"에 의한 교환 이후의 상황 변화를 다음과 같이 말하고 있다. "이전의 화폐 소유자는 자본가로서 앞장서 걸어가고, 노동력의 소유자는 그의 노동자로서 그 뒤를 따라간다. 전자는 거만하게 미소를 띠고 사업에 착수할 열의에 차 바삐 걸어가고, 후자는 자기 자신의 가죽을 시장에서 팔아버렸으므로 이제는 무두질만을 기다리는 사람처럼 겁에 질려 주춤주춤 걸어가고 있다."[12] 노동력을 상품으로 교환한 직후에 나타나는 자본가와 노동자의 이 비대칭적 모습은 일반적으로 착취로 인식되고 있는데, 이 착취가 발생하는 이유는 문제의 교환이 평등 교환이라는 외관과는 달리 사실은 차이들의 교환, 상징적 교환, 선물교환이기 때문이다. 이 결과 오늘 정주영, 이건희, 혹은 빌 게이츠 등은 상상할 수 없는 규모의 부를 축적한 반면 수많은 사람들이 임금노동의 예속하에 살거나 이 기회마저 상실한 사람들은 이들 자본가가 소유한 부의 복마전이 펼쳐놓은 골목에서 노숙을 하며 살고 있다.

이렇게 보면 경제적 발전과 사회적 발전은 일치하는 것이 아니다. 폴라니는 "경제적 진보란 사회적 혼란을 대가로 진보를 성취하는 곳이다"고 말한다. 시장경제를 발전시키기 위하여 벌이는 다양한 공공 사업들은 실인즉 부자들의 사사로운 이익과 욕망을 위한 것일 뿐이며, 부자들이 부를 축적할수록 "빈민들은 그들의 오두막에 매달릴 비극적 운명"에 빠져든다는 것이다(53). 이는 물론 사회적 발전을 경제적 부의 축적이라는 관점에서만 사고하고 추진한 결과이다. 사회의 발전, 문명의 발전이 경제적 부의 축적과 동일한 것은 아니다. "인간은 자신의 사회적 입장, 사회적 요구, 사회적 자산을 보호하기 위해 행동한다. 인간은 그 같은 목적에 기여할 때만 물질적 재화를 높이 평가한다. 생산과정이건 소비과정이건 재화의 소유에 딸린 특수한 경제적 이익과 연결되지 않는다. 그러나 그런 과정의 모든 단계는 궁극적으로 사회적 이익들에 맞게 조절된다. 이러한 이익들은 소규모 수렵채취사회와 광대한 전제군주사회에서 서로 다를지 모른다. 그러나 어느 경우에나 경제체계는 비경제적 동기 위에서 작동할 것이다"(64-5).

상징적 교환이 지닌 교환의 비대칭성, 거래에 깃들어 있는 베풂의 원리, 혹은 호혜적 원리를 복원하기 위해서는 지금의 필요노동의 강요와 화폐교환과는 다른 교환과 새로운 삶의 방식을 건설해야 한다. 물론 상

---

12) 맑스, 『자본론 I 상』, 김수행 역, 비봉, 1991, 222쪽.

징적 교환을 복원하기 위해서 자본주의 이전의 사회로 복귀할 수는 없는 법이다. 이제 상징적 교환이 우리의 삶 속에서 작용할 수 있도록 하기 위해서는 오늘의 삶의 조건 속에서 그것이 가능하도록 해야 할 것이다. 어떻게 상징적 교환이 가능할까? 우리는 상징적 교환은 과거의 일만이 아니라 현재에도 진행되고 있으며 사실 많은 영역에서 그 예를 찾을 수 있다고 본다.

한 좋은 예가 "정보공유를 위한 사회운동"이다. 이 운동은 정보를 소유의 대상으로 보지 않고 공유의 대상으로 보며 정보를 공공재로 간주하는 운동이다. 리차드 스톨먼이 주도한 "자유소프트웨어운동"이나 에릭 레이먼드가 영향을 미친 "열린소스운동"(Open Source campaign)이 그 대표적인 예인데, 이런 운동에서는 지식과 정보의 교환은 공유요 베풂이지 배제적 독점에 의한 판매가 아니다. 스톨먼이 "추구한 것은 '사유 소프트웨어(proprietary software) 사회체계'에 맞서 소프트웨어를 공유하고 협력하는 공동체를 만들고, 나아가서 궁극적으로 사유 소프트웨어를 완전히 제거하는 것이었다. 그것은, 적어도 소프트웨어 분야에서는, 지적 재산권에 의해 인위적으로 억제된 정보의 자유로운 흐름을 회복하는 것이다."13) 이런 운동에 참여하는 사람들에게 중요한 것은 돈이 아니라 사용가치, 위신, 명성이다. 이런 운동이 지니고 있는 정보에 대한 기본 생각은 정보가 어느 누구의 소유가 아니라는 사실, 그래서 정보는 무료로 나눠주거나 혹은 누군가가 정보를 독점하고 있을 경우 그것을 불법적으로라도 훔쳐낼 수 있다는 생각이다. 여기에는 선물경제 사회에서 볼 수 있는, 소유에 대한 기본 태도와 매우 유사한 해커정신이 담겨 있다.14) 이런 정보공유 운동 이외에도 상징적 교환을 현실화하

---

13) 홍성태, 「정보화 경쟁의 이데올로기에 관한 연구―정보주의와 정보공유론을 중심으로」, 서울대 사회학과 박사학위 논문, 1999, 156쪽. 스톨먼의 자유소프트웨어 운동과 레이먼드의 오픈소스운동의 차이에 대해서는 같은 논문 160쪽 이하를 참조할 것.
14) 선물경제는 어떤 점에서는 도둑경제라고도 할 수 있다. 이것은 오늘 태평양에 있는 섬의 이름이 도둑의 섬이라고 하는 데서도 잘 드러나고 있다. 마젤란이 태평

려는 노력은 다양하게 펼쳐지고 있다. 많은 나라들에서 펼쳐지고 있는 지역화폐 운동이 또 다른 예이다. 지역화폐는 일정한 규모의 지역에 거주하는 사람들이 국가화폐에 의한 교환관계를 맺지 않고 교환가치가 아닌 사용가치를 높이려는 운동, 사용가치의 활성화에 의하여 교환가치 시장으로부터 벗어난 삶을 건설하려는 운동이다.

상징적 교환의 사회적 구축을 위해서는 이와 같은 사회운동이 왕성하게 진행되어야 하겠지만 운동의 활성화를 위해서는 전략적 접근이 필요하다. 이는 문화사회에 대한 우리의 꿈이 단지 꿈만으로 끝나서는 안 된다는 말이기도 하다. 노동사회가 강제하는 삶의 방식, 교환가치가 사용가치를 지배하는 현재의 자본주의적 삶의 방식과는 다른 사회를 건설한다는 것은 단순히 꿈꾸기로 이루어지지 않는다. 상징적 교환이 가능한 문화사회가 꿈으로 끝나지 않으려면 어떻게 해야 할까? 우리는 문화사회의 꿈, 상징적 교환이 가능한 가치있는 삶에 대한 꿈은 전략으로 발전되고 나아가서 현실적인 운동으로 이어져야 한다고 본다. 문화사회에 대한 꿈은 필연적으로 시장 메커니즘과 이를 위해 작용하는 국가장치에 대한 사회적 통제 없이는 실현할 수가 없는데, 이는 곧 이들 현실적인 세력에 직면한 다양한 실천들을 전제한다. 이 실천들은 바로 현실적 운동이며, 이 운동 없이는 꿈은 꿈으로 끝날 수밖에 없다.

6. 문화사회 건설의 조건들

문화사회를 건설하려면 노동윤리, 노동의 이데올로기를 극복하여 노동을 거부하는 것이, 노동사회의 지배적 가치와는 다른 사용가치를 회복하기 위해 상징적 교환이 가능한 선물경제의 복원이 필요하다는 것이 우리의 입장이다. 그런데 문화사회의 꿈을 실현하려는 이런 운동은 결코 현실을 벗어날 수 없다. 문화사회 건설을 위한 노력, 계획, 전략은

양에 도착했을 무렵 그는 원주민들이 민첩하게 와서 물건들을 훔쳐가는 것을 보고 기겁을 한 것으로 알려져 있다.

현실적이어야 하며, 문화사회 건설을 위한 조건은 자본주의 사회 속에서 만들어야 한다. 이는 문화사회의 꿈을 실현하는 일이 결국 '이행'의 문제를 안고 있다는 것을, 문화사회는 현실 속에서 그 구성의 조건을 만들어 가야 비로소 건설될 수 있다는 것을 의미한다. 우리는 이리하여 노동사회에서 문화사회로 어떻게 전환할 것이며, 이 전환을 이루기 위해서는 어떤 조건들이 필요한가, 이들 조건들을 갖추기 위해 해야 할 일은 무엇인가 하는 물음들을 다루지 않으면 안 된다. 미리 밝히자면 우리가 노동사회에서 문화사회로 이행하는 과정에 대한 완벽한 청사진을 가지고 있는 것은 아니며, 여기서 할 수 있는 일은 문화사회 건설을 위해 꼭 필요해 보이는 조건들을 몇 개 제출하는 것일 뿐이다.

이 지점에서 다시 생각해야 할 것은 문화사회가 구성되기 위해서는 필요의 영역 이외에 자유의 영역이 구축되어 생존은 물론이고 생활과 함께 다양한 문화적 활동이 가능해야 한다는 점이다. 여기서 핵심적인 것이 자유시간의 확보이다. 자유시간은 삶의 원기를 제공하는 동력으로서, 자유시간을 얼마나 많이 확보하는가에 따라 자율적인 문화적 활동을 할 수 있는가 여부가 결정된다고 할 수 있다. 노동사회의 특징은 이 자유시간이 최소화되어 있다는 것이며, 노동사회의 극복을 위해서는 자유시간을 최대한 많이 확보하는 것이 중요하다. 오늘 자유시간을 사회적으로 확보할 수 있는 조건은 과거 어느 때보다 좋아졌다. 사회적 필요노동이 실질적으로 축소되었기 때문에 노동시간을 크게 줄일 수 있게 되었기 때문이다. 하지만 이미 말한 대로 지배세력이 노동시간을 줄일 수 있는 최적의 조건을 악용하여 노동을 희소화하는 전략을 펼침으로써 대중은 자유시간을 확보하는 대신 실업의 과잉시간을 떠안게 되었을 뿐이다. 우리는 이런 점 때문에 노동의 축소를 진보적으로 전유하려면 노동시간을 단축하는 것이 필요하다는 견해를 피력해왔다.[15] 최근

---

15) 심광현, 「신자유주의와 시민사회의 위기─문화적 공공영역의 출현」, 『21세기 한국사회와 공공영역 구축의 전망』(문화과학 게릴라총서 13호), 문화과학사, 1998, 69-111쪽과 본 책에 같이 실려 있는 「노동거부의 사상─진보를 위한 하나의 전

국내 노동운동에서도 노동시간 단축이 필요하다는 인식이 확산되고 있고, 노동시간 단축을 노동계의 요구로 내세우는 사례가 늘고 있다. 하지만 최근 민주노총이 주당 44시간의 법정 노동시간을 40시간으로 단축하라고 요구하는 데서 보이듯이 지금 사회적으로 필요하다고 생각하는 노동시간은 여전히 장시간이다. 우리는 노동시간의 단축은 "의미있는" 규모로, 즉 노동이 삶을 지배하지 않을 정도로 획기적으로 단축되어야 한다고 본다. 이를 위해서는 우리 사회가 필요로 하는 총 노동시간을 산출하여 개인 별 여건, 필요 등에 따라 배분되는 주당 혹은 연간 노동시간을 배정받게 하는 사회적 합의와 절차가 필요할 것이다. 단축의 방식은 고르가 제시한 것처럼 연차적 목표를 정해 갈수록 노동이 축소될 수 있게 하는 등 다양할 수 있을 텐데,16) 중요한 것은 단축의 규모가 클수록 좋다는 것이다. 물론 이것은 현재 시점으로는 당위적인 제안일 뿐이며, 노동시간의 획기적인 단축은 노동운동의 방식과 그 성과, 즉 계급투쟁의 효과로 나타날 수밖에 없다. 우리가 이 글에서 강조하고자 하는 것은 노동시간 단축 운동을 전개하기 위해서라도 노동거부의 사상이 필요하다는 점, 노동윤리를 이데올로기로 파악할 필요가 있다는 점이다.

노동시간 단축과 관련하여 당장 떠오르는 쟁점은 그로 인해 임금이 어떻게 될 것인가라는 문제이다. 우리는 노동시간 단축을 실현하기 위해서는 사회적 소득 개념을 활용하여 임금과 소득의 관계를 재정립할 필요가 있다고 본다. 노동이 최소한으로 축소된 속에서도 여유가 있는 삶이 가능해지려면 개인들의 경우 임금이나 수입과는 다른 의미의 소득을 보장받을 수 있어야 한다. 일단 임금과 소득을 구분하고, 임금이 소득을 구성하는 비율을 낮추는 작업이 필요하다. 사실 많은 사람들은

망」 참고. 노동시간 단축의 중요성에 대해서는 Gorz, *Critique of Economic Reason*, pp. 191-199(고르, 「노동사회에서 '문화사회'로의 이행: 노동시간의 단축—쟁점과 정책」, 『문화사회를 위하여』, 121-135쪽)를 참조할 것.
16) 고르는 "목표기일"의 관점에서 "주당 노동시간을 4년마다 4시간씩 줄이는" 것과 같은 방식을 제안한다. 같은 글, 122쪽.

임금만 가지고 살지 않는다. 가정 생활을 들여다보면 그 점을 바로 알 수 있다. 임금노동자인 가장이 출근한 뒤 부인이 뒤에 남아서 무보수로 집안을 보살피지 않을 경우 오늘날 자본주의는 결코 존립할 수 없다. 맞벌이하는 부부의 경우 친정어머니, 시어머니가 늙은 몸에도 마다 않고 (혹은 어쩔 수 없이) 외손녀, 친손자를 돌봐주지 않는다면 어떻게 가정 밖으로 나갈 수 있겠는가. 부모자식, 자매형제, 연인, 친구, 동향인, 동지 사이에 일어나는 봉사와 지원도 마찬가지로 임금과는 무관하게 일어난다. 문제는 이런 베풂이 그것을 제공하는 사람들에게는 자발적 봉사만이 아니라 희생이 될 수도 있다는 점이다. 이런 점 때문에 가사노동과 같은 무임금 노동에도 임금 개념을 도입해야 한다는 주장도 나오고 있는데, 이런 주장에 귀를 기울이면 임금이 소득을 구성하는 비율을 낮추되 그렇다고 소득을 구성하는 다른 요소들이 착취의 형태를 띠어서는 안 된다는 것을 알 수 있다.

하지만 가사노동을 임금노동으로 전환시키는 것은 노동거부라는 관점에서 보면 그것대로 문제를 안고 있어 보인다. 우리에게 필요한 것은 임금노동의 확장이 아니라 축소이며, 사회적 활동의 교환가치화가 아니라 필요가치화이고, 상품 및 화폐 교환의 보편화를 막는 상징적 교환, 선물 교환의 확대이다. 우리는 이런 점에서 소득을 임금으로 환원하지 않는 사회적 자원으로 보고, "사회적 소득" 개념을 도입할 것을 제안한다. 임금 수입과 관계가 없는 활동들은 지금 무보수 노동으로 되어 있지만 이것은 자본주의 사회가 교환가치만을 인정하고 있기 때문에 생긴 결과이다. 사회적 소득은 화폐소득으로 환원되지 않는 소득, 화폐교환과는 다른 교환의 가능성을 열어놓은 개념으로서, 우리는 이 개념을 인정해야 임금 또는 화폐를 제공하지 않고 이루어지는 거래와 교환, 즉 상징적 교환의 가능성이 열린다고 본다. 봉사, 헌신, 친절, 사랑 등 교환가치와 다르며 지금도 소중하고 고귀한 사회적 가치들이 많이 남아 있다. 이들 가치들을 보존하기 위해 그것들에게 상품가치를 인정하는 순간 사랑의 표현은 발렌타인 데이의 초콜릿으로 타락하고 말 것이다. 사랑을 사랑으로, 헌신을 헌신으로 지키기 위해서는 그것들을 화폐교환의 대상이 아닌 것으로, 화폐교환과는 다른 형태의 "사회적 교환"으로 만들 필요가 있다. 이 사회적 교환은 사용가치를 교환가치로 전환시키는 자본주의적 교환, 교환가치를 기준으로 한 "일차원적" 교환과는 달라서 교환되는 물품들, 서비스들, 행동들의 차이를 무화시켜 평균화하지 않고 그 차이를 허용하는 것이어야 한다.

문제는 이런 교환의 가능성을 현실적으로 어떻게 열어놓는가라는 것이다. 우리는 여기서 상징적 가치들이 교환되는 사회적 교환을 구축하기 위해 서로 관련된 두 가지 과제가 있다는 점을 확인하고 싶다. 하나는 사회적 공공영역을 구축하는 것이고 다른 하나는 이를 위해 사회운동을 활성화하는 일이다. 우리가 임금과 구분된 사회적 소득을 확대해야 한다고 하면서도 이 소득을 화폐로 보상하는 방식의 접근에 반대하는 것은, 사회적 소득에서 화폐의 도입은 자본주의적 삶의 방식을 그대로 존속시키는 것과 다르지 않다고 보기 때문이다. 대신 우리가 제시하는 방향은 사회적 소득이 사회적 교환이 되는 쪽이고, 이 결과 문화적 활동들이 동시에 활성화되는 쪽이다. 문제는 이 선물교환, 문화적 활동의 가능성을 어떻게 높일 것이냐는 점이다. 공공영역 구축의 필요성은 여기서 나온다. 우리가 생각하는 공공영역은 시장과 국가로부터 벗어난 독자적 영역으로서 노동의 상품화와 교환가치의 영향권에서 벗어나야 제대로 기능을 할 수 있는 영역이다.[17] 이 영역의 존재는 현존하는 사회가 강요하는 임금노동의 보편화와 다른 형태의 삶의 가능성을 열어

[17] 여기서 말하는 공공영역은 제레미 리프킨이 "제3부문"이라고 부르고 있는 것과 유사하다. "이 부문은 공동체 연대가 금전적 장치를 대체하고 '자신의 시간을 남에게 주는 것'이 자신과 자신의 서비스를 타인에게 판매하는 데 근거한 인위적인 시장 관계를 대체하는 영역이다. 한때는 국가 수립에 핵심적이었던 이 부문은 최근에는 시장과 정부의 지배에 의해서 계속 침식당해 왔고 공공 생활의 주변부로 전락해왔다. …제3부문은 전통적으로 나머지 두 부문(공적 부문과 사적 부문)을 매개하는 핵심적인 역할을 수행해왔다. 이 부문은 나머지 두 부문이 꺼려하거나 취급할 능력이 없는 과업과 서비스를 수행해왔다." 리프킨, 앞의 책, 316-317쪽).

놓는다. 여기서 경제는 선물경제에 한 발 다가선 비시장 경제이고, 시간은 남을 위해 쓸 수 있는 시간이고, 활동은 자발적인 봉사의 형태를 띤다는 점에서 이 영역의 규모, 역동성에 의해 사회적 공공성의 확보와 문화적 활동의 확산 여부가 결정된다고 할 수 있다. 문화사회는 이런 공공영역을 구축하지 않고서는 건설할 수 없을 것이다.

하지만 어떻게 현실적으로 이 영역을 구축할 것인가? 사회적 교환이 실현되는 영역인 만큼 대중의 자발적 참여가 필수적임은 말할 필요가 없다. 그렇다면 대중의 자원봉사만으로 이 영역이 구축되어야 하는가? 꼭 그렇게 볼 것만은 아닌 것 같다. 우리는 공공영역의 구축에 공적 재원을 투여하는 것이 가능하고 또 당연하다고 본다. 자율적 활동이 필요한 영역을 구축해야 한다고 하면서 국가의 지원을 끌어들인다는 것은 어찌된 일이냐고 따질 수도 있겠지만 공공영역이 공개성과 공익성을 지향한다면 세금이 그쪽에 투입되는 것은 결코 이상한 일이 아니며, 사회적 필요노동의 결과로 확보되는 재원이 필요영역을 구축하는 데 쓰이는 것이 잘못된 일도 아니다. 공공영역은 문화사회 건설에 필수적인 조건으로서 우리가 앞에서 말한 필요의 영역에 해당한다. 이 필요영역이 핵심적으로 노동의 소산임을 생각할 때, 노동자대중의 생산 활동을 통해 만들어진 재원이 그런 필요영역의 일부인 공공영역에 쓰이는 것은 당연하고 바람직하다고 하겠다.

하지만 이런 주장만으로 공공영역을 구축하는 데 공공 재원이 쓰이도록 할 수는 없다. 우리가 사회운동의 중요성을 강조하는 것은 바로 이런 이유 때문이다. 오늘 우리 사회에서 공공영역을 구축할 수 있는 전망은 사회운동이 어떻게 전개되는가에 달려 있다. 노동운동이든, 시민운동이든, 여성운동이든, 환경운동이든, 학생운동이든 다양한 사회운동이 어떻게 활성화되는가 여부가 공공영역 구축의 촉진을 결정할 것이다. 공공영역은 시장과 국가로부터 거리를 두지 않으면 그 의미가 없어진다. 시장과 국가는 오늘 자본주의의 쌍두마차로서 상호 협력하는 관계에 있다. 공공영역은 이 쌍두마차가 인류의 파멸을 향해 나아가는 것을 막으려는 진보운동이 마련하는 사회적 교환의 장이고, 상징적 교환이 가능한 장, 그리고 문화적 활동이 가능한 장이다. 이런 장을 만들어 내려면 화폐교환을 비화폐교환으로, 자본 축적을 위한 화폐교환 중심의 활동을 자본 축적과는 다르고 임금노동과도 다른 비화폐교환이 가능한 활동으로 전환시켜야 한다. 이 전환을 일으킬 힘, 즉 문화사회로의 이행을 추동할 힘은 사회운동에서 나와야만 한다. 사회운동은 과연 이 힘을 만들어낼 것인가? 우리는 여러 운동들이 연대해야 할 필요성과 객관적 계기가 있다고 본다. "노동운동은 지속적인 고용감소와 작업장 내부로 파고드는 환경파괴와 인위적 위험의 문제들에 맞서기 위해서는 전통적인 방식을 넘어서 사회적 보장소득이나, 사회적 임금, 공익적 이슈들로 시야를 확대하지 않을 수 없으며, 신사회운동 역시 중간계급의 물적 토대의 지속적 붕괴에 대응하고 환경/생태위기를 조장하는 근대적 산업체제와 재구성을 시도하기 위해서는 역시 사회적 임금이나 기본소득의 문제 등과 부딪치게 되며, 이를 해결하기 위해 노동운동과의 새로운 협력이 불가피하게 되기 때문이다."[18]

7. 결어

우리가 문화사회를 건설하자고 하는 것은 오늘 자본주의가 강요하는 착취와 죽임과 억압과 탄압과 차별의 현실을 거부하고 대신 새로운 삶을 만들어내고자 함이다. 이 삶은 자본주의 생산에서 벗어난 삶이 가능하고, 비대칭적 교환 즉 선물경제가 가능하며, 개인과 집단의 시간이 상품생산과 소비에만 바쳐지지 않는 삶일 것이다. "노동사회에서 문화사회로!" 이것이 우리가 내거는 구호이다. 문화사회의 건설은 아직은 희망 사항이요, 꿈에 지나지 않는다. 그러나 꿈꾸지 않는 사람들에겐 지옥 같은 현실을 거부할 힘도 내일도 없다. 이 꿈을 통해 우리는 현실을 만

---

18) 심광현, 「'사회적 경제'와 '문화사회'로의 이행에 관하여」, 『문화사회를 위하여』, 54쪽.

들어가야 한다. 이 현실을 벗어나서는 문화사회로의 이행은 이루어지지 않을 것이기 때문이다. 어떻게 문화사회로 나아갈 것인가? 우리가 볼 때 그 경로는 자유시간의 최대 확보를 위한 노동시간의 최대 단축에서 출발해야 한다. 하지만 이 단축이 사회적 소득의 감소로 이어지지 않게 하기 위해 사회적 교환의 장을 마련하는 것이 중요하다. 이 사회적 교환의 장을 우리는 일단 공공영역으로 보며, 이 공공영역의 구축에는 사회운동의 역할이 핵심이다. 우리가 생각하는 문화사회 건설의 길은 그래서 사회운동의 활성화를 통한 공공영역의 구축이라는 경로이다. (1999. 11)

21세기의 혁명—'문화사회'라는 프로젝트

1

오늘 강의가 무척 부담스럽게 느껴진다는 점을 먼저 말해야 하겠습니다. '민주화 프로젝트와 21세기 문화운동'이라는 강의 주제는 사회이론에 전문적인 식견이 있는 사람이 다뤄야 제격일 것 같은데, 저는 사회과학자도, 변혁이론가도, 문화운동가도 아닙니다. 비전문가가 다루기엔 주제가 너무 넓고 복잡하다는 생각이 듭니다. 또 주제 설정의 방식도 지금까지의 강의와는 달라 보입니다. 이미 일어난 혁명적 사건이나 과거의 인물들, 혁명적 국면에서 활약한 예술가나 그 국면에서 전개된 문화운동을 다루기보다는 아직 일어나지 않은 미래를 다루고 있습니다. 사회운동과 문화운동의 관계를 잘 파악해서 다룰 문제인데, 저한테 그런 관계를 파악할 능력이 있는지 의문입니다. 그래도 강의를 맡았으니 문화운동이 우리 사회의 민주화, 나아가 근본적인 변혁에 어떤 기능, 기여를 할 수 있을지 생각하는 것을 오늘 강의의 목적으로 삼도록 하겠습니다.

오늘 강의에서는 꿈꾸기를 많이 해야 할 것 같다는 생각이 듭니다. "유토피아 꿈꾸기" 같은 것 말입니다. "꿈꾸기"는 통상 "공상적"이라고 매도되기도 합니다만, 유토피아를 꿈꾸는 일도 필요하지 않겠는가 하는 것이 요즘 제 생각입니다. 유토피아적 태도에 대한 비판은 1980년대에 우리 사회에 많이 퍼진 적이 있습니다. 80년대 변혁운동의 모델로 맑스·레닌주의가 채택되면서 "과학적 사회주의"와 대비되는 공상적 사회주의는 근거 없는 것으로 치부되었지요. 당시 진보진영의 경향이 과학에 대한 단순한 규정에 얽매여 유토피아적 사고를 과학의 대당으로, 즉 이데올로기로 본 결과겠지요. 90년대 들어와서는 이런 과학주의에 대한 비판이 번성했습니다. "문화론"과 같이, 정통 맑스주의가 등한시하던 이론적 경향이 나온 것이 그 예인데, 문화론 역시 문제가 없었던 것은 아닙니다. 변혁이론의 과학주의를 비판한 것은 당연하다고 하더라도 그 속에 담긴 문제의식을 너무 안이하게 버린 것 같으니까요. 사회과학이 배제된 문화론적 사회이론을 신봉하는, 즉 문화론 모델을 유일한 대안으로 여기는 사람들이 너무 많아진 것입니다.

그런데 최근에 사회를 이해하고 설명하는 이론적 모델의 진자운동이 그 방향을 바꾸고 있지 않나 싶습니다. "경제위기"로 IMF 관리체제가 가동되면서 문화론을 받아들인 사람들은 죄다 잘못을 저지른 것으로 비난하는 사례가 빈번해지고 있습니다. 유토피아의 꿈꾸기는 그래서 다시 공상적인 것으로, 이데올로기에 매몰된 작업으로 치부될 가능성이 높아졌습니다. 저는 <혁명의 문화사>라는 이 강좌의 기본 취지는 이런 식의 진자운동을 지양하자는 데 있다고 봅니다. 사회혁명은 어떤 것이든 문화적 층위를 가지고 있을 뿐만 아니라, 사회변혁이 문화혁명적 형태를 띠지 않고서는 실제로 일어나지 않는다는 인식을 심화하자는 것이 이 강좌의 취지가 아니겠는가 싶어요. 혁명에 문화가 개입한다는 말은 혁명이 흔히 생각하는 대로 국가권력의 장악으로 완성되지 않는다는 점을 가리킨다고 봅니다. 국가권력의 장악만으로 혁명이 보장되지 않는다는 것은 현실사회주의의 몰락이 증명하고 있습니다.

2

'민주화 프로젝트와 21세기 문화운동'이라는 강의 제목은 우리 사회의 민주화와 문화운동을 어떻게 연관지어 생각할 것인가라는 질문을 제기하고 있다고 봅니다. 이 질문에 답하기 위해서는 민주화를 어떻게 규정하고, 또 문화운동을 어떻게 규정할 것인가가 중요합니다. 그리고 민주화와 문화운동을 연관짓는 문제도 있습니다. 이 강좌 전체의 주제가 혁명이란 점에서, 오늘 강의 주제로 제시된 "민주화"라는 목표는 사회의 발본적인 진보, 혹은 우리가 살아가는 삶의 방식의 전면적 개편으로 이해해야 하지 않을까 싶습니다. 문화운동은 그렇다면 사회의 발본적인 진보와 삶의 전면적인 개편을 위해서, 문화적인 실천이 지향해야 할 방향이 무엇인가라는 문제와 연결되어 있다고 봅니다.

강좌 기획안을 만든 심광현 선생의 안내문에 "만일 혁명이 사회 체제 전반의 변화를 뜻하는 것이고, 그 변화가 퇴보가 아니라 진전을 이루는 것이라면, 혁명은 단순히 국가권력의 장악과 대체를 뜻하는 것일 수 없고, 적어도 경제적이거나 문화적인 진전을 획득해내는 것이어야 한다. 반동적이고, 퇴보적인 변화가 아니라면, 혁명은 복합적이고 중층적인 과정인 삶 전체의 다차원적인 '해방'이라는 지향점과 불가분의 관계를 지닌다"는 진술이 있는데, 기본적으로 동의합니다. 혁명은, 혁명과 결부된 민주화는 아주 복합적이고 중층적으로 구성된 삶을 전면적으로 바꿔내는 일입니다. 삶의 다차원적인 해방을 지향한다는 점에서 혁명은 문화운동, 문화적 층위와 긴밀한 관련을 맺습니다. 사회 전반에 걸친 총체적이고 진보적인 변화를 일으키기 위해서는 우리가 흔히 문화로 부르는 측면에서의 근본적인 변화가 초래되지 않으면 안되니까요. 혁명이 삶의 다차원적인 해방이라고 할 때, 혁명적 실천이 일어나는 삶에 깃든 문화가 바뀌지 않고서는 혁명은 완성될 수가 없습니다. 어떻게 해서 국가권력을 장악한다 하더라도 국가권력을 장악한 사람들 자신이 기존의 권력 형태에 얽매여 있고, 그 행태가 반혁명세력의 그것과 다를 바가 없다면, 진정한 혁명이 이루어졌다고 할 수 없겠죠.

이처럼 혁명의 문화적 차원이 중요하다고 볼 때 문제가 되는 것은 "문화"를 어떻게 이해할 것인가라는 것입니다. 혁명의 문화적 차원이라고 할 때 문화는 우리가 문화의 꽃으로 여기는 예술만을 가리키지 않는다는 점을 강조하고 싶습니다. 물론 예술은 매우 중요한 문화의 일부로서 당연히 문화에 포함됩니다만 예술만을 문화로 봐서는 안된다는 것이죠. 문화를 좀 넓은 의미로 해석할 필요가 있습니다. 문화는 넓게 보면, 삶의 방식입니다. 그렇다면 사람들이 사는 방식이 모두 문화라고 할 수 있을텐데요, 하지만 이런 식으로 문화를 이해해서는 문화 아닌 것이 없게 되는 어려움이 따르는 것도 사실입니다. 그래서 좀더 더 엄밀하게 규정하여 문화를 인간적 능력, 역량과 관련된 것으로 보면 어떨까 싶습니다. "문화적 역량"이라고 할 때, 문화라고 지칭되는 것은 그 사회구성원들의 지적 능력, 감성적인 능력, 윤리적인 능력 등을 말한다고 할 수 있습니다. 지적인 능력은 인식하고, 학문과 교육을 수행하는 능력 등을 가리킵니다. 이런 지적인 능력이 구비되지 않은 개인이나 집단을 문화적 능력을 갖추었다고 하기는 어렵겠지요. 감성적인 능력은 좋은 것을 좋다고 생각하고, 아름다운 것을 아름답게 느낄 수 있는 능력입니다. 윤리적 능력은 도덕적 능력입니다. 예를 들어서 성수대교나 삼풍백화점이 무너지는 것을 기술 부족의 문제로만 봐서는 안된다고 생각합니다. 대형 사고는 우리 사회의 도덕·윤리적 능력과, 즉 옳은 것과 그른 것을 판별하고 올바로 실천할 수 있는 능력과 연관이 있습니다. 윤리적 능력도 문화적 능력에 포함된다고 봅니다.

이런 지적이고, 감성적이고, 윤리적인 능력으로서의 문화는 핵심적으로 보면, 욕망, 꿈, 예술, 지식의 생산과 관련되어 있다고 할 수 있겠습니다. 넓은 의미에서 보면, 이것들은 인간의 표현적 활동입니다. 다시 말해서, 노래 부르고, 춤 추고, 소리 만들고, 집 짓고, 글 쓰고, 선 긋고, 색칠하고, 옷 입고, 인사하고, 차 타고, 유람하는 일 등 인간이 자기를 표현하는 활동과 방식 말입니다. 이런 일들은 우리가 하는 활동 중에서도 자기를 드러내는 층위에 속합니다. 모두 표현 행위죠. 이런 표현 행위는 인간에게 부여된 기본적인 역능의 발현이라고 볼 수 있습니다. 이런 발현의 폭이나 깊이를 심화시키고, 확대 또는 한정시키는 각종 실천이나 제도, 관습들이 문화적 층위를 이룬다고 말할 수 있겠습니다. 패션체계나 도로 표시망, 기호체계라든가, 어른을 보고 인사하는 방식 등이 있는데, 문화권마다 차이를 가지고 있습니다. 문화적 코드가 다르기 때문이죠. 이런 식으로 여러가지 방식으로 자기를 드러내고 표현하는 행동들이 기본적인 행위들인데, 그 자체가 인간 역능의 표현이고, 이런 표현 층위는 주로 기본적 역능들의 투여로 만든 생산물의 표면에 놓입니다. 요즘 상품의 특징을 봐도 문화적 층위는 표면에 등장하고 있다는 것을 알 수 있어요. 상품의 모양, 색상 등의 세련화로 이미지 쇄신을 함으로써 부가가치를 높이고자 하는 노력이 심화되고 있는데, 상품의 심미화라 할 수 있는 이런 현상은 모두 상품의 표면으로 관심을 집중시키고자 합니다.

다면적으로 드러나는 표현행위는 인간적 활동의 특성을 이루고, 인간의 삶을 인간적 삶으로 만들어내는 원인이 됩니다. 인간들 내부에 솟아나는 생명의 힘이 있는데, 그 힘이 욕망이나 꿈의 형태로 꿈틀거리며 나타나고, 인간은 그것을 표현하지 않고는 못 배깁니다. 이처럼 드러내고 표현하는 행위를 추동하는 욕망과 꿈은 "허위의식" 또는 "헛것"은 아닙니다. 욕망과 꿈은 물질성을 지니고 있습니다. 예컨대 꿈이 얼마나 강렬한가에 따라서, 그 꿈의 강도만큼 인간은 지상에 크고 작은 족적을 남깁니다. 욕망도 흐름을 만들어냅니다. 그 흐름에 따라서 기존의 욕망이 배치되어 있는 영토에 변화가 생기고, 새로운 지형이 형성됩니다. 그런데 꿈과 욕망을 이처럼 새로운 변화를 일으키는 힘으로 본다면, 그 변화를 둘러싼 힘겨루기가 있을 것임을 예상할 수 있습니다. 표현의 욕구와 욕망을 지배집단이나 권력집단이 어떤 형태로든 관리하고 통제하고 억압할 것 아니냐, 또는 피지배집단들은 자신의 꿈을 어떤 형태로든 펼치려고 하고 욕망을 탈주시키려 하지 않겠느냐는 거지요. 사람들이 모두 자신들이 지닌 생명력을 마음껏 발휘하면, 지배세력이 세상을 마음대로 짓주무르기는 어려울 거예요. 길들이기가 필요한 것은 그 때문입니다. 만약 우리가 문화를 인간의 역능, 창조적 힘 등으로 이해한다면 이 길들이기는 문화의 문화화, 문화의 재현 또는 표상이라고 할 수 있을 것입니다. 그것은 인간이 가진 기본적인 역능, 힘을 재현가능성 안에 두는 일, 즉 문화를 관리하고 통제하는 일이죠. 길들이기로서의 문화화는 지배세력의 중요한 사회 전략입니다. 대중에게 절제의 중요성을 강조하기도 하고, 사람이 사람답게 살아야 한다는 윤리적 교육·도덕적 교육을 위한 사회적 프로젝트가 만들어지는 것은 그 때문입니다. 종교라든가, 여러가지 지배적 윤리체계가 도덕의 이름을 빌어 초월적 가치를 삶의 원리나 이상으로 내세워 대중이 추종하도록 하는 것도 같은 일입니다.

3

표현으로서의 문화와 정치적 혁명은 무슨 관련이 있을까요? 정치적 혁명이 기존의 권력체계를 붕괴시키고, 새로운 세력으로 대체되는 것이라고 한다면, 이는 혁명을 국가권력의 장악으로 보는 견해일 것입니다. 하지만 이것만으로는 부족하다는 것은 이미 역사가 증명하고 있습니다. 국가권력의 장악, 즉 거시적인 정치적 혁명만으로 혁명은 완성되지 않습니다. 거시적 차원의 권력의 시간과 미시적 차원의 권력의 시간에는 항상 지연이라든가 탈구 현상이 생기기 때문이겠죠. 현실사회주의권의 성립과 붕괴의 역사를 살펴보면, 진보세력에 의한 국가권력의 장악이, 곧바로 사회 민주화로 이어지는 것이 아니라는 것을 알 수 있습니다.

펠릭스 가타리가 오래 전에 쓴 것으로 최근에 우리말로 번역되어 나온 『분자혁명』이란 책이 있습니다. 가타리에 따르면, 진보세력에 의한 국가권력의 장악이 곧바로 사회전반의 민주화로 이어지지 않았던 이유는 욕망, 예술, 꿈의 생산을 지원하는 뭔가 색다른 생산관계가 구성되지 않았기 때문입니다. 욕망이 가는 대로, 예술이 지향하는 대로, 꿈이 움직이는 대로 일어나는 생산형태가 있고, 그렇게 가는 색다른 생산관계를 만들어야 하는데, 그런 생산형태를 만들어내지 못하고, 자본주의적 생산형태를 닮아가면서 욕망과 예술, 꿈을 억압하는 생산형태를 만든 결과, 진보세력이 장악했다는 국가권력마저도 사회전반의 민주화로 이어지지 않았다는 해석입니다. 요지는 국가권력의 장악만으로는 색다른 생산관계를 만들 수 없다는 겁니다. 가타리는 조직의 관료주의, 아내와 자식에 대한 활동가들의 억압적인 태도라든가, 또한 피로, 노이로제, 망상에 대한 활동가들의 무지 등과 같은 문제들에 대해서 새로운 접근법이 생길 때에만 지배권력의 파열을 실질적으로 불러일으킬 수 있다고 합니다. 사실 저를 포함해서 소위 진보적 지식인, 활동가들 내부에 관료주의적 태도가 깊이 배어 있는 경우가 너무나 많습니다. 노동조직만 하더라도 노조가 자본가와 대립할 때는 영웅적인 힘을 발휘하기도 하지만, 조직 보위를 위해서 물불을 가리지 않는 행태를 보인다거나, 조직을 보위하고 수호한다는 명목으로 내부 민주주의를 억압하는 일도 흔합니다. 그 외에도 성적 취향에서 편향성이 강요된다거나, 여성에 대한 가부장적인 억압이 지속되고 있지요.

이런 사실은 우리 자신에게 중대한 반성을 요구합니다. 가타리는 진보세력 내부에, 다시 말하면, 우리 자신 내부에 "반동적 경찰"이 있다는 점을 지적합니다. 이 경찰이 작동하는 한 혁명은 성공과 함께 실패할 수밖에 없다는 것이 그의 지적입니다. 우리 내부에 있는 이 경찰이 하는 일은 계급전선의 투쟁과 욕망전선의 투쟁을 분할하는 것입니다. 두 투쟁의 동시적 진행 또는 양자의 접합이 필요한데 양자간에 분리가 일어나도록 하는 것이 그 반동적 경찰의 임무라는 거죠. 이 결과 계급전선에서는 진보적이지만 욕망전선에서는 반동적인 태도가 나올 수 있습니다. 좌파적인 진보적 실천과 욕망/쾌락의 문제가 분리되면 전선에는 분열이 생깁니다. 욕망의 흐름으로 구성되는 현장, 즉 미세 국면에서의 민주주의와 전체 대의가 분리되는 일이 일어나기 십상입니다. 현장에서는 민주주의가 전혀 관철되고 있지 않은데, 상부 단위에서는 "민주주의 쟁취!"를 외쳐대는 우스운 꼴이 벌어지는 것입니다.

여기서 민주화라는 프로젝트가 가진 곤란, 또는 복잡성을 이해할 수 있지 않을까 싶어요. 민주화는 두 가지 전선에서 동시에 진행되는 것이지 어느 하나에서만 진행되는 것은 아닙니다. 민주화는 지배권력이 가동하는 모든 기계·장치에 적극적으로 개입할 때 시작되는 운동입니다. 국가권력의 장악을 위한 민주화만을 생각할 때 그런 민주화는 그 내부에 반민주적 요소들을 가질 수밖에 없습니다. 독재 정권을 무너뜨리고 "민주" 정권을 수립한다고 해서 민주화가 이루어진다고 생각하면 오산입니다. 가타리의 말을 수용하면 부르주아권력, 학교권력, 관료제권력, 남성권력 등 각종 권력 기계에 실질적으로 개입할 때 민주화 운동이 비로소 시작된다고 할 수 있습니다. 이런 관점에서 한국사회를 본다면, 오늘 일부, 아니 다수가 실현되고 있는 중이라고 상상하고 있는 "민주화"에 대해 발본적인 문제제기를 해야 한다고 봅니다. 진보적 입장을 지닌 사람들 가운데도 군부독재에서 문민정부로, 그리고 문민정부에서 국민의 정부로 넘어온 것이 좀더 민주적인 쪽으로 이행해왔다고 보는 사람들이 있습니다만, 방금 말한 것처럼, 지배권력에 대한 기계와 장치에 대해 저항해야만 민주화를 위한 일보를 내딛을 수 있다고 본다면, 우리나라는 정권 교체를 이뤄내 민주주의를 위한 진전을 어느 정도 이룬 것은 사실이나 실질적인 민주화는 아직 시작도 못한 셈입니다. 민주화란 각종 권력을 실제로 무너뜨려야 하는데, 전혀 그렇게 하고 있지 못하니까요.

보기에 따라서 우리 사회는 아직 민주화가 무엇인지에 관해서 심각하게 논의된 적도, 공론화한 적도 없다고 할 수 있습니다. 어떤 한 부류의 인간들이 다른 인간들의 삶을 일순간에 결정하는 체계가 가동되고 있는 한은 그렇다 하겠습니다. 예컨대 며칠 전에 수능시험이 있었는데, 십여년의 학습의 성과를 단 하루에 시험을 봐서 결정하는 것이지 않습니까? 학생들의 능력을 그렇게 재단한다는 것은 참으로 끔찍한 일입니다. "경제위기"를 빌미로 최근에 대량으로 발생하는 정리해고 문제도 그렇습니다. 노동하는 사람들과 그들의 가족이 당면한 생계문제를 전혀 고려하지 않고, 하루 아침에 정리해고해버리는 사회에서 민주화가 이루어졌다고 할 수는 없습니다. 감옥갔던 노동시인 박노해 같은 사람이 최근 석방되었다 하더라도 그렇습니다. 박노해씨가 노동부에 가서 강의를 한 모양인데, 그런 사실을 두고 언론에서는 대단한 진전으로 봅디다만, 과연 그럴까요? 박노해가 노동부에 가서 강의하고 있는 사이에도 정리해고는 일어나고 있습니다. 민주주의가 제대로 구현되려면, 환자, 군인, 죄수와 같은 사람들조차도 자신들의 삶의 양식을 다른 집단이나 개인들에 의해서가 아니라 그들 스스로 구성할 수 있어야 합니다. 흔히 범죄를 저지른 사람도 사회의 희생자라는 말을 하지만, 실제로 단죄할 때 보면, 그들에 대해서 인간적 배려를 하는 경우는 거의 없습니다. 공장에서 일하는 노동자의 경우를 보더라도, 노동자가 노동하는 방식이나, 노동과정을 조절하는 방식을 스스로 자율적으로 하는 것이 아니라, 사용자측에서 이미 정한 노동의 강도와 방식에 따라 타율적으로 마치 기계처럼 움직이게 되죠. 이럴 때, 노동현장에서 노동자의 생명은 죽은 것이나 마찬가지입니다. 혹은 학생들이 자신의 커리큘럼이라든가, 학습시간, 여가시간을 자율적으로 구성하지 못한다는 것도 결국, 학생들이 타율에 의해서 주체화되는 것인데, 이것을 민주적이라고 말할 수는 없습니다.

그런 면에서 민주화 프로젝트는 아주 근본적이고 철저한 방식으로, 미시적이지만 실질적인 차원에 속하는 비민주적 규정, 관행, 습속을 근본적으로 바꿔야 달성되는 것이지 적당한 수준에서 끝나는 것이 아니라고 봅니다. 앞에서 우리 사회에서 민주화는 거의 전혀 이해되지 못하고, 이해하더라도 공론화되지 못하고 있다고 한 것은 이런 점을 염두에 두고 한 말입니다. 정치학자들의 담론에서도 민주화 문제를 근본적으로 다루는 경우는 드문 것 같습니다. 거의 대부분이 거시적 수준에서 권력을 어떻게 배분해야 하는가만을 이야기하고 있는데, 이 문제는 분명히 중요한 것이지만, 이것만으로 끝나는 문제는 아닌 것 같아요. 거시적 수준에서의 민주화 문제가 해결된다고 해서 자동적으로 미시적 차원까지 해결되지는 않습니다. 이 양자가 동시에 같은 시간대에 성취되는 것은 아닐지라도, 적어도 두 문제를 동시에 의식하고 접근해야 할 필요가 있습니다. 미시적 권력 문제를 없는 것으로 치부하면 안되는 거죠. 이것은 이를테면, 인간의 몸에서 팔, 다리만 생각하고 세포를 생각하지 않는 것입니다. 세포를 고려하지 않으면, 인간이 어떻게 구성되어 있는지에 대해서 완전히 이해할 수 없습니다. 따라서 미시권력을 고려하지 않고, 거시적인 권력만을 생각하는 것이 아니라, 오히려 세포차원의 미시적 권력을 더 중요하게 생각해야 할 수도 있습니다.

4

민주주의를 구현하고, 민주화 투쟁을 하는 과정에서 어떻게 직접민주주의를 구현할 수 있는가의 문제가 핵심이 될 것 같습니다. 한국에서 직접민주주의란 구현되지 못한 것은 물론이고, 논의조차 시작되지 않았다고 봅니다. 현재 우리가 흔히 대하는 민주주의 방식은 대의민주주의 형태이죠. 민주집중제가 있지만, 대의민주주의와 얼마나 크게 다른지 잘 모르겠습니다. 이런 민주주의 모델은 대변, 재현, 표상의 모델입니다. 민주주의를 실현하는 방식이 누가 다른 누구를 위해 대신해주는 식인 거죠. 이 모델에서는 개인이든 집단이든 자신의 삶을 스스로 조직하는 것이 허용되지 않습니다. 물론 현대사회는 규모가 너무 커서 직접민주주의를 실천하기가 불가능하다고 보는 입장도 있습니다. 그래서 어쩔수 없이 차선으로 보는 대의민주주의를 채택한다는 것인데, 어떤 경우든 대의민주주의는 민주주의를 구현하지 않기 위한 수단 같아요. 대의민주주의를 채택하고 있는 나라치고 미국, 일본, 한국 등 어느 나라를 둘러봐도 민주주의를 제대로 구현하는 곳은 없습니다. 대의민주주의는 직접 투표를 함으로써 직접 민주주의를 가미했다고도 하지만, 대중이 일상적·통상적 활동에 의해 자신의 운명을 개척하고 문제를 해결하는 것이 아니라, 대표자가 대중을 대신해서 의제를 결정하고 문제를 해결하는 방식입니다. 대표자를 없애는 것이 현실적으로 무척 어려운 것은 사실이지만 가능한 한 대표나 대의 행위를 없애고 개인들과 대중의 직접 참여가 가능하도록 해야 한다고 봅니다. 대표들의 의견과 활동이 불가피한 경우라도 대표의 행위가 대중의 힘에 의해서 추동되고 대중의 의사에 의해 통제받도록 하는 것이 중요합니다. 독일의 녹색당은 전문 정치꾼들을 만들지 않기 위해서 일정한 임기를 채우면, 더 이상 의회 진출을 할 수 없도록 막고 있다고 합니다. 한 개인이 집단이나 단체의 대표 행세를 하는 것을 가능한 한 막으려는 노력이 아닌가 싶어요.

그런데 직접민주주의를 구현하려면 아마도 대규모 실천보다는 소규모 실천의 복합이 필요할 겁니다. 혹은 어느 수준에서건 직접적 실천이 필요합니다. 따라서 중앙에서 결정되고 계열화된 개인들로 구성되는 대중운동에 대한 발본적 문제제기는 늘 필요하다고 봅니다. 북한식이나, 한총련식, 혹은 노조 중앙에서 결정하는 식으로 대중운동을 하는 것이 대변주의, 재현주의인데, 여기에 대해 가타리는 문제제기가 필요하다고 하고, 자기 나름대로 소수운동이라는 모델을 제시합니다.

소수운동이란 무엇일까요? 무수히 다양한 분자적 욕망의 접속이 아닌가 싶어요. 아주 미세한 차원의 개인들의 욕망이 접속하는 것입니다. 접속은 위에서 내려오는 것이 아니라, 서로의 움직임 속에서 만나는 것이죠. 네트워크라고 할 수 있습니다. 이런 식의 접속이 계속해서 이루어지면, 커다랗게 되면서 눈덩이를 만들고, 그 결과 대규모 혁명이 만들어진다는 것입니다. 가타리는 68년 5월 혁명 초기에 이런 형태로 혁명적 열기가 올라갔다고 설명합니다. 즉 소집단들의 국지적이고, 특정한 욕망의 표현 및 표명이 지배적인 표현 및 표상형식에 의해 분쇄되었던 욕망의 복수성과 공명(共鳴)하게 되었다는 겁니다. 공명은 '눈덩이 효과'를 냅니다.

새떼들이 날아가는 것을 보면, 새들 사이에 일정한 간격이 유지되면서 전체적으로 보면 큰 흐름이 생깁니다. 개별 새들 사이에는 간혹 충돌이 있을 수도 있지만 그런 충돌, 나아가서 접속들의 효과는 미세하지만 옆으로 퍼져가면서 새떼 전체의 흐름에 영향을 미칩니다. 새떼 전체를 통제하는 "중앙"이나 "상부"는 없습니다. 새떼 전체 움직임에 일정한 방향이 생기는 것은 사실이지만, 그것은 사후적인 현상입니다. 개별적 새들이 자기가 처한 상황에서 스스로 내린 결정, 행동에 따라서 만들어진 결과요 효과입니다. 어느 새도 혼자 힘만으로는 전체 흐름을 결정하는 것은 아니지만 개별 새들은 모두 그 흐름에 영향을 미치고 있습니다. 이런 조직을 가리켜 자율적 조직이라고 할 수 있지 않을까 싶어요. 이런 조직에서는 "관념적인 통일이 복수적인 이해를 표상하고, 병합하"지 않습니다. 그보다는 "욕망의 모호한 복수성의 발전이 자기 스스로 내부에서 조절하는 체계를 만들어내는 상황"입니다. 다양한 흐름이 상호간에 연결망을 만들면서 그 안에서 자기 조절 능력을 만들어내는 겁니다. 이런 자율적 "조직"을 우리는 다양한 욕망하는 기계들의 배치로 파악할 수 있겠습니다. 욕망하는 기계들의 특징은 단일한 목적하에 훈육하고 위계화하는 표준화되고 질서정연한 체계로 구성되지 않는다는 것입니다. 단일한 목적하에 훈육하고 위계화하는 체계는 군대식 체계죠. 푸코가 말한 판옵티콘이 그 대표적인 다이어그램입니다. 사회모델로 보면 국가권력을 정점에 두고 있는 모델인 것이죠. 가타리에 따르면 욕망하는 기계들은 이런 체제로 수렴되지 않고 성별, 직업, 성적 취향에 따라 상이한 사회집단으로 지층화되고, 전체화하는 사회와 통일을 이루지 않습니다.

가타리는 68년 초기에 일어났던 양상은 분자적 욕망의 접속 형태를 띠었고 학생 투쟁 안에서 균열이 드러났다고 합니다. 가타리는 균열 자체는 나쁜 것이 아니라 오히려 소중한 것인데, 혁명 지도부가 이것을 너무 문제시했다고 보고 있습니다. 그런 균열의 중요성을 대부분의 혁명운동이 이해할 수 없었다는 것이죠. 혁명 과정에서 학생과 청년노동자들은 "지식에 대한 경의," 즉 교수와 학교에 대한 경의를 잊어 버렸다고 합니다. 과거의 지식생산관계를 무시한 것입니다. 학생들과 노동자들은 과거의 가치체계에 복종하지는 않았지만 새로운 가치를 창출하고 있었습니다. 그런데 혁명지도부에서는 그런 행동들에 대해 "자생성"이라는 딱지를 붙입니다. 너무 자생적이기 때문에, 나중에는 통제불능이 될 것이라고 생각한 겁니다. 지도부는 학생들의 균열적 활동을 과도기적인 것으로, 중앙집중적인 조직의 설립으로 지양해야 할 것으로 이해합니다. 이런 태도는 중앙집중적인 조직체계로 운동을 지도하겠다는 것입니다. 가타리는 바로 이때부터 5월 혁명은 힘을 잃어버렸다고 보고 있습니다. 초기 2주는 자연발생적이고, 다양한 욕망들의 접속에 의해서 어디로 튈지 모르는, 근본적으로 사회 전체를 뒤집을 수 있는 힘을 가지고 나타났는데 말이지요. 참고로 말하자면, 프랑스 공산당은 학생들의 통제불가능한 행위들을 물론 부정적인 것으로 보고 위험시했습니다.

민주화를 직접민주주의를 위한 소수적 움직임, 분자적 욕망의 접속이란 형태로 볼 수 있지 않을까 싶습니다. 분자적 수준에서는 모든 것이 직접민주주의가 되는 것이고, 다양한 분자적 활동이 접속되면 전체 국면을 지배하고 주도할 수 있습니다. 분자적 활동들이 통일된 단일한 지도노선에 의해서 수렴되지 않아도 전체 국면은 바뀔 수 있습니다. 사람들이 분자적 수준에서 민주주의를 실천하면 결과적으로 국면이 바뀌는 새로운 양상이 나올 수도 있다는 거지요.

5

민주화를 지금까지 말한 방식으로 생각한다면, 문화운동도 역시 같은 식으로 이해할 수 있지 않을까 싶네요. 잠깐 한국의 문화운동은 어떻게 전개되고 있는지 생각해보면, 우리 나라의 문화운동에서는 <민족극협의회>, <민족음악협의회>, <민족문학작가회의> 등의 (운동)단체들이 결성되어 있고, 이런 장르별 예술운동을 포괄하는 것으로서 <민족예술인총연합>이란 것이 존재하고 있습니다. 예술운동단체들의 이름에서도 드러나듯 한국에서 지배적인 문화운동을 대표하는 것은 민족문화운동입니다. 물론 이것이 필요하긴 한데, 여기에도 재현과 대변의 태도가 들어있지 않나 싶네요. 국내 문화운동이 대변 모델이라는 것은 문화운동의 상당 부분이 문화선전대의 역할을 하고 있다는 데서도 드러납니다. 문화선전대에서 문화는 대의(大義)에 복무한다는 기능을 가집니다. 여기에는 노동자계급이든, 민중이든, 민족이든 대의로 설정된 것이 일차적으로 중요하고, 이 대의가 문화를 움직이는 원칙이 됩니다. 지난 11월 8일 여의도에서 민중대회하는 데 가서 보니까, 문화선전대의 활동이 여전히 눈에 띄더군요. 물론 그런 행사에서 문선대가 필요하지 않다는 것은 아닙니다만, 일상적인 문화운동을 문선대 행태로 사고하는 것은 아주 편협된 발상일 수 있습니다.

최근에 나타난 또 하나의 흐름을 보면, 정체성 문제를 중심으로 구성되는 문화운동이 등장하고 있습니다. 여기서 짧게 요약할 수 없는 복잡한 갈래들이 있지만, 이런 운동들은 소중한 흐름을 보여주고 있기는 한데 위에서 말한 계급전선과 욕망전선의 이분법을 여전히 따르고 있지 않나 하는 아쉬움도 있습니다. 문선대식의 문화운동이 욕망전선을 계급전선으로 환원시킨다면 정체성 문화정치는 이제 욕망전선을 중요시함으로써 계급전선과의 분리를 초래하지 않는가 싶다는 거지요. 그러나 이것은 정치투쟁을 하는 사람들이 문화운동의 차원을 간과하는 것을 정확하게 뒤집는 일, 즉 전복에 불과할 수 있습니다. 이렇게 되면 문화와 비문화 사이의 관계는 외재적인 것으로만 이해되고, 정치와 경제 속에 들어있는 문화, 또는 문화 속에 들어있는 경제와 정치의 문제는 곧 망각되고 무시됩니다. 계급전선과 욕망전선에 이분법이 이처럼 작동하는 한, 정치, 경제, 문화의 층위들은 서로 분리하여 존재하는 것으로 이해될 수밖에 없습니다. 이런 이분법을 극복하기 위해서는 사회변혁과 문화운동의 관계가 내재적으로 얽혀 있다고 이해할 필요가 있다고 봅니다. 다시 말해서 계급전선의 투쟁과 욕망전선의 투쟁을 결합시키는 전략적 수정이 필요하다는 것입니다.

계급전선과 욕망전선의 결합을 '생산'과 '놀이'의 결합으로 이해할 필요가 있다고 봅니다. 최근에 노동시간 단축이라는 문제가 중요한 과제로 떠오르고 있습니다만 생산과 놀이의 결합을 위한 중요한 전제가 아닐까 싶어요. 노동시간을 단축하는 것은 자유시간을 확보하기 위함입니다. 앞에서 문화는 표현의 문제로 봤는데, 문화운동은 표현의 확대요, 표현하는 능력의 강화요, 나아가 표현의 기회를 최대한 확대하는 운동일 것입니다. 이 모든 것을 위해서는 자유시간의 확보가 매주 중요합니다. 자유시간이 확보되지 않은 문화운동은 매우 빈약한 조건 속에서 진행될 수밖에 없습니다. 문화적 활동을 위해 노동시간의 최소화가 필요한 것은 그 때문입니다. 또 노동시간 단축이 필요한 것은 문화적 행위가 노동 내 해방에 의해 가능한 활동에 국한될 수 없기 때문이기도 합니다. 노동의 자율적 조직을 통해 문화적 활동의 증가를 생각할 수도 있지만, 오늘 강제된 노동, 기계화된 노동이 더 많은 현실을 생각할 때 노동과정의 문화화라는 생각은 아주 예외적인 경우에만 실현될 수 있다고 봅니다. 아무래도 문화적 활동은 노동 밖에서 이루어지는 경향이 큽니다. 임금노동시간에서 해방된 공간에서 비로소 문화적 자율적 활동이 가능한데, 자유시간의 확보는 그런 활동의 기본적 조건입니다.

인간은 물론 노동을 외면할 수 없을 것입니다. 인간은 자연의 일부입니다. 우리는 자연으로 구성된 존재입니다. 우리 자신이 자연이라는 사실을 외면할 수는 없습니다. 저는 이 점을 가장 정확하게 파악한 것이 생태론적 입장이라고 보는데, 하지만 인간에게 깃든 자연만을 강조할 수도 없는 것이 아닌가 싶습니다. 자연에만 얽매여 있는 한에서는 인간적 자유를 누릴 수 없지 않은가 싶기 때문입니다. 인간이 가진 자연적 요소와 인간적 자유를 동시에 인정하고 추구해야 하는데, 이것이 인간이라는 존재의 고유한 권리이자 의무이자 특징일 겁니다. 자연의 일부인 한 인간은 노동을 하지 않으면 안됩니다. 노동을 해야 한다는 것은 인간이 굶고 살 수 없기 때문입니다. 생명을 영위하기 위해서는 노동은 회피할 수 없는 필수적 의무라는 거죠. 그 점 때문에, "사회적으로 필요한 노동"이란 것이 생기겠지요. 그런데 지금 이 노동의 양이 획기적으로 줄어들고 있다고 합니다. 기술발달 등이 원인이지요. 하지만 사회적으로 필요한 총노동량이 줄어들고 있는데도 개인들이 하는 노동시간은 획기적으로 줄지 않는 것도 현실입니다. 사회적으로 필요한 노동량이 줄어든 만큼 노동시간을 줄이기보다는 일자리를 줄이고 있기 때문이죠. 물론 노동시간은 이전에 비해 많이 줄어든 것이 사실입니다. 맑스가 『자본론』을 쓰던 시기의 노동량을 보면, 일주일에 72시간 정도였는데, 그 이후 1900년경에는 일주일 노동시간이 60시간으로 줄었고, 2차대전 이후에는 몇몇 나라에 국한되지만 40시간으로 줄어들었습니다. 지난 몇 년 사이에는 프랑스의 사회당 정권은 2000년부터 일주일에 35시간 이하로 줄이기 시작한다는 법령을 통과시켰고, 지난 10월 독일 사민당의 슈뢰더는 주30시간을 공약하고 총리로 선출되었습니다. 이렇게 보면, 굉장히 많이 단축된 것이죠. 현재 우리 나라는 법적 노동시간이 44시간이고, 평균 노동시간이 실제로 48시간입니다. 노동시간을 획기적으로 단축해야 합니다. 일자리를 나누면 생산량을 유지하면서도 굉장히 많은 노동시간을 단축시킬 수 있습니다.

노동시간을 최소화하고자 하는 까닭은, 맑스가 이야기한 것처럼, 사회적으로 필요한 노동을 최소화시켜서, 남는 시간은 개인의 자아실현을 위한 자유시간을 누리는 데 사용되도록 하기 위해서죠. 자아실현은 노동에서 완전히 벗어난 시간에서 일어날 것이고, 그 자아실현이란 것이 바로 문화적 활동입니다. 개인의 욕망대로 노는 것, 그것이 개인의 표현이고, 문화적 삶의 실현입니다. 이런 자아실현에서 핵심적 조건은 자유시간 확보이죠. 지금 현 시점에서 자유시간은 여가라는 형태로 주어져 있는데, 이 여가라는 자유시간이 너무 짧습니다. 나는 소비문화에 깃든 폭력성이나 야만성은 자유시간이 턱없이 부족한 것과 밀접한 관련이 있다고 믿는 편입니다. 폭력적이고 야만적인 형태의 문화, 그게 바로 소비문화입니다. 텔레비전 시청이나, 노래방 방문, 짧은 여행 등의 향락문화가 소비문화의 모습입니다. 이런 소비문화의 형태는 짧아질 기미가 아직 없는 장시간 노동 때문에, 사람들이 겨우 마련한 시간 동안에만 누릴 수 있는 형태로 나타나고, 그럴 경우 할 수 있는 것은 스트레스 해소를 위한 속도전, 폭력적이고 동물적인 놀이 형태입니다.

자유 시간이 너무 짧기 때문에, 대안적인 삶을 추구할 여유가 없습니다. 이 결과로 대중이 하고 있는 것은 자본주의적 생산양식에 필수적인 과정이라고 할 수 있는 소비제도를 유지하기 위한 자본주의적 "소비의 전사"가 되는 정도입니다. 대중이 소비의 전사로서의 역할을 충실히 하고 있는 한, 자본주의적 질서는 무너지지 않을 뿐 아니라, 새로운 형식의 삶도 불가능합니다. 소비문화에선 욕망전선의 투쟁도 제대로 일어나지 않습니다. 소비문화는 훔쳐보기 식, 관음증 수준의 욕망 충족, 욕망의 제한된 발산을 허용할 뿐입니다. 욕망을 분출할 기회를 오히려 통제합니다. 그런 점에서 소비문화는 노동의 문화, 즉 임금노동만이 인간이 할 수 있는 거의 유일한 활동인 것처럼 치부될 때 나타나는 문화입니다. 따라서 소비문화는 사회적 생산에 의해 포섭되어 있고, 노동문화의 연장일 수는 있지만, 노동으로부터 자유로운 문화라고 할 수 없습니다. 소비문화는 자본주의 생산양식 안에 존재할 수밖에 없고, 자본주의를 가동시키는 한 국면이지, 그것을 돌파하거나, 해체하는 힘을 가진 것이 아닙니다.

계급전선과 욕망전선의 결합은 의미있는 수준의 노동시간 단축이 있어야 가능할 것입니다. 지금이야말로 노동시간의 최소화를 사회적 요구로 조직해야 할 시점이라고 생각합니다. 경제위기를 빌미로 자본측이 대대적인 정리해고를 시도하고 있고, 수많은 실업자가 양산되고 있는 지금은 사회적으로 노동시간이 감소하고 있는 시점입니다. 실질적으로 감소되고 있는 노동시간을 노동자들의 노동시간 단축으로 연결하지 않고 일자리 없애기로 대응하는 것이 자본의 전략입니다. 노동시간의 최소화는 지금과 같은 시점에 오히려 더 강력하게 요구해야 한다고 봅니다.

6

이 지점에서 문화운동의 역할이 있다고 봅니다. 노동시간 단축을 위한 운동에서 문화운동은 중요한 위치를 차지합니다. 노동시간 단축을 요구하는 것은 한편으로는 일자리를 공유하자는 것이지만 다른 한편으로는 노동을 거부하는 태도를 표명하는 것이기도 합니다. 그러나 노동을 거부한다는 것은 그렇게 쉬운 일이 아닙니다. 자본주의 생산체제는 누구나 노동해야 한다는 노동윤리를 우리 모두에게 각인시켜 놓았습니다. 노동시간 단축을 요구하는 것은 마치 이제 나는 일을 더 많이 하지 않겠소, 게으름을 피우겠소 하는 말과 다를 바 없는 것처럼 들립니다. "일하지 않는 자에게는 먹을 것도 주지 말라"는 자본주의적 구호가 판을 치고 있는 상황에서 그런 말을 하기란 그렇게 쉽지 않습니다. 문화운동은 이 맥락에서 노동거부와 노동시간 단축을 당연한 것으로 수용하게 만드는 데 기여하지 않을까 싶습니다. 문화운동은 좀 단순하게 말하면 놀자는 것입니다. 그런데 놀자는 것은 노동윤리와 어긋난 것이기 때문에 노동윤리와 충돌하는 점이 있잖아요? 노동윤리와 충돌하더라도 놀자고 나서는 사람들이 있어야 하는데, 이런 사람들이 어디에 있을까요? 찾아 보면 우리 사회 여기저기에 많이 있겠지만, 문화운동을 추진할 세력이라는 관점에서 보면 아무래도 문화예술계가 아닐까 싶습니다.

문화예술계는 임금노동과 무관한 사람들이 많은 분야입니다. 문화예술인은 임금노동을 거부하는 성향이 크기도 합니다. 사실 이것은 우연한 현상이 아니라, 문화적 실천, 예술적 실천이 인간의 근본적인 자유와 욕망을 필요로 하기 때문이라고 봅니다. 자유와 욕망, 꿈을 향유하는 조건은 임금노동과 같은 타율적 삶이 부과된 상황에서는 찾기가 거의 불가능합니다. 예술적, 문화적 표현의 욕망이 강한 사람들이 거의 본능적으로 임금 노동을 거부하는 것도 그런 이유 때문이 아닌가 싶습니다. 저는 이런 점에서 문화예술은 자본주의적 삶을 본능적으로 거부하는 어떤 힘을 지니고 있다는 견해에 어느 정도 동의하는 편인데, 문제는 이런 반자본주의적 열망을 사회의 민주화 프로젝트와 어떻게 결합시킬 것인가라는 겁니다.

예술하는 사람들은 스스로 임금노동과 무관하다고 생각하기 때문에 노동운동과 결합되기 어렵습니다. 민주화를 자본주의적 사회에서 "사회적으로 유익하다"고, 즉 "자본에게 유리하다"고 간주되는 노동을 수행하는 주체들을 만들기 위한 권력 장치의 통제나 해체와 연관된 과제라고 한다면, 그리고 자본주의 사회 가동을 위한 권력장치를 해체하고 자본주의적 억압을 해소시키는 새로운 삶의 방식을 가능케 하는 노력이라고 한다면, 이런 민주화와 문화운동의 결합이 필요하겠지요. 저는 자본주의적 주체 형성 과정에 개입하는 것이 매우 중요한 문화적 개입이라고 봅니다. 자본주의가 보기에 유익한 노동형태가 있고, 그런 과정을 수행하는 개인이 있는데, 그런 주체 형성 과정은 알다시피 유치원 다닐 때부터 시작됩니다. 지금은 유치원, 아니 유아원에 다니는 어린 아이도 학원을 몇 개씩이나 다니고, 초등학교, 중학교, 고등학교로 올라 갈수록 학습노동 시간이 길어집니다. 어릴 적부터 장시간 노동을 위한 훈련을 받는 거지요. 이 결과 너무 많은 사람들이 결국 놀 줄 모르는 사람이 되는데 바로 이게 중요한 지배효과가 아닌가 싶어요. 자기가 무엇을 원하는지도 모르고, 자기의 삶을 스스로 조직할 능력을 상실하는 겁니다.

이것이 90년대, 특히 강경대 정국 이후에 대학에 들어온 학생들의 특징이 아닐까 하는 생각이 드는데요, 이런 상황에서 민주화를 이야기하는 것은 매우 어렵습니다. 이것은 우리 사회의 자본주의화가 너무 많이 진전된 결과, 놀이가 진정한 의미의 놀이가 아니라 자본주의적 놀이가 되고, 젊은이들이 소비문화에 완전히 물들었고 포획되었기 때문입니다. 놀이의 길들이기가 너무 많이 진척된 거지요. 그래서 한편으로는 놀이를 전혀 모르는, 노동을 위한 주체가 형성되고 있고, 다른 한편으로는 길들여진 놀이로서의 소비문화가 번창합니다. 이와 함께 사회적으로 유익하다고 인정되는 노동과 무익하다고 치부되는 노동 사이에는 강고한 분리와 격리가 존재합니다. 생산과 놀이가 완전히 분리되어 있고, 노동의 공간과 여가의 공간은 완전히 다른 세상처럼 격리되어 있습니다. 이런 분리와 격리의 체계에 균열을 일으키고 분리된 두 세계를 새롭게 배치하고 두 세계를 분리시키고 있는 체제를 탈영토화할 필요가 있습니

다. 이 탈영토화는 지금의 체제에 발본적 변화를 일으키는 것이고, 바로
그런 운동이 혁명이요 민주화라 할 수 있을 것입니다.

이렇게 볼 때 문화운동은 민주화 또는 혁명 과정에서 새로운 위상과
역할을 부여받아야 하지 않을까 싶습니다. 문화운동의 역할이 욕망의
강화와 긴밀한 관련이 있다고 한다면 이 경향은 자본주의적 생산을 지
속시키는 기능을 하는 소비문화가 길들이고자 하는 욕망을 강화하는
일이고, 사회적 생산의 자본주의화가 강요하는, 노동과 놀이의 분리를
거부하는 것입니다. 놀이의 강화는 바로 자본주의적 임금노동을 거부하
는 운동이고, 노동자계급의 착취를 거부하는 일이기도 합니다. 이런 입
장이 가능하다면, 문화운동은 민주화 프로젝트에서 결코 부차적이지 아
니지 않은가 싶고, 다른 운동들과 마찬가지로 일차적이라고 봐야 하지
않을까 싶네요.

7

저는 욕망전선과 계급전선이 만나는 기획이 "문화사회"를 건설하는
기획이라고 보고 있습니다. 문화사회의 전제는 앞서 말한 대로 노동시
간이 단축되어야 한다는 것입니다. 저는 아직 임금노동을 완전히 없앨
수 있는가 하는 점에 대해서는 자신있는 결론을 내리지는 못합니다만,
대중이 노동거부권을 가지는 것은 필요하다고 생각합니다. 일할 권리만
주장할 것이 아니라 게으를 권리도 필요하다고 봅니다. 노동이 없는 사
회를 아직은 상상하기 어렵기 때문에 임금노동의 필요성을 잠정적으로
는 인정한다고 하더라도 노동을 최소화하기 위해서는 노동을 거부할
수 있어야 한다고 봅니다. 그리고 이런 노동거부 운동의 성과가 "획기
적인 노동시간 단축" 형태로 나타나야 하지 않겠는가 생각합니다. 그리
고 이런 조건에서 욕망전선과 계급전선의 결합, 노동과 놀이, 생산과 여
가의 결합이 가능하지 않을까 생각합니다. 물론 가능하다면 일체의 노
동을 비노동으로, 생산을 놀이로 전환시킬 수 있으면 좋겠지만, 지금 당

장 그런 조건을 갖추는 것은 불가능하니 일주일에 이틀만 일한다고 생각해봅시다. 이틀로 사회적 필요 노동을 마칠 수 있다면, 나머지 닷새 동안은 자아실현을 위해서 "놀" 수 있습니다. 이것도 아직은 희망사항이지만, 앙드레 고르라는 사람은 『경제적 이성비판』이란 책에서 일주일 이틀 노동을 주장하고 있습니다. 고르는 가까운 장래에 연간 1,000시간 노동으로, 일주일에 약 20시간만 노동하면 될 것으로 예상합니다.

이렇게 되면 우리의 삶이 얼마나 크게 바뀔까요? 자기 삶을 자율적으로 조직할 가능성이 높아질 겁니다. 이런 정도라면 유토피아에 가깝지 않을까요? 얼마전 제 강의를 듣던 대학원 학생 하나가 이틀 노동과 닷새 여가의 일정을 듣고서 "그렇다면 유토피아겠네요" 하던 것이 생각납니다. 만약 이틀만 일하고 닷새를 논다면, 한 달에 열흘 미만으로 일하고 20일을 노는 것이고, 4개월 중에서 1개월 일하고 3개월을 놀 수 있습니다. 그렇게만 되면, 지금의 비인간적인 삶의 방식들을 많이 해소하지 않을까 싶습니다. 노동과정에서 받는 스트레스도 훨씬 줄어들겠지요. 어린 시절 친구를 만나러 갈 수도 있고, 마음껏 여행도 하고, 부모의 병 구완에도 더 많은 정성을 들일 수 있고, 환경보호나 자원봉사 등 사회적 활동에도 훨씬 더 적극적으로 나설 수 있을 겁니다. 이렇게 되면 사회도 질적으로 달라지지 않을까요? 사회운동도 질적으로 다른 차원에서 일어날 수 있습니다. 이렇게 되면, 비자본주의적 삶을 건설할 수 있는 조건이 많이 확보되지 않을까요? 비자본주의적 삶은 자본주의적 시장원리가 지배하지 않는 삶입니다. 상품논리에 전적으로 지배받지 않는 삶입니다.

결론적으로 말해 문화운동과 민주화 운동은 개인들, 집단들의 자율적인 삶을 가능하게 만드는 쪽으로 나아가야 할 것입니다. 그렇게 하는 것이 문화혁명이고, 혁명 자체가 아니겠는가 생각합니다. 저는 새롭게 요청되는 사회조직이 "문화사회"라고 봅니다. 사회적으로 필요한 노동은 지금 획기적으로 줄어들고 있습니다. 이것은 인간이 노동에 얽매일 필요가 훨씬 더 적어진다는 말입니다. 문화사회는 이렇게 줄어든 노동시간을 인간의 자아실현을 위해서, 인간 자신의 발전을 위해서 투여하는 사회입니다. 아시겠지만, 지금 상황은 이와는 반대입니다. 노동시간은 쉽게 줄어들지 않고, 줄어든다고 해도 임금을 삭감하거나 일자리 축소의 형태로 정리해고를 해대고 있습니다. 정리해고가 아닌 방식으로 일자리를 축소하지 않는 방식으로 위기를 극복하자는 것이 노동진영의 요구입니다만, 저는 이 요구가 노동의 강화로, 혹은 노동윤리의 강화로 이어져서는 안된다고 생각합니다. 문화사회는 노동이 지배하는 사회가 아니라 인간의 자율적 활동이 지배하는 사회라야 합니다. 노동으로부터 해방된 자유시간이 넘치는 사회가 문화사회라고 봅니다. 이런 사회를 건설하기 위해 노력하는 것이 문화운동의 과제이고, 또 그런 노력이 민주화요, 혁명이 아닐까요? 이 혁명은 쾌락, 꿈, 예술을 위한 욕망전선과 소득, 이해, 대변을 위한 계급전선이 서로 교차하고 결합할 것을 요구합니다. 욕망과 이해의 내재적 결합을 가능하게 하는 것이 "문화사회"라는 프로젝트가 아닐까요? (1998. 11)

비자본주의 사회를 꿈꾸며

자본주의에 미래가 있는가? 없다. 아니, 있어서도 안 된다. 마지막 숨을 헐떡이며 발악하고 있는 현실까지야 부정할 수 없지만 이 악령에게 미래를 허용할 수는 없다. 말 그대로 세계화가 구현된 지금, 지구 곳곳을 배회하며 그 죽음의 파괴력으로 사람들의 생명과 여유와 호혜적 삶을 있는 대로 앗아가고 있는 이 악령이 영속할 경우 인류에게는 파멸밖에는 남지 않을 것이기 때문이다. 근대를 지배해온 사회적 질서로서 자본주의가 지닌 관성적 위력마저 부정하자는 말은 아니다. 지금 이 악령보다 더 큰 힘을 가진 세력은 어디에도 없다. 그러나 인류의 생존을 위하여, 이 생존에 절대적으로 필요한 생태계의 보존을 위하여 더 이상 자본주의가 지배적 사회질서로 군림하도록 놓아둘 수는 없다. 21세기와 새 천년을 맞은 지금 인류에게 주어진 절대절명의 사명이 있다면 그것은 자본주의를 종식시키고, 새로운 삶의 질서를 세우는 일이다.

자본주의적 체제를 해체해야 할 필요는 신자유주의 세력이 득세를 하고 있는 최근에 들어와서 더욱더 커지고 있다. 가는 곳마다 인간적 삶의 터전, 민주주의의 토양을 잠식하는 신자유주의적 자본주의가 미치는 해악은 그 도를 지나쳐 이제 극악무도해지고 있다. 어쩌면 지금 인류는 자유와 평등, 삶의 질 고양, 평화 등을 누릴 수 있는 가장 좋은 조건을 마련한 역사적 국면에 들어섰는지도 모른다. 자본의 신자유주의 전략은 바로 그런 시점에 인간적 삶의 가능성들을 앗아가고 있다. 지금은 과학기술의 발달에 따른 고도의 생산성 성취로 사회적 필요노동이 전세계적으로 크게 감소하고 있는 시점이다. 신자유주의는 바로 이런 순간에 대량해고를 촉발하여 수많은 사람들의 삶을 나락으로 빠뜨리고 있다.

자본은 지금 가장 악랄한 사회형태를 만들어내고 있다. 이제는 그 실상이 분명해지고 있는 '20대 80 사회'가 그것이다. 이런 사회에서는 상상하기조차 어려운 거액의 재산을 가진 빌 게이츠 같은 사람들과 생존조차 어려운 사람들이 '함께' 산다. 최근의 외환위기, 경제위기 이후 우리 사회도 이런 인구 양분화 현상이 급속도로 진행되고 있다. 벤처 사업 운영, 주식 투자 등을 통해 평생 써도 못 다 쓸 재산을 챙기는 소수가 생기는 가운데 무료급식소에서 주린 배를 채우고 지하철 역사에서 새우잠을 자는 사람들이 양산되고 있는 것이다. 최근 참여연대의 국내 빈곤 조사에 따르면 월 소득 24만원에 미치지 못하는 절대빈곤층이 1천 29만 명이라고 한다. 오늘의 자본주의는 이런 빈곤 심화 현상을 세계적 조류로 만들어내고 있다.

이런 상황이 빚어진 데는 이유가 없지 않다. 무엇보다 자본의 횡포를 통제할 현실적 힘이 없어진 탓이 크다. 지난 세기 자본주의의 대안으로 대두되었던 사회주의 모델은 이제 큰 역할을 하지 못하고 있다. 1980년대에 거세게 타오르던 한국의 변혁운동이 90년대 이후 그 위력을 상실한 것도 사회주의적 전망의 이런 약화와 무관하지 않다. 이것은 진보세력이 소련에 대해 품었던 짝사랑이 착각에 바탕을 둔 결과인지도 모른다. 사회주의권도 따지고 보면 국가독점자본주의였고, 그 곳 민중의 삶도 정치적 질곡과 경제적 박탈에서 결코 자유롭지 못하였다. 현실사회주의가 지난 세월 세계민중의 희망으로 떠오른 것 자체가 따라서 문제였을 수도 있지만, 지금의 문제는 그런 대안마저 시야에서 사라짐으로써 자본이 무소불위의 존재가 되어버렸다는 데 있다.

자본의 '파괴적 생산력' 앞에서는 맑스의 말대로 "견고한 모든 것이 허공으로 사라진다." 자본주의화와 엇비슷하게 형성된 민족이나 국가도 지금은 더 이상 과거처럼 견고하지 않다. 소유욕에 사로잡힌 개인과 기업의 이윤 추구 앞에서는 사회복지와 같은 국가의 의무는 취소되어도 그만이고, 국제 경쟁력을 위해서는 민족언어를 포기하고 '국제어'인 영어를 공용어로 사용해도 좋다는 태도가 팽배한다. 가족, 학교 등 사회적 장치들의 형태도 크게 바뀌고 있다. 가족은 해체되는 중이 아니면 형태의 다양화를 겪고 있고, 학교는 목하 붕괴중이다. 대표적인 자본 '기계'인 회사도 재택근무 등 새로운 노동형태의 등장과 함께 운영방식이 크게 바뀌고 있다. 경제주권도 옛말처럼 되었다. 경제위기로 IMF의 구제금융을 받으면서 한국도 경제정책의 자율성을 더 크게 상실하였다.

견고한 것들이 모두 좋은 것은 아닐 것이다. 국가, 민족, 가족, 학교, 국민경제 등이 순기능만 하는 것도 아니다. 문제는 이들 사회적 기계들의 변동 혹은 배치를 주도하는 것이 자본의 힘이라는 것이다. 이 결과 이들 사회적 장치들에 깃들 수 있는 가치들은 자본 중심으로 평가되고 자본의 전략에 의해 보존되거나 폐기된다. 오늘 일어나고 있는 사회변동들이 한결같이 민중의 생존권 또는 삶의 질 유지나 향상을 위한 사회적 안전망들을 제거하는 쪽으로 진행되고 있는 것은 그 때문이다. 자본, 특히 초국적자본은 지금 국제통화기금, 세계은행(IBRD), 세계무역기구(WTO) 등 그 휘하에 다양한 사회적 기제들, 국제적 기구들을 보유하고 있다. 이들 기구들의 특징은 전지구적으로 반민중적 사회정책들을 도입하는 데 앞장서고 있다는 것이다. WTO 뉴 라운드, 다자간투자협정(MAI), 개별 국가들 사이의 양자간투자협정(BIT) 등 세계 자본과 국가들이 새롭게 체결 준비를 하고 있는 협정들도 같은 맥락에서 이해되어야 한다. 이들 반민중적 국제기구들의 형성을 막아야 한다. 지난해 말 '뉴 라운드' 체결을 위해 미국 시애틀에서 열렸던 각료회의를 공격한 것과 같은 반자본주의 민중운동이 힘을 얻지 않는 한 신자유주의 전략에 따른 자본의 세계화 운동은 중단되지 않을 것이고 이와 함께 인간적 삶의 터전은 갈수록 줄어들 것이다.

자본의 세계화로 민족국가의 위상도 불안정해졌다. 지난 몇 년 동안 우리 사회에서 논란을 빚으며 아직도 미해결 상태로 남아 있는 '스크린 쿼터' 문제가 이 점을 잘 보여준다. 스크린쿼터 논란은 김대중 대통령이 1998년 외환유치를 명분으로 유례없이 투자협정을 체결하자고 미국에 요구하면서 확대되었다. '유례가 없다'고 하는 것은 국가간 투자 협상에서는 투자 제공자가 수혜자 쪽에 먼저 협정 체결을 요구하는 것이 관행인데 한미간 투자협정은 한국 측이 먼저 나서서 체결을 요구했기 때문이다. 국가간 투자협정은 거의 예외없이 자본 보유국에게 유리한 방식으로 이루어진다고 한다. 한국이 협정 체결을 하자고 먼저 조르고 나선 것은 따라서 잘못된 일이다. 외환위기로 국가부도의 위험에 처해 있던 시기라는 점을 환기할 수도 있겠지만 협정 체결이 과연 '국익'을 위한 것인지 의문으로 남는 것은 마찬가지다. 협상 과정에서 공기업들의 해외 매각이 부추겨지고, 외국회사들을 위해 국내 노동시장의 유연화가 진행되고, 나아가서 각종 구조조정이 민중생활을 악화시키는 방향으로 진행되었다면 외자 도입은 설령 국내 민족 자본에게 도움이 된다고 하더라도 민중의 이익과는 상반된 조치일 수밖에 없다. 이런 상황은 신자유주의적 국제관계에서 펼쳐지는 국가정책이 반드시 '민중의' 국가정책인 것은 아니라는 증거이다.

신자유주의 지배 국면에서는 민족문화의 수호도 갈수록 어려워진다. 투자협정 체결을 위한 협상 과정에서 미국 측은 자국에 유리한 조건들을 내세우면서 그 하나로 스크린쿼터를 당장 축소하고 궁극적으로는 폐지하라고 요구하였다. 미국의 이런 요구를 보면 자본의 신자유주의적 세계화가 진행될 경우 문화의 정치경제학이 어떤 변동을 보일 것인지 짐작이 간다. 미국의 입장은 우루과이라운드와 WTO에 명시된 '문화적 예외' 조항을 무시한 것으로서 문화예술 작품을 일반 공산품과 똑같이 취급해야 한다는 것이다. 문화적 예외조항 설치의 정신은 예컨대 <박하사탕>과 같은 영화는 한국인의 문화적 정체성을 지키는 데 중요하기 때문에 자국문화 보존의 차원에서 보호를 받아야 한다는 것이다. 반면에 미국은 영화를 문화적 산물로 보기보다는 타이어나 기계류와 같은 공산품으로, 즉 필름으로 간주하자는 것이다. 이런 요구의 이면에 한국영화에 비해 경쟁력이 월등하게 높은 할리우드 영화의 국내 시장 진출을 용이하게 하려는 계산이 작용함은 말할 필요가 없다. 문제는 이 전략이 관철될 경우 국내에서 우리 영화를 볼 수 있는 기회는 줄어들거나 사라질 것이라는 점이다. 미국의 압력에 못 이겨, 혹은 문화정책의 판단 착오로 스크린쿼터를 포기한 나라들의 경우 예외없이 자국영화산업이 몰락한 것을 보면 한국영화라고 다른 길을 개척할 것을 기대할 수는 없을 것 같다.

양자간 투자협정이나 WTO와 같은 신자유주의적 국제질서가 강화될 경우 자국문화의 보호망 포기와 함께 민족문화의 생존가능성이 줄어들 것임은 분명하다. 민족문화의 후퇴는 어떤 문제를 낳게 될까? 민족문화가 후퇴한다고 해서 문화 자체가 소멸하는 것은 아닐 것이다. 인간의 삶이 지속되는 한 문화가 소멸하는 일은 있을 수 없다. 또한 민족문화를 무조건 지지하는 것도 문제가 될 수 있다. 민족문화는 문화적 통합을 내세우며 자신의 하위문화들, 소수문화들을 배제하거나 억압하는 데 앞장서기도 한다. 따라서 민족문화 기획을 비판적으로 바라볼 필요는 분명히 있지만, 그렇다고 해서 민족문화를 포기하는 것이 대안인 것은 아니다. 스크린쿼터 제도 포기로 예상되는 국내 영화산업 붕괴 후의 모습을 상상해보자. 미국영화가 국내 극장가를 지배할 경우 우리의 영상문화는 그 동안 우리가 우리 것으로 여기던 삶의 방식과는 동떨어진 미국의 영상문화에 의해 지배되고 말 것이다. 이런 추세가 다른 문화영역에까지 이어진다면 한국의 민족문화는 미국적 민족문화에 의해서 대체될 수도 있다. 민족문화 기획이 지닌 문제점을 의식하는 것과 그것의 포기를 구별해야 하는 이유가 여기에 있다. 우리의 민족문화를 포기한다고 해서 민족문화 모델이 사라지는 것도 아니다. 다양한 민족문화들 대신 소수의 민족문화, 특히 미국적 민족문화가 세계문화를 지배하게 될 것이기 때문이다. 이 경우 인류의 문화생태적 자산이라고 할 문화적 다양성은 소멸할 가능성이 높다. 세계의 문화적 생태계를 보존하려면 우리의 민족문화를 무조건 포기해서는 안된다.

신자유주의 물결이 침범하는 대상영역이 영화시장에 그치는 것은 물론 아니다. 자본의 세계화와 함께 그 동안 저지되었던 월경(越境) 현상들이 크게 증가하고 있다. 문화, 노동, 환경, 교육, 복지, 공공부문 등에서 외국 자본의 참여가 자유로워지고, 각종 투자협정이 체결되어 그 동안 민족국가의 전유물로 여겨지던 영역들에 대한 외국인의 참여가 허용되고 있다. 이로 인해 민족국가가 이들 부문에 대해 사회적 통제를 가하고 개입하는 것은 갈수록 어렵게 되었다. 앞으로는 내 집 앞 시냇물을 외국회사가 오염시켜도, 국내에서 민족역사를 부정하는 대학 교과과정이 운영되어도 방치할 수밖에 없을지도 모른다. 민족의 정체성과 주권을 지키는 노력이 이런 상황에서 더 많이 요청되는 것은 말할 필요가 없다. 하지만 그렇다고 해서 민족문화를 수세적으로 혹은 과거지향적으로 보존하는 것이 능사는 아닐 것이다. 우리의 문화주권을 지키는 일이 곧 바로 전통문화를 고수하는 일로, 혹은 동아시아적 가치와 같은 몰역사적 이상을 내세우는 일로 전환되어서는 곤란하다. 전통문화, 동아시아적 가치를 부정하자는 말은 물론 아니다. 전지구적 월경 현상들의 증가 속에서 과거로의 회귀는 불가능하고, 우리에게 주어진 과제는 민족문화를 현재적으로 재구성하는 일이며, 이를 위해서는 외국문화를 비판적으로 봐야 하는 만큼 전통문화도 비판적으로 고찰할 필요가 있다는 말이다.

더구나 지금은 월경 현상들에 상상을 초월하는 속도가 붙고 있다. 여기에 가장 결정적인 역할을 하는 것은 물론 과학기술의 발전이다. 알다시피 컴퓨터 혁명에 의해 생산과 소비의 국제적 분업화 및 통합이 가능해지고, 자본 결제와 이동이 전자적 속도로 진행되면서 "시공간 압축" 현상이 퍼지고 있다. 인터넷기술 혹은 문화의 전지구적 확산으로 이제는 오지(奧地)도 더 이상 오지가 아니며, 핸드폰으로, 인터넷으로 인류는 우주공간을 매개로 하여 목하 '접속중'이다. 국지적인 현상들이 바로 세계적 현상으로 확산되고, 이전 같으면 몇 년 몇 달이 걸릴 일이 눈 깜 짝할 사이에 일어난다. 전세계 자본 총량의 회전 역시 이제는 며칠 안 에 가능해졌다고 한다. 이런 상황은 인간의 활동 속도를 급속도로 증가 시키며, 삶의 방식에 급격하면서도 근본적인 변화를 가져온다. 중요한 결정들이 전자적 속도로 이루어지고, 게놈 프로젝트의 완성으로 인간 생체에 관련된 정보가 디지털로 저장되는 상황에서 인간의 삶은 어떤 형태로 발전하고, 예컨대 인권은 어떻게 보장받을 것인가? 사회적 권리 획득을 둘러싼 갈등과 모순은 어떻게 바뀌고, 인간 생존을 위한 생태계 는 어떻게 보존될 것인가? 유전인자의 공학적 선택에 의한 개인 정체성 변형이 생길 경우, 인간의 존재적 특징, 개인들의 인격이나 존엄성 등은 어떤 방식으로 파악되고, 어느 차원에서 구현되고 존중받을 것인가?

이런 질문들은 당장 답을 구하기는 어렵지만 잊어서는 안되는 것들 이다. 하지만 이와 함께 유념해야 할 것이 있다. 그것은 우리가 지금까 지 중요한 가치로 여기던 것들이나 혹은 우리를 괴롭혀오던 온갖 문제 들이 일거에 사라지지 않을 것이라는 점이다. 과학기술의 발전이나 자 본의 축적을 위해 사랑, 친절, 우정, 봉사, 자유시간과 여유, 아름다움과 건강, 자아의 실현과 창조적 능력의 발현, 호혜적 삶, 관용과 평화 등 인 간적 삶을 위한 태도나 조건, 활동 등을 포기할 수는 없다. 과학기술의 발전이 눈부신 것은 분명하지만 그로 인해 바로 사회적 정의가 구현되 는 것은 아니며, 인권에 가해지는 위협이 제거되는 것도 아니다. 아무리 거대한 규모의 자본축적도 인간적 가치나 이상을 자동적으로 구현할 수 없다. '20 대 80 사회'의 구축으로 계급적, 성적, 세대적, 민족/인종적, 지역적 차별이나 불평등이 오히려 악화되고 있지 않은가. 새로운 삶의 조건이 출현했다고, 과학기술이 발전했다고, 소수의 빌 게이츠가 등장 했다고 해서 이런 사회적 문제들의 지속을 외면할 수는 없다.

사회적 문제들 가운데서도 특히 문제가 되는 것이 자본주의 문제이 다. 가부장제 문제, 환경문제, 세대문제 등이 중요하지 않다는 것이 아니다. 이들 문제가 자본주의 문제의 해결로 사라진다고 보는 것도 아니다. 그럼에도 불구하고 자본주의 문제는 여성차별, 생태계파괴, 세대차별, 인종차별 등의 사회적 문제들을 가로지르며 이들 문제들을 얽어매는 동아줄이 되어 있다. 이 줄을 끊어내지 않고서는, 자본주의를 극복하지 않고서는 다른 문제들을 풀 길은 없다. 자본주의 사회에서 인류는 제반 사회적 문제들을 근본적으로 새롭게 배치하였고, 여성노동의 이중적 착취, 생태계의 파괴, 노년 및 청소년의 사회적 통제와 배제, 인종 및 민족의 차별을 체계화하였다. 이것은 자본주의가 그만큼 인간 욕망의 흐름들을 재영토화하는 공리계 역할을 잘 하기 때문이기도 하지만, 특히 인간의 다양한 활동들을 자본축적의 수단으로 전환시키고 있기 때문이다. 자본주의 사회는 인간 활동들을 이윤 획득을 위해 교환되는 상품의 생산과 소비에 바치도록 하는 사회이다. 자본주의 사회는 따라서 한편으로 상품 생산을 위하여 사람들을 임금노동에 종사하도록 만드는 '노동사회'와, 다른 한편으로 임금노동을 통해 획득한 수입 또는 소득을 상품들을 소비하는 데 쓰도록 만드는 '소비사회'가 통합된 사회이다. 우리의 삶, 활력, 정열을 오직 상품의 생산과 소비에 헌납하게 만드는 자본주의 사회가 지속하는 한 꿈과 자유와 자아를 실현하는 인간다운 삶의 보편화는 불가능하다. 모든 것을 상품으로 전환시킨 결과 자연환경도, 노동력도, 친절도, 사랑도 팔고 사는 세상에 어떻게 그런 삶이 가능하겠는가.

자본주의의 미래를 운위할 것이 아니라 그 대안을 생각해야 하는 이유가 여기에 있다. 이제 자본주의가 아닌 비자본주의 사회를 꿈꾸어야 할 시점이다. '상품' 대신 '선물'이 교환되는 사회, 나의 시간을 상품의 생산과 소비에만 바칠 것이 아니라 아무런 대가를 받지 않고서도 남에게 베풀 수 있는 사회, 이윤을 남기는 것보다는 명예를 지키는 것이, 사랑을 베푸는 것이, 아름다움을 가꾸는 것이 더 가치있는 사회를 만들기 시작해야 한다. 이런 사회가 한낱 공상에 지나지 않는 유토피아일 뿐이라며 그 건설을 회피한다면 남는 것은 뻔하다. 죽음의 그림자를 드리우며 배회하는 신자유주의의 망령과 그것이 만들어내고 있는 추악한 세상뿐일 것이다. 가치있는 모든 것을 이윤 축적을 위한 상품으로 전환시키는 사회가 아름다울 수는 없다. 친절과 사랑과 우정이 상품으로 바뀐 사회에서 여유나 가치를 기대할 수는 없다. 맑은 물과 공기도 이제는 더 이상 공짜로 주어지지 않는다. 대가 없이 베푸는 인심도 기대하기 어렵다. 사람들에게 타인은 경쟁 상대일 뿐이요, 착취의 대상일 뿐이다. 우리 주변의 가족들, 친구들, 선배들, 이웃들, 친지들이 퇴출당하여 최저 빈곤층으로 밀려나고 혹은 지하철 역사에서, 혹은 공원에서, 혹은 무료 급식소에서 기웃거리게 된 것도 이 결과이다.

이런 사회에서는 민주주의가 꽃 필 것을 기대할 수도 없다. 통설과는 달리 자본주의는 민주주의를 발전시킨 것이 아니라 그 실현을 체계적으로 봉쇄해왔다. 자본주의와 함께 태동한 근대적인 정치적 프로젝트의 하나는 대의민주주의였다. 현실 사회주의에서 '민주집중제'라는 것을 실험한 적도 있지만 자본주의가 지배적 질서로 작동한 기간 동안 정치적 실천은 대체로 대의를 그 모체로 하고 있었다. 우리는 이 대의가 얼마나 비민주적이며, 반민중적인지 잘 안다. 대의제가 정치(대의제)에서, 사법적 활동(대변, 변론)에서, 미학(재현, 반영)에서, 교환(화폐교환)에서 유일한 표현의 방식이 되는 한 민주주의는 결국 그 대의의 수단과 방법을 장악한 소수, 자본의 이익을 대변하는 소수에 의해 장악되고 만다.

민주주의를 구현하려면 이런 정치적 틀을 바꿀 필요가 있다. 대의의 형식이 아닌 자율적 행동, 참여가 대안적 모델이다. 개인 자신의 입장, 욕망, 이익을 대리인을 통해 표현하는 지금의 관행은 따라서 극복할 필요가 있다. 자율적 행동은 개인들의 자기표현을 가능하게 하는 직접 민주주의에 의해 이루어진다. 대의를 깡그리 없앨 수는 없더라도 개인들과 집단의 자기표현, 자기행동이 정치적 표현 방식이 되어야 한다. 이를 위해 개인들은 다수파에 속하려는 욕망에서 벗어나야 할 것이다. 나의 이익을 대변해줄 대리인을 찾는 태도는 그 대리인이 더 많은 사람들을 대변할 것을 요구하게 된다. 더 많은 나, 혹은 나와 닮은 더 많은 사람들의 확보로 나의 힘을 키우려는 것은 나를 포기하는 일에 가깝다. 다수파가 되기 위하여 대리인에 의탁하는 것은 스스로 삶을 조직하는 것을 포기하는 것이기 때문이다. 다수파가 되려는 것은 또한 지배자의 위치에 서려는 은밀한 욕망의 표현인지도 모른다. 그러나 이것은 자기표현을 포기하는 길로 접어드는 것이기도 하다. 자기표현의 길은 반대로 소수자가 되는 데 있다. 지배세력에 포함되려는 욕망에서 소수자로서의 차이를 만들어내는 변이의 정치를 실천하는 것, 그것이 새로운 정치일 것이다. 다수파의 지배가 아니라 소수자들의 자율적 활동과 실천이 먼저이다. 노동자, 여성, 특정 지역인, 외국인, 노인, 어린이, 청소년, 장애자, 동성애자 등이 다수파의 압박에 맞서서 자신들의 꿈, 이익, 쾌락, 운명을 결정할 수 없다면 민주주의는 실현된 것이 아니다.

이제 새로운 사회를 꿈꾸어야 할 시점이다. 비자본주의 사회의 건설이 필요하다. 이 비자본주의 사회를 종래의 대안적 사회와 동일시할 수 있을까? 실패한 현실사회주의는 더 이상 대안이 될 수 없다고 본다. 새로운 사회는 노동사회와 소비사회의 결합과는 다른 사회적 효과를 만들어내는 사회여야 할 것이다. 이 새로운 사회를 나는 '문화사회'라고 부르고 싶다. 문화사회는 인간이 중심이 되는 사회여야 할 것이다. 인간이 중심이 된다고 하여 인간-중심적 사회, 즉 동물 등에 대해 우월한 위치를 가진 인간이 중심이 되는 사회라는 것은 아니다. 인간은 자연에서 벗어난 존재가 아니며, 자연에 바탕을 두지 않고서는 단 한 순간도 생명을 유지할 수 없는 존재이다. 인간이 중심이 되는 사회는 따라서 생태계를 유린하지 않는 사회, 그러면서도 사랑과 화해와 평등과 자유 등과 같은 인간적 가치들을 구현하는 사회일 것이다. 인간이 중심이 되는 사회를 가리켜 문화사회라고 부르고 싶은 것은 인간의 잠재력을 구현할 수 있는 삶의 방식은 자연에 속하면서도 동시에 자연의 한계를 벗어나야 한다고 보기 때문이다. 문화는 자연과 대비되며, 인간적 능력이, 인간의 유적 자질이 발현되는 영역이다. 이 영역의 극대화는 자연의 보존 속에서 일어나며, 인간만이 지구 위에서 구현할 수 있다. 문화사회는 인간적 능력, 특징이 자연계 속에서 구현되는 사회를 가리킨다.

문화사회로 나아가기 위해서는 자본주의가 지배하는 삶의 방식에서 탈피하는 것이 절대적으로 필요하다. 임금노동을 강요하는 오늘의 사회질서, 사람들로 하여금 거의 예외없이 임금노동을 하도록 하여 거기서 나오는 수입으로 소비에 전력하도록 만드는 사회에서는 인간적 활동이 자율적일 수 없으며, 창조적일 수 없다. 자본주의 사회에서 이루어지는 교육의 실태를 봐도 이 점이 분명히 드러난다. 오늘 교육이 인간적 가치나, 개인들이 지닌 창조적 잠재력을 구현하는 것과는 거리가 멀다는 사실을 누가 부정하겠는가. 교육은 지금 자본주의적 임금노동에 순응하는 인간형태를 양산하는 사회적 장치로서 역할을 해오고 있고, 특히 최근에 들어와서는 인구를 소수의 고급 노동인력과 다수의 가처분 노동인력으로 양분시키는 기능을 수행하고 있다. 이런 교육 기계를 통해 형성되는 개인 주체형태들이 문화사회를 구성하는 자율적, 창조적 주체형태가 될 것을 기대할 수는 없다. 자기의 삶을 스스로 조직할 수 있는 사람들을 교육하기 위해 개혁이 필요한 것은 그 때문이다.

문화사회로 나아가는 길은 근대적 삶과는 다른 형태의 삶을 구축하는 길일 것이다. 자본주의적 사회질서에 의해 지배되고 있는 근대적 삶은 다양한 형태로 인류를 옭아매어 왔다. 다양한 제국주의들, 식민주의들, 파시즘들이 작동하는 가운데 규율과 탄압과 착취와 배제 등이 이루어졌다. 계몽, 문명화, 진보, 효율, 지식 등을 내세워 원시, 미신, 전통 등을 체계적으로 해체했다. 문화사회를 구현하려면 이런 생산적 파괴를 주도한 근대성들에서 탈피하는 것이 필요하다. 그러나 이 탈피가 전근대로의 복귀를 의미할 수는 없다. 계급적, 성적, 민족/인종적, 성욕적, 세대적, 지역적, 직업적 착취와 억압, 탄압, 학살 등 자본주의적 근대에 일어난 비/반인간적 행위들의 문제들을 이유로 전근대로 되돌아간다는 것은 그래도 그 동안 일어난 역사적 진전을 포기하는 일이다. 근대는 종교나 미신이 지배하던 전근대적 비이성의 세계에서 탈피할 수 있는 중요한 발판을 마련하였다. 도구적 이성이 지배적 위치를 차지했다는 이유로 근대를 비판해야 하는 것은 사실이지만 그렇다고 하여 근대의 중요한 업적들을 가능하게 만든 과학적 사고와 특히 비판적 이성마저 저버릴 수는 없다. 탈근대의 건물은 전근대와 근대의 자산들을 새로운 집을 짓기 위한 벽돌로 삼을 때 구축이 가능하며, 문화사회는 이런 건물들을 더 많이 확보할 때 풍부한 자원을 얻을 것이다.

　비자본주의 사회의 건설, 직접 민주주의와 자율적 삶을 가능하게 하는 문화사회의 구축, 그리고 탈근대적 사회의 실현 등은 결코 저절로 이루어지지 않는다. 오늘의 극심한 폐해를 낳고 있는 자본주의적 사회질서가 쉬 사라질 것이라고 본다면 그야말로 몽상일 뿐이다. 신자유주의의 악령도 제대로 축귀를 해야 쫓아낼 수 있다. 하지만 그렇다고 자본주의가 인류의 미래인 것은 아니다. 자본주의적 질서를 극복하고 새로운 사회를 건설하는 것은 오늘 인류의 과제이다. 물론 이런 과제의 설정이 그 실현을 보증하는 것은 아니다. 비자본주의 사회 건설은 그 실현을 위한 현실적 경로를 필요로 한다. 여기서 중요한 것이 사회적 노력, 특히 사회운동이다. 노동운동, 여성운동, 환경운동, 문화운동, 시민운동 등 다양한 사회운동의 실천을 통과하지 않을 경우 인류의 미래를 앗아가고 있는 자본주의적 사회질서를 근절할 길은 없다. 사회운동의 활성화야말로 비자본주의 사회를 건설하는 가장 현실적인 경로이다. 물론 이 사회운동의 바람직한 상에 대해서는 입장이 다를 수 있다. 그러나 어떤 경우든 이 운동의 목표는 자본주의의 극복에 두어져야 할 것이다. 그리고 개인들과 집단들의 자율적 활동과 자기표현 능력의 확장이 사회운동의 원칙이 되어야 한다. 그래야만 인간적 가치와 활력, 활동을 회복하는 사회적 조건을 확보할 수 있을 것이기 때문이다. 인간에 의한 인간의 착취, 인간에 의한 자연의 착취를 막고 우리들의 자유와 꿈, 자아를 실현하는 비자본주의 사회로 나아가려면 가능한 많은 사람들이 사회운동에 참여하고 지지할 필요가 있다. (2000. 3)

봉이 김선달과 상품사회

1

1970년대 후반이었을 게다. <웃으면 복이 와요>라는, 당시 인기를 끌던 코미디 프로그램의 한 코너에서 본 것으로 기억한다. 어떤 사람이 어리석어 보이는 다른 사람에게 풍선처럼 팽창한 비닐 봉지를 팔려고 하고 있었다. 설악산에서 가져온 맑은 공기가 담겨 있다는 설명이었다. 공기를 상품으로 판다는 것이 우스개 거리로 등장한 것은 물론 그런 생각이 말이 되지 않기 때문이었을 것이다. 지천으로 퍼져있는 것이 공기인데 돈을 받고 팔려 하니 우습지 않은가 말이다. 봉이 김선달이 대동강물을 팔아먹은 일이 일화로 남은 것도 같은 맥락일 것이다. 흐르고 흐르는 것이 강물인데 그런 것을 돈을 받고 팔았으니 일화로 남지 않을 수 없다.

그런데 요즘은 이런 우스개 소리가 우스개 소리로만 끝나지 않는다. 공기 팔아먹는다는 웃기는 내용의 코미디물을 본 지 20년이 좀더 지난 지금, 우리는 물은 말할 것도 없고 공기마저 돈을 내고 사서 마셔야 하는 형편이 되고 말았다. 누구나 마시는 수돗물도 세금을 내며 마시지만 형편이 조금 낫다 싶은 사람들은 설악산 생수다, 어디 샘물이다, 무슨

이온수다 하며 모두들 돈을 주고 물을 마시고 있고, 대기 오염이 예삿 일이 아닌 대도시에 사는 사람들은 웃돈을 주고서라도 공기 맑은 곳에 주택을 마련하려 한다. 이런 상황에서 대동강물 팔아먹은 이야기는 그 야말로 호랑이 담배 피던 시절의 이야기가 되고 말았다.

소동파의 적벽부(赤壁賦)에 강물은 흐르고 흘러도 끝이 없고 하늘의 달은 아무리 보아도 닳지 않는다는 말이 나온다. 생태론적 사고가 제법 많은 사람들에게 뿌리를 내린 지금 강물이나 달에 한계가 없다는 이런 인식은 이제는 물론 재고할 필요가 있을 것이다. 지구도 연령이 있으니 달도 그럴 것이요, 강물의 경우 이전에는 무한히 흐를 것으로 보였을지 모르지만 지금은 전세계적으로 수량의 한계가 문제가 되고 있지 않은 가. 그러나 소동파가 강물과 달의 '무한성'을 말한 것은 그것들을 향유 하는 관점에서였다. 아무리 많은 사람들이 달을 쳐다보아도 그 달은 결 코 닳지 않고, 아무리 많은 사람들이 강물을 완상해도 그 강물은 손상 을 받지 않는다. 공기도, 물도 마찬가지다, 아니 정확하게 말하면 마찬 가지였다. 지구의 모든 생물이 숨을 쉬며 사는 것은 공기가 아무리 마 셔도 끝이 없기 때문이요, 또 마시기로만 치면 물도 그러하다. 그런데 이제는 이런 공기와 물마저 돈을 내고 사야 하거나 웃돈을 지불해야 확 보할 수 있게 되었다.

공기와 물만 이처럼 상품으로 변했을까? 옛날 같으면 당연히 공짜라 고 여기던 것들 중 이제는 돈을 들여야 하는 것들이 너무 많아졌다. 좋 은 풍경을 즐기려면 고층 아파트를 장만할 형편이 되어야 하고, 햇볕을 즐기려면 마당에 그늘이 들지 않도록 넉넉한 대지가 있는 주택이 필요 하다. 노는 것도 공짜가 별로 없다. 레저나 스포츠를 즐긴다고들 하지만 모든 것이 다 돈을 들여 하는 것들이다. 그래서 레저와 노동은 둘 다 힘 들기는 마찬가지이지만 하나는 돈이 들어오고 하나는 돈이 나가는 차 이가 있다는 우스개 말도 있다. 문화적 생활도 마찬가지이다. 영화를 보건, 연극을 보건 모두 돈을 지불해야 한다. 운동은 안 그런가? 도장 에 가서 하든 테니스 코트에서 하건 돈을 내야 하고, 달리기도 러닝머

신을 구입하여 그 위에서 한다. 그러나 이런 것들은 "사랑해"라는 말도 발렌타인 데이의 초콜릿으로 포장을 해야 하는 것에 비하면 아무 것도 아니다.

2

1980년대 말에 다방들이 커피전문점으로 개명을 하며 모습을 바꾼 것을 기억할 것이다. 70년대에 20대를 보낸 우리 세대가 자주 드나든 다방은 '밀폐된' 공간이었다. 당시는 <바보들의 행진>과 같은 영화가 보여주는 것처럼 공개된 장소는 우리 청년들이 몸을 드러내고 싶지 않은 곳이었다. 대학의 캠퍼스는 군인들이 장악하고 있었고, 거리를 나서면 장발 단속 경찰이 있었다. 다방의 밀폐성은 그런 시대에 우리들의 불순을 은폐하거나 불만을 조직하기 위한 한 조건이었다고 볼 수 있다.

80년대 말에 등장한 '신세대'의 커피전문점은 우리의 밀폐된 다방과는 정반대의 모습을 띠었다. 독재자가 지배하던 공적 세계와의 단절을 상징하듯 두텁던 벽이 허물어지고 외부와의 소통을 지향하는 듯한 유리벽이 들어섰다. 신세대는 그 유리벽을 통해 자신들을 당당하게 노출하였고, 외부 세계를 자신의 것으로 끌어들였다. 외부와의 소통은 당시 커피전문점들이 자리마다 설치하기 시작한 전화기를 통해 또 다른 차원에서 실현되었고, 이후 호출기와 핸드폰의 등장으로 더욱더 만연되었다. 이런 변화는 단절이 아니라 접속이 신세대의 주된 삶의 방식으로 자리를 잡았음을 의미할 것이다. 이제 은폐보다는 노출이 개인의 생활 법칙으로 자리잡는다. 눈, 코, 입, 얼굴 전체, 다리, 가슴 등을 다듬는 신체의 연출이 90년대에 확산하기 시작한 것은 이런 맥락과 함께 이해할 현상의 하나이다.

하지만 내가 주목하고 싶은 것은 커피전문점의 등장과 함께 시작한 노출과 연출의 만연이 사람들에게 더 많은 지출을 강요한다는 점이다. 알겠지만 다방이 커피전문점으로 바뀌면서 커피 값이 껑충 뛰었다. 70

년대에 삼백원, 오백원 하던 커피 값이 90년대 중반 이후에 와서는 삼천원, 사천원으로까지 올랐다. 유리벽의 설치, 실내 장식의 고급화로 커피전문점이 새로운 단장을 하고, 자리마다 전화기를 설치한 것은 커피 값을 올리기 위한 명분의 하나였던 셈이다. 커피전문점의 등장은 새로운 삶의 방식들이 특히 신세대를 중심으로 자리잡게 됨을 보여준다. 신세대 문화의 특징 가운데 하나는 이전 세대에 비해 돈을 많이 쓴다는 것이다. 신세대는 워커맨, 호출기, 핸드폰, 컴퓨터 게임 등 고가 용품들의 주요 구매자가 되었다. 90년대에 대중음악, 영화산업이 성장한 것도 신세대의 이런 구매력 증가와 밀접하게 관련되어 있다.

구매력의 증가는 좋은 현상처럼 보이지만 다른 한편에서 보면 이제는 돈을 들이지 않으면 할 일이 별로 없다는 말도 된다. 돈들이지 않고 할 수 있는 일들은 자꾸만 사라져가고 있다. 그 중의 하나가 산보이다. 한국은, 특히 서울은 지금 체계적으로 보행을 불가능하게 만드는 구조로 되어 있다. 나는 1960년대 말에 '상경'했는데, 물론 서울은 당시에도 우리 같은 촌놈한테는 혼을 빼내는 거대도시였지만, 그래도 소요(逍遙)할 곳이 여기저기 있었다. 덕수궁 돌담길만이 산책로가 아니라 큰길, 골목길이 대부분 한적하여 걷기에 크게 불편이 없었기에 어디든 산책이 가능했다. 20대 초 친구들과 담소하며 길거리를 마냥 걷곤 하던 추억이 아직도 생생하다. 지금은? 거리는 자동차에 의해 완전 점령당했고, 골목마저도 예외가 아니다. 이런 상황에서는 걷는 것이 어려울 수밖에 없다. 인도가 있지 않으냐고 반문할지 모르지만 차량 소음과 매연 때문에 보행은 차라리 고문일 뿐이다.

이 결과 사람들은 한시바삐, 거리를 통과하려고 하고 대신 커피전문점으로, 카페로, 오락실로, 호프집으로 가도록 부추김을 받는다. 커피전문점 유리벽을 통해 비치는 신세대의 여유있는 모습은 이런 점에서 길거리에서 쫓겨난 모습이기도 하다. 골목을 빼앗긴 아이들은 TV 화면에서, 컴퓨터 게임에서, 가상의 골목들을 찾고 있고, 거리를 빼앗겨 현실세계에서 친구와 담소할 수 없는 청년들은 통신상의 사교를 하게 된다.

272

화면과 통신을 통해 일어나는 외부와의 접속 자체가 나쁜 것은 물론 아니다. 화면과 사이버세계로의 여행은 인간의 신체적 한계를 벗어나 전적으로 새로운 세계를 경험하게 한다. 이런 경험은 아마도 장차 인간이 우주로 진출하기 위한 걸음마일지도 모른다. 따라서 나는 화면과 사이버세계로의 진출을 결코 금기시하지 않는다. 하지만 이 새로운 세계로의 진출 가능성을 위해 인간이 이미 확보한 자산, 자원을 상실해서도 안될 것이다. 자동차의 거리 점령을 통해 사람들이 거리에서 할 수 있는 일은 신체의 이동뿐이다.

3

거리와 골목의 상실은 보행만 어렵게 하지 않는다. 골목과 거리는 사람들이 서로 교류하는 중요한 공공영역이다. 자동차나 엘리베이터와 같은 신체 이동기 안에서는 담소가 쉽지 않다. 승용차 안에서는 좀 낫지만 그 경우는 차를 탄 사람들이 사적인 관계로 조직되어 있기 때문이다. 골목에서는 인간적 교류가 훨씬 더 잘 이루어진다. 이 점은 골목이 좁은 달동네 사람들일수록 서로 더 잘 알고 지낸다는 사실에서 확인된다. 촌 동네에 사는 사람들이 다 알고 지내는 것도 골목을 공유하고 있는 결과이다. 골목, 그리고 거리가 공공영역이 되는 것은 광장의 역할을 하기 때문이다. 4월 혁명, 광주항쟁, 6월 항쟁 등이 일어났을 때 사람들이 길거리를 장악한 것도 이런 이유 때문이다. 골목과 거리는 사람들이 안면을 트는 데도 중요하지만 어떤 사안들을 공개적으로 토론하게 만드는 조건이 된다. 거리의 상실은 산책, 산보, 보행의 어려움만이 아니라 우리 사회의 문제들과 쟁점들을 토론할 공론장이 사라지는 것을 의미한다.

커피전문점과 같은 장소의 등장은 따라서 단순한 현상만이 아니라 사회적 선택의 결과이다. 나는 이것을 사회적 공공성의 약화 또는 사유화의 강화라고 인식한다. 물론 커피전문점에서도 사람들은 담소를 즐기고, 공적인 이야기를 할 수 있다. 문제는 그 이야기를 하는 틀이 상업적 공간이며, 그 자리는 커피 값을 내고 산 것이라는 점이다. 담소의 기회, 토론의 기회는 매매를 통해 구입된 것이며, 커피전문점에서의 토론은 이 사실에서 결코 자유롭지 않다. 토론의 내용만이 아니라 토론장의 선택도 중요하다. 이런 점은 어떤 협상을 할 때든 장소선정에 신경을 크게 쓰는 사실에서 미루어 짐작할 수 있다. 돈을 지불하지 않고 확보되는 거리 대신 커피전문점과 같은 곳을 대화장소로 선택하는 것은 공론의 광장을 포기하고 논의를 사적 공간으로 이동한다는 것을 의미한다.

커피전문점 등장이라는 사실 하나를 놓고 해석이 지나치다 하고 생각할 수도 있을 것이다. 공론장이야 언론도 있고, 국회도 있고, 다른 수많은 공적 토론장이 있지 않은가 하는 반문도 예상된다. 게다가 최근에는 사이버공간이 공론장으로 중요한 역할을 하니까 낡은 거리는 이제 퇴출해도 무방하다는 말도 나올 법하다. 그러나 이런 생각을 가진 사람은 길거리에 한번 나서보기를 바란다. 눈을 들어 살펴보면 돈을 들이지 않으면 갈 곳이 없다는 사실을 알게 될 것이다. 집에서 나서서 외출을 할 때 돈 한푼 없이 나서는 것은 이제 불가능하게 되었다. 돈독이 잔뜩 오른 세상에서 돈의 지배를 받지 않는 곳은 거의 없다. 거리를 뒤덮고 있는 자동차들, 그리고 거리에 즐비하게 서있는 상점들은 우리 사회가 시장바닥이 되었음을 보여준다.

시장이 무조건 나쁘다는 것은 아니다. 인간은 어떤 종류의 교환이든 교환을 하며 살아가는 존재이다. 사랑, 우정, 친절, 봉사, 인정, 자비 등을 교환하며, 희망이나 슬픔, 그리고 기쁨도 교환하며 산다. 시장을 이런 가치들과 감정들을 교환하는 장소로 인식할 수도 있다. 이렇게 보면 시장은 축제의 장소이다. 북미 인디언들이 벌이곤 했다는 포트래치라는 잔치가 바로 그런 예이다. 포트래치는 서로 상대방에게 더 많은 음식을 대접하기 위한 경쟁의 형태로 치러진다고 한다. 인류학자들에 따르면 많은 전근대적 사회에는 이처럼 남에게 베푸는 행위, 즉 선물을 주는 행위가 있었다. '상징적 교환'이라고 하는 이 교환은 상품의 교환이라기보다는 권위나 위신과 같은 비상품의 교환이라고 한다. 고조선 시대의 신시도 이런 교환장소였을 가능성이 높다. 그러나 지금의 문제는 선물의 교환이 사라지고 죄다 상품교환의 형태로 전환되어버렸다는 점이다. 이 결과 우리는 무엇이든 돈을 내서 사지 않으면 안되는 사회, 모든 것이 상품으로 전환되어 있는 사회, 즉 '상품사회'에 살고 있다. 부모, 형제, 연인, 친구와 같은 친한 관계에서는 돈이 개입되지 않은 선물교환 행위들이 완전히 사라진 것은 아니지만 그마저도 갈수록 줄어든다. "사랑해"라는 말도 발렌타인 데이의 초콜릿으로 이루어진다는 위에서의 언급도 이런 점을 염두에 둔 것이다.

상품교환 시장이 사람들의 삶을 지배하면서 비시장 영역은 갈수록 쪼그라들고 있다. 우리 주변에는 이제 상가가 들어서지 않는 곳이 거의 없다. 주택가에는 음식점들이, 강변에는 러브호텔이, 전원에는 '가든'이란 명찰을 단 식당들이 들어선다. 이런 현상이 자연스러운가? 다들 돈을 많이 벌고 있으니 좋다고 해야 할까? 밤에도 불야성을 이루고 있는 우리 한국의 대도시들은 활기에 넘쳐 보이기도 하지만 외국과 비교할 때 지나치게 상행위에 매달려 있다. 미국이나 영국의 도심들은 저녁이 되면 아주 한산해진다. 해가 지면 많은 상점들이 문을 닫기 때문이다. 독일이나 프랑스의 경우에는 일부 업소를 빼면 저녁에는 상점을 개점할 수 없게 법으로 금지되어 있다고 한다. 그러나 한국은 24시간 영업을 해도 아무런 문제가 되지 않는다. 이것은 그 동안 우리가 자본주의의 무조건적 확장이라는 사회적 선택을 해왔다는 증거이다. 모든 것을 상품으로 전환시키고, 이 상품들을 판매하기 위해 하루 스물 네 시간이 모자란다며 장사를 해대는 사회, 그것이 바로 우리 사회이다.

4

상품사회는 노동사회를 전제로 한다. 상품의 판매를 위해서는 상품의 생산이 필요하며, 이 생산을 위해 사람들이 노동을 해야 하는 것이다.

매우 간단한 이런 이치를 구태여 언급하는 것은 상품사회만 봐서는 노동사회의 진상이 잘 드러나지 않기 때문이다. 24시간 편의점에 있는 물건들을 보면 그 물건의 출처, 특히 원료를 알기가 어렵다. 과자든 음료수든 모두 포장이 되어 있을 뿐만 아니라 포장을 뜯어서 보더라도 가공된 것들이라서 원료가 변형되어 있다. 매일 밥을 먹으면서 쌀이 벼에서 나온다는 사실을 잘 모르는 아이들이 있다지만 가공된 식품들은 더더구나 그 원료를 알기 어렵게 만든다. 같은 이치로 상품의 교환 현장에만 있으면 그 상품들을 만들기 위해서 품이 든다는 사실, 상품의 생산에는 노동이 필요하다는 사실도 곧잘 은폐되곤 한다. 자동화기술의 발전으로 인간노동이 생략되는 공정들이 늘어나고 있지만 그 공정을 관리하는 일은 인간이 하게 되어 있기 때문에 노동 없는 생산은 있을 수 없지만 상품 판매 현장이 노동현장과 분리되어 있는 탓에 상품은 노동과는 무관한 것처럼 보일 수가 있는 것이다. 그러나 상품사회에 살기 위하여 우리는 노동사회를 동시에 살아야만 한다.

70년대 중반께 일로 기억한다. 당시 내가 다니던 대학에는 외국인 신부들이 좀 있었는데, 이 중 한 분과 가끔 만난 적이 있다. 그때 아무래도 이상하게 느껴지던 일 가운데 하나가 이 분이 다음에 만날 약속을 할 때는 꼭 수첩을 꺼내서 일정 확인을 하는 것이었다. 수첩에는 그이의 약속 일정이 빽빽이 쓰여 있었는데, 그 일정을 확인한 이후에야 어느 날 몇 시 몇 분에서 몇 시 몇 분까지는 시간이 된다며 내 사정을 묻곤 하였다. 나는 학생이요, 그는 교수인지라, 그리고 사실 나는 일정을 확인하며 살 정도로 바쁜 사람이 아닌지라 우리의 약속은 대개 그 분의 사정에 의거하기 마련이었는데, 속으로는 사람이 통도 좁지, 어찌 저리 깐깐한가 하는 생각을 품지 않았던 것은 아니다. 당시 우리는 아무하고라도 "얼굴 좀 보자", "그래 그러자" 하면 그만이었지 자기 일정을 수첩에 적어 넣어야 할 정도로 복잡한 생활을 하고 있지 않았던 것이다.

하지만 지금은 내가 그 신부보다 훨씬 더 여유가 없어진 모습이다. 어떤 날은 하루에 회의를 세 번, 네 번씩이나 하기도 하고, 청탁 받은 원고를 시한 안에 내야 하는 스트레스 때문에 신경이 곤두서곤 한다. 일의 가지가 너무 많아서 일정표가 없으면 다짐한 약속도 잊어버리기가 일쑤이다. 나만 그렇지는 않을 것이다. 노동사회에 사는 사람들은 시간을 노동에 맞춰서 보내게 된다. 다 아는 사실이지만 한국의 노동시간은 세계 최장이다. 지금 독일이나 프랑스 등 유럽의 몇몇 나라들은 노동시간을 주당 35시간 이하로 줄이려는 노력을 하고 있지만 우리의 경우에는 법정 노동시간이 44시간이요, 평균 노동시간은 48시간에 가까운데, 작년 통계에 따르면 IMF 관리체제 이후 노동시간이 평균 4.3%가 증가했다고 한다. 한편으로는 일자리를 잃어서 생존이 어려운 사람들이 늘어났지만 다른 한편으로는 일자리를 보전하더라도 더 많은 노동을 해야 하는 상황이 벌어진 것이다. 이 결과 우리는 끔찍한 일상을 살고 있다. 새벽같이 일어나서 아침밥을 먹는 둥 마는 둥 먹고는 대중교통을 이용하건 자가용을 이용하건 근 한시간을 투여해서 노동현장에 당도해야 하고 거기서 매일 점심시간까지 합치면 9시간 이상을 보내고 다시 한시간을 고생하며 집으로 오는 것이 대부분 사람들의 생활이다.

꼬박 11시간을 노동 때문에 보내는 사람들은 그 밖의 활동을 할 여유가 없다. 잠자는 시간 빼고 노동시간, 출퇴근 시간을 빼고 나면 사람들에게 남는 것은 자투리 시간뿐이다. 이 바람에 바쁘지 않은 사람이 없다. 내 주변에 있는 사람들을 만나도 하나같이 "하는 일 없이 바쁘다"고 한다. 일자리가 없는 사람들도 마찬가지다. 초중등 학생들은 학습노동하느라, 태권도나 피아노 배우느라 바쁘다. 그래서 "요새는 젊은 사람들이 더 바빠요" 하는 말이 빈말로 들리지 않는다.

5

이전에 쓴 한 글에서 요새 사람들은 "시간기근증"에 걸려 있다고 한 적이 있는데, 그것은 시간이 없어서 쩔쩔매는 사람들이 보이는 증상을 가리킨다. 한국사람들은 조급증이 심하다는 지적이 있지만 이는 분명시간기근증과 관련이 있을 것이다. 급행료의 사회적 관행이 근절되지 않는 것도, 퀵 서비스가 급성장을 하는 것도 마찬가지다. 시간기근증의 증상들을 알려면 우리네 삶의 모습을 사실대로 들여다보면 된다. 한국 사람들은 유난히 자동차 핸들을 잡으면 눈에 쌍심지를 켜대며 다른 차 운전자들에게 적대감을 보이는 경향이 많다. 마음의 여유가 없기 때문임이 분명하다. 마음이 바쁜 이유가 다양하겠지만 이들 이유들을 살펴보면 공통점이 하나 발견된다. 일정대로, 정한 시간에 따라 움직여야 하기 때문이다. 약속시간을 잡아놓은 사람들, 출근시간을 맞춰야 하는 사람들, 전달할 물건을 가진 사람들이 약속한 시간에 차가 닿지 못하게 될 때 느끼는 조급증은 이루 말할 수가 없다. 끼어들기, 새치기가 예사인 것도 그 때문일 것이다.

기근의 계절이 되면 사람들은 목이 마르게 마련이다. 요즘 사람들이 청량음료를 많이 찾고 있는 이유에 대한 나의 가설은 따라서 우리가 '기근의 계절'에 살고 있기 때문이라는 것이다. 기근의 계절이 되면 사람들은 더 많은 갈증을 느끼게 된다. 음료를 담은 병이나 깡통이 아무리 환경을 해치고 낭비를 조장하는 것이라고 해도 사람들은 당장 해갈을 원한다. 그런데 우리가 청량음료를 찾는 것은 물을 사서 마셔야 하는 것과 관련이 있다. 갈증이라면 물로 간단히 해결되지만 이제는 물도 사야 하는 상품이 된 만큼, 그것도 콜라나 주스만큼이나 비싼 음료가 된 만큼 해갈을 위해 굳이 물을 선택할 필요가 없다. 물은 다양한 음료수 가운데 하나일 뿐이다.

물과 공기를 사서 마셔야 하는 상품사회, 이 상품사회를 만들기 위해 우리는 하루를 꼬박 바쳐 일한다. 일하는 이유? 임금을 받기 위해서다. 임금을 받는 이유? 상품을 사기 위해서다. 사람들이 상품의 생산과 소비에 일생을 보내는 이 끔찍한 사회, 이런 사회가 아닌 사회는 언제 올까? 소동파의 달은 여전히 하늘에 떠있지만 그의 강물은 바닥나고 있다. 사람들이 "팔아 처먹고" 있기 때문이다. 봉이 김선달은 한 사람만으로 족한데 지금은 모두 김선달이 되려고 한다. 봉이 김선달만 사는 사회, 그런 곳에서는 그가 남긴 일화의 가능성마저도 사라질 것이다. 공기마저 다 "팔아 처먹고" 나면 대동강물 파는 일쯤이야 일상사가 되고 만다. 하지만 동시에 김선달의 일화를 듣고 웃을 허파를 지닌 사람도 남아 있지 않을 것이다. (2000. 2)

제3부 신자유주의와 문화적 권리

"문화적 권리"의 이해와 신장을 위한 예비적 검토

표현의 자유와 신자유주의

"문화적 권리"의 이해와 신장을 위한 예비적 검토

1. 논의의 한계

"문화적 권리"란 우리에게는 생소한 인권 개념이다. "문화적 권리"가 무엇을 의미하는지, 그 내용이 무엇인지, 그 함의는 무엇인지 잘 알려져 있지도 않고, 관련 쟁점에 대한 합의가 도출된 적도 없다. "문화적 권리"가 명시적으로 사회적 관심을 끌거나 논의 대상이 된 적도 드물다. 문화적 권리에 대한 인식 수준이나 관심이 이처럼 낮은 것은 국내에 국한되는 상황만도 아닌 모양이다. 필리벡에 의하면 문화적 권리는 "인권 가족의 신데렐라"이다.[1] 이 말은 신데렐라가 계모와 언니들에 의해 뒷방으로 내몰려 지내듯 문화적 권리 역시 다른 인권에 비해 늘 부차적인 위치에 놓여 있음을 지적하는 것으로 이해된다. 니에크 또한 경제적, 사회적, 문화적 권리가 다년간 국제적 논쟁의 주제가 되었지만 문화적 권리의 범주는 법률적 내용이나 집행가능성의 견지에서 보면 가장 덜 발

---

[1] G. Filibek, Interventions Concerning Theme 1.1 (The European Convention on Human Rights and Cultural Rights). Council of Europe, 8th Annual International Colloquy on the European Convention on Human Rights, 1995(Budapest), p. 75. Halina Niec, "Cultural Rights: At the End of the World Decade for Cultural Development"에서 재인용.

달한 범주라고 하고 있다.2) 이런 판단은 1996년에 유네스코의 문화와 발전에 대한 유럽 특별조사단(The European Task Force on Culture and Development)이 유럽회의(Council of Europe)에 제출한 『주변에서 안으로』(*In from the Margins*)라는 보고서가 "'문화적 권리'는 논의가 제대로 전개되지 않은 인권 범주로서 그에 대한 만족스런 정의와 법률적 규약이 없다"고 말하고 있는 데서도 나타나고 있다.3)

"문화적 권리"에 대한 관심과 이해가 낮고 그에 대한 논의가 부족하게 된 데에는 그만한 이유가 있다. 우선 정세적 이유를 꼽아야 할 것이다. 1990년대 이전까지 문화적 권리의 문제는 다른 권리, 특히 정치적, 경제적 권리에 비해 주장하기가 그렇게 쉽지 않았다. 2차 세계대전 이후의 동서냉전 구도 속에서 "문화적 권리"는 "경제발전"이라는 더 큰 화두 속에 묻혀버린 때문이다. 대립하는 두 체제가 서로 우위를 주장할 근거는 무엇보다도 경제발전의 성공 여부에 달려 있었고, 정치적 관심과 논쟁은 경제적 우열을 놓고 생길 수밖에 없었다. 나아가, 문화적 권리를 설정하기가 쉽지 않은 것도 한 이유가 된다. 사실 문화란 무엇인지, 어떤 기준으로 문화와 문화 아닌 것을 구분해야 하는지 그 근거를 대기란 매우 어렵다. 문화적 권리를 다른 권리와 구분하는 기준이 될 문화 자체가 이처럼 규정하기 어렵다면 문화적 권리를 설명하는 것도 어려워지고 문화적 권리를 사회적 쟁점으로 떠올리기도 쉽지 않게 된다. 사회적 쟁점이 되려면 대중이 쉽게 수용할 수 있는 개념적 명료성을 지녀야 하는데 문화적 권리는 그런 명료성을 결여하고 있는 것처럼 보이기 때문이다.

이 글은 세계인권선언 50주년을 맞아 한국사회에서 문화적 권리에 대한 관심을 환기하고 문화적 권리를 신장할 수 있는 방안을 모색하기 위한 기초작업으로 마련된 것이다. 문화적 권리를 실질적으로 신장하려

2) ibid.
3) The European Task Force on Culture and Development, *In from the Margins: A Contribution to the Debate on Culture and Development in Europe*, 1996, 8.4.9.

면 문화적 권리를 사회적으로 보장할 방도, 예컨대 법률적/제도적 장치를 마련해야 할 것이다. 당장 장치를 도입하는 일이 어렵다면 노동/시민/사회운동단체 및 국가가 어떤 방식, 어떤 종류의 운동과 노력, 조치 등을 취해야 장치 도입이 제대로 될지 규명해야 한다. 그러나 이 글은 이런 구체적인 작업을 제안할 수 있는 수준의 논의를 전개할 수는 없을 것 같다. 문화적 권리에 관한 국내 논의도 별로 진척되어 있지 못한 상황인데다가 필자 자신이 이 주제에 대한 전문적 식견을 갖추지 못한 한계 때문이다. 국내 논의가 이제 겨우 출발점에 선 시점에서 이 글이 먼저 살펴볼 일은 문화적 권리란 것이 무엇인지 이해하는 것이 아닐까 싶다. 그래야만 문화적 권리가 인권 가운데 어떤 위상을 차지하는지, 문화적 권리를 신장하기 위해 갖추어야 할 조건들은 무엇인지 등에 대한 논의를 덧붙일 수 있을 것이다. 이런 점을 고려하여 아래에서 세 가지 차원의 논의를 진행하고자 한다. 첫째 문화적 권리에 대한 개념적 이해를 시도하고, 둘째 문화적 권리의 사회적 인정을 위해 필요한 관점과 조치가 무엇인지 살펴보고, 셋째 문화적 권리를 사회적으로 보장받기 위하여 시민사회운동 단체가 유념해야 할 점들이 무엇인지 생각해본다.

2. "문화"의 정의 문제

"문화"가 그 개념 또는 의미 영역을 확정하기 매우 어려운 용어라는 점은 널리 인정되는 사실이다. 영국의 문화이론가 레이먼드 윌리엄즈는 "문화는 정의하기가 가장 어려운 영어 단어 두 세 개 가운데 하나이다"라는 말로 그 점을 표현한 바 있다.[4] "문화적 권리"의 의미를 이해하기 전에 "문화"라는 용어의 정의와 관련된 난점을 먼저 인정하는 것이 그래서 필요한데, 우리말 용법에서도 문화는 너무 다양하고 복잡한 방식으로 사용되고 있어서 "문화"를 어떻게 규정할 것인가는 많은 문화연구

---

4) Raymond Williams, *Key Words: A Vocabulary of Culture and Society*, Oxford Univ. Press, 1976, p. 80.

자들의 골머리를 썩히게 하는 문제가 되고 있다. 하지만 그래도 "문화"라는 용어가 통상 사용되고 있고, 그 용법의 역사가 있으니 만큼 통념에 따른 "문화" 개념을 추출하는 것이 불가능하지는 않다. 윌리엄즈에 따르면 "문화"는 전통적으로 1) 일반적인 지적, 정신적, 미학적 성장 과정, 2) 특정한 삶의 방식, 3) 지적, 특히 예술적 작품 및 실천들, 4) 상징적 체계 또는 의미화 작용 관련 실천들이라는 의미로 사용된다.

정의 1)에서 문화는 "창조성" 또는 인간적 발전 일반을 지칭하는 것으로 이해된다. "문화의 발달"이라는 우리가 흔히 듣는 표현에서 "문화"는 인간이 이룩한 성취의 한 형태나 수준을 의미하며, "문화"에 대한 이런 정의는 오늘날 많은 사회의 문화정책에서 전제되고 있는 것으로 보인다(나중에 언급할 유네스코의 정책보고서인 『우리의 창조적 다양성』(*Our Creative Diversity*)에서 제시되는 문화 개념이 특히 그렇다). 그런데 문화를 이처럼 창조성의 관점에서 본다고 하더라도 모든 문화가 동일한 수준의 창조성을 가지고 있는가 하는 질문이 제기될 수 있을 것이다. 이런 질문을 제기하는 입장은 사실 역사가 아주 오래된 것으로서 문화를 비교우위론적 관점에서 이해하려는 태도와 긴밀하게 연관되어 있다. 여기서 하나의 문화는 다른 문화에 비해 우월하거나 열등한 것으로 이해될 수 있으며, 이 경우 문화는 어떤 수준의 문명에 속하는가에 따라서 그 가치나 지위가 판단된다. 이런 문명론적 관점이 극단으로 치달으면 "문화"는 특정한 민족이나 문화권만이 도달할 수 있는 삶의 상태를 의미하며 그런 상태에 도달하지 못하여 문화를 결여한 종족이나 민족의 경우는 "야만"으로 규정된다. 동아시아권이 화이론(華夷論)으로 사람과 오랑캐를 구분한 것, 고대 그리스가 이웃 민족들을 말을 할 줄 모른다며 "바바리안"이라 부른 것, 19세기 제국주의 세력이 지금의 제3세계 민족들 다수를 "역사 없는 민족"이라 규정한 것 등이 문화를 이렇게 보는 태도라고 할 수 있다. 물론 이런 "문명론" 전통에 대한 대안적 접근도 있다. 19세기에 헤르더가 제출한 인류학적 접근법이 그것으로 여기서 "문화"는 복수적으로, 그리고 차이의 관점에서 인식된다.

이처럼 인류학적인 관점에 서게 되면 모든 사회는 그 나름의 고유한 문화를 가지는 것으로 이해되는데, 이는 남의 문화를 배타적으로 야만적이라 규정하는 것과는 대비되는 관점이다. 위에서 언급한 4가지 문화의 미 중 1)과 3)의 문화 정의는 문명론적 관점과, 2)와 4)의 정의는 인류학적 관점과 많은 관련을 가진다고 하겠다.

다른 한편 정치나 경제 등 사회의 다른 층위들과 구분되는 영역으로 인식될 수 있다. 정치가 권력관계와, 또 경제가 생산 또는 이익 관계와 관련을 가지고 있다면 문화는 이데올로기관계 또는 욕망관계와 관련을 가진다.5) 이 말은 문화가 정치나 경제 또는 정치경제에 의해 일방적으로 규정되는 것만은 아닌, 그 나름의 자율성을 지닌 영역이면서 동시에 지배 및 권력과 밀접한 관련을 지니고 있다는 것을 의미한다. 문화는 이 경우 어떤 "특정한 삶의 방식"이지만 동시에 지배와 저항이 일어나는 장이다. 예컨대 의미화실천이나 심미적 활동의 사례로서 한 사회의 대중매체의 작동은 그 사회 구성원의 해방과 지배에 이바지한다. 텔레비전 방송에서 저녁 9시 뉴스 진행자가 사건 보도에서 "상식"에 따른, 혹은 정세상 지배적인 관점에 따른 발언을 할 때 사회적 지배에 이바지하는 것이 그 한 예다. 이는 의미화실천인 문화가 사회의 지배관계로부터 결코 자유롭지 못하다는 것을 의미하는데, 하지만 이 "비자유" 때문에 문화가 정치경제적인 규정으로부터 일정하게 자율성을 지닌다는 사실이 부정될 수는 없다. 문화가 사회적 지배와 관련하는 방식은 주로 의미생산 또는 쾌락생산을 둘러싼 투쟁이라는 형태를 취하며, 이 의미와 쾌락을 둘러싼 투쟁은 이익을 둘러싼 투쟁과 일정하게 차이를 두기 때문이다.6)

이상의 논의를 비판적 문화연구의 관점에서 다음과 같이 정리할 수

---

5) 물론 정치와 경제와 문화를 서로 완전히 구별되는 자율적 영역들로 볼 것인가, 혹은 어떤 하나가 다른 하나에 의해서 거의 철저하게 규정되는 것으로 볼 것인가, 또는 각자 상대적 개입과 자율성을 가지는가는 더 복잡한 논의를 필요로 한다고 할 수 있다.
6) 오늘날 서구에서 "문화연구"(cultural studies)가 정치경제학비판에 수렴되지 않는 비판이론으로 등장하고 있는 맥락이 여기에 있다.

있을 것이다. 문화는 첫째, 인간이 지닌 종적인 특징 혹은 능력, 즉 인간으로 하여금 인간다운 삶을 영위하는 능력, 특히 창조성의 능력이요, 그런 창조적 능력의 발현 방식과 관련되어 있는 것으로 이해된다. 이 경우 문화적 능력은 인간에게 보편적으로 주어진 능력이며, 영국의 경험론적 문화연구 전통이 주로 채택하고 있는 문화민주주의적 관점이 여기에 포함된다. 둘째, 문화를 인간의 능력으로 보긴 하되, 특정한 개인이나 집단의 능력으로만 인정하는 입장이 있다. 이 경우 문화는 한 사회 내 엘리트 집단이나 세계적 차원에서는 몇몇 민족 또는 국가에서만 그 실현이 가능한 것으로 이해되는데, 문화를 이런 식으로 이해하는 것에 대해 문화연구는 비판적 입장을 취한다. 문화를 "고급문화" 중심으로 사고하는 관점은 자본주의 사회의 대중문화가 지닌 무비판성, 저질성에 대한 비판을 담고 있기는 하지만 예술중심적 입장을 지닌다는 점에서 분과적(disciplinary)이다. 문화연구는 반엘리트주의와 반분과적 태도로 고급문화주의와는 스스로를 구분한다. 다른 한편 문화를 특정한 문명의 특권으로 보게 되면 문화제국주의에 빠진 경우라고 할 수 있다. 비판적 문화이론을 지지하는 문화연구 전통이 문화를 이런 식으로 간주할 수는 없을 것이다. 셋째, 문화를 지배문화라는 측면에서, 지배의 재생산이라는 관점에서 보는 입장이 있다. 이것은 문화를 이데올로기가 작용하는 장으로 보는 관점인데, 루이 알튀세르의 이데올로기론의 영향과 함께 안토니오 그람시의 헤게모니론의 영향을 강력하게 받고 있다. 넷째, 이데올로기론처럼 문화를 지배 현상으로 보기는 하지만 이 지배를 "생산적 권력"(power as production)의 관점에서, 특히 욕망과 쾌락의 생산을 중심으로 사고하는 관점이 있다. 최근에 국내에 대대적으로 소개되는 푸코의 권력이론이 그 이론적 기반을 이루는 관점이다.

3. 문화적 권리를 보는 네 가지 관점

이상 살펴본 문화영역에서 권리의 진작과 탄압은 어떻게 이루어지며,

어떤 양상을 띠는가? 문화를 어떻게 인식하느냐에 따라서 이에 대한 답변은 크게 달라질 것이다. 위의 논의에 비추어 보면 문화를 보는 관점은 크게 4가지로 분류할 수 있을 것 같다. 창조성을 중시하는 문화주의적 관점, 이데올로기론의 관점, 권력/욕망이론의 관점, 끝으로 문화적 생존권의 관점이 그것이다. 지금까지의 논의를 일부 반복하면 다음과 같이 정리할 수 있겠다.

첫째, 문화주의적 관점에서 문화는 인간 본연의 창조적 능력 또는 그 발현이다. 여기에는 두 가지 해석이 가능하다. 하나는 문화를 인간 본연의 능력이 어떤 완벽한 수준에서 성취된 것, 인간적 가치가 가장 잘 구현된 것으로 간주하는 고급문화적 시각이고 다른 하나는 문화를 인류 보편의 역능으로 보는 식이다. 따라서 문화주의적 관점 안에는 이런 두 상반된 시각에 따라서 엘리트주의적 접근과 문화민주주의적 접근이 공존한다. 엘리트주의는 배타적 엘리트주의와 시혜적 엘리트주의로 나뉠 수 있다. 전자가 특정한 개인이나 집단이 문화를 독점하고자 하는 것으로서 문화적 생산에 필요한 인적 물적 자원의 독점 형태를 띤다면, 후자의 경우는 소수가 성취한 문화를 대중에게 보급하고자 하는 것이다. 후자의 경우에 등장하는 문화정책은 "문화 민주화" 정책인데, 고급문화의 대중적 분배 혹은 고급문화에 대한 대중 접근권의 확대라는 형태를 띤다. 다른 한편 문화를 인간본연의 창조성이라고 보더라도 누구나 문화적 창조성을 가질 수 있다고 보는 관점에서는 문화민주주의라는 관점으로 문화정책을 펼친다. 유네스코의 기본적 관점이 바로 이것이 아닌가 싶은데, 이 관점은 문화는 소수만이 누릴 수 있는 지고의 가치라기보다는 일상적이며 평범한 것으로서 누구가 실천할 수 있는 삶의 방식으로 본다. 여기서 문화는 개인과 집단이 지닌 표현 능력과도 같으며 누구라도 자신의 욕구를 억압받지 않고 표출할 수 있어야 한다는 민주주의적 관점이 들어 있다. 이 두 상반된 태도를 모두 문화주의라고 간주할 수 있는 까닭은 문화를 귀중하게 여기는 태도, 즉 문화를 가치있는 것으로 보는 점에서 동일하기 때문이다. 문화주의적 관점에서 문화적 권리의 관건이 되는 것은 고급한 것이든 아니든 문화에 대한 접근권과 문화적 생활 또는 활동에 대한 참여권을 가지는가 않는가 여부이다. 문화는 여기서 소유 혹은 향유의 대상이며 문화적 권리는 소유나 향유의 가능성 여부를 둘러싼 문제가 되는 것이다.

둘째, 이데올로기론의 관점에서 볼 때 "문화"는 지배의 문제와 밀접한 관련을 지닌다. 여기서 문화는 그 자체로 가치있는 것, 혹은 결백한 어떤 것이 아니다. 오히려 문화는 사회지배의 중요한 기제이거나 사회적 모순이 가동되고 사회적 저항이 일어날 수 있는 장이다. 이데올로기론에서 이 저항은 의미생산을 두고 진행되는 것으로 파악된다. 여기서 의미는 개인의 주체화(subjectification)라는 과정에서 중요한 역할을 하는 것으로 이해되는데, "주체가 된" 개인은 특정한 의미체계를 자신의 것으로 받아들인 존재로서 사회에서 기능한다는 입장이다. 예컨대 자본주의 사회에서는 인간에 의한 인간의 착취라는 문제가 있는데, 개인의 주체화는 이 문제를 어떻게 해석하느냐에 따라서 세 가지의 다른 양상을 갖게 된다. 동일시, 반동일시, 역동일시가 그것이다. 따라서 이데올로기론 관점에서 볼 때 관건은 문화를 통해서 가동되는 지배에 대해 어떻게 대처할 것인가의 문제로서 비판적 작업이 중요한 과제로 떠오르게된다. 동일시와 반동일시가 아닌 역동일시를 지향할 수 있기 위해서는 과학적 사고가 필요하다. 이런 관점에서 볼 때 문화적 권리는 사회적 지배에 대해 저항할 수 있는가 없는가라는 문제와 연결될 수 있을 것 같다. 이 점과 관련하여 우리 사회에서 문제가 되는 쟁점은 사상의 자유라고 할 수 있을 것이다. 이데올로기론에서 볼 때 문화는 지배의 문제인 만큼 지배를 벗어날 수 있는 가능성은 지배의 재생산을 강요하는 체제와는 다른 체제를 사고할 수 있는가에 달려 있다. 이런 사고는 사상의 자유 없이는 불가능하다. 현존하는 체제를 인간이 도달할 수 있는 지선의 체제로 인정할 것을 강요할 수 없다면 사상의 자유는 문화적 권리로 보장되어야 할 것이다.

셋째, 문화를 욕망 또는 쾌락의 관점에서 이해할 때, 문화에 대한 권력이론적 접근이 나온다.7) 이데올로기적 관점에서 본 문화가 과학적 사유와 인식의 문제라고 한다면, 권력이론의 관점에서 본 문화는 신체적 반응의 문제이다. 문화적 활동, 특히 예술적 활동에서는 반드시 신체의 참가가 필요하다. 예술적 정동(affect)은 신체를 관통하며 특히 쾌와 불쾌의 감정과 긴밀하게 관련되기 때문이며, 미학적 문제이기 때문이다. 이데올로기적 관점이 이해관계(착취문제, 또는 생산관계) 문제에, 대변과 재현 문제에 연루되어 있다고 한다면 권력이론은 욕망과 쾌락의 직접적 작용에 관심의 초점을 맞춘다. 이때 문화는 욕망이나 쾌락 생산이 어떤 방식으로 배치되느냐의 문제이며, 여기서 일어나는 운동은 기존의 배치에 머물러 있느냐, 새로운 배치로 전환되느냐의 문제가 된다. 이때 중요한 문화적 권리는 표현의 자유가 아닐까 싶다. 신체적 반응은 사상의 자유보다는 표현의 자유 영역에 속하는 것으로 이해될 수 있겠기 때문이다. 물론 표현의 자유가 사상의 자유와 전적으로 무관한 것은 결코 아니다. 예컨대 예술활동과 관련하여 한국의 현존 국가보안법이 주로 문제 삼는 것은 많은 경우 "사상 문제"이다. 좌파적 관점을 표현한 것으로 사찰 대상이 되고 국가보안법에 의해 입건되어 구속되는 경우 문제로 떠오르는 것은 이해관계 문제에서 어떤 입장을 취하느냐, 즉 어느 편을 지지하고 어느 편 이익을 대변하느냐는 것이다. 이런 점에서 표현의 자유는 사상의 자유와 긴밀하게 연결되어 있지만 다른 한편 표현의 방식이라는 표현에 고유한 쟁점도 있다. 예를 들어 1997년에 세간의 관심을 끈 <빨간 마후라> 사건, 이현세의 만화 <천국의 신화> 등의 입건 사건 등은 이들 '작품들'을 포르노그라피로 규정함으로써 표현 자체에 검열을 가하려는 움직임이었다. 여기서 관건은 어떤 표현이 무엇을 의미하느냐라는 문제보다는 특정한 표현이 쾌나 불쾌를 야기하느냐, 독자나 시청자의 욕망을 어떻게 유도하느냐이다.

---

7) 여기서 말하는 "권력이론"은 "권력의 미시정치학"을 주장한 푸코와 푸코의 권력이론과 일정하게 구분되는 "욕망의 생산성"을 주장한 들뢰즈와 가타리의 입장에 따라 사용하는 표현이다.

넷째, 위 3가지 관점과 부분적으로 연관되어 있지만 다른 차원의 문화적 권리 문제가 있다. 문화적 생존권이 그것이다. 여기서 중요한 문제로 부각되는 것은 문화적 종 다양성을 유지할 수 있는가 하는 문제, 개별적인 문화권의 관점에서 볼 때는 자신의 문화가 과연 생존할 수 있는가 하는 문제이다. 문화적 생존권은 특히 약소문화, 소수문화에 관건이 되는 권리이다. 위에서 문화에 대한 네 번째 관점으로 차별주의적 문화 개념을 언급한 바 있다. 문화를 고급문화 중심으로 보거나, 발달한 사회, 국가, 문명권의 특권으로 볼 경우 문화는 서로 다른 사회들을 차별하는 근거가 된다. 우월하거나 고급하다고 자처하는 문화와 그렇지 않다고 취급되는 문화 사이에는 심각한 갈등과 투쟁이 발생한다. 전자는 문화제국주의로 후자를 지배하려 하고, 후자는 문화적 정체성을 지키려는 생존을 위한 문화 독립전쟁을 벌이게 된다. 최근 국내에서 벌어진, 스크린쿼터를 둘러싼 논란도 기본적으로 영화를 중심으로 하여 한국문화의 생존권 또는 주권이 문제가 되었고, 국내영화인들은 논란의 원인을 미국의 할리우드 영화산업이 세계의 영화시장을 평정하려는 제국주의적 야욕에서 찾으려 했다. 지구화가 고도로 진행된 오늘 시점에 문화는 더 이상 하나의 사회, 하나의 국민국가에 국한된 문제가 아니다. 특히 자본의 세계화로 국민국가의 시장 개방 정도가 갈수록 높아지고 있는 만큼 문화의 교류는 많은 문제들을 낳고 있다. 문화분야의 자본 침투 현상이 심화하면서 문화제국주의 세력에 의한 문화시장의 침투는 그중 가장 큰 문제에 속한다. 이런 상황에서 문화적 생존권은 그 중요성이 갈수록 커져가는 문화적 권리가 아닐까 싶다. 문화적 생존권은 문화적 자결권 또는 주권과 깊게 연관되어 있다. 문화적 자결권을 행사하지 못할 경우 문화적 생존권은 보장받기 어렵다. 스크린쿼터제 철폐 여부를 둘러싸고 국내 영화인들과 사회운동단체가 적극 나선 것도 이 점을 인식하였기 때문이다. 스크린쿼터제를 유지하려는 노력은 외국 문화산업자본의 한국영화시장 침투를 맞아 우리 문화의 주권을 지키려는 노력이면서 동시에 우리 문화의 진로에 대해 우리 스스로 선택할 권리를 지키려는 노력이었던 것이다.

4. 문화적 권리의 사회적 인정

지금까지 개념적 이해를 시도하였지만 문화적 권리가 이상의 논의로써 제대로 판명되었다는 생각은 아직 들지 않는다. 이런 한계는 본 필자의 능력과 함께 문화적 권리에 대한 논의의 일천함에서 비롯되지만 좀더 현실적인 문제가 따로 있다. 개념적 지형도를 대충 맞게 그려낼 수 있다 해도 온전한 논의가 전개되려면 문화적 권리에 대한 사회적 이해가 형성되어야 하는데, 그런 토대가 아직 마련되지 못했다는 문제가 그것이다. 한국에서 문화적 권리에 대한 사회적 인식은 한심하다 할 정도로 낮다. 이는 정부조직 구도에서 문화부문의 위상이 매우 낮은 데서 그대로 드러난다. 프랑스의 경우 문화부의 정부 내 서열이 정권에 따라서는 1위인 경우도 있지만 한국에서는 문화에 대한 통합적 시각이 없다고 해야 할 정도로 문화에 대한 인식이 낮다. 정부의 문화 부처가 문민정부 시절에 한 번 "문화부"란 부서 명칭을 가진 것 이외에는 문화공보부, 문화체육부, 문화관광부 등으로 불안정하게 불려지고 있는 것도 그 한 증거다. 문화와 문화적 권리에 대한 사회적 인식을 높이는 일, 정부 기구나 사회단체가 공적으로 문화적 권리를 인정하도록 하는 일은 이런 상황에서 매우 중요한 과제로 보인다.

이 인정 받기와 관련하여 사회발전에서 문화가 차지하는 비중을 높이는 일이 중요하다고 본다. 그래야만 문화적 권리에 대한 사회적 인식이 확대될 것이다. 다행히 최근 들어와서 변화의 조짐이 생겨나고 있다. 여기에는 여러 원인이 작용한다. 우선 문화에 대한 관심이 증대하고 있다. 문화에 대한 관심의 증가는 "문화연구"(Cultural Studies)라고 하는, 문화 문제를 화두로 삼는 비판적 인문사회과학의 한 조류가 1960년대 이후 꾸준히 영향력을 쌓아 1980년대 이후부터는 세계적으로 확산된 데서도 확인된다. 이 학문방식은 대중매체의 보급 확대에 따른 대중문화의 영향력 증대, 과학기술의 발전과 문화산업의 확산, 뉴 미디어 출현, 도시화의 급진전, 유연적 축적과 함께 이루어진 이미지 산업의 비대화, 자본 회전의 가속화를 위한 문화적 장치들의 개발 등 다양하고 복잡한 문화적 변동에 대한 지식계의 반응으로 등장하였다. 1980년대 후반 이후 냉전구도가 와해된 것도 문화에 대한 태도들을 변화시킨 중요한 요인이다. 냉전구도의 와해로 체제의 우위를 비교할 필요성이 훨씬 줄어들었고, 이 결과 경제 개발을 위해 문화를 희생시켜도 된다고 하는 냉전적 사고와 태도에도 변화가 생겨난 것이다. 생태론이 대안적 문명론으로 등장한 것 또한 문화의 중요성과 문화적 권리에 대한 사회적 인식을 강화하는 데 크게 기여하였다. 최근에 들어와서 개별 국가, 비정부기구(NGOs) 등이 2차 세계대전 이후 많은 나라들이 채택한, 경제성장을 기축으로 한 사회발전 전략에 대해 제동을 걸기 시작하고 있는데, 이런 변화와 연관되어 있지 않은가 싶다. 이 결과 사회발전에 대한 문화적 접근이라 할 수 있는 새로운 발전 모델이 등장하고 있다. 이 모델은 근대화라는 경제적 발전 모델 대신 등장한 "지속 가능한 발전", 즉 생태론적 모델이다. 생태론적 모델이 문화적 접근으로 이어지는 것은 사회를 생태계로 파악하게 되면 이전처럼 발전이 전통문화, 문화적 정체성, 사회적 창조성 등을 파괴하는 것을 금기시하게 되기 때문이다. 이런 접근은 이윤의 창출에 치중하여 사회생태계와 그 자원의 보존, 보살핌을 외면하는 경제적 접근과 구분된다. 경제적 접근이 칼 폴라니가 『거대한 변환』에서 지적한 대로 사회적 안전망을 파괴하여 삶의 질서를 무너뜨려 버린다면, 문화적 접근은 삶의 질에 대한 배려를 우선시함으로써 사회생태계의 보존을 주요한 목표로 삼는다고 할 수 있다.

1997년에 발표된 유네스코의 문화와 발전 세계위원회(World Commission on Culture and Development)가 내놓은 『우리의 창조적 다양성』(*Our Creative Diversity*)이라는 보고서가 발전에 대한 새로운 태도를 보여주는 최근의 대표적인 예다. 이 보고서는 발전을 보는 데에 두 가지 시각, 즉 경제적 관점과 문화적 관점이 있다고 하고, 전자는

"발전이란 경제적 성장의 한 과정, 즉 생산과 생산성, 일인당 수입의 빠르고 지속적인 성장(때로는 이러한 성장의 확산된 혜택)"이라고 보는 반면, 후자는 "발전이란 가치있는 것을 추구하는 사람들의 실질적인 자유를 향상시키는 과정"으로 본다. 문화적 관점은 "인간 발전"(human development)의 관점으로서 "이 인간 발전의 시각(좁은 의미의 경제 발전과 대조되는)은 경제적 사회적 진보를 문화적 조건에서 바라보는 시각이다." 이러한 견해는 같은 해 유네스코의 '문화와 발전에 대한 유럽 특별조사단'이 유럽회의에 제출한 문화정책 보고서에도 나타나 있다. "인간에게 자신에 대해 반성하는 능력을 주는 것이 문화이다. 비판적 판단과 도덕적 책임감을 지닌 종별적으로 인간적, 이성적 존재를 만드는 것이 문화이다. 문화를 통해 인간은 자신을 표현하고, 자신을 의식하고, 자신의 불완전성을 인식하고, 자신의 성취에 대해 질문하고, 지치지 않고 새로운 의미를 찾고, 자신의 한계를 극복할 작품들을 창작한다."[8]

발전과 개발에 대해 이처럼 "문화적 대안"이 등장하고 있다는 사실은 문화의 중요성에 대한 사회적 인식이 증대함을, 그리고 문화적 권리 진작의 필요성을 강조하는 국제적 수준의 여론이 형성되고 있음을 보여주고 있다. 문화의 중요성에 대한 이런 국제적 합의는 매우 중요한 현실적 의미를 지닐 수 있다. 스크린쿼터 논란의 원인이었던 한국-미국간 쌍무협정에서 미국 측은 영화를 필름산업으로 보고 필름을 교역재로 보는 경제적 관점에서 협상에 임한 것으로 알려져 있다. 여기에는 한국 영화가 지닌 문화적 함의에 대한 고려가 전혀 없으며, 한국의 영화계와 시민, 사회운동단체들이 문제로 삼은 문화적 주권에 대한 침해라는 관점이 전혀 없다. 반면에 많은 사회운동단체들이 한국영화 지키기 운동에 적극 나선 것은 스크린쿼터 논쟁의 핵심 쟁점이 문화적 주권과 관련된 것이라 보았기 때문이다. 아직 스크린쿼터 제도 폐지를 둘러싼 힘겨루기가 끝난 것은 아니지만 금년 초 국회에서 스크린쿼터제를 현행

---

8) UNESCO, World Conference on Cultural Policies, Mexico City, 1982, Final Report. Unesco. Paris, 1982.

대로 유지해야 한다는 결의안을 채택하면서 논란이 일단 마무리될 수 있었던 데는 문화적 권리에 대해 사회적 인식이 이처럼 높아진 것이 크게 작용하였다고 할 수 있다. 문화와 문화적 권리에 대한 개념적 이해를 하는 것 못지 않게 사회적 인식의 강도와 수준을 높이는 것의 중요한 이유가 여기에 있다 하겠다.

5. 문화적 권리 목록 작성의 필요성

문화적 권리의 사회적 인정도 중요하지만 이를 실질적으로 만들기 위해서는 문화적 권리를 분류하고 그것을 목록으로 만드는 것 또한 긴요한 과제로 보인다. 니에크에 따르면 문화적 권리 범주에 어떤 권리가 포함되어야 할지를 결정하는 문제는 세계인권선언과 함께 시작되었다. 권리의 목록을 만드는 일은 권리의 실현 여부를 점검하기 위함이다. 여기에는 두 가지 목적이 있다. 하나는 문화적 권리에 무엇이 포함되어야 할지 알아내는 것이고, 다른 하나는 문화적 권리와 관련한 국가의 의무를 환기하기 위함이다.[9] 그러나 문화적 권리의 목록을 작성하는 작업은 그렇게 간단하지는 않다. 우선 문화적 권리의 내용을 정의하기 어려운 점이 있다. 위에서 문화적 권리에 관한 개념적 이해를 시도하면서 문화적 활동에 대한 참여 또는 접근의 문제, 사상의 자유, 표현의 자유, 나아가 문화적 생존권 등에 대해 언급한 바 있지만 그런 정도의 분류만으로 문화적 권리의 구체적인 양상들을 제대로 포괄할 수는 없다. 문화적 권리의 내용은 좀더 세밀하게 규정될 필요가 있고 그 목록도 세분화될 필요가 있다. 이 작업은 물론 쉽지 않다. 한 예로 문화적 권리가 보편적 권리로서의 인권과 맺는 관계가 무엇인지 불분명하다는 사실도 난관이다. 인권이 보편적인 것으로 인식되는 반면 문화는 대체로 상대적인 개념으로 인식되기 쉽다. 문화상대주의 관점이 그래서 나오는데, 이런 관점은 보편적 인권과 쉽게 조화되지 않는 측면이 있을 수 있다. 또한 어

---

9) Niec, op. cit. 이하 논의는 이 글에 크게 의존하고 있다.

떤 것이 문화적 권리이고, 어떤 것은 문화적 권리가 아닌지, 문화적 권리가 아니라고 하더라도 어떤 권리는 문화적 측면을 가지는 것인지도 분명하지 않다. 예를 들면 정보에 대한 권리는 문화적 권리인가 아닌가? 정보권은 시민권에 해당한다고 할 수 있지만 그렇다고 시민권에 국한된다고 할 수만은 없다. 정보권 없이는 문화적 생활에 참여할 권리가 성취된다고 할 수 없기 때문이다. 이처럼 문화권의 목록을 확정하는 일은 매우 어려운 문제이다. 따라서 여기에는 원칙이 필요하다고 할 수 있다.

세계인권선언 제27조는 문화적 권리에 대해 다음과 같이 기술하고 있다.

1. 누구나 모두 공동체의 문화적 삶에 자유롭게 참여하고, 예술을 즐기며, 과학의 발달과 그 혜택을 공유할 권리를 지닌다.
2. 누구나 모두 자신이 저자가 되는 과학적, 문학적, 예술적 생산으로부터 나오는 도덕적 물질적 이익을 보호받을 권리를 가진다.

또한 같은 문건 22조에는 "누구나 사회의 한 구성원으로서 사회적 보호에 대한 권리를 가지고, 국가적 노력과 국제적 협조를 통하여, 그리고 각 국가의 조직 및 자원에 따라서 자신의 위엄과 자유로운 인격 발전에 불가결한 경제/사회/문화적 권리를 실현할 권리가 있다"고 명시되어 있다. 그런데 세계인권선언의 이런 조문들이 문화적 권리에 대해 충분하게 다루고 있다고 할 수는 없을 것 같다. 문화적 권리를 독자적인 항으로 취급하고 있는 것은 1966년 유엔 총회가 채택한 '경제/사회/문화적 권리에 대한 국제 규약'이다. 이 규약의 제15조에는 다음과 같은 문화적 권리에 대한 내용이 담겨 있다.

1. 현 규약에 참여하는 국가는 누구나 모두
a. 문화적 생활에 참여하고,
b. 과학적 진보와 그 응용의 혜택을 누리고,

c. 자신이 저자가 되는 모든 과학적 문학적 혹은 예술적 생산에서 나오는 도덕적 물질적 이득의 보호로 득을 볼 권리를 인정한다.

이런 규약으로 미루어 볼 때 국제적 수준에서 문화적 권리는 두 가지 핵심 요소를 가지고 있다고 인식되고 있다. 첫째는 문화적 삶에 대한 접근권이요, 둘째는 문화적 삶에 대한 참여권이다. 이들 권리의 상정은 우리가 위에서 본 "문화주의적 관점"과 긴밀하게 연결되어 있어 보인다. 여기서 문화는 비판적 고찰의 대상이라기보다는 보호하고 인정해야 할 어떤 가치이다. 즉 이데올로기나 헤게모니, 혹은 권력의 문제라기보다는 인간의 창조적 능력으로 인식되고 있는 것이다.

이런 점을 고려한다고 하더라도 문화적 권리의 목록 내용은 분류의 목적에 따라서 다양한 형태를 띨 수 있을 것이다. 한 예로 리앤더는 11개 범주에 따라 50개의 문화적 권리 목록을 작성하였는데, 포괄성을 목표로 한 것으로 보인다. 11개 범주는 신체적 문화적 생존에 대한 권리, 문화적 공동체와 연대하고 동일시할 권리, 문화적 정체성에 대한 권리 및 그에 대한 존중, 물리적 무형적 유산에 대한 권리, 종교적 신념과 관습에 대한 권리, 의사/표현/정보의 자유에 대한 권리, 교육과 훈련의 선택에 대한 권리, 문화정책 검토에 참여할 권리, 문화적 삶에 대한 참여권과 창작의 권리, 내생적 발전을 선택할 권리, 자신의 물리적 문화적 환경에 대한 권리 등이다.[10] 반면에 스위스 프리부르크 대학교의 학제간 윤리 및 인권 연구소가 만든 '인권과 기본적 자유 보호를 위한 문화적 권리 인정에 대한 유럽 협약의 예비 의정서 초안'(Preliminary Draft Protocol to the European Convention for the Protection of Human Rights and Fundamental Freedoms on the Recognition of Cultural Rights)에 제시된 목록은 포괄적이지는 않지만 목록에 포함된 문화적 권리에 대한 위반이 발생할 경우 유럽의 인권재판소에 제소할 수 있도

---

10) Birgitta Leander, "Preliminary List of Cultural Rights," preliminary paper prepared for UNESCO, 1996. Niec, op. cit에서 재인용.

록 하는 것이 작성의 목적이다. 이 초안의 1조와 2조는 다음과 같다.

제1조
누구나 모두 자신의 가치와 전통에 대한 존중과 표현의 권리가 인간의 존엄, 인권 그리고 기본적 자유의 요건에 반하지 않는 한 그 권리를 개인으로서 가지고 다른 사람과 함께 공유한다. 이 권리는 다음을 포함한다.

a. 공적으로건 사적으로건 문화적 활동에 종사하고 특히 자신이 선택하는 언어를 말할 자유,
b. 자신이 선택한 문화적 공동체와 동일시하고 그와 관계를 유지할 권리(이는 그러한 선택을 바꿀 수 있거나 그 어떤 문화적 공동체와도 동일시하지 않을 자유를 포함한다),
c. 인류 공동의 유산을 구성하는 모든 종류의 문화들을 발견하는 일을 방해받지 않을 권리,
d. 인권에 대해 알고, 인권이 지배하는 문화를 정립하는 일에 참여할 수 있는 권리.

제2조
1. 누구나 모두 문화의 다양성을 인정하고 존중하는 방식으로 자기 문화적 정체성의 전면적이고 무제한적 발전을 허용하는 교육을 받을 권리가 있다.
2. 이 권리는 자신의 문화와 언어를 가르치고 또 그에 대한 가르침을 받으며, 국내법에 따라 그 목적에 필요한 어떤 기관이라도 설립할 자유를 포함한다.
3. 이 권리는 그 보장에 필요한 수단을 필요와 재원에 준하여 공적으로 제공받을 권리를 포함한다.

여기서 이들 조항들을 소개하는 것은 문화적 권리들의 목록을 작성하는 나름대로의 지침을 얻기 위함이다. 한국에서는 어떤 방식으로 문화적 권리 목록을 작성하는 것이 필요할까? 문화적 권리를 포함한 인권의 보호나 신장이 현재 우리 사회에서는 정부보다는 시민사회운동이 더 절실한 과제임을 생각할 때 시민사회운동의 활성화에 필요한 목록

의 작성도 한 방법일 수 있으리라고 본다. 예를 들어 방금 위에서 언급한 제2조 2항에 언급된 문화교육기관의 설립권은 지금 교육부가 거의 전적으로 독점하고 있는 교육기관 설립에 새로운 요구를 제출할 수 있는 근거로 작용할 수도 있지 않을까? 한국민족예술인총연합 부설 문예아카데미의 경우는 1992년에 개설되어 지금까지 2만명이 넘는 수강자를 받았지만 아직 사회교육기관으로 인가받지 못하고 있다. 교육부가 인정하는 사회교육기관은 언론 단체가 운영하는 문화센터 등에 국한되어 있기 때문이다. 그러나 교육부가 신문사나 방송사 같은 유력한 단체에만 문화교육을 실시하는 기회를 부여하는 것은 국제적 규약이나 의정서 등에서 문화교육의 권리를 기본적인 문화적 권리로 인정하고 있는 정신과 위배된다고 할 수 있다. 만약 이런 점이 인정된다면 문예아카데미는 사회교육기관으로 지정받는 데 중요한 도덕적 지원을 얻는 셈이 된다. 시민운동단체로서 민예총은 국제적 수준의 논의에서 제출된, 문화적 권리 관련 의무조항을 활용하여 정부에 차별금지를 요구할 수 있을 것이다. UN이나 UNESCO, 혹은 그와 연관된 지역적 국제기구에서 채택한 규약이나 협약, 의정서 등이 언급하거나 포함하는 문화적 권리들을 목록으로 만드는 일은 이런 점에서 사회운동단체들이 관심을 가지고 추진해야 할 일로 보인다.

6. 정부의 의무 시행 촉구

'경제/사회/문화적 권리에 관한 국제 규약'의 제2조에는 규약에 명시된 권리의 전면적 실현을 위해 국가는 가용 자원을 최대한 활용하는 조치를 즉각 취할 의무가 있다고 명시되어 있다. 앞에서 같은 규약 15조의 1항을 언급하였는데, 그 외에도 문화적 권리에 대한 국가의 의무에 대한 내용이 좀더 구체화되어 다음과 같이 기술되어 있다.

2. 문화적 권리의 완전한 실현을 이루기 위해 본 규약에 참여하는 국가가 취

할 조치들은 과학과 문화의 보존, 발전, 확산에 필요한 조치들을 포함한다.

3. 본 규약에 참여하는 국가는 과학적 연구와 창조적 활동에 없어서는 안될 자유를 대변한다.

4. 본 규약에 참여하는 국가는 과학적 문화적 영역에서의 국제 조약 및 협조의 장려와 발전으로부터 파생하게 되는 혜택을 인정한다.

국내 사회운동단체들은 위에서 다룬 문화적 목록과 함께 이런 내용을 적극적으로 활용할 필요가 있지 않을까 싶다. 한국은 1990년에 '경제/사회/문화적 권리에 관한 국제 규약'에 가입하였다. 국내의 문화적 권리 신장을 위해 인권단체와 문화단체들은 이런 점을 고려하여 국가에 대해 문화적 권리와 관련된 의무를 준수하라는 요구를 좀더 구체적이고 강력하게 할 수 있다고 본다.

최근 사회적 논란을 일으키고 있는 광주비엔날레와 과천세계마당극 큰잔치 경우를 생각해보자. 이들 행사는 지방자치시대 개시 이후에 개최되기 시작한 국제적인 지역문화예술축제인데 문제의 발단은 행사 집행의 주도권을 놓고 공무원조직이 의도적으로 전문가들의 영향력을 축소하고, 행사를 독식하겠다고 나선 데서 생겼다. 이런 사태는 두 지방정부가 문화예술 전문가의 위상에 대해 어떤 태도를 가지고 있는지 명백하게 보여주지만 이로써 문화적 활동에 민간인 전문가가 참여할 권리가 크게 훼손당하였고, 아울러 지방주민을 포함하여 국민대중의 문화적 향수권에도 침해가 초래되었다고 할 수 있지 않을까 싶다. 행사가 파행으로 치달으면 대중의 문화적 생활에도 나름대로 피해가 생길 것은 당연하기 때문이다. 이번 사태를 문화적 삶에 참여할 시민의 권리가 제약당한 경우라고 해석할 수 있다면 한국이 가입한 '경제/사회/문화적 권리에 관한 국제 규약'은 이와 관련하여 어떤 의미가 있을까? 국제법에 무지한 필자로서는 국제적 규약이 국내에 일어나는 일들에 어떻게 적용될 수 있는지 잘 알 수는 없지만, 적어도 그런 규약이 있다는 사실 자체가 사회운동단체에서 요긴하게 활용할 수 있는 자원이 아닌가 싶다. 문화운동단체를 포함한 시민사회운동단체가 그런 규약을 활용할 수 있다면 문제를 일으킨 지방정부에 대해 좀더 강력한 대응을 할 수도 있고, 해당 국제 규약을 활용하여 중앙정부에 대해 문화적 권리를 국제적 수준으로 존중하라는 요구도 좀더 당당하게 할 수 있을 것이다.

1986년 6월에 네덜란드의 마스트리히트에서 열린 림버그 회의는 '경제적, 사회적, 문화적 권리에 관한 국제 규약의 이행에 관한 림버그 원칙'을 채택한 바 있다. 핵심이 된 사항은 문제의 규약에 대한 국가의 책임 성격과 범위 문제였다. 이 원칙을 살펴보면 문화적 권리에 대한 국가의 의무를 좀더 분명히 이해할 수 있다.

모든 국가는 경제발전의 수준에 관계없이 목록에 든 권리의 전면적 실현을 위해 필요한 모든 적절한 수단들(법률적, 행정적, 사법적, 경제적, 사회적, 교육적 조치들을 포함한)을 동원하여 조치를 취하는 일을 즉각 시작해야 한다. 일부 의무조항은 차별금지와 같은 즉각적이고 전면적인 시행을 요한다. 어떤 경우에라도 국가는 의무 수행 노력을 무기한 연기하는 기회로 본 규약을 해석해서는 안 된다. 그리고 국가가 이들 권리의 실현을 위한 적절한 조치를 취했는지 않았는지 결정할 때는 이들 권리를 위해 가용 자원들이 사용되었는지 여부가 고려될 것이다. 11)

이 원칙대로라면 우리 정부 역시 규약에 참여하고 있는 만큼 문화적 "권리의 전면적 실현을 위해 필요한 모든 적절한 수단을 동원하여 조치를 취"해야 한다. 이런 조치가 무엇일지에 대해서는 국내의 인권을 신장하려는 개인과 단체, 시민사회와 정부기관들이 함께 조사하고 연구할 필요가 있을 것이다.

7. 결어

서두에서 "문화적 권리"라는 화두는 우리 사회에서는 아직 생소한 것

---

11) "The Limburg Principles on the Implementation of the International Covenant on Economic, Social and Cultural Rights," *Human Rights Quarterly*, vol. 9, no. 2, May 1987, pp. 112-126. Niec, op. cit에서 재인용.

이라고 하였다. "문화적 권리"에 대해서는 아직 개념적 이해나 사회적 인식도 낮고, 그것을 인권으로서 보호하고 신장하기 위해 필요한 조치가 무엇인지도 분명하지 않은 것이 우리의 실정이다. 그러나 이런 사실은 우리 시민사회운동이 그 동안 매우 중요한 한 안건을 놓치고 있었다는 말과 다르지 않다. 인권운동에 종사하는 활동가, 연구자가 문화적 권리를 좀더 깊이 이해하고 그 진작을 위한 노력을 더 많이 기울여야 한다는 말이기도 하다. 글을 준비하는 과정에서 국내 사회운동진영이 문화적 권리에 관련된 국제적 수준의 논의를 꾸준히 추적하는 일이 특별하게 중요하겠다고 느끼게 되었다. 국제 규약에 명시되어 있는 문화적 권리 조항들을 숙지하고, 이들 조항에 관한 지배적 해석의 동향을 파악하고, 문화적 권리의 보호와 진작과 관련된 현안들, 과제들, 쟁점들을 국내 논의에 끌어들이는 노력이 필요하다. 이런 노력 없이는 문화적 권리를 신장하는 사회적 운동을 제대로 펼치기 어려울 것이다. 문화적 권리의 신장을 위해서는 중앙이든 지방이든 정부기관에 대해 시민적 압력을 행사하는 일이 매우 중요하다. 이 압력은 문화적 권리에 관련된 정확한 정보, 쟁점과 논점에 대한 올바른 입장 등을 필요로 할텐데 논의를 먼저 시작한 외국의 사례에서 배울 점이 많을 것이다. 아울러 국제적으로는 문화적 권리 보장이 어떻게 이뤄지고 있는지, 국제기구들은 어떤 관점과 어떤 인적 물적 자원을 가동하여 문화적 권리 보호에 임하고 있는지, 문화적 권리와 의무에 대한 국제적 기준이 어떤지에 대해서 아는 것도 중요하다. 문화적 권리에 대한 국제적 기준의 도입은 시민사회운동이 국내에서 문화적 권리를 신장하는 데 중요한 자원을 얻는 일이 될 것이다. (1999. 2)

표현의 자유와 신자유주의

1. 국면의 성격?

우리 사회에 문화예술 활동들에 대해 체계적이다 싶은 검열과 탄압의 물결이 밀어닥치고 있다. 작년에는 소설가 장정일과 김하기가 입건 또는 구속되더니, 두어 달 전부터는 음란폭력성 만화를 싣는다고 일간 스포츠지 관련자를 고발하다가 급기야는 <빨간 마후라> 사건을 계기로 <나쁜 영화>의 일부 장면들을 잘라내고, <천국의 신화>를 만든 만화가 이현세를 입건하는 등 검열과 탄압이 문화예술계를 강타하고 있는 것이다. 문화예술 탄압의 사례가 우리 사회에 나타난 것은 물론 어제오늘이 아니다. 문학계에서 『자유부인』의 정비석, 『분지』의 남정현, 『반노』의 염재만 등 이외에 김지하, 고은, 한수산 등 많은 작가들이 이런 저런 이유로 입건, 구금, 구속, 기소, 혹은 투옥의 형태로 시달림을 받은 적이 있고, 미술계에서 신학철이 기소되거나 전국민족미술인연합이 이적단체로 규정되어 홍성담 등 그 소속 화가 십수명이 구속되어 형을 집행 받은 바 있고, 영화계에서 <파업전야>를 제작한 영화인들도 탄압 받은 적이 있으며, 음악계에서도 왜색이나 대마초 흡연 등의 이유로 이미자, 신중현, 송창식, 조용필 등 많은 대중가수들이 판금조치 당한 적이 있고 정태춘이 오랫동안 투쟁한 적이 있으며, 지금도 시인 박노해와 진관, 소설가 황석영과 김하기 등 문인들도 감옥에 있다. 그런데 최근 들어와서 탄압의 양상이 달라지고 있다는 조짐이 보인다. 지금까지 문화예술에 대한 탄압은 왜색, 퇴폐, 음란 등 '미풍양속' 위해와 사회의 문화적 도덕적 가치관 문란이 빌미가 되어 진행된 적도 적지 않았으나, 그래도 '사회의 안녕과 질서를 어지럽힌다'는 정치사상적 이유가 더 큰 작용을 한 편이었다. 예술가들이 걸핏하면 이적단체를 구성했다느니, 간첩행위를 했다느니 하면서 국가보안법에 의해 구금되어 사상범으로 분류되었던 것은 그런 이유 때문이다. 하지만 최근의 국면은 사상의 자유 이외에도 표현의 자유에 대한 체계적 탄압이 증가한다는 느낌을 갖게 한다. 수년 전 마광수 교수가 구속된 데 이어 작년에 장정일씨가 입건될 때만 하더라도 그런 생각이 들지 않았는데, 시민단체들이 나서서 <음란폭력성조장매체공동대책협의회>를 구성하고 노골적 성묘사 혹은 폭력 장면을 싣는다는 이유로 스포츠신문의 만화가들과 신문사 간부들을 고발한 데 이어 <빨간 마후라> 사건을 계기로 검찰이 만화가들과 간부들을 기소하고, <나쁜 영화>에 대한 검열을 강화하고, 또 <천국의 신화>를 출간한 만화가 이현세를 소환하는 데에 이르러서는 현재 국면의 성격이 좀더 분명해졌다는 생각이다. 이제 우리 사회의 문화예술에 대한 탄압이 사상의 자유만이 아니라 표현의 자유도 집중 겨냥하기 시작한 것이다.

최근의 이런 국면은 지난 해 헌법재판소가 영화에 대한 공연윤리위원회의 사전 검열이 위헌이라고 내린 판결로 그 동안 문화예술의 창작활동에 가해지던 검열과 탄압이 줄어들 것으로 기대했던 사람들을 크게 실망시키고 있다. 가수 정태춘을 중심으로 한 음반에 대한 사전 검열 반대 운동은 일부 승리를 얻어내기도 했지만 금년 들어 예술가들에 대한 소환, 입건, 구속 등이 이어지는 것을 보면 그 판결의 효과는 기대하던 것과는 반대로 나타나는 듯하다. 명목상으로는 사전 검열이 철폐되었으나 개인들, 일부 시민단체, 언론방송계가 '국민 정서' 위배나 '청소년 보호' 등의 명분으로 음란폭력 표현물에 대한 단속과 처벌을 주장함으로써 실질적인 검열 효과를 가져오는 입건, 구속 등이 자행되고 있다. 이로 인하여 헌법이 명시한 표현의 자유는 유명무실하게 되었을 뿐만 아니라, 오히려 이전에는 방송심의위, 공연윤리위, 간행물윤리위 등이 '알아서 판결을 해주어' 편하다고 여기던 문화예술 생산업체들이 사후의 책임 추궁으로 더 큰 손해를 볼까봐 두려워 외려 사전 검열을 강화하기까지 하는 형편이다. 최근의 사태가 우리 사회에 표현의 자유를 체계적으로 위축시키게 될 것은 따라서 불문가지인데, 우리 사회는 그만큼 기본적 자유를 보장하지 못하게 될 것이다. 표현의 자유가 탄압을 받아 위축받게 되면, 사상의 자유마저 위축될 수밖에 없다는 점에서 사태는 심각하다. 사상은 꼭 표출될 필요가 없다는 점에서 표현과는 무관할 수도 있지만, 표현되지 않은 사상은 무의미하다는 점에서 사상의 자유는 표현의 자유에 의해 완성된다고 할 수 있다. 박노해, 황석영, 진관, 김하기 등의 시인 작가들이 구속된 것은 주로 그들의 사상 때문이지만 그들의 사상이 구체적인 행동으로 표출되거나 그들이 생산한 표현물로 입증되지 않았다면 문제되지 않았을 것이다. 표현은 이처럼 사상의 증거물이 되고, 사상의 최종 발현체라는 의미를 가지므로 표현의 자유에 대한 탄압은 결국 사상의 자유에 대해서도 족쇄를 채우는 효과를 낸다. 이런 점에서 최근 국내에서 진행되고 있는 표현의 자유에 대한 탄압은 우리 사회 사상의 자유마저 억압하는 효과를 낳는다는 점에서 심각한 것이 아닐 수 없다.

현재 상황을 어떻게 이해해야 할 것인가? 문화예술의 표현자유를 보장하라는 헌법재판소의 결정과 무관하게 탄압이 실질적으로 강화되는 현재의 상황을 '논리적 모순'으로만 생각할 수는 없을 것이다. 현재 표현의 자유에 대한 제재는 영상관계법, 음반법, 청소년보호법 등의 개정 혹은 신설로 법제화되고 있는데, 이런 변화는 우리 사회의 지배세력이 표현의 자유를 제한해야 할 필요를 느낀 결과일 것이다. 사상의 자유에 대한 탄압이 주로 '국가 안보'를 명분으로 진행되었다면 표현의 자유에 대한 탄압은 주로 가족질서, 전통적 가치의 파괴 등 도덕적 이유로 진행되는 특징을 갖는다. 탄압의 대상은 물론 전통적 가치관을 뒤흔드는 비도덕적 행태를 조장하는 일체의 행위를 말하는데, 문화예술에서 이런 행위는 '도덕적 수치감'을 주는 음란한 성묘사, '비정상적' 성관계라고 규정받는 동성연애, 시간, 수간 등의 묘사 등을 말하는 것이다. 마광수, 장정일의 소설, 이현세의 만화, 또 <나쁜 영화> 등이 입건되거나 탄압을 받는 주된 이유는 그 표현물들이 음란하다는 데 있다. 여기에는 도덕적 판단이 깊이 개재되어 있는데, 현재 진행되는 국면은 도덕적 이유에 의한 문화탄압이 일시적이고 우연한 것이 아님을 보여준다고 생각된다. 다시 말해 문화탄압의 정세가 있다는 것인데, 이를 이해하는 것이 이 글의 주요한 목표이다.

2. '문화전쟁'과 신보수주의

표현의 자유에 대한 탄압을 정세적으로 이해하려면 우리 사회의 변동을 살펴보아야 할 것이다. 우선 1990년대에 접어들어 우리 사회에 문화적 자유에 대한 새로운 요청이 일어나고 있다는 점을 기억할 필요가 있다. '신세대 네 멋대로 하라'는 구호가 1990년대 초두에 나온 데서 드러나듯 우리 사회에는 도발적이거나 심지어는 파괴적이다 싶을 정도로 과거에 보지 못하던 새로운 감수성을 지닌 문화적 형태들이 등장하였다. 폭주족의 행태에서 보듯 신세대의 삶의 양식은 과거와는 크게 달라졌으며, 성풍속도 역시 획기적인 변화를 보여주고 있어서 <빨간 마후라>는 그런 새로운 성풍속도를 보여주는 흔한 사례일 뿐이다. 청소년에게만 문화적 변화가 생긴 것도 아니다. 1980년대 중반 이후, '3저호황'을 누리고 1988년 올림픽을 치르고 난 이후 한국에는 이후 지속된 불경기에도 불구하고 과소비가 체질화되는 소비사회적 양상이 나타났다. 과거 문화는 일부 계층에게만 허용되는 '고급문화'적 성격이 강하였으나 소비자본주의의 본격 가동으로 인하여 대중문화가 크게 발전하였고, 아울러 문화산업도 급격하게 성장하였다. 청소년만이 아니라 여성의 욕구와 욕망의 표출이 과거에 비해서는 훨씬 더 자유로워지고 아직 소수이기는 하지만 동성애자들의 공개적 활동도 늘어나고 있는 중이다. 이런 변화들은 우리 사회에 새로운 감수성, 새로운 자유 혹은 삶의 방식에 대한 요구가 커져가고 있다는 증거일 것인데 아울러 자유에 대한 이런 요구를 위험으로 간주하고 그 요구를 한정하거나 통제하고자 하는 보수세력의 노력 또한 커지고 있다. 표현의 자유에 대한 탄압은 이런 상황에서 일어나는 것으로서 일종의 '문화전쟁'이 아닐까 싶다.

'문화전쟁'은 1980년대 후반부터 미국의 신보수세력이 스스로 '퇴폐하고 타락한' 아방가르드 예술가들이라고 규정한 세력에 대해 벌이고 있는 '성전'이다. 선진자본주의에서 보수세력은 1960년대 진보세력의 약진에 의하여 수세에 몰리다가 1979년 영국에서 마가렛 대처가, 1980년에 미국에서 로널드 레이건이 정권을 잡는 것과 함께 지배세력으로 부상하였다. 오늘날 미국에서 신보수세력은 주로 복음파로 구성되는 종교적 근본주의자들, 시민군운동을 벌이는 호전적인 반정부인민주의, 신나치 등 다양한 세력들을 포괄하는데 '풀뿌리'정치를 지향하는 강경우파 혹은 극우세력이다. 최근 오클라호마 연방정부 건물을 폭파한 맥베이와 같은 자를 배출하고 있는 이들 신보수세력은 모럴 머조리티와 같은 도덕재무장을 운동을 벌이기도 하고, 로버트슨 목사와 패트릭 뷰캐넌과 같이 공화당 대통령 후보 예비선거에 나서기도 하고, 윌리엄 베넷처럼 레이건 행정부의 교육장관 및 부시행정부의 '전국약물통제정책국' (Office for National Drug Control Policy) 대표를 지내기도 하는 등 미국의 지배층을 이루기도 한다. 이들은 제씨 홈즈나 깅그리치와 같은 강력한 대변자를 하원과 상원에 가지고 있으며, 공화당의 경우 50개주 중 10개주를 장악하며, 지방자치체를 장악하고 있는 경우는 더 많다. 신보수는 1987년 이래 미국의 '전통가치'를 수호하자는 운동을 벌여왔다. 패트릭 뷰캐넌이 1992년 공화당의 대통령후보 예비선거에서 '타락한' 진보주의자들로부터 '미국을 도로 찾자'는 구호를 외치며 지지를 호소한 것도 이런 맥락에서다. 이들은 일부 문화계의 엘리트들이 미국의 전통적 가치를 파괴하고 있다며, 하나님의 집을 다시 짓기 위해 가부장제를 회복해야 한다거나, 유색 인간말종들을 내쫓고 백인들만의 국가를 건설해야 한다거나, 혹은 가족의 신성함을 짓밟는 동성애자들을 추방해야 한다는 따위의 주장을 한다. 시민적 덕목을 강조하는 세속 휴머니스트, 성차별 중단을 요구하는 페미니스트, 인종차별에 항의하는 소수민족들, 반인간적 행위에 대한 비판적 활동을 하는 사람들에 적의를 나타내는 것도 신보수세력이다. 이들은 자신의 광신적 신앙, 서구 혹은 백인 우월주의 등을 비판하거나 여성 및 동성애자의 인권을 옹호하는 예술적 표현물을 생산하는 예술가들에 대해서 깊은 적개심을 드러내는 것으로 유명하다. 상업방송과는 달리 공익적 성격을 많이 담고 있는 NPR(공영라디오)과 PBS(공영TV방송), 그리고 예술가들을 지원하고 있는 NEA(예술지원기금) 등이 일반 시민들의 이익보다는 반미국적, 반전통적 가치들을 전파하는 데 열중한다며 예산을 삭감하는 데 앞장서고 있는 것도 이들이다.[1] 이들 문화전쟁 세력은 정치권 내에 있는 깅그리치 하원의장 같은 사람들만이 아니라 미국의 풀뿌리 보수 집단의 지원도 받고 있다.

　한국에서는 미국의 보수세력이 전개하는 문화전쟁과 같은 신보수주의 운동이 명시적으로 드러나 있지는 않다. 보수적 종교인, 학자, 혹은 시민대표가 정당 후보로 나서거나 동맹을 이루어 발언하는 경우는 별로 없으며, 오히려 진보적 인사들이 정치적 활동가 역할을 하는 경우가 많다. 그러나 이런 현상은 한국에서는 진보세력이든 보수세력이든 자신의 입장을 명시적으로 밝히면서 하는 담론정치가 발전해 있지 않기 때문에 드러나는 경향일 뿐, 우리 주변에 '문화전쟁'과 유사한 보수적인

---

1) 가수 바바라 스트라이샌드에 따르면 미국의 예술진흥기금(NEA) 1년 예산은 F-22전투기 한 대 값이다. 펜타곤은 전문가에 따르면 필요하지도 않을 F-22전투기를 442대 구입할 계획이라는데 그중 한 대만 사지 않으면 예술지원비로 충분한 셈이다. PBS는 납세자 1인당 1달러, NPR(국민공영라디오)은 29센트로 운영된다. 또 NEA의 일년 예산은 미국군악대 예산과 같다고 한다.

움직임이 없는 것은 아니다. 강지원 검사나 손봉호 교수와 같은 중요한 발언자들이 있고, 이들을 도덕적으로 집단 지원하는 시민단체들이 있으며, 이들의 요구와 발언을 법제화한 영상관계법, 음비법, 청소년보호법 등의 장치가 있고, 공연윤리위원회나 방송심의위원회 등의 준국가장치들이 있으며, 나아가서 보수적 언론이 있기 때문이다. 이들 사이에는 명시적 연계는 아니나 일종의 암묵적 협조체계 같은 것이 있어 보이며 최근 표현의 자유에 가해지는 실질적 검열과 탄압도 그런 협조체계의 결과가 아닐까 싶다.[2] 이런 양상은 군사독재 시절의 국면에서 문화예술에 대한 탄압이 유도되던 것과는 다르다. 과거에도 장발, 미니스커트 착용, 약물복용 등의 행위나 '퇴폐' 문화를 미풍양속을 위반하는 것으로 간주하여 거리에서 일제 단속을 벌이거나 방송 출연을 금지한 경우가 많았으나 단속과 탄압이 독재자나 그의 지휘하에 있는 국가기구의 직접 명령과 집행의 형태였다면, 지금은 여성단체, 시민단체와 같은 비정부단체들의 요구와 그에 대한 부응의 형식을 띠고 있는 것이다.[3] 1980년대 말부터 '범죄와의 전쟁'을 선포하여 조직폭력배나 마약 거래에 대한 단속 등의 형태로 국가장치가 직접 나선 데 따른 호응의 성격도 있겠으나, 그보다는 1990년대에 들어와 신세대의 새로운 감수성 출현, 학교교육의 공동화, 유흥업의 거대 산업화, 인신매매 증가 및 포르노문화의 확산과 청소년의 대거 가출 현상 등에 대해 주부나 일반 시민의 우려가 커져 가는데도 경찰 등 정부기관의 대응이 부진함에 따라 불신이 겹쳐져 시민들의 목소리가 더 커지는 것으로 봐야 할 것이다. 이런 양상이 생기는 것은 물론 우리 사회의 보수 선회와 깊은 관련을 맺고 있다. 한국은 1960년의 4월 혁명 이후 진보세력의 상승세가 이어져 오다가 1980년대에 이르러 사회변혁에 대한 폭발적 관심을 일으켰으나 1989년 소련의 붕괴와 함께 20세기 진보의 전범을 제공하던 현실사회주의가 괴

---

2) 이 글에서는 할 수 없었지만 이 체계에 대한 조사와 분석이 필요할 것이다.
3) 이들 중 많은 곳이 정부로부터 지원금을 받는다는 사실은 이들 역시 국가장치 혹은 준국가장치가 아닌가 하는 의문이 들게 하기도 한다. 하지만 미국의 '문화전쟁'처럼 풀뿌리 요구에 따른 것으로 볼 수도 있다.

멸함으로써 진보세력은 그때까지 강하게 품어오던 변혁의 전망을 많이 상실하여 큰 타격을 입었다. 군사정권에 대한 국민적 저항을 끌어 모으던 힘도 1992년 김영삼의 문민정부가 들어섬으로써 분산되었다. 게다가 선진자본주의 국가들에서 신자유/신보수 세력이 득세함으로써, 그리고 국내의 군사정권이 적어도 형식상으로는 종결된 이후 한국사회는 오히려 전반적으로 더욱 보수화되고 있다. 진보세력의 발언이 사회적 파장을 더 많이 일으키던 1970년대와 80년대와는 달리 지금은 보수세력이 더 큰 발언권을 가지고 있는 것이다.

3. 신자유주의 사회의 모순

신보수주의 경향은 주로 도덕과 감성의 영역, 즉 정치와 문화의 영역에서 일어나고 있지만 아울러 이해관계 영역인 경제영역과도 긴밀한 관련을 맺고 있다. 정치와 문화에서 신보수주의를 지지하는 세력은 경제적으로는 신자유주의 운동을 지지한다. 신자유주의는 19세기 자유주의의 후예로서 20세기에 들어와 자유주의가 사회주의 운동의 저항에 직면하자 사회진보세력과 타협 끝에 도달한 케인즈주의적 수정을 다시 과거의 자유주의로 되돌리려는 운동이다. 신자유주의가 본격적으로 등장한 것은 19세기 자유주의의 전횡에 맞선 사회주의 운동의 도전에 직면하여 자유주의가 타협안으로 내세운 케인즈주의적 처방이 그 약효를 잃게 된 1970년대 초 이후로서 이때 자본은 포디즘적 축적 전략을 일부 수정하여 '포스트포디즘' 혹은 '유연적 축적'(flexible accumulation)을 지향하였다. 유연적 축적이란 예컨대 과거의 경직된 기업 조직을 재구조화하여 일용직, 임시직 혹은 하청 고용을 늘이고 기업을 감량화하며, 컴퓨터기술의 도입으로 생산과 소비의 적기화 등을 시도하고 나아가서 자본의 자유로운 이동을 추진하여 초국적자본을 지향하는 전술을 구사하는 축적 전략이다. 이 유연적 축적은 과거 포디즘을 통해 국가, 기업, 노동 간에 형성되었던 타협을 깨고 복지국가의 틀을 해체함으로써 케인즈주의가 용인한 사회적 화합을 깨는 효과를 낸다. 이 결과 탈규제, 사유화 또는 민영화, 복지비용의 삭감 등이 대대적으로 이루어지며, 자본의 자유가 최대한 보장되는 일이 발생한다. 물론 이런 조치들은 민중과 대중의 저항에 직면하게 될 수밖에 없고, NAFTA 결성에 반대하는 멕시코 농민반란군(자파티스타)의 무장저항, 작년 프랑스의 파업, 금년의 미국의 UPS 파업이 일어난 일이나 금년 초에 개악된 노동법에 대한 대대적인 반대 운동이 국내에서 일어난 일은 이런 맥락에서 이해된다. 그러나 1980년대 이후 선진자본주의 국가들의 예에서 보듯이 신자유주의 세력의 상승은 이어지고 있으며, 이는 최근 미국, 영국, 프랑스 등지에서 민주당, 노동당, 사회당 등이 집권하고 있는 국면에서도 1980년대에 구축된 대처주의, 레이거노믹스의 전통이 여전히 지속되고 있는 데서도 확인된다.

한국의 국가와 자본 역시 신자유주의 경제 정책을 추진하고 있다고 봐야 할 것이다. 한국은 1970년대 초에 세계적으로 벌어지던 구조조정과 산업재편이 일어나던 시기에 중공업을 중심으로 '주변부 포드주의'를 구축함으로써 세계자본주의 체제에 편입되었다. 한국의 자본주의는 그 동안 급성장을 이루었지만 1980년대 말 불경기를 맞음으로써 이후 구조조정에 들어가 기업조직을 유연화하는 조치들을 취하기 시작하였는데, 최근에 기업의 '군살빼기'로 조기퇴직 유도, 정리해고제도 도입 시도가 일어나는 것은 그 증거이다. 이 결과 핵심요원들 이외에는 일용직, 임시직 또는 하청고용으로 전락하는 일이 발생한다. 최근 통계에 따르면 전체 노동인구 1,300만명 중 45%에 해당하는 600만명이 일용직 혹은 임시직이라고 하는데, 이런 사실은 한국도 다수 노동력의 주변부화가 구조적으로 진행되고 있다는 통계적 증명이다. 노동력이 이처럼 핵심과 주변부로 이원화함에 따라서 우리 사회는 과거에 비하여 사회적 동질감의 와해가 훨씬 더 심각하게 진행되고 있다. 앞서 신세대의 등장과 소비문화의 성장에 따른 여성인구의 새로운 욕구 성장을 언급하였는데, 그런 변화로 인해 생기는 새로운 정체성들과 달리 노동인구의 분화로 말미암아 더 많은 주변적 집단들이 양산되고 있는 실정이다. 결국 이것은 우리 사회에 '낙오자인구'가 증대함을 의미하는데, 이들은 안정된 직업을 가지지 못하는 만큼 부동하는 사회세력이 될 가능성이 크고, 주변부문화, 하위문화, 소수문화를 이룸으로써 노동자문화와 같은 대문화의 동질성을 무너뜨리는 역할을 하기도 한다. 이 이외에도 한국에는 교육모순으로 인한 학생 및 청소년 인구의 문제화라는 현상이 있다. 그동안 자본주의적 발전을 위해 한국은 대중교육을 강화해왔는데, 이 대중교육의 근본 기능이 자본의 안정된 축적과 증식을 위한 노동력 과잉공급에 있었던 만큼 교육의 근본적 개선을 이룰 수가 없었다. 노동력 과잉공급을 위해서는 학생인구의 폭발적 증가를 꾀했지만 노동시장의 위계화 필요로 인해 학생인구 내부에 극심한 경쟁을 유발함으로써 '문제학생들'을 집단적으로 양산하는 식이었다. 이렇게 볼 때 현재 기존의 노동자인구든 예비노동자인 학생인구든 인구의 거의 전 층위가 핵심과 주변부로 양분되고 있는 셈이다.

신자유주의 사회는 이 양분으로 인해 민중과 대중의 삶이 갈수록 열악해지는 경향을 보이고 있지만 바로 신자유주의라는 성격 때문에 그것을 방치할 뿐 근본적인 대책을 세울 수가 없다. 한국이 사회복지에 대해서는 별다른 대책을 세우고 있지 않고 있는 것도 그런 이유 때문이다. 한국은 지금 교역수지 12위, GDP 규모 11위에 해당하고, 국민 일인당 소득이 1만불을 넘어선 발전한 나라로 치부되어 이 '성장'을 바탕으로 최근 OECD에도 가입하였다. 그러나 이런 성장의 과실금이 제대로 분배되지 않았고, 사회복지에 대한 투자는 거의 이루어지지 않았다. 김영삼정권은 수년 전 문화복지를 표방하며 삶의 질을 높이겠노라고 나서기도 했지만 이는 사회복지를 포기하기 위한 호도책일 뿐 실제로 추진된 것은 삶의 질과는 무관한 '민영화'뿐이다. '민영화'는 복지국가가 그런 대로 완성된 국가들에서 찾아볼 수 있는 신자유주의적 조치들인데, 한국에서도 이런 경향은 드러난다. 이 결과 거의 모든 인간관계, 사회관계가 상품관계로 전환되며, 우정, 사랑, 자연환경과 같이 과거 '공짜'로 즐기던 인간관계나 자원들이 이윤 축적의 수단이 됨으로써 삶의 실질적 궁핍화가 진행되고 있다. 조기퇴직, 대량해고, 임시직 및 일용직이 증가함에 따라서 사회복지가 증대해야 할 필요는 더욱 커져가지만 신자유주의는 유연적 축적 전략을 통해 오히려 작은 국가를 지향하며, 복지비용을 축소한다. 사회복지가 줄어드는 상황에서는 사교육비, 의료비, 주택비용 등은 갈수록 개인에게 그 부담이 전가된다. 대중교육을 통한 청소년 인구의 체계적 방치 속에서 학생들 개인간의 경쟁으로 사교육비는 급증하게 되고, 의료비용도 복지국가의 틀이 형성되어 있지 않은 상황에서는 대체로 개인 부담이 크며, 특히 주택은 거의 전적으로 개인 부담이 되는 것이다.

따라서 오늘날 우리 삶의 주요 모순은 신자유주의에 따른 공공영역의 축소와 또 그에 따른 사회적 요구의 증가 사이에서 발생한다고 하겠다. 현재 한국은 거의 모든 영역이 자본주의 생산양식에 포섭됨으로써 사적 자본의 지배하에 들어가 있으며, 삶은 예외없이 상품관계 아래에 놓이게 되었다. 신자유주의는 이처럼 과거 어느 때보다도 사회를 자본주의 생산양식의 전일적 지배하에 두고 모든 삶의 영역을 상품관계가 지배하도록 하면서 다시 문화영역에서는 그것을 부정하려는 시도를 하고 있다. 여기서 탈구가 생겨난다. 탈구는 사회구성체가 복합적인 구조를 가지고 있을 때 사회의 한 층위가 다른 층위의 논리와 그대로 일치하지 않는 것을 가리키는 말이다. 현재 이런 탈구가 경제적 신자유주의와 정치문화적 신보수주의 사이에 일어나고 있다. 신자유주의는 대중을 지배하고 종속시키며, 배제하는 전략을 구사함에 따라서 노동자, 학생, 여성, 소수자들, 농민들의 투쟁에 직면할 수밖에 없다. 신자유주의는 이들의 차이들을 수입, 인종, 성차, 종족성의 처지에 따른 적대로 전환함으로써 이들 집단들을 약화시키려고 한다. 신자유주의는 이에 따라 신보수주의적 공공정책을 펼쳐 중산층을 붕괴시키고 그들의 몰락에 대한 공포를 임금 위계의 더 아래에 속한 사람들에게 향하게 한다. 국가에 의한 폭력과 개인의 일탈에 대한 규제가 강화된다. 이는 정부기구의 '축소'가 복지 시행을 위한 장치들의 제거로 인한 축소이지 결코 통치와 위력의 축소가 아님을 의미한다. 신자유주의는 따라서 통치를 오히려 강화하고 있으며, 이에 따라 신보수주의적 문화정책을 펼친다. 국가가 '범죄와의 전쟁'을 선포하고, 국민에 대한 감시를 강화하고, 길거리에 무장 병력을 상주시키는 것은 이런 것과 무관하지 않다. 최근 국내에 전자주민카드제도를 도입하고자 주민등록법을 개정하려는 시도가 있는 것도 이런 이유 때문일 것이다. 결국 신자유주의는 국가의 책무를 줄이려 들고, 신보수주의는 사회적 통제를 늘이려는 것이다. 문화적 도덕적 신보수주의 전략, 즉 문화전쟁이 필요해지는 것은 이런 맥락에서다.

4. 신자유주의의 문화적 대응

신자유주의 축적논리가 지배적인 논리가 되면서 정치경제는 유연적 축적의 논리가 판을 치고, 이에 따라서 노동력의 유연화가 일어나며, 고용의 유연화를 통한 통제의 강화가 발생하지만 유연적 축적은 다시 기획의 중요성이나 기타 다른 창조적 힘을 풀어놓기도 한다. 1980년대 말 이후 소위 포스트모던한 문화적 상황이 전개되고 있는 것은 이런 유연적 축적이 풀어놓은 새로운 창조적 능력이 문화적 과정으로 나타나고 있는 것과 깊은 연관을 맺고 있다. 데이비드 하비가 분석하는 바에 따르면, 유연적 축적이 만연하는 사회는 즉흥성(volatility)과 순간성(ephemerality)이 지배하게 된다. 유연적 축적은 자본의 회수기간을 단축하기 위한 전략으로서 가능한 한 '눈 깜짝할 사이'에 이윤을 창출하는 활동 쪽으로 자본을 이전하려고 한다. 이에 따라서 장기계획보다는 단기계획 위주로 사업을 전개하게 되고, 단기적 이익을 노리는 기술 개발에 치중하게 되는 경향이 있다(관리자의 평균 근속 연수가 격감하고 재능있는 사람들의 수행능력을 마비시키고, 장기간의 독감과 같은 증세를 낳는 심리적 스트레스 상태인 '여피증후군'이 나오는 것은 이런 맥락에서다). 또한 즉흥성의 생산을 적극 관리하거나 그것에 개입하기 위해 취향과 의견을 조작하려는 노력이 극대화한다. 새로운 기호체계와 이미지체계를 창출하는 것이 중요해지고 광고와 미디어 이미지가 문화적 실천에서 훨씬 더 큰 통합 역할을 맡게 되고 자본 축적의 동학에 더 중요한 기여를 하게 되는 것은 이 때문이다.(하비,『포스트모더니티의 조건』, 한울, 350-1쪽) 유연적 축적이 일어나는 시기에는 따라서 문화적 생산에 대한 자본의 집중으로 문화가 산업화되고, 삶의 전 영역이 상품생산과 이윤창출을 위한 영역으로 전환하게 된다. 예술의 상품화, 성의 상품화가 발생하여, 섹스, 화폐, 권력의 상호관련 현상도 더 빈번하게 발생한다. 자유로운 성문화는 대중의 새로운 감수성의 증가로 나타나지만 동시에 성의 상품화로 성이 화폐관계에 들어오면서 발생하는 현상이기도 하다. 이런 상황에서 문화 안에 자유주의적 경향이 나타나는 것은 당연하다.

유연적 축적을 구사하는 신자유주의 세력은 따라서 문화영역에서 새로운 문제를 안게 된다. 한편으로 유연적 축적 전략이 사회에 만연함에 따라서 신자유주의적 과실금을 따게 되는 대중도 생기는데 이들이 여피족이다. 이들은 신자유주의 경제정책이 펼쳐지는 과정에서 특히 금융부문이나 문화생산 영역에서 새로운 이윤창출의 기회가 늘어남에 따라서 성장하는 세력으로 '문화대중'(cultural masses)이라고도 불리는데, 문화적 자유주의 경향을 띠지만 정치적으로는 거의 보수적인 성향을 나타내게 된다. 다른 한편 유연적 축적은 위에서 분석한 대로 주변부로 밀려나는 인구를 대량 생산하고, 이들 중 상당수는 문제아 혹은 낙오자들이 되면서 '펑크적' 경향을 띠는데, 우리 사회에는 지존파나 막가파가 아니면 폭주족, 봉다리족 같은 양상으로 나타난다고 할 수 있다. 중요한 점은 문화적으로는 여피든 펑크든 금욕주의나 경건주의보다는 향락주의 혹은 우상파괴주의 등 자유주의적 양상을 띠는 경향이 크다는 점이다. 문화에서 자유주의는 전반적으로 볼 때 이성애든 동성애든 자유로운 성관계를 추구하거나 포르노그라피와 같은 성표현의 자유화를 요구하고 가부장적 질서의 해체를 꾀하는 등 기존의 문화적 가치나 정체성의 틀을 깨는 양상으로 나타나기 쉽다. 신자유주의와 신보수주의가 문화의 이런 자유주의를 방치하려 하지 않으려는 것은 당연하다. 대중의 감성이나 행동방식이 경제적 생산력 증진에 도움이 되지 않는다고 판단되거나, 예술적 실험들이 사회적 복지를 필요로 할 때 문화의 자유주의는 대체로 억압되거나 선별적으로만 허용되게 된다. 이는 신자유주의가 개인의 자유를 옹호한다는 주장에도 불구하고 특정한 개인의 자유만 허용함을, 신자유주의가 추구하는 자유가 인간 모두에게 허용되는 자유가 아님을 보여주는 대목이다. 신자유주의는 자유를 평등하게 보장하기보다는 독점하려는 입장이며, 따라서 문화적 자유에 대한 차별 정책을 펼치게 된다. 문화의 자유가 여피와 같은 일부 문화대중에게만 허용될 뿐, 여피와 동시대적으로 나타나는 펑크의 경우는 감시와 처벌의 대상으로 전락하는 것은 그 때문이다. 최근 국내에 등장하고 있는 폭주족처럼 일탈적 행동을 추구하는 집단들에 대한 기성세대, 경찰 당국, 언론, 방송 등의 반응도 이런 맥락에서 이해할 수 있지 않을까? 그러나 폭주족과 같은 '문제아', '빗나간' 청소년들은 신자유주의 정치경제가 주조해낸 새로운 인간형의 하나이다. 문제아, 가출 청소년들, 폭력학생 등은 자본주의 교육이 수행하는 인구정책에 의해서 발생하는 문제로서 늘 감시와 통제와 처벌의 대상이 되고 있지만 결코 사라지지 않을 것이다. 이런 정체성을 위험하게 여기는 지배세력은 이들의 출현이 우리 사회의 구조적 성격 때문이라는 것을 인정하는 대신 도덕적으로 재단하며 일부 음란폭력물 생산자에게 있다고 우긴다.

따라서 신자유주의는 새롭게 나타나는 사회적 문화적 양상들을 통제하고 조절하지 않으면 안 된다. 신자유주의로 인해 추동되는 자유주의적 경향들의 대중화를 조절하고 통제하기 위한 새로운 가치들을 형성하려는 노력이 광범위하게 벌어지는 것은 이런 이유 때문이다. 이때 등장하는 것은 가족을 삶의 최종적 안식처로 만들고자 하는 가족이데올로기(<나홀로 집에>), 결혼을 신성시하는 결혼이데올로기(<사랑과 영혼>), 개인보다는 국가의 안위가 더 중요하다는 국가이데올로기(<람보>, <인

디펜던스데이>) 등이며 필요에 따라서 도덕재무장과 같은 운동이 벌어
질 수도 있다. 최근 국내에서 청소년보호법을 제정하여 시행에 들어간
것은 이런 맥락에서 이해할 일일 것이다. 그런데 이런 모든 보수적 노
력들은 '전통적 가치'를 지킨다는 명분으로 통합될 수 있기 때문에 '민
족문화' 기획과 같은 사회통합 정책으로 수렴되기도 한다. 영국에서
1979년에 정권을 잡은 마가렛 대처의 교육장관 케네쓰 베이커(Kenneth
Baker)가 한편으로는 신직업주의 교육을 표방하면서 전통적으로 복지
국가적 혜택을 받던 인문학(the Humanities)에 대한 지원을 철회하고
기업의 생산성에 직접 도움이 되지 않는 교육과정 대신 직업교육을 강
화하면서도 다른 한편으로는 영국인의 영국인다움을 강화하기 위한 '국
민 교과과정'(the National Curriculum)을 강화하려 한 것이 그 예이다.
미국의 레이건 행정부 교육부장관을 지낸 윌리엄 베넷(William
Bennett)이 '문화전쟁'(the Culture Wars)을 지지하는 것도 같은 맥락에
서 이해할 수 있을 것이다.

우리 사회에 일어나고 있는 표현의 자유에 대한 억압은 이런 맥락에
서 볼 때 장기적으로 지속할 것임을 알 수 있을 것이다. 물론 최근에는
새로운 통신 및 정보 자본의 등장으로 문화에서 자유주의를 강화할 소
지가 나타나서 국면이 바뀔 가능성도 없지는 않다. 빌 게이츠 같은 새
로운 자본가들은 인터넷과 같은 자유로운 통신의 전세계 확산을 필요
로 하므로 문화적으로도 자유주의를 지원할 가능성이 있으며, 이는 소
위 '사이버문화'가 자유주의적 '캘리포니아 이데올로기'를 지지하는 데
서도 확인되는 바이다. 그러나 자유주의적 '사이버문화'와 '가상계급'
(virtual class)과 등장한 미국에서 문화전쟁의 바람이 거세게 불어닥치
고 있는 것을 보면 신보수주의의 자유 통제는 쉽게 중단될 것 같지 않
다. 이런 점에서 현재 진행되는 표현의 자유와 같은 인간의 근본적 권
리에 대한 통제와 억압은 신자유주의적 사회적 모순이 존속되는 한 지
속될 것으로 보아야 할 듯 싶다.

5. 대응의 방향 모색

표현과 예술의 자유에 대한 공안당국과 공윤 등 보수세력의 탄압 혹은 검열에 맞서기 위해 우리 사회 진보진영은 어떤 대응을 할 필요가 있는지 방안을 제시할 차례가 되었는데 사실 걱정이 앞선다. 몇 가지 방안을 모색해야 하겠지만 이 글의 한계로 문제의 현황 파악도 제대로 하지 못한 처지라서 제시하는 방안이 가안 정도의 성격 이상이 될 것 같지는 않다. 다만 현 탄압국면에 대해 나름대로 제시한 정세 분석이 어느 정도 유효하다면 일단 대응은 신자유주의적 축적 논리와 그 문화적 탈구 현상에 대한 대응이어야 할 것임은 분명하다. 문제는 신자유주의는 적극적 전략을 구사하고 있는 데 반해 탄압받는 당사자는 정세 분석을 게을리 하고 있다는 점이다. 최근의 양상을 보면 문화예술에 대한 탄압 국면이 생길 때 현안문제에 대해 장르별로 투쟁하는 방식이 주종을 이루고 있다. 탄압을 받는 당사자가 가장 강력하게 대응하는 것은 당연하지만 투쟁의 성과를 쌓기 위해서는 전체 국면과 정세적 효과에 대한 분석에 기반을 둔 새로운 방식의 대응이 필요할 것이다. 예컨대 음반법에 대해서는 일부 검열을 막아내는 성과를 거두었다지만, 매체영향력이 적은 '오디오'는 풀어주는 대신, 영향력이 큰 '비디오'는 옥죄고 있다는 분석도 가능하다. 이런 점에서 '전선'의 형성이 어떻게 이루어지고 있는지 정세분석 능력을 기를 필요가 있다고 본다. 제대로 분석이 되지 않으면 공조틀 구축이 어렵다. 그래서 문화예술의 관점에서 보면 통신검열의 문제는 남의 문제로 보이고, 전자주민카드 제도에 대한 관심은 거의 생기지 않게 된다. 그러나 21세기로 넘어가는 시점에 컴퓨터 혁명이 삶의 전반에 대한 지배력을 강화하게 되고, 전자 감시체제를 구축하려는 전지구적 경향들이 커지고 있는 시점에 전자주민카드 제도의 도입은 이 글이 다루고 있는 표현의 자유 문제와 긴밀한 관련을 갖지 않을 수 없다. 이런 관점에서 예술의 장르들, 문화적 실천의 부문들이 개별화, 파편화하여 움직이기만 해서는 안될 것으로 본다. 물론 그렇다고 하여 과거처럼 전국적 조직을 건설하자고 제안하는 것은 아니며 문제의 복잡성과 복합성을 인식하여 대응의 적절한 네트워크를 형성하자는 것이다. 이 글에서는 구체적으로 언급하지 못하였지만 현재 진행되는 탄압에 가담하는 세력을 분석할 필요도 있다. 현재 간행윤리위, 공연윤리위, 방송심의위 등에 참여하고 있는 사람들은 누구이며 이들의 주장은 어떤 것이며, 그 정치경제적 배경은 무엇인가? 이들은 어떤 사회적 계급들의 이익을 대변하는가? 이들은 개인들일 뿐인가 아니면 대중의 암묵적 지지를 받고 있는가? 영국과 미국의 경우를 보면 신보수주의 세력이 소수 개인들에 국한되는 것이 아님을 알 수 있다. 소위 '풀뿌리' 정치에 의존하고 있기 때문이다. 하지만 공윤 등의 '심의관'들은 우리 사회의 도덕적 감수성을 어떻게 대변하고 있는가?

표현의 자유를 탄압하는 논리에 대응할 논리를 개발하는 것도 필요하다. 표현의 자유를 억압하는 쪽이 표현의 자유 자체를 부정하는 경우는 없어 보인다. 강지원검사처럼 표현의 자유가 있다면 표현물을 보지 않을 권리, 거부할 권리도 있다는 논리를 펼치므로 남의 권리를 짓밟으려는 것이 아니라 자신의 권리를 지키려 할 뿐이라는 입장을 펼치는 것이다. 이에 따르면 표현의 자유를 구가하려는 측과 음란물을 보지 않을 권리를 추구하는 측 사이에 타협이 있어야 하고, 따라서 표현의 자유에 어떤 경계선이 설정되어야 한다는 논리가 성립한다. 여기서 쟁점은 표현의 자유라는 권리와 거부의 권리 간의 경계선을 어떻게 그을 것인가로 축소된다. '등급선' 문제가 나오는 것은 이런 까닭이며, 만화 등의 유통 통제를 해야 한다느니, 하면 어떻게 해야 한다느니 식의 논란이 벌어지는 것도 이 때문이다. 그러나 문제의 초점은 경계선을 왜 인정해야 하느냐에 있을 것이다. 성적 흥분을 초래하면 음란물로 처벌을 받게 해야 한다는 주장에 대해서 성적으로 흥분하게 하는 것이 왜 처벌의 대상이 되어야 하는지 따지는 식의 대응이 필요하지 않을까? 나아가서 또 다른 쟁점은 성적 흥분, 혹은 수치심에 대한 판단을 누가 내릴 것인가라는 점이다. 수치심은 누구의 판단인가, 개인의 판단인가, 집단의 판단인가? 이런 문제를 어떻게 재단할 것인지 우리 사회는 아직 논란을 제대로 벌인 적도, 합의에 도달한 적도 없다. 하지만 표현의 자유에 대한 사회적 탄압은 이미 시작되었다. 외설 여부를 판정함에 있어서 사회적 합의에 쉽게 이르지 못하게 하는 쟁점들이 산적해 있다면 사회적 합의 자체의 정당성 여부에 대한 문제제기를 포함하여 최대한 논쟁을 거치면서 문제와 쟁점들이 다뤄져야 한다. 그런데도 현재 우리 사회는 공윤이나 방송심의위 등이 사전 혹은 사후 결정과 처벌의 위협으로 영화, 책, 음반 등에 대한 탄압을 진행하고 있는 중이다. 이는 시민사회에서 갑론을박이 진행되고 있는 사안에 대해 국가가 시민사회의 일방에 손을 들어주고 있다는 말이다. 우리는 공격이 정세적으로 규정됨을 이 글을 통하여 살펴본 셈인데, 그렇다고 하여 논리적인 투쟁을 포기해서는 안될 것이다. 표현의 자유에 대한 탄압은 논쟁의 종식이며, 이는 곧 사회에 허용되어야 할 비평의 권리를 축소하는 셈이 된다. 이 과정에서 어떤 큰 자유가, 혹은 원리가 침해받거나 무시당하는지 따지는 작업이 필요할 것이다. 우리 사회에서 문화예술의 표현자유에 대한 논의는 아직 제대로 시작되지도 않은 만큼 탄압을 시작하는 것은 사회의 비판적 능력을 축소하는 것이 되고 말 것이다.

동시에 국내 진보진영에서 이런 문제에 대해 제대로 대응하지 못한 점도 없지 않은지 반성해야 한다고 본다. 정치경제적 진보와 문화적 진보의 공통점 혹은 차이가 무엇인지에 대한 진보진영 내부의 공감대 형성 혹은 입장 차이의 확인을 위하여 토론을 활성화할 필요가 있다. 예컨대 사상의 자유와 표현의 자유를 어떻게 다룰 것인가? 황석영, 박노해, 진관, 김하기 등의 투옥과 장정일의 구속 등에 대해서 우리는 어떤 판단을 내릴 것인가? 차이들을 어떻게 가늠하며, 어떤 잣대로 재단할 것인가? 장정일의 구속에 대해 사석에서 "당해도 싸다"고 말하는 진보적 비평가가 있다는 말을 들은 적이 있는데 이런 다양한 반응들이 있다면 우리는 어떤 방식으로 싸울 것이며, 어떻게 연대해야 할지가 쟁점이 될 수밖에 없다. 이런 점에서 문화에서 어떤 태도가 진보인지에 대한 논의가 본격화할 필요가 있다. 개인 생각으로는 국내 진보진영은 엄숙주의와 경건주의 경향이 아주 강한 "구진보적" 성격이 크다. 구진보는 사회주의국가의 당국가가 내세우는 헌신적 영웅주의를 이상화하며 기율을 존중하는 경향이 있다. 따라서 구진보의 감수성은 현재 새로운 감수성에 의해서 드러나는 성의 자유나, 기존 사회주의, 민족주의, 자유주의를 대상으로 하는 '버릇없는' 반응들에 대해 제대로 대처하지 못하는 것으로 보인다. 민족주의 혹은 도덕주의를 지향함으로써 새로운 감수성에 따른 실험적 삶의 방식, 전통적 가족관계의 틀에 벗어나는 것으로 보이는 페미니스트, 혹은 동성애자들의 행동방식을 이해하거나 납득하지 못하는 것이다. 이런 상황에서 신보수적 탄압이 일어날 경우 진보진영 내부의 분란으로 인하여 대응을 제대로 하지 못하는 일이 자주 발생할 것은 당연하다. <빨간 마후라>나 <나쁜 영화> 등이 탄압을 받거나, 혹은 <천국의 신화>가 입건되는 것은 이런 관점에서 보면 우리 사회의 진보진영이 가진 문화예술적 감수성 문제를 쟁점으로 떠올리는 계기가 되어야 하지 않을까 싶다. 이는 곧 '차이의 정치'가 우리 사회에 현안으로 떠올랐다는 말이 아닐까? 문화예술적 감수성이 쟁점으로 떠오른다는 것은 '다르게 살기' 문제가 사회적 문제가 되었음을 보여준다. 문화적 다양성에 대한 요구가 증대하면서 다양한 형태의 표현의 욕구가 분출하고, 혹자는 음란하고 퇴폐적으로 볼지 모르나 성적 표현들이 다양하게 일어나는 것은 자연스런 흐름이다. 하지만 이런 표현이 도덕적으로 지탄을 받게 된다면 당위와 욕망, 절제와 쾌락 사이의 간극에서 어떤 입장을 취해야 할 것인가? 그 간극을 최대한 긴장되게 벌여놓는 것이 좋겠는가, 혹은 간극을 최대로 축소해야 할 것인가? 또 표현의 어떤 수준까지가 개인적 권리의 표출이고 어디에 이르면 범죄가 구성되는가? 우리 사회와 진보진영은 이런 질문을 화두로 삼는 것을 두려워하였거나 혹은 그런 질문을 하찮은 것으로 치부하였지만 더 이상 침묵으로 일관할 수는 없다.

6. 결어

이 글은 현단계 문화예술계에 몰아닥치고 있는 표현의 자유에 대한 탄압을 이해하기 위하여 부족하나마 정치경제학적 정세 분석을 시도한 셈이다. 신자유주의와 신보수주의 경향이 쉬 사라질 것 같지 않다고 보는 이 글의 분석에 일리가 있다면 문화예술적 활동에 대한 지원은 줄어들면서 동시에 통제는 늘어날 것이 분명하다. 최근 건축물 미술장식품 설치의무조항(일명 1%법)을 폐지해야 한다는 건의가 정부규제개혁추진회의에 의해 나왔다가 취소된 것만 보더라도 이런 추세를 알 수 있을 것이다. 미술장식품 설치의무는 겨우 존속되었지만 현행 규제대로라면 연면적 1만 평방미터 이상의 건물이 모두 1%법의 대상이 되던 것이 이제는 연면적 2만 평방미터 이하 건물은 건축비의 1%에서 0.7%로 하향 조정되었고, 2만 평방미터 이상 건물은 2만 평방미터까지는 0.7%, 초과분에 대해서는 0.5%로 더 낮추어졌기 때문에 지원 규모는 크게 줄었다고 할 수 있다. 신자유주의 공세가 계속되는 한 이런 식의 규제 철회나 축소 조치는 갈수록 늘어날 것이다. 현재 진행되고 있는 EBS 노조의 파업도 같은 맥락에서 이해할 수 있을 것이다. 노조가 파업을 하는 이유는 방송국이 예산 지원 없이 위성과외방송을 파행 운영하려는 데 대한 항의의 성격이 담겨 있는 것으로 알려져 있는데, 비단 방송만이 아니라 공익성 사업에 대한 지원 부족 현상은 우리 사회 어느 부문에나 발견되는 고질병이다. 이처럼 문화예술에 대한 지원을 줄이는 와중에 문화예술 활동에 대한 탄압이 늘어나는 것은 경제적 신자유주의가 상승하는 데 따른 문화적 결과로서 사회복지의 축소와 그에 따른 사회적 저항을 도덕적으로 처리하려는 전략이기도 하다. 복지국가의 해체와 유연적 축적의 전략 구사는 부분적으로 여피문화의 가능성과 성적 자유 등 과거의 기준으로 보면 일탈로 보이는 현상들의 증가를 가져오지만 이는 오로지 문화의 상업화 혹은 문화산업의 출현에 따른 결과이다. 지배세력은 신자유주의적 태도가 문화로 이월될 때 선별적인 대응을 하고 있다. 여피문화는 새로운 가능성으로 수용하지만 펑크적 경향을 띠는 자유주의적 태도는 즉각 공격하는 것이다. 여기서 신자유주의는 신보수주의적 면모를 띠게 된다. 경제에서 무한한 자유를 추구하는 세력은 대중의 개인적 문화적 자유를 축소하기 위하여 가족의 가치나 종교적 권위에 호소하는 식으로 자신을 정당화해야 하기 때문이다. 경제적 자유는 무한으로 추구하면서 문화적 차이를 추구하는 자유에 대해서 제한과 억압을 가하는 이 세력은 자유를 독점하려는 세력이다. 이 독점에 대해 어떻게 대응할 것인가? 우리의 과제는 이 질문과 함께 시작될 것이다. (1997. 9)

신자유주의와 문화

지은이/ 강내희

초판발행일/ 2000년 9월 25일
재판발행일/ 2002년 3월 30일

발행인/ 손자희
발행처/ 문화과학사
주소/ 110-300 서울시 종로구 관훈동 198-16 남도빌딩
전화/ 335-0461   팩스/ 720-0466
e-mail/ transics@chollian.net
homepage/http://www.jinbo.net/~moonkwa
출판등록/ 제1-1902 (1995. 6. 12)

값/10,000원

ISBN 89-86598-17-5 93300